民國文化與文學^{研究}文叢

四編　南京大學特輯

李怡　沈衛威　主編

第 **8** 冊

清末民初浙江新舊文化與文學

趙　林　著

國家圖書館出版品預行編目資料

清末民初浙江新舊文化與文學／趙林 著 -- 初版 -- 新北市：花
木蘭文化出版社，2014〔民103〕
目 2+326 面；19×26 公分
（民國文化與文學研究文叢 四編；第 8 冊）
ISBN 978-986-322-802-8（精裝）
1.中國文學　2.文學評論
541.26208　　　　　　　　　　　　　　　　　　103012903

特邀編委（以姓氏筆畫為序）：

丁　帆	王德威	宋如珊
岩佐昌暲	奚　密	張中良
張堂錡	張福貴	須文蔚
馮　鐵	劉秀美	

民國文化與文學研究文叢
四　編　第 八 冊　　　　　ISBN：978-986-322-802-8

清末民初浙江新舊文化與文學

作　　者　趙林
主　　編　李怡　沈衛威
企　　劃　四川大學現代中國文化與文學研究中心
　　　　　北京師範大學民國歷史文化與文學研究中心
總 編 輯　杜潔祥
印　　刷　普羅文化出版廣告事業
出　　版　花木蘭文化出版社
發 行 人　高小娟
聯絡地址　235 新北市中和區中安街七二號十三樓
　　　　　電話：02-2923-1455／傳真：02-2923-1452
網　　址　http://www.huamulan.tw 信箱 hml810518@gmail.com
初　　版　2014 年 9 月
定　　價　四編 12 冊（精裝）新台幣 20,000 元

清末民初浙江新舊文化與文學

趙　林　著

作者簡介

趙林，河南正陽人。2011 年畢業於南京大學文學院，獲文學博士學位。現爲西北大學文學院講師，主要從事中國現當代文學研究，在《中國現代文學研究叢刊》、《中山大學學報》、《陝西師範大學學報》等刊物上發表學術論文數十篇。

提　要

　　本書乃研究清末民初浙江新舊文化與文學之關聯性的一本學術專著，由導言、新思潮的傳播與互動、區域文化背景中的新文學與新文化、辛亥前後的女性教育及其文學、浙省革命的流佈與新文學空間五部分組成。全書以「區域文化與新文學的發生」爲主線，力圖重識「區域文化」這一研究視角，注重區域文化研究的空間維度以及歷史、文化等人文因素與新文學創作之間的「互文」關係。進而深入揭示晚清至五四浙江這一特定空間內文化氛圍的特色，剖析此一時期的文化生態與公共傳媒、民間文化以及新文學教育之間錯綜複雜的內在關聯，深入論述區域文化在新女界、女報與民族主義話語，浙省革命的流佈與新文學空間等維度的歷史想像和文本書寫，並努力挖掘其深層互動機制，由此將新舊文化、雅俗文學以及區域文化與中心文學（世界文學）之間的轉換關係落到實處，力圖對浙江近現代文學史的建構有個嘗試性的突破。

目

次

導　言

一、問題的提出

　　嚴家炎在其主編的《20 世紀中國文學與區域文化叢書》總序中說：「從區域文化的角度研究 20 世紀中國文學，似乎還可注意抓取典型的具有區域特徵的重要文學現象作爲切入口。例如，浙江自五四新文學起來以後，出了那麼多著名作家，各自成爲一個方面的領袖人物和代表人物……如果說五四時期文學的天空群星燦爛，那麼，浙江上空的星星特別多，特別明亮。這種突出的文學現象應該怎樣解釋？」〔註1〕毋庸質疑，其中提到的領袖人物如魯迅、周作人、茅盾、郁達夫、徐志摩、豐子愷等對於 20 世紀中國新文學的發生、發展乃至成熟厥功甚偉，貢獻良多。張朋園也曾在區域現代化的相關研究中說：「有鑒於中國幅員遼闊，區域特徵各異，發展先後遲速又復參差，若循中央入手之研究方式，固然可以得到整體綜合性的觀察，然瞭解難於深入。不如從地區入手，探討細節而後綜合，或可獲得更爲具體的認識。」〔註2〕從某種程度上講，區域性只是一個相對概念，地區間的差異性之所以存在，多緣於地區間文化發展的不平衡。區域研究方法在中國現代文學上的啓示在於：區域文化是否形成自己的傳統；這一區域與中心城市之間的互動；地區間的文化、政治思潮是否在全國範圍內有影響。〔註3〕因此，我選擇近現代史上的

─────────────────────

〔註 1〕嚴家炎：《總序》，見彭曉豐、舒建華：《「S 會館」與五四新文學的起源》，長沙：湖南教育出版社 1995 年版，第 5 頁。

〔註 2〕張朋園：《中國現代化的區域研究（代序）》，張朋園：《湖南現代化的早期進展》，長沙：嶽麓書社 2002 年版，第 1 頁。

〔註 3〕凌雲嵐：《五四前後湖南的文化氛圍與新文學》，北京：北京大學出版社 2008 年版，第 217 頁。

浙江作爲考察對象乃是基於它的地區歷史狀況（包括政治因素，人口、經濟、地理因素以及人文環境等）、吳越文化的特色、在全國範圍內的地位和影響等因素，比如浙江的教育在近現代中國教育史上有著獨特的地位，自戊戌以來當地的教育改革引領全國之風氣。從浙東沿海到杭嘉湖平原，從金衢盆地到甌海兩岸，浙江教育界培養和湧現的大批人才，在全國範圍內所起的作用也很明顯。而文學研究不是孤立地研究文學的發生發展史，是要將文學放在大的社會歷史、文化時空背景下進行研究，這一個案就成爲我初步嘗試區域文學和文化研究的重要依託之一。

隨著近年來「國學熱」的興起和通俗文學研究的進展，中國現代文學的學科框架引發了一系列學術爭鳴，也面臨著被衝擊與待調整的危機。在文學觀念上我堅持認爲中國現代文學應是現代中國文學，即是一種斷代意義上的民國文學。本文以清末民初浙江文化氛圍與新文學的發生爲主線，嘗試對近年以來關於晚清文學革新運動與「五四」文學革命之間的關聯研究提出一些自己的思考：這兩次文學運動前後相距不到 20 年，前者誕生於清末帝制時期，後者發生於民初共和時期，兩者的關聯究竟是「斷裂說」還是「延續說」？已有的研究成果如王德威《被壓抑的現代性：晚清小說新論》〔註4〕從晚清小說作品的角度出發，提出的「沒有晚清，何來『五四』」觀點，在學界一直爭論不斷；陳平原《中國小說敘事模式的轉變》〔註5〕以清末民初的小說理論爲對象，從敘事學的角度研究中國古代文學向現代文學演進的歷程；劉納《嬗變——辛亥革命時期至五四時期的中國文學》〔註6〕從一些文學現象入手，探討近現代文學是如何嬗變的；此外範伯群、黃霖、關愛和等分別從近現代通俗文學一體化、貫通近現代文論思想、後期桐城派與五四新文學運動之間的聯繫等方面進行了探討。〔註7〕而本文選題在時間跨度和主題選擇等方面均會涉及到對這兩次文學革新運動的理解與認識。應當說，歷史本來沒有斷層，

〔註4〕〔美〕王德威：《被壓抑的現代性：晚清小說新論》，宋偉傑譯，北京：北京大學出版社 2005 年版。

〔註5〕陳平原：《中國小說敘事模式的轉變》，北京：北京大學出版社 2003 年版。

〔註6〕劉納：《嬗變——辛亥革命時期至五四時期的中國文學》，北京：中國社會科學出版社 1998 年版。

〔註7〕關愛和：《古典主義的終結：桐城派與「五四新文學」》，上海：上海文藝出版社 1998 年版；范伯群主編：《中國近現代通俗文學史》，南京：江蘇教育出版社 2000 年版；黃霖等主編：《中國歷代文論選新編：晚清卷》，上海：上海教育出版社 2008 年版。

本書選題嘗試在相關的研究基礎上有所推進。回顧 20 世紀浙江文化氛圍的發展變化，有必要從辛亥前後的文化生態談起。這不僅因爲辛亥革命及其準備階段正好處於 20 世紀初，還因爲這一時期的思想文化內容幾乎涉及或蘊含了此後一個世紀間浙江區域文化乃至中國新文學全部的文化命題與思想趨勢。

同時，本書選題的理論背景還受到近年崛起於學界的文化研究所拓展出來的熱點領域的影響，諸如報刊研究、新舊教育、大眾生活與城市文化研究。研究者樂於提到的包括：德國學者哈貝馬斯關於「公共空間」的理論〔註8〕；法國學者皮埃爾·布爾迪厄關於「文學場」的理論及其文學社會學的研究方法播〔註9〕；美國學者本尼迪克特·安德森的「想像的共同體」的理論〔註10〕。此外，尤其是美國學者施堅雅的區域體系理論，把研究者的注意力引向了內地這一廣大區域內部的差異上，建構了一個層級相當分明的體系，即將城市群分爲「全國性大城市——區域性大城市——區域性城市——中等城市——地方級城市——中心性城鎮」的等級結構〔註11〕。其研究特點在於不再把各個城市看成分散的、彼此隔絕的單位，注意到了各個城市與內地之間和各區域內部規模不同的城市之間的互動。施堅雅的研究方法對於區域文學和文化研究有著重要的啓示意義：對於本書選題而言，我嘗試不把研究的視點投注在北京、上海等文化中心以及它們所承載的精英文化話語，而是選擇被歷史書寫不斷邊緣化的知識分子以及相對於運動中心而言的邊緣性區域——浙江；借助這一理論考察浙江與文化中心地區文化的交流、傳播互動，說明近代浙江文化和文學思潮在輸入文化中心新思潮的同時，又如何更新本土文化傳統進而向文化中心區輸出具有地域文化品格的新資源。

如上所述，這些相關的理論方法及其背景對於本書選題關注清末民初浙江文化氛圍和新文學的發生、發展以及與之相關的文人交遊、社團組織等有著重要的參考價值和理論啓示。但需要警惕的是，他們針對的是不同於 19 世紀末期以來中國的西方國家歷史情境，他們從研究對象中提煉出來的概念，

〔註8〕　〔德〕哈貝馬斯：《公共領域的結構轉型》，曹衛東等譯，上海：學林出版社
　　　　1999 年版。
〔註9〕　〔法〕皮埃爾·布爾迪厄：《藝術的法則——文學場的生成與結構》，劉暉譯，
　　　　北京：中央編譯出版社 2001 年版。
〔註10〕　〔美〕本尼迪克特·安德森：《想像的共同體——民族主義的起源與散佈》，
　　　　吳叡人譯，上海：上海人民出版社 2003 年版。
〔註11〕　施堅雅主編：《中國帝國晚期的城市》，葉光庭等譯，北京：中華書局 2002 年
　　　　版。

不可避免地帶有針對特殊社會歷史發展階段的相應的指涉，倘若簡單地套用這些流行的西方理論，勢必會有隔靴搔癢的弊端。因此，相較於在論述中借用「公共空間」、「文學場」等這些流行術語，我更樂意將他們的研究成果作爲我研究清末民初浙江文化氛圍的深層理論背景。此外，對於近代以來浙江的政治、經濟、思想、文化的變化，我力圖對以費正清、列文森爲代表的「衝擊——回應」學說提出自己的商榷〔註 12〕。這一學說所提出的「沿海——內地」兩個世界的概念只是一種較爲粗略的劃分，它以忽略兩個對立方內部的複雜性爲假設前提條件。「晚清的商埠雖開，西學雖已進來，眾多的西方傳教士雖已深入內地，而一般士大夫思想上的門仍然緊緊地關閉著。易言之，我們不能輕易假定，從五口通商開始，晚清的士大夫都普遍地受著『西方的衝擊』。」〔註 13〕也就是說，「西方的衝擊」主要集中在沿海沿江地區如浙江的寧波、溫州等地的精英知識分子身上，較難深入到非中心地區的普通民眾中去。而要這種「西方的衝擊」發揮實質性的作用，就必須經歷一個由知識分子來完成的轉換過程。緣於學界長期把文學現代性歸因於西方文化對本土文化的衝擊，很少立足於本土語境對其嬗變作詳細論述，本書擬就辛亥前後浙江城市公共空間、浙省革命的流佈來探討新文學的發生、發展，進一步把握中國文學現代性的獨特性。質言之，嘗試通過這一研究個案探究影響中國近代社會轉型的一些基本要素究竟是產生於中國社會內部還是來自「西方的衝擊」？通過對清末民初浙江文化氛圍的考察，我們不僅能豐富與深化中國近代思想史、學術史研究，而且能更深刻地認識和把握中國近代文化轉型的經驗教訓，爲當下正在進行的又一次文化轉型提供歷史樣本與經驗教訓。

二、學術史的回顧與討論

在中國近代化的過程中，浙江以其厚重的文化意蘊和特殊的地理優勢在社會政治、經濟和思想文化領域的發展都居全國前列。特別是近代文化思潮一直保持著持續發展的態勢，使浙江文學在全國獲得了近代化的先機，爲中

〔註 12〕 〔美〕費正清、費維愷編：《劍橋中華民國史下編》（1912～1949），楊品泉等譯，北京：中國社會科學出版社 1998 年版；〔美〕列文森：《儒教中國及其現代命運》，鄭大華等譯，北京：中國社會科學出版社 2000 年版。

〔註 13〕 張灝：《晚清思想發展試論——幾個基本論點的提出與檢討》，見姜義華等編：《港臺及海外學者論近代中國文化》，重慶：重慶出版社 1987 年版，第 76～77 頁。

國新文學的開拓奠定了堅實的思想文化基礎。如果說，近代文化思潮對浙江新文學的產生不僅僅是「背景」的展示，那麼近代浙江的傳媒、教育與學會等文化機構的發展歷史和地域特色所共同塑造的文化氛圍有何特點？具有獨特時代印記、形態特徵的區域文學與中國新文學的發生、發展的密切程度如何？這些都是本書選題將集中討論的問題。本書關注的時間跨度上接清末，下連民國。在學術史的回顧與探討中，我將以自己的問題爲中心，對這兩段時期內涉及到本話題以及與之形成對話的成果作一介紹與評析。細察相關的研究成果，有幾條脈絡可尋：

首先，「事件史」的研究路徑。此種研究路徑將近代浙江的歷史放到中國近代史的整體背景中加以闡釋。與本書選題相關的是對浙江近代社會歷史思潮的描述，以徐和雍等編著的《浙江近代史》〔註14〕、郭延禮《中國近代文學發展史》三卷本〔註15〕、龔書鐸《近代中國與近代文化》〔註16〕及《中國近代文化概論》〔註17〕等爲代表的近代文學、史學類著作以及浙江各地文史資料選輯彙編、浙江專題專志材料（包括新聞志、出版志、文學志、教育志等系列）等爲代表。它們的共同背景是在以「鴉片戰爭」和「五四運動」爲分界點的近代文學史、史學史的框架下展開探討，其特徵多集中凸顯了文學與社會政治歷史等重大事件的關聯，但忽視了文學自身的演進規律。這些論題恰恰構成了本書選題的研究背景。爲了在既有的歷史觀念上有所推進，本文集中選擇清末民初浙江這一區域爲個案，探討這一時期文化氛圍賴以形成的物質基礎以及省際城市區域間的新知識界採取何種形式更新下層民眾的知識觀念，力求對辛亥前後浙江各區域城市公共空間的特徵有所歸納，集中推進相關下層社會的啓蒙運動與文化生態變遷之間的互動研究。

隨著國內及海外漢學有關中國近現代史研究成果的不斷介紹，當我們拋開先驗的價值判斷和既有的宏大文學（史學）史敘事模式，直接進入到豐富多樣的浙江近代文學史料中去時，很多看似意義不大的話題得到了重識，一些原本被歷史遮蔽的面相開始凸顯。從宏觀角度論及近代文化生態變遷的王爾敏與李孝悌。王爾敏《近代文化生態及其變遷》在探討「中國近代知識普

〔註14〕徐和雍等：《浙江近代史》，杭州：浙江人民出版社1981年版。
〔註15〕郭延禮：《中國近代文學發展史》（三卷本），濟南：山東教育出版社1990年版。
〔註16〕龔書鐸：《近代中國與近代文化》，長沙：湖南人民出版社1988年版。
〔註17〕龔書鐸主編：《中國近代文化概論》，北京：中華書局2002年版。

及運動與通俗文學之興起」時認爲「中國現代新文學之產生，在思想流變上充分承受 1895 年以來之精神，實在此種空氣環境中孕育誕生」〔註18〕。同時他認爲平民文學和通俗文學的思想因子均承襲此時期的文化氛圍，「自1895 年以來之思想背景，以至通俗文學之生機環境，極具重要意義，凡談新文學者，不可刪略不論」〔註19〕。李孝悌《清末的下層啓蒙運動：1901～1911》〔註20〕則著重探討知識分子與下層民眾和文化的互動，上層理念向下傳遞的媒介形式和策略，以及當代民粹主義的起源。從微觀角度探討與近代浙江文化氛圍相關個案的有周佳榮和美國學者王冠華。周佳榮的《蘇報及蘇報案——1903 年上海新聞事件》〔註21〕闡明《蘇報》從主張維新、保皇轉變爲鼓吹革命排滿的因由，分析報上激烈言論的出現以至最後釀成巨案的始末，並以之爲線索，探討「蘇報案」前後中國思想界的情形，在注重其在思想轉型期所起到的作用基礎上還釐清了《蘇報》與早期革命運動的關係。美國學者王冠華《尋求正義：1905～1906 年的抵制美貨運動》則超越民族覺醒角度的傳統解說，到社會結構性變革過程（如市場聯繫的擴展、信息傳播的近代化以及各種市民團體的出現）中去探討運動的時代特徵，並認爲「運動從請願形式到舞臺演出形式的轉變，明顯地表現在一些新的發展上：相當數量的通俗文學和戲劇作品的出現，海報和傳單的廣泛散發，以非精英演講者爲特色的中下層群體集會，以及象徵性和娛樂性的歌曲、戲劇、小說和講演術的廣泛應用」〔註22〕。上述論著爲本書對於如何運用文學性的史料提供了方法論的指導。

其次，「革命史」的研究路徑。浙江是近現代中國革命思潮醞釀的中心地區之一，與此相關的革命史料也著實豐富。其中有代表性的有：浙江革命史料特輯、1980 年代輯錄的浙江辛亥革命回憶錄（3 輯），張枬、王忍之編《辛

〔註18〕王爾敏：《近代文化生態及其變遷》，南昌：百花洲文藝出版社 2002 年版，第287 頁。

〔註19〕王爾敏：《近代文化生態及其變遷》，南昌：百花洲文藝出版社 2002 年版，第288 頁。

〔註20〕李孝悌：《清末的下層啓蒙運動：1901～1911》，臺北：「中央研究院」近代史研究所 1992 年版。

〔註21〕周佳榮：《蘇報及蘇報案——1903 年上海新聞事件》，上海：上海社會科學院出版社 2005 年版。

〔註22〕〔美〕王冠華：《尋求正義：1905～1906 年的抵制美貨運動》，劉甜甜譯，南京：江蘇人民出版社 2008 年版，第 171 頁。

亥革命前十年間時論選集》三卷本〔註 23〕，於學仁《中國現代學生運動史長編》〔註 24〕，浙江總工會編《浙江工人運動史》〔註 25〕，金普森、汪林茂、袁成毅等撰著《浙江通史》涉及到辛亥革命前後的歷史〔註 26〕以及胡國樞《光復會與浙江辛亥革命》〔註 27〕，嚴昌洪、許小青《癸卯年萬歲——1903 年的革命思潮與革命運動》〔註 28〕，沈曉敏《處常與求變：清末民初的浙江諮議局和省議會》〔註 29〕，羅福惠《辛亥時期的精英文化研究》〔註 30〕等。這些論著從多側面論述了作爲革命派的早期組織光復會、清末民初的浙江諮議局和省議會、新知識界所創造的文化成果同浙江的自然人文環境、社會結構、民眾心態乃至風俗習慣等的關聯，革命運動在浙江的發展過程以及如何認識浙江辛亥革命前後重要歷史人物的群體特徵和個人風格等。不難看出，這些研究的共同特點是多少難脫黨派意識形態的影響。20 世紀以來，整個學術研究的範式都面臨著西學的挑戰和內部的調整，在現代學術範式建立的過程中，前輩學者在很多領域開闢新路、發凡起例、厥功甚偉，但也漸漸形成了以新舊論優劣的思維怪圈。歷史領域的研究成果也影響著浙江近現代文學研究的偏向，以「新文學」爲坐標建構起來的中國文學史的學科框架，從對傳統作家作品的闡釋到對流派社團等的關注和評介，都或多或少受到意識形態的束縛，蒙上了或深或淺的「革命史」研究色彩。

　　需要注意的是，從學生運動的角度論及清末民初這一時期社會文化變遷的有桑兵的《清末新知識界的社團與活動》和《晚清學堂學生與社會變遷》。前書對 20 世紀初組建的各種會社組織給予了重視，提出「新知識界」的概念。

〔註 23〕　張枬、王忍之編：《辛亥革命前十年間時論選集》（全三卷），北京：三聯書店 1960～1977 年版。

〔註 24〕　於學仁編：《中國現代學生運動史長編》，長春：東北師範大學出版社 1988 年版。

〔註 25〕　浙江總工會編：《浙江工人運動史》，杭州：浙江人民出版社 1988 年版。

〔註 26〕　金普森等：《浙江通史·民國卷上》，杭州：浙江人民出版社，2005 年版；汪林茂：《浙江通史·清代卷下》，杭州：浙江人民出版社 2005 年版；袁成毅：《浙江通史·民國卷下》，杭州：浙江人民出版社 2005 年版。

〔註 27〕　胡國樞：《光復會與浙江辛亥革命》杭州：杭州出版社 2002 年版。

〔註 28〕　嚴昌洪、許小青：《癸卯年萬歲——1903 年的革命思潮與革命運動》，武漢：華中師範大學出版社 2001 年版。

〔註 29〕　沈曉敏：《處常與求變：清末民初的浙江諮議局和省議會》，北京：三聯書店 2005 年版。

〔註 30〕　羅福惠：《辛亥時期的精英文化研究》，武漢：華中師範大學出版社 2001 年版。

這一概念主要指明顯受到西學東漸的影響，包括了由士紳集團中分離出來從事文教新聞事業的開明人士、國內新式學堂（包括國人自辦和教會學堂）以及留學運動培養的青年學生。他們群體意識的基礎與核心是對既有的制度深懷不滿，開始以西方作為他們傚仿的楷模，並自覺論證自身行為的合理合法化。由於沿海與內地、都市與鄉鎮之間存在著社會發展的梯次差異，在新學以及趨新事業的發展方面，形成了以上海為軸心，以各大都市為樞紐的輻射網。〔註31〕此書同時還概括了新式社團為實現開智宗旨開展的七種活動，包括興學育才，發展新式教育；創辦報刊出版業，組建各種形式的閱書報機構，傳播文明信息；集會演說；開展體育和軍事訓練，強健體魄，洗刷文弱之風；借用戲劇、音樂、幻燈等形式傳播近代意識，改良舊俗；開展調查，興辦實業；開辦綜合科學館或專門研究會，以引進和發展近代科學〔註32〕。後書從國內學生運動與近代中國社會變遷的角度，認為近代中國學生群體形成並登上社會舞臺，並非自「五四」開始，挖掘五四以前半個多世紀特別是辛亥時期國內學生群體形成、發展、活動的歷史，因而顯得十分重要。「清末 10 年間，是中國學生形成群體，並對社會的變動發展日益產生巨大影響的開端。學生的出現及其活動，進一步加劇了社會結構的變動，政治局勢，思想潮流，社會風尚，都處於更加普遍頻繁的動盪變化之中。……五四學生能在短期內重演辛亥學生發展成熟的歷史並迅速超越，是因為辛亥一代青年為學生群的肌體注入了成熟的基因。」〔註33〕與之相關的還有呂芳上《從學生運動到運動學生：民國八年至十八年》〔註34〕，此書著力考察北伐前後的學生運動與政黨介入之間的關係。

此外，有關史料整理方面的成果還集中在浙江近現代史上的重要成員如魯迅、周作人、錢玄同、李叔同、經亨頤、章太炎、蔡元培、秋瑾、單士釐、徐錫麟、陶成章、劉大白、俞平伯、夏丏尊、朱自清、沈玄廬、曹聚仁、汪靜之、馮雪峰等人的相關年譜、日記、書信、文集、傳記的陸續出版。有關

〔註31〕 桑兵：《清末新知識界的社團與活動》，北京：三聯書店1995年版，第277頁。

〔註32〕 桑兵：《清末新知識界的社團與活動》，北京：三聯書店1995年版，第281～284頁。

〔註33〕 桑兵：《晚清學堂學生與社會變遷》，上海：學林出版社2006年版，第19～20頁。

〔註34〕 呂芳上：《從學生運動到運動學生：民國八年至十八年》，臺北：「中央研究院」近代史研究所1994年版。

社團成員的傳記、評傳及相關的研究工作，主要有竹內好、錢理群、王曉明、孫郁、閆晶明、舒蕪、倪墨炎、李可亭、王艾村、郭延禮、湯志鈞等相關著作的出版。史料考證方面以陳漱渝對魯迅相關史實的考證、倪墨炎對現代文壇的記述及文人文史辨析的著作最爲有力。

　　再次，「現代化」的研究路徑。現代化多指一個地區或者國家趨向於現代理性社會的各種變化，它的目標是在不斷追求適合於現代社會所要求的各種理性化，一般可以分爲內部自然成長型和外力衝擊迫動型。〔註35〕從這一思路出發，首先，最明顯的是對於晚清以來民族主義思潮的追溯與解析，廖梅對於汪康年從民權論到文化保守主義的轉變的論述〔註36〕可視爲此種研究的代表著作。其次，從文化交流的角度切入，呂順長《清末浙江與日本》〔註37〕以近代浙江與日本的文化交流關係爲主線，對甲午戰爭後十餘年間中日文化交流史的探討；日本學者實藤惠秀從中國人留日的原因、歷史脈絡，留學生在日本的生活以及文學翻譯出版、政治活動乃至現代漢語對日語詞彙的攝取等方面做了細緻而紮實的梳理與分析。〔註38〕復次，對於探討辛亥前後浙江的文化氛圍所賴以生成的物質基礎不乏啓示作用的有：張仲禮主編的《城市進步、企業發展和中國現代化（1840～1949）》〔註39〕涉及寧波的近代化、彈詞中的民國時期上海婦女在商業、政治和文化方面所起的現代化作用以及 1920 年代上海資本主義出版業與激進政治運動的興起等問題。與此相類的成果還有張仲禮主編的《東南沿海城市與中國近代化》〔註40〕、張朋園的《湖南現代化的早期進展》〔註41〕、瞿駿的《辛亥前後上海城市公共空間研究》〔註42〕等。再次，探討文化傳播的發展同新文學的發生之間關係的論著及單篇論文近年來不勝枚舉：蔣曉麗《中國近

〔註35〕 李國祁：《中國區域研究：閩浙臺地區，1860～1916》，臺北：「中央研究院」
　　　　 近代史所 1982 年版，第 1～3 頁。
〔註36〕 廖梅：《汪康年：從民權論到文化保守主義》，上海：上海古籍出版社 2001 年
　　　　 版。
〔註37〕 呂順長：《清末浙江與日本》，上海：上海古籍出版社 2001 年版。
〔註38〕 〔日〕實藤惠秀：《中國人留學日本史》，譚汝謙等譯，北京：三聯書店 1983
　　　　 年版。
〔註39〕 張仲禮主編：《城市進步、企業發展和中國現代化（1840～1949）》，上海：上
　　　　 海社會科學院出版社 1994 年版。
〔註40〕 張仲禮主編：《東南沿海城市與中國近代化》，上海：上海人民出版社 1996 年
　　　　 版。
〔註41〕 張朋園：《湖南現代化的早期進展》，長沙：嶽麓書社 2002 年版。
〔註42〕 瞿駿：《辛亥前後上海城市公共空間研究》，上海：上海辭書出版社 2009 年版。

代大眾傳媒與中國近代文學》〔註43〕從跨學科視角研究了中國近代大眾傳媒與近代文學發生、發展之間的關係，以及中國大眾傳媒在近代中國社會文化現代化過程中的獨特作用，進而探討了近現代中國文化與文學的斷裂與延續的傳媒動因以及中國「雅文學」與「俗文學」的轉換機制及在近現代的逆轉方式；馬永強《文化傳播與現代中國文學》〔註44〕將研究的焦點集中在 20 世紀初「五四」新文學的發生期，認爲清末民初現代傳媒在中國的興起爲中外文化全面碰撞、對話提供了可能，此書著重探討這兩種異質文化是如何在對話、碰撞中影響到現代中國文學的變革，產生了新文學。這一論題的理論基礎受到了「衝擊——回應」模式的影響，對於探討辛亥前後浙江各區域城市公共空間的變化有其提示意義。此外，在理論上啓發很大的是葉文心《地方道路：文化、空間與中國共產主義的起源》〔註45〕，此書以施存統這一個體的生存遭遇與地域空間的轉換爲個案來反駁「五四運動」在浙江的發展是由中心（北京）影響到邊緣（杭州）這一闡釋模式：從杭州在近代的沒落以及上海在近代的興起這一事實出發，認爲上海作爲新經濟秩序的典型帶動了浙西平原以及浙東沿海地區的發展，由於絲織業的機械化、金融機構的增長、商業貿易的繁榮、新的交通方式和通訊方式的應用等使這一區域形成了新的中心，而浙東中部河谷鄉村因爲與大都市的隔絕淪落爲邊緣。此書通過空間上的對比否定了「衝擊——回應」的論證模式，更符合歷史本相〔註46〕。

最後，「區域史」的研究路徑。被視爲 1970 年代臺灣近代史領域中「中國現代化的區域研究」成果之一的是李國祁《中國區域研究：閩浙臺地區，1860～1916》〔註47〕，從傳統背景、外力的衝擊、政治的現代化、經濟的現代化以及社會的現代化等五個方面集中探討了閩浙臺地區近代以來社會各個層面的變遷，可視爲現代化研究路徑和區域史研究路徑相結合的嘗試。此外蕭邦奇的《中國的精英主義與政治變遷：20 世紀初期的浙江省》〔註48〕運用施堅雅的區域體

〔註43〕蔣曉麗：《中國近代大眾傳媒與中國近代文學》，成都：巴蜀書社 2005 年版。

〔註44〕馬永強：《文化傳播與現代中國文學》，合肥：安徽大學出版社 2003 年版。

〔註45〕Wen-Hsin Yeh. *Provincial Passages: Culture, Space, and the Origins of Chinese Communism.* Berkeley: University of California Press, 1996.

〔註46〕李冠南：《在歷史的邊緣反思》，《讀書》，2002 年第 4 期，第 103～109 頁。

〔註47〕李國祁：《中國區域研究：閩浙臺地區，1860～1916》，臺北：「中央研究院」近代史所 1982 年版。

〔註48〕Robert Keith Schoppa. *Chinese Elites and Political Change：Zhejiang Province in the Early Twentieth Century. Cambridge*, Mass.：Harvard University Press, 1982.

系理論對 20 世紀初期浙江省的精英主義與政治變化作了探討；程美寶《地域文化與國家認同：晚清以來「廣東文化」觀的形成》〔註 49〕著重從歷史敘述、種族血統、學生傳承、方言寫作、地方民俗等方面討論「地域文化」敘述框架如何在晚清到民國年間形成的歷史過程，認爲近代「地域文化」話語的建立也是近代中國國家觀念從「天下」轉移到「國家」的過程；讀書人在國家意識和地方關懷的二重奏中，不斷調校音調，加入自己的聲音，用地域文化來表達他們心目中的國家觀念，在國家認同與地方認同之間建立起辯證統一的關係。應當說，這些研究成果對於本書的選題啓發很大。近現代史分省研究的代表作很多，如周錫瑞《改良與革命——辛亥革命在兩湖》〔註 50〕也是其中之一。歷史領域的區域研究範式給文學研究提供了展示某一區域的社會文化存在形態的案例，同時也在方法論意義上給予了現代文學研究以新的角度。

　　應當說對文學的地域性問題，中國傳統文論和法國 19 世紀文學史家丹納等都有所論述，即將地理環境視爲決定文學風貌和品格的重要因素之一。以新的區域理論作爲基礎的現代文學研究的代表性成果便是 1990 年代嚴家炎主編的「20 世紀中國文學與區域文化叢書」〔註 51〕，叢書總序指出現代區域文學研究的視角與傳統文論的差別在於特別注重一定區域內人文環境對文學發生發展的影響，多就區域典型的文學意象和特徵展開論述。凌雲嵐在論述這一問題時就敏銳指出其局限性：「對地域文化精神的展示不是通過具體的社會歷史背景，而是通過歷史文獻、文學文本的閱讀和解析來實現。區域視角所能提供的社會文化和歷史現實的背景，及社會結構中各子系統與文學之間的互動因而無法體現。」〔註 52〕此外，各地編寫的區域文學史和區域專題通史、

〔註 49〕　程美寶：《地域文化與國家認同：晚清以來「廣東文化」觀的形成》，北京：三聯書店 2006 年版。

〔註 50〕　〔美〕周錫瑞：《改良與革命——辛亥革命在兩湖》，楊慎之等譯，南京：江蘇人民出版社 2007 年版。

〔註 51〕　從 1995 年 8 月至 1998 年 1 月，這套叢書推出了包括吳福輝的《都市漩流中的海派小說》，朱曉進的《「山藥蛋派」與三晉文化》，費振鐘的《江南士風與江蘇文學》，李怡的《現代四川文學的巴蜀文化闡釋》，魏建、賈振勇的《齊魯文化與山東新文學》，逄增玉的《黑土地文化與東北作家群》，劉洪濤的《湖南鄉土文學與湘楚文化》，李繼凱的《秦地小說與「三秦文化」》，彭曉豐、舒建華的《「S 會館」與五四新文學的起源》，馬麗華的《雪域文化與西藏文學》在內的十部專著，對當時的文學研究界有較大的影響。

〔註 52〕　凌雲嵐：《五四前後湖南的文化氛圍與新文學》，北京：北京大學出版社，2008 年版，第 7 頁。

通志等，則是嚴格按照行政區劃的規定對某一區域文學進行了歷史的建構。

當然，在分析浙江現代文學領域中的文學現象時，使用或涉及區域研究方法的論著和單篇論文也不在少數，尤以陳堅、王嘉良、黃健、吳秀明等的相關研究成果爲代表。陳堅主編的《浙江現代文學百家》〔註53〕收錄了「五四」至建國以前的浙江籍現代知名作家、文藝家、文學翻譯家，達 129 位之多；馬蹄疾《魯迅與浙江作家》〔註54〕從區域史角度對於魯迅和浙江作家的交往與影響進行了系列考證；王嘉良主編的《浙江 20 世紀文學史》分爲上下兩編，認爲浙江地域文學的世紀描述與浙江作家建構 20 世紀中國文學的動態歷程這兩者的結合更能本質地涵示浙江文學的世紀性意義〔註55〕。其理論基礎認爲緣於作爲「面海的中國」的「小傳統」對於「占支配地位的農業——官僚政治的腹地」的「大傳統」的有力衝擊，中國的思想文化發生著由傳統向現代轉型的深刻變化。富有變革精神的「小傳統」漸次獲得生機，其釋放的巨大能量日益改變著被「支配」的角色地位，便日漸由「邊緣」向「中心」位移〔註56〕。這些論著在很大程度上推動本書選題的方向的轉換，但他們多少狹隘地以作家的籍貫作爲衡量其是否進入區域文學史的標準，勢必會導致文學史寫作出現偏頗，並在某種程度上影響到具體文學現象的深層次探討。

從研究趨勢上看，由於受新興的社會科學等學科的影響，20 世紀的西方史學界逐漸從偏重政治史和思想史轉向到一些新的研究領域諸如女性史、家庭史、日常生活史、疾病以及衛生學等等，形成一股新興的史學風氣，尤其以法國年鑒學派、德國新社會史學、英國左翼史學及美國新史學研究範式的推動，影響於亞洲和中國近代史和近代文學研究界。如前所述，中國現代文學研究在討論起點的問題時，一再地往前推移，試圖「走出五四，進入晚清」。這都爲本課題的研究奠定了堅實的理論基礎。同時，報刊研究與城市研究的興起，也使得近代文學史的研究在研究範式上迥異於傳統的古代文學史的研究面相，並在某種程度上開闢了新的研究視角，激發了新的問題意識。陳平

〔註53〕陳堅：《浙江現代文學百家》，杭州：浙江人民出版社 1988 年版。

〔註54〕馬蹄疾：《魯迅與浙江作家》，香港：華風書局 1984 年版。

〔註55〕王嘉良主編：《浙江 20 世紀文學史》，北京：中國社會科學出版社 2000 年版，第 6 頁。

〔註56〕王嘉良主編：《浙江 20 世紀文學史》，北京：中國社會科學出版社 2000 年版，第 2 頁。

原認爲談論物質文化與日常敘事，關注城市生活與消費社會等，均成爲史學研究界所樂於探討的話題。文學史家也概莫能外，逐漸關注史上以及現實生活中與衣食住行密切相關的各種「物品」的生產流通、消費；探究「物品」背後的價值觀、審美觀、政治權力以及文化思想等；思考紀實與虛構、思想與文學、文字與圖象、運動與創作、潮流與個性、生產與傳播等一系列問題。緣是，我們將如何建構意識形態這樣的「宏大敘事」，落實到具體而微的媒體手段，消解人們心目中確定不移的遠 / 近，大 / 小，虛 / 實等問題呢？〔註57〕

　　既往的相關研究成果對本選題的立意擬定和史料收集，無疑都有著相當重要的啓發和提示意義。有鑒於此，本選題在充分吸收現有研究成果的基礎上，以 20 世紀初前 20 年的浙江作爲一個大的時空背景和舞臺，以清末民初浙江文化氛圍的嬗變與新文學發生之間的關係作爲考察對象，選擇具有代表性和重要性的個案，從浙江近代文化與文學思潮的發生、發展與校園文學的興起、女性教育的發達與女性文學的開拓、辛亥革命與浙江各區域城市公共空間的轉換之間的關係等論題切入，嘗試對一些涉及思想史、學術史、文學史上有爭議或有待進一步探究的重要文學史問題，力爭在挖掘新材料的基礎上提出自己的一些看法，重新凸顯它們之間原有的複雜聯繫，以求有所裨益於該課題研究的拓展與深化。

三、核心概念與分章敘說

　　以省際特徵較爲明顯的浙江作爲研究對象，以特定網絡空間內的文化體系爲本選題的大背景，文學和文化作爲這一網絡空間結構中的一部分將成爲討論的重點。以「省」作爲劃分研究對象範圍的基礎，其對於地區間差異性的展示更有利於我們觸摸到歷史的原生態。所謂的「省」，應當理解成貫穿於鄉、鎮、縣、府的網絡，這一網絡以同心圓或放射線狀在同一平面上縱橫流動，這正是省之「鄉里空間」，也是鄉鄉聯合的政治社會空間。因爲存在著複雜的網絡流動，並且這一流動由點及線、再由線而面地往鄉、鎮、縣、府擴散，省軍的組建才得以實現。重要的是，網絡的每一部分都有其生命力，它處於頻繁的活動狀態。作者通過網絡出現，讀者因同樣的網絡而擴散。這類網絡空間以都市和市鎮爲信息發出地或中轉站，官、紳、民互相連接。這一

〔註57〕陳平原：《作爲物質文化的「中國現代文學」》，《中國文化》2009 年第 1 期，第 129～137 頁。

動態也正是「鄉里空間」的動態，也是所謂的「地方自治」空間。〔註 58〕此外，清末紛紛刊行的宣傳新思想的雜誌，比如《浙江潮》、《江蘇》、《新湖南》、《新廣東》、《湖北學生界》、《雲南雜誌》、《河南》、《四川》、《江西》等，多冠以省名，這表明其時省的文化、經濟、社會的網絡空間已經形成。

從核心概念上講，需要探討的問題就是如何勾連轉型時代浙江的區域文化與新文學空間之間的關係。誠如凌雲嵐在研究五四前後湖南的文化氛圍與新文學的關係中說，「是什麼樣的區域文化氛圍產生了這樣的文學，文學作為社會象徵表意系統又怎樣參與區域文化的建構，並以自己的方式講述、想像、建構這個地區的歷史、文化傳統」〔註 59〕。具體來說，即探尋浙江這一區域內的歷史、文化傳統與其時的文化氛圍包括傳媒、政治和教育等綜合因素以及文學創作軌跡之間的關聯性。而將浙江文化氛圍的變遷歷程限定在 1901 年至 1924 年這段時間，起始點的確定緣於 1901 年 6 月 20 日《杭州白話報》的創辦，這一白話報刊最終突破浙江一隅的限制，對之後的白話報與白話文運動的開展有著重要的意義；截止點的確立緣於 1924 年 1 月國共合作的開始，「吸納了五四新思潮，完成了黨的改組，標識另一個新時代的開端」〔註 60〕，之後「國民革命」一詞成為當時精英知識分子普遍認同的觀念，政黨政治影響、介入新文學發展的趨勢愈來愈明顯。當然，這種時間上的劃定並非絕對的，為了瞭解近現代以來浙江文化氛圍與新文學的關聯，有時不能不把觀察的時段以辛亥為中心往前後推移。需要說明的是，閱讀材料的圈定會給論述框架的建構帶來一種先入為主的危險，以辛亥前後這段歷史範圍內浙江的文學、文化現象為主，往往一種觀點可以找到相當數量的史料支撐，但同時亦會遮蔽掉與所立觀點不相符合或者相反的史料，因此從論述結構上要解決三組矛盾：新舊文學、雅俗文學以及地域文學和中心文學之間的關係。

梁啓超曾說：「資料少既苦其枯竭，苦其漏，資料多又苦其漫漶，苦其牴牾。加以知人論世，非灼有見其時代背景，則不能察其人在歷史上所佔地位為何等，然由今視昔，影像本已不真，據今日之環境及思想以推論昔人，尤最陷

〔註 58〕　〔日〕溝口雄三：《辛亥革命新論》，林少陽譯，《開放時代》（廣州）2008 年第 4 期，第 5～17 頁。

〔註 59〕　凌雲嵐：《五四前後湖南的文化氛圍與新文學》，北京：北京大學出版社 2008 年版，第 13 頁。

〔註 60〕　呂芳上：《革命之再起——中國國民黨改組前對新思潮的回應（1914～1924）》，臺北：「中央研究院」近代史研究所 1989 年版，第 8 頁。

於時代錯誤。」〔註61〕特別需要注意對於研究資料的分析，從辛亥前後浙江的報刊開始，致力搜羅浙江各區域當時出版的各種期刊、叢書、宣傳冊子，以及同時期京滬等地的報紙副刊、雜誌上涉及到對浙江本土事件的報導等；個人資料方面，舉凡與浙江本土相關的學術論著、文史資料、日記、自傳、來往信函等等，皆在搜羅之列。要想更多瞭解清末民初浙江文化氛圍，必須嘗試建構彼時彼地的歷史語境，在語境中認識「本事」。不同人生閱歷的研究者在面對同樣的時代背景時引發的感受和反應迥異，所以只有將相應史料置於史事的形成發展過程中加以解讀，才可能呈現史料自身所展現的那豐富紛呈的層次。

　　同時，嘗試在學術史、文學史、傳媒史、教育史、區域社會文化史的交叉處爬梳資料，需要明確以下幾點：其一，需要對近現代文學發展的連續性、階段性有著自覺的思考；其二，明確研究對象的典型性與普適性之間的矛盾以及新文學發生、發展的規律等；其三，明確區域文化研究的對比性研究，更爲重視中心／邊緣之間的互動關係。浙江本土在輸入、接受新思潮前後的姿態變化。比如辛亥前浙江興起的留學熱潮，大批留學生對於民族主義話語以及文化體驗的傳播在改變浙江本土文化氛圍的同時，也對文化中心以及內陸地區的文化有著一定的作用力。其四，浙江本地文化在輸入新思潮的過程中，在自身區域內部還存在著差異性，主要體現在省會城市與其他市縣之間、城市與鄉村之間，要從理論上識清「衝擊──回應」模式的局限性，從浙江城市公共空間的角度切入，樹立一種空間研究的意識。重視區域文化視角所提供的具體歷史背景及社會結構中各子系統與新文學空間的互動關係，力求對浙江近現代文學史書寫有一個嘗試性的突破。

　　從題目上說，主要以清末民初浙江文化氛圍的變遷歷程爲線索，重點凸顯其與新文學空間的開拓密切相關的文學、文化現象。而「開拓」自身包含的「開闢」「擴展」義項，也昭示了研究範圍關涉到與新文學發生、發展相關的文學、文化現象，這樣多少弱化了一些研究範式中過於凸顯「五四運動」這一事件的界碑意義，除了自身文學觀念的堅守外，當然也與閱讀史料範圍的限制有關。從結構上，本書分爲四章，引言部分從學術史的角度，分析評介與該論文選題相關的研究論著，並對本書的寫作方法、思路和嘗試解決的文學問題進行了梳理。第一到四章爲具體問題的展開和論述。

〔註61〕　梁啓超：《中國近三百年學術史》，北京：東方出版社1996年版，第401～402頁。

　　第一章《新思潮的傳播與互動》，討論的是從晚清至五四以來浙江文化氛圍的地域特色與浙江的傳媒、教育以及學會等文化產業的發展歷史，其目的在於對清末民初浙江的文化氛圍給予一個粗略的認知與梳理。選擇與文化氛圍密切相關聯的傳媒、教育與學會等因素作爲討論的對象，主要嘗試通過梳理它們的歷史，來見證整個社會文化結構的變遷過程。其中，面對下層社會啓蒙運動的任務，辛亥前後浙江新知識界的主體首開其端，再由政府的力量予以制度化、組織化，以擴大並鞏固其效果。各種報刊尤其是白話報刊雨後春筍般的出現，憑藉其規模的廣泛性和持久性而成爲辛亥前後各區域文化氛圍嬗變的標誌之一。隨著寧波、溫州、杭州等口岸城市的次第開放以及杭州日租界的設立，浙江近代思想文化有了顯著的變化。浙江的文化氛圍稱得上有「公共輿論」的開始，實自林獬、孫翼中、陳叔通等 1901 年 6 月 20 日以杭州白話報館的名義編輯發行的《杭州白話報》。與清末下層啓蒙運動所樂於採取的形式一樣，以白話報、閱報處、講報所、演說會、戲曲改良、推廣識字運動和普及教育等各種啓蒙手段爲中心構築了一套啓蒙新體系，改變了晚清維新運動自上而下的啓蒙姿態，爲啓蒙運動開闢了一種「眼光向下」的實踐模式，使得「開民智」成爲家喻戶曉的口頭禪。這種從「理論到實踐」的大規模的民眾啓蒙運動除了浙江新知識界的努力以外，浙江特有的人文與政治環境也爲這種啓蒙形式提供了適宜的條件，從而有效的改變了原來的「外省文化」的輿論氛圍並使之具有了鮮明的地域特色。通過梳理清末民初浙江傳媒的生態境遇及其宗旨、辦刊方針，以及它們作爲地方性報刊的個性特色和其在歷次政治文化運動中的作用等，可以看到外來的文化思潮如何借助公共輿論的力量影響到區域文化，並在社會文化層面產生影響。比如，轉型時代浙江本土文化的特質面對新文化運動的態度十分微妙，這一點在當時情緒日趨高昂的學生運動和政黨介入群眾運動時，都能深刻地反映出來。學堂部分所探討的是自晚清以來浙江的學潮傳統，以兩次文學色彩濃厚的「木瓜之役」和「浙一師風潮」爲例，來闡釋浙江本土文化如何接受新思潮，並進而由校園走向社會，深化了五四運動在浙江的開展，區別於既有的「衝擊——回應」模式的闡釋。最後，關於學會的研究，則集中到浙江省教育會所組織和發起的文化運動，以留日運動和名人演講爲中心，嘗試討論辛亥自五四以來浙江的文化氛圍如何由「外省文化」向「中心文化」靠攏，對於理解新文化思潮的傳播與互動的方式不無幫助。

　　第二章《區域文化背景中的新文學與新文化》，重點描述在浙江這一地域內，新文化和新文學發生、發展的過程。作爲孕育新文化重要組成部分的新文學教育將是本章著重考察的要點。這一時期的文學創作主體主要由構成浙江新知識界主體的人士擔當，當時的文化生態及其文體樣式也從開始的民間文化向學院文化轉換，前者因爲與公共傳媒相結合，在擴大文學影響的同時也使得文學走上了學院文化的道路。這種從民間到學院再到社會的過程，集中顯示了新文化空間開拓過程中雅俗共融的情態；後者以「浙一師」校園爲中心，經亨頤的「人格教育」理論與實踐爲接受新思潮提供了準備條件，而以浙江新潮社、「前後四金剛」爲中心的文學實踐，參與了浙江本土新文學場域的建構。本章通過對這一時期報刊上第一手資料的閱讀和梳理，集中論述浙江當時出現的文學思潮、文學現象和文學團體的活動。從當時浙江的文學空間著手，主要社團有浙江新潮社、晨光文學社、湖畔詩社以及這一時期發生在浙江文化界幾次影響深遠的文學論爭等，重點突出辛亥前後浙江的輿論氛圍如何參與、塑造了新文學的建設，而發展中的新文學又是怎樣影響了浙江的輿論氛圍從邊緣走向中心的。同時以章太炎及其弟子早期的文學活動與新文學教育的關係爲題，闡釋浙江新知識界主體從士紳階級到知識分子轉型過程中所體現的集團重組與分化，他們對於「學在民間」、「眼學與耳學」、「言文一致」的辨識與實踐等，不僅顯示了新文學發生的歷史背景，還昭示了新文學研究範式艱難確立的過程。

　　第三章《辛亥前後的女性教育及其文學》，如前所述，近代口岸城市的逐步開放以及民族工商業、新式工業的興起，爲女性職業化趨勢提供了必需的物質條件，同時戊戌維新以來新知識界人士營造的輿論氛圍也喚醒了新女界的民族意識、平等自立精神乃至性別意識。在此過程中，晚清民族主義的話語開始滲透到女性教育與女權運動中，女學校、女性團體、女性報刊是集中呈現女性教育和女權運動的重要載體。因此，本章主要討論辛亥至五四時期浙江的女性教育和相關思想解放運動，以及秋瑾、單士釐等浙江女作家的創作與此時期歷史、文化等諸多人文環境因素之間的「互動」。具體來說，以經元善爲創辦人的上海中國女學校，不僅改變了此前教會女塾包攬女子教育的局面，還直接促成了浙江新知識界人士對於本土女性教育的關注。「惠興殉學」及其意義傳播昭示了「滿」「漢」兩族群共享了近代傳媒的物質條件以及民族主義話語的資源，嘗試揭示辛亥前後的女性教育運動如何借助媒介製造輿論

以及自身相應的事件又如何以輿論形態傳播乃至成為一種形象。男性啟蒙者在提倡女性教育的同時，還通過「廢纏足」以及「倡女權」等途徑對於新女性先驅進行塑造。在此過程中，新女界的精英個體開始從既有的身份塑造中覺醒，開始批判性地審視包括女性教育宗旨、女性自身的權利與義務等話題，從「女英雄」的認同逐漸衍生出「女國民」、「新女性」等觀念和形象。其中，單士釐及其遊記中體現出的女子教育的異域體驗，依然局限於男性啟蒙家對於新女性的設計與塑造的框架內，但女子開始在公共領域發出自己的聲音已是不爭的事實。「女英雄」的認同觀念來源於蔡元培擔任上海愛國女校校長前後，屬於新知識界人士宣揚的賢妻良母主義潮流之外的女性教育思潮。這一思潮還被 1903 年前後的留日女學生界吸納，突出表現在以秋瑾、陳擷芬為代表的實行共愛會組織以及之後的「中國留日女學生會」的活動上。秋瑾參與和創辦的《白話報》、《中國女報》在引導女界啟蒙的同時，積極認同「女界革命」與「民族革命」之間的聯繫，其親身實踐活動也昭示了新女界自身轉變的艱難歷程。

第四章《浙省革命的流佈與新文學空間》，討論的是浙江近現代文學創作中常見的「革命」話題。作為近現代史上最具代表性的革命區域之一，浙江與歷次革命密切相關的事實成就了這一區域文學的革命傳統與特色。浙江自古以來獨特的人文地理環境參與到了「革命傳統」的塑造，這不僅表現在章太炎對於「革命」理論的建構與宣傳，還表現在以陶成章及其光復會為代表的實幹精神上，他們共同推動了辛亥革命在浙江的展開。浙江留日學生在東京、上海、杭州等城市空間中以製造輿論等方式參與到了革命思想的宣傳與傳播，同時也促成了早期革命文學網絡空間的建構，為五四新文學的到來提供了新的質素。與此同時，蕭山衙前這一浙江本土的農村空間在 20 世紀 20 年代的國民革命中有著不同尋常的意義，沈玄廬、劉大白相當一部分的新詩對其進行了書寫，顯示了浙江本土新詩創作的實績。當然，辛亥革命與浙江之間的關聯是新文學所經常關注的主題，不僅體現在辛亥革命爆發前後以秋瑾事件所改編的戲劇文學中，還體現在以王鐘聲及其春陽社為開端的進化團系統的戲劇上。它們為辛亥革命的輿論宣傳做出了傑出的貢獻，也促進了革命文學、戲劇教育的發展。以魯迅為代表的浙江新文學作家在面對這一歷史事件時，因其採取的視角、所擔負的亞文化資源差別很大，進而將浙省革命的流佈以拼接的方式加以言說：無論是以親歷者的身份敘述革命歷史，還是

以後來者的眼光追憶這段革命歷史，浙省革命的流佈與新文學空間成為他們講述、創作的依據，其背後流淌著他們對於鄉土歷史和區域文化的關切和反思。

　　結語部分認為「區域文化」作為一個有機的整體概念，不僅指向關涉時間、傳統的歷時維度，也指向一種關涉空間、文化的共時維度。重識「區域文化」這一研究視角，根據研究對象找準文學與區域文化之間的契合點，進而構造一個有著內在同一性的研究範式來，將實證與體驗盡可能地完美結合在一起。同時，注重區域文化研究的空間維度以及歷史、文化等諸多人文因素與文學創作之間的「互文」關係，藉此可以推動和促進整個新文學研究的發展向著更為深層、更為廣泛的方向前進，從而呈現新文學本身絢麗多彩的面相，凸顯中國文學或者文化的豐富性和多元性。

第一章　新思潮的傳播與互動

談及晚清的啓蒙運動〔註1〕，研究者多樂於引用譚嗣同在《〈湘報〉後敘》的論述，認爲學堂、學會和報紙是維新運動的三種利器：

> 其所以爲新之具不一，而假民自新之權以新吾民者，厥有三要。
>
> 「一曰：創學堂，改書院以造英年之髦士，以智成材之宿儒也。」
>
> 「二曰：學會。學會成，則嚮之不得入學堂學院而肄業焉者，乃賴以萃而講焉。」「三曰：報紙。報紙出則不得觀者觀，不得聽者聽。」
>
> 〔註2〕

張灝認爲「在中國思想文化由傳統過渡到現代、承先啓後的關鍵時代」，這三種利器「同時出現、互相影響、彼此作用，使得新思想的傳播達到了空前未有的高峰」，它們的出現所帶來的影響：一個是「20世紀文化發展的基礎建構（cultural infrastructure）的啓端，另一個就是公共輿論（public opinion）的展開」〔註3〕。其實，當我們完整去讀譚嗣同的這篇文章，不難發現其眼光的敏銳性，僅就傳播效果而言，學堂、書院、學會僅限於一省之範圍，「且又不徒一省然也，又將以風氣浸灌於他省，而予之耳而授以目，而通其心與力，而一切新政新學，皆可以彌綸貫午於其間而無憾矣。且夫報紙，又是非與眾共

〔註1〕 這裡「啓蒙運動」不同於18世紀發生在歐洲的思想運動，而是用來借指發生在清末的文化、思想和社會運動。見李孝悌：《清末的下層啓蒙運動：1901～1911》，臺北：「中央研究院」近代史研究所1992年版，第10頁。

〔註2〕 譚嗣同：《〈湘報〉後敘》，《湘報》第11號，1898年3月18日。

〔註3〕 張灝：《中國近代思想史的轉型時代》，張灝：《幽暗意識與民主傳統》，北京：新星出版社2006年版，第135～136頁。

之道也。」〔註4〕當然，也不能就此否認張灝從長遠眼光去看得出的上述結論。不過，從當時的語境來看，報紙尤其是白話報刊在三種「制度性媒介」中的傳播效果最爲突出。

就全國範圍而言，近代第一份白話報刊是上海申報館附出的《民報》，創刊於 1876 年 3 月 30 日，「用白話寫的，可以幫助讀者容易懂得它的內容」，「並且只售半個銅板一份，是使它可以達到申報所不能及於的階級，譬如匠人，工人，和很小的商店裏的店員等」〔註5〕，這可以看作是報刊首次將社會底層的讀者納入受眾的範圍。而眞正由中國人自己創辦的白話報是 1897 年 11 月 7 日在上海創刊的《演義白話報》，「中國人要想發憤立志，不吃人虧，必須講求外洋情形，天下大勢。要想講求外洋情形，天下大勢，必須看報。要想看報，必須從白話起頭，方才明明白白。」其任務是「把各種有用的書籍報冊演做白話，總期看了有益」〔註6〕，流露出向西方學習，改良維新的趨向。隨後有《平湖白話報》、《無錫白話報》（後改爲《中國官音白話報》）、《通俗報》、《女學報》、《覺民報》等。從社會文化層面來看，辦白話報刊者認識到「白話爲維新之本」的重要性，如裘廷梁第一個明確提出了「崇白話而廢文言」的口號：「有文字爲智國，無文字爲愚國；識字爲智民，不識字爲愚民：地球萬國之所同也。獨吾中國有文字而不得爲智國，民識字而不得爲智民，何哉？裘廷梁曰：『此文言之爲害矣』。」〔註7〕裘文發表於 1898 年 5 月，正值戊戌維新的高潮，因其全面闡釋了白話文作爲維新變法成功的根本途徑之一，所以也成爲晚清白話文運動開展的綱領性文章。

當我們重新審視戊戌維新運動時，不難發現維新派不但積極策動社會上層，企圖通過「變法」以實現自上而下的改革，而且還努力通過學堂、學會、報紙等制度性媒介推行「自下而上」的變革運動。一時間「鼓民力」、「開民智」、「新民德」〔註8〕等口號被提了出來，各地報刊如雨後春筍，奮然創辦，

〔註4〕 譚嗣同：《〈湘報〉後敘》，《湘報》第 11 號，1898 年 3 月 18 日。

〔註5〕 《六十年前的白話報》，見上海通社編：《上海研究資料續集》，上海：上海書店 1984 年版，第 321 頁。

〔註6〕 《白話報小引》，《演義白話報》第 1 號，轉引自蔡樂蘇：《清末民初的一百七十餘種白話報刊》，丁守和主編：《辛亥革命時期期刊介紹》（第 5 集），北京：人民出版社 1987 年版，第 495 頁。

〔註7〕 裘廷梁：《論白話爲維新之本》，舒蕪、陳邇冬、周紹良、王利器編選：《近代文論選》（上卷），北京：人民文學出版社 1999 年版，第 176 頁。

〔註8〕 （清）嚴復：《原強修訂稿》，（清）嚴復：《嚴復集》（第 1 冊），王栻編，北京：中華書局 1986 年版，第 27 頁。

掀起了一股國人競相辦報的熱潮。除了上文提到的白話報刊以外，據不完全統計，僅 1896～1898 兩年間全國各地創辦的報刊就達 60 種之多〔註9〕，這些新興報紙多主張維新，或者傾向於康梁等人的主張並給予輿論上的支持，它們還是把希望寄託在「自上而下」的改革上。等到庚子事變時，中國的思想界開始發生變動，對「自上而下」這一改革路徑的期望日益銳減，「在短短五、六年間，由於義和團之亂和八國聯軍造成的前所未有的危局，使得『開民智』一下子變為知識分子的新論域，……一般『有志之士』或所謂的『志士』，深感於『無知愚民』幾乎招致亡國的慘劇，紛紛籌謀對策，並且劍及履及，開辦白話報；創立閱報社、宣講所、演說會；發起戲曲改良運動；推廣識字運動和普及教育，展開了一場史無前例的大規模民眾啟蒙運動」〔註10〕。李孝悌認為之前「下層社會的啟蒙運動則還只停留在少數幾個人的議論的階段」〔註11〕，義和團運動和庚子事變則一下子加劇了這一主張從理論到實踐的進程。當然，這場民眾啟蒙運動的推行也「有著相當鮮明的地域性」〔註12〕。

對浙江維新人士而言，戊戌維新期間他們都以不同的方式參與其中：有的在京、滬參加變法、創立學會等，如 1897 年浙籍人士張元濟在北京設立通藝學堂，同年浙籍人士汪康年、葉翰等在上海設「蒙學會」，並附辦《蒙學會報》，提倡改良蒙童教育。1898 年春康有為等在北京成立保國會，在京浙籍人士有十九人參加了這個組織；有的則回浙江或在浙江本地創辦學堂、學會和報刊等，如林啟與杭州求是書院、蠶學館和養正書塾的創建，孫詒讓在家鄉瑞安創辦的算學書院以及陳虬 1897 年 1 月在杭州創辦的《利濟學堂報》等，都給浙江各地帶來了一些新的氣象〔註13〕。很顯然，他們都認同變法三利器的功效，有的甚至主張把學堂與報紙結合在一起的建議：

> 蓋學堂者，報館之腹心也；報館者，學堂之咽喉也。有學堂而無報館，則諸學之徑途僅能課諸學堂以內之人，必不能課諸學堂以

〔註9〕陳玉申：《晚清報業史》，濟南：山東畫報出版社 2002 年版，第 105～108 頁。

〔註10〕李孝悌：《清末的下層啟蒙運動：1901～1911》，臺北：「中央研究院」近代史研究所 1992 年版，第 13～14 頁。

〔註11〕李孝悌：《清末的下層啟蒙運動：1901～1911》，臺北：「中央研究院」近代史研究所 1992 年版，第 13 頁。

〔註12〕楊早：《清末民初北京輿論環境與新文化的登場》，北京：北京大學出版社 2008 年版，第 21 頁。

〔註13〕徐和雍等著：《浙江近代史》，杭州：浙江人民出版社 1981 年版，第 176～180 頁。

外之人，是自域其量也，是自鑰其門也，是漲力無出也，是吸力未
廣也，此非創立學堂之神旨也。有報館而無學堂，則報章中之所報，
僅能以報學外之事，必不能以報學中之事，是猶川無源也，是猶林
無本也，是猶人無筋絡以貫通也，是猶物無雜質以化合也，此非開
辦報館之實效也，不過譯翻西報供人玩觀而已，於天下仍無裨也。
故我謂二者須相輔而行，方能持久。有報館以爲學堂之康衢，則學
堂必大；有學堂以爲報館之起址，則報館必永，二者聯爲一氣，而
黃種不難長存矣。〔註14〕

應當說，這一認識與譚嗣同的上述論斷有異曲同工之妙，較爲典型地反映了
當時社會有志之士思考變法維新工具問題的深度與廣度。如上所述，「在野之
有識者，知政治之有待改革，而又無權柄可操，則不得不藉報紙以發抒其意
見。」〔註15〕下層啓蒙運動形式雖然多種多樣，但其話語載體開始以白話報
爲主體。這一形勢得益於「清末的最後十年，有一個相當規模的『白話文運
動』，並且『是五四白話文運動的前驅，有了這前驅的白話文運動，五四時期
的白話文』才有根據」〔註16〕，陳萬雄隨後列舉了約 140 份白話報和雜誌，
數量相當可觀。「白話報的出現和發展是晚清政治和社會運動的一環」，若以
出版地論，「但以長江流域的江蘇、浙江和安徽三省最爲盛行」，「白話報刊行
多寡顯然與地區文風和革新風氣的高低有關」〔註17〕。

第一節 《杭州白話報》與啓蒙運動

「作爲小傳統的面海的中國」〔註18〕的浙江，其辦報歷史也比較早。蔡
樂蘇在《清末民初的一百七十餘種白話報刊》中認爲《杭州白話報》是「清
末創辦較早，歷時較長，影響也較大的一種白話報刊。」〔註19〕1901 年 6 月
20 日（光緒二十七年五月初五）在杭州創刊，1910 年 2 月 10 日停刊。先爲

〔註14〕陳明：《論學堂報館須相輔而行》，《利濟學堂報》（第 2 冊），1897 年 1 月。
〔註15〕戈公振：《中國報學史》，北京：三聯書店 1955 年版，第 176～177 頁。
〔註16〕陳萬雄：《五四新文化的源流》，北京：三聯書店 1997 年版，第 134 頁。
〔註17〕陳萬雄：《五四新文化的源流》，北京：三聯書店 1997 年版，第 134 頁。
〔註18〕〔美〕費正清編：《劍橋中華民國史・上卷（1912～1949）》，楊品泉等譯，北
　　　京：中國社會科學出版社 1998 年版，第 11～12 頁。
〔註19〕蔡樂蘇：《清末民初的一百七十餘種白話報刊》，丁守和主編：《辛亥革命時期
　　　期刊介紹》（第 5 集），北京：人民出版社 1987 年版，第 500 頁。

旬刊，後改爲周刊、三日刊、日刊。現見到旬刊版共 82 期，由杭州白話報館編輯發行。這份報紙由杭州安定學堂的監督項蘭生（項藻馨）創辦，其主持編務者先後有林獬（宣樊子）、孫翼中（獨頭山人）、陳叔通等人〔註 20〕。之前在浙江本地創辦的報刊，除了上文提到的報刊以外，較有影響的是胡道南和章太炎主持的《經世報》，1897 年 8 月至年底在杭州發行，共出 16 期。從傳播效果上看，這些刊物由於存在時間相對短暫，很難在一省之內產生很大的影響，更遑論在全國範圍有影響了。「溯白話報之出現，始於常州，未久而輟。及《杭州白話報》出，大受歡迎，而繼出者遂多。若蘇州、若安徽、若紹興，皆有所謂白話報，而江西有《新白話報》，上海有《中國白話報》，又若天津之《大公報》，香港之《中國日報》，亦時參用白話，此皆白話之勢力與中國文化相隨而發達之證也。」〔註 21〕作爲一份當時中國影響較大的白話報，採用通俗易懂的白話文體，以鮮明的立場觀點對中外重大事件發表評論；專注於思想與知識的啓蒙，著重於打造新國民、新社會；結合各種啓蒙手段

〔註20〕關於《杭州白話報》的詳細情況說明如下：第一，有關《杭州白話報》分爲月刊（1895 年創刊）和旬刊（1901 年創刊）兩種，見史和、姚福申、葉翠娣編：《中國近代報刊名錄》（福州：福建人民出版社 1991 年版，第 206～207頁）。這一觀點也被陳萬雄所認可，見陳萬雄：《五四新文化的源流》（北京：三聯書店 1997 年版，第 135 頁，第 138 頁）。第二，有關《杭州白話報》（1901年創刊）先後主持編務者不一致。一種觀點認爲創刊初期任主筆的有鍾寅、汪歆、童學琦，擔任編輯的有邵章、汪希、袁毓麟、陳叔通、程光甫、韓靖庵等。1903 年孫翼中接任《杭州白話報》的總編輯。1903 年 1 月 29 日開始，項藻馨因辦理安定學堂事，將報館經理事宜委託胡修盧管理。1906 年孫翼中離開杭州，由翦子安、魏深吾任主編。見史和、姚福申、葉翠娣編：《中國近代報刊名錄》（福州：福建人民出版社，1991 年版，第 206～207 頁）。方漢奇也認可這一說法，見方漢奇：《中國近代報刊史》（太原：山西教育出版社 1981年版，第 263～265 頁）；另一種認爲先後由林獬、孫翼中、陳叔通等主編。1903 年至 1906 年間，孫翼中主編，言論最爲激烈。見周蔥秀、涂明：《中國近現代文化期刊史》（太原：山西教育出版社 1999 年版，第 20 頁）。最先注意到這種爭議的是蔡樂蘇，她在《清末民初的一百七十餘種白話報刊》（丁守和主編：《辛亥革命時期期刊介紹》第 5 集，北京：人民出版社 1987 年版，第 500～501 頁）一文提到。筆者見到的《杭州白話報》爲旬刊版，前後共有82 期。第 1 期宣樊子（林白水）所寫的論說《論看報的好處》具有發刊詞性質，其中也未提到此報與月刊版有何淵源，所以可以認定它並非「復刊」。這一說法也在王植倫的《林白水》（福州：福建教育出版社 1992 年版）和林慰君的《我的父親林白水》（北京：時事出版社 1989 年版）這兩部傳記中得到證實，他們均稱林白水在 1901 年起始任《杭州白話報》的主筆。

〔註21〕劉師培：《論白話報與中國前途之關係》，《警鐘日報》，1904 年 4 月 26 日。

推動社會運動的開展，對後來白話報與白話文運動的發展有著十分重要的影響。

一、專注於思想與知識的啓蒙

宣樊子（林獬）在第一期「論說」欄目中發表《論看報的好處》〔註22〕，可以看作是《杭州白話報》的發刊詞。作者開頭便以鐵路、電線、火輪船帶來的交通便利來批駁「洋人做的東西，我們中國不該學他的樣」的頑固守舊派的思想，以此來說明開報館「最便我中國的士農工商四等人」，接著依次論說了看報對於士農工商各階層的好處，語句淺顯活潑有親和力，「沒有報看，那裡能都曉得呢？以上的話，都不過舉其一端，還有各樣便宜的地方，諸位大概也算的到，不必我們多說了。」最後提出了刊物的特點：「所以我朋友們商量想開報館，又怕那文縐縐的筆墨，人家不大耐煩看。並且孔夫子也說道，動到筆墨的事情，只要明明白白，大家都看的懂就是。」爲了增強論說的信服力，還舉日本的貝原益軒做粗淺的小說與明治維新的成功作爲例子。有研究者認爲「這篇文章的獨特之處在於它將『士』與『農工商』相提並論，把他們均視作白話報的教育、宣傳對象。……作爲知識者的宣樊子竟然將讀書人也劃入到『民』的行列當中，以往居高臨下的教化姿態也隨之變成了平等的對話，這種跨越不能不令人驚訝」〔註23〕。這一解讀似乎有著預設「精英——大眾」二元對立的立場存在，但如前所述，我們可以把這種解讀看作是維新人士不僅在理論上有新的突破，而且在實踐中也努力創造社會各個階層之間的互動機會，爲進行最爲廣泛有效的社會動員而作著努力。

談及《杭州白話報》的宗旨，前期表現爲局限於「變法改良」思想，以「開民智」「作民氣」爲宗旨：「開民智和作民氣兩事並重。不開民智，便是民氣可用，也是義和團一流的人物；不作民氣，便是民智可用，也不過是作個聰明的奴隸，中國人要想享自由平等的幸福，可永遠沒有這一日」，知恥、知憤才能產生「愛國的志氣」，「鼓起愛國的熱力」〔註24〕；同時宣傳「新政」和「社會改革」〔註25〕：「因爲是舊風俗不好，要想造成那一種新風俗；因爲

〔註22〕 宣樊子說：《論看報的好處》，《杭州白話報》第 1 期，1901 年 6 月 20 日。
〔註23〕 王平：《清末民初的語言變革與現代文學雅俗觀的生成》（博士論文），四川大學文學與新聞學院 2007 年，第 54 頁。
〔註24〕 《謹告閱報諸公》，《杭州白話報》第 33 期，1902 年 6 月 1 日。
〔註25〕 方漢奇：《中國近代報刊史》，太原：山西教育出版社 1981 年版，第 263 頁。

是舊學問不好，要想造成那一種新學問；因爲是舊智識不好，要想造成那一種新智識」〔註26〕，並將這種新中國的責任落實在百姓身上，「從我們做白話報，和勸他看白話報做起」：

> 我們這種杭州白話報，也已辦了兩年，內中所說的話，也有勸男子的，也有勸婦人的，也有勸兒童的，也有勸各式人等的，卻都是拿了頂淺的說話，演出頂新的道理。我料著現在中國，要說是不能發達，設或發達起來，那新風俗、新學問、新智識必定推到我們大家所辦的白話報，是一個最大最堅固的根基。列位不信，試看著歐美日本各國，凡是絕大的事業，都從幾個文人，把那些世界歷史、人倫道德翻演了一篇白話，到處傳播開來，才能夠激動人民組織新國。如今我們中國，雖然是望不到這個地位，但是一步趕一步，一個趕一個，同志越聚越多，功效越顯越大。即如辛丑那年，不過一個杭州白話報，到了癸卯便有了中國白話報，紹興白話報，寧波白話報。到了今年，三個月還未過完，那安徽俗話報，吳郡白話報，福建白話報都已陸續出來，如此延推下去，不上三四年，定然成一個白話世界了。

> 白話報出的多，看白話報的人自然是越久越多。不是我說一句誇口的話，那時節，我适才所說的新風俗、新學問、新智識，都要從這個時候，出現我們所處的老大中國了！本報因爲抱著了這個希望，因此心情願願，再和列位談談！（標點爲引者加）〔註27〕

把「社會變革」的通道放在革新風俗、學問、智識層面，面對的對象是下層社會百姓即即農工商賈婦人兒童，但最終的目的「千句話拼一句話說，因爲舊中國不好，要想造成那一種新中國」便帶有後期革命的色彩了，這也是研究者指出後期「孫翼中在項藻馨的推薦下，接任《杭州白話報》的總編輯。該報開始傾向革命，隨後成爲光復會的輿論機關」〔註28〕的立論所在了。如前所述，《杭州白話報》從剛開始的「變法改良」到後來的「革命」除了與主筆不斷更換，影響到了刊物的風格外，還暗合了白話報與時代發展的軌跡，因爲「庚子後，時代思潮丕變，到1903年初，隨著拒俄運動和蘇報案的發生，

〔註26〕《論本報第三年開辦的意思》，《杭州白話報》第3年第1期，1904年。
〔註27〕《論本報第三年開辦的意思》，《杭州白話報》第3年第1期，1904年。
〔註28〕史和、姚福申、葉翠娣編：《中國近代報刊名錄》，福州：福建人民出版社1991年版，第207頁。

一新生的排滿革命的知識團終得形成，日益壯大，開始活躍於時代舞臺，為晚清革命運動開了一新的形勢」〔註 29〕，所以寄居在「制度性媒介」中的知識分子便把辦白話報作為首要的工作。

正如李孝悌指出的那樣，「絕大多數白話報創辦的目的，雖然是為了使沒有受過太多教育的人，能夠有一個比載（「較」，引者注）容易的管道去接觸新知識、新思想，但它們所設定的對象，很多都並不僅局限於下層社會，而實際的閱讀者，範圍也很廣」〔註 30〕。林獬在《杭州白話報》創刊開始的時候，便不小心流露出了這種意向：「我們辦這個報的意思，原為廣開民智起見。現在議定：凡各省已設的學堂及義學主人向本館買報全年至十份以上者，照外埠代售例，八折算賬。如有達官、富商定至十份，義在分送者，亦照此例。」〔註 31〕雖是報刊促銷的方法之一，但可以從中解讀出報刊的「擬想讀者」也包括新式學堂的學生以及社會中層以上的知識分子。

這便是白話報理想與現實之間的矛盾，白話報期待讀者階層應是粗識文字的百姓：「欲民智大啟，必自廣興學校始。不得已而求其次，必自閱報始。報安能人人而閱之，必自白話報始。」〔註 32〕為了擴大報紙的影響面，杭州白話報館除了上述提到的方法外，還對其出版發行方面的問題一一作了交代：

　　一　這個報月出三本，全年三十三本。零售每本大錢三十。預付洋錢，定看全年，大洋一元。半年大洋六角。

　　一　內地寄報　凡代售及訂閱者信資自給。如已設郵局的地方，每份每年加郵費洋二角，各代售處均可一律照收。

　　一　外埠代售　概提二成，以貼信資等用，惟報資多要先付，按季清給。

　　……

　　一　這報的費用是同志的朋友們逐月捐助的。現在議定：月捐一元，送報一份；多捐的人，仍要多送，算不得謝，不過表表我們報館裏的誠心。

〔註 29〕陳萬雄：《五四新文化的源流》，北京：三聯書店 1997 年版，第 161 頁。

〔註 30〕李孝悌：《清末的下層啟蒙運動：1901～1911》，臺北：「中央研究院」近代史研究所 1992 年版，第 22 頁。

〔註 31〕宣樊子說：《論看報的好處》，《杭州白話報》第 1 期，1901 年 6 月 20 日。

〔註 32〕裘廷梁：《無錫白話報序》，見中國史學會主編：《中國近代史資料叢刊·戊戌變法Ⅳ》，上海：神州國光社 1953 年版，第 544 頁。

　　一　如有人拿錢特捐在報館裏，好教我們的報興旺起來，這是最好的事。凡捐洋十元以上者，送報兩年。五元以上者，送報一年。五元以下這，俟所演的書，印成專本，再行奉送。

　　一　外來的白話文件、信，錢多請自付。惟不論刻不刻，原稿均不檢還。

　　一　各地如有新出書報能夠開智者，本館均可代登告白。刊印另議酌取，如須代售亦可。〔註33〕

這裡最爲突出的便是報刊的生存發展環境，《杭州白話報》早期缺乏穩定的經濟資助。因爲「這個報的費用，是同志的朋友們逐月捐助的」，在報刊的「封底」不定期的刊出捐贈人的姓名和錢數，足以說明其中發展歷程備含艱辛。比如在第 1 年第 10 期上又發表了《〈杭州白話報〉增價啓》，「本館現以杭垣洋價驟跌，又議另賃他屋增添頁數，因此不敷開銷」〔註34〕。同時編輯者也面臨著分化，因爲他們「惑於科名，相率獵取高科他去」，「惟癸卯以後，孫翼中出任經理，始放異彩」〔註35〕。

　　可幸的是，這種推銷方法也得到了回應：嘉興廣智學會的人就曾自費購買《杭州白話報》到茶坊酒肆裏面免費贈予人看〔註36〕，而求是書院、杭州武備學堂的學生也每月買幾百份《杭州白話報》送人〔註37〕。從「白話報卻隨便什麼人，都可看得」〔註38〕到以新式教育下的青年學生作爲「期待讀者」，批評「中國蒙館先生，教法不好」，說明創辦新式教育的種種好處，並認爲和外國人辦交涉需要「有個彼此來往公共的道理」，唯一的途徑就是開闊眼界，出國留學〔註39〕。從傳播策略來看，這裡似乎也暗含著林獬等人的期待，以新式學堂的學生以及社會中層的知識分子爲「中間人」，通過二次傳播影響到下層民眾，這也是後文要詳細討論的啓蒙形式，暫且不論。

〔註33〕《本館告白》，《杭州白話報》第 1 期，1901 年 6 月 20 日。

〔註34〕《杭州白話報增價啓》，《杭州白話報》第 10 期，1901 年 9 月 17 日。

〔註35〕蔡樂蘇：《清末民初的一百七十餘種白話報刊》，丁守和主編：《辛亥革命時期期刊介紹》（第 5 集），北京：人民出版社 1987 年版，第 501 頁。

〔註36〕《廣智學會買報分送》，《杭州白話報》第 19 期，1901 年 12 月 15 日。

〔註37〕《杭州武備學堂設立分送白話報社》，《杭州白話報》第 20 期，1901 年 12 月 25 日。

〔註38〕《蒙報大興》，《杭州白話報》第 7 期，1901 年 8 月 18 日。

〔註39〕《游學生有出身》，《杭州白話報》第 13 期，1901 年 10 月 16 日。

正是由於「擬想讀者」的設定，《杭州白話報》儘管受到時代風潮的影響，但也有一些自我的特色存在。從欄目編排上看，有論說、中外新聞、地學問答、雜文、俗語指謬、俗語存眞、北京紀聞、新歌謠、新彈詞、時事評論、歷史故事、小說、雜著等，較之之前的報刊欄目來看，帶有較爲明顯的「啓蒙色彩」和「本土色彩」：「論說」「中外新聞」「北京紀聞」「時事評論」多從教育規勸的角度出發，勸人識字、不要虐待奴婢、中國男女結親的壞處、中國人對付外國人採用的手段、革新風俗等，並根據當時國內外發生的大事以及杭州本地的事件作爲對象，迎合了下層民眾能用粗淺的知識來關心國家大事的心理；「地學問答」「雜文」「俗語指謬」「俗語存眞」則從普及知識的角度引導下層民眾注意日常生活中的細節；「新歌謠」「新彈詞」「小說」「歷史故事」「雜著」則從故事的角度發揮文學的教育功能，這些都爲後來的白話報編排所吸收模仿。

「啓蒙的綱領是要喚醒世界，袪除神話，並用知識替代幻想」〔註 40〕，連載《地學問答》《談天》欄目，普及有關地理、天文、物理、化學等方面的知識，如關於地球的樣子、地球的行動、天然的界限、七大洲和國家，關於彗星、空氣、風、雷、電、日暈、霞、三光、天河、南北極、指南針、子午儀、經緯線、天變、日蝕、月蝕、星隕等，極力地向下層民眾普及西學知識，如前所述，這裡的知識非常適合新式學堂的學生來閱讀。第 2 期陳叔通發表《勸人識字說》，並從第 12 期到第 31 期創立「俗語指謬」欄目，醫俗道人在其《〈俗語指謬〉序》中認爲，「那荒謬的話，從千百年流傳下來」，「深深印入腦中，永遠不忘」，「可憐中國四萬萬人，不知有多少人，中了俗語的毒」。〔註41〕比如「閒事不管，飯吃三碗」，「今朝不知明朝事，過一日算一日」，「是非只爲多開口，煩惱都因強出頭」，「四書熟，秀才足；五經熟，舉人足」，「不聽老人言，吃苦在眼前」，「嘴上無毛，辦事不牢」，「衣裳欲新人欲舊」，「女士無才便是德」，「癡男勝過巧女」，「男女相去五百級」，「由天由命不由人」，「打鐵不打釘，好女不看燈，好男不當兵」，「千人掙不如一人困」，「孤墳應祭祖」「女兒賠錢貨，不賠議不過」，「一命二運三風水，四積陰功五讀書」等。這些俗語涵蓋了下層民眾日常生活的諸多面相，辦此欄目的目的就是揭示這

〔註40〕 〔德〕霍克海默、〔德〕阿道爾諾：《啓蒙辯證法：哲學斷片》，渠敬東、曹衛東譯，上海：上海人民出版社 2003 年版，第 1 頁。
〔註41〕 醫俗道人：《〈俗語指謬〉序》，《杭州白話報》第 12 期，1901 年 10 月 7 日。

些常見俗語背後所潛藏的荒謬寓意，通過淺顯的說理打破民眾既有的思維偏見，從而起到教育、普及知識的目的〔註42〕。

　　此外，從第16期到第30期，在「論說」一欄中連載了12篇《變俗篇》，對於民間盛行的燒香、扶乩、拜懺、吃素、吃煙、謠言、飲酒等不良現象進行了批判，同時通過教育尤其是女子教育來革新風俗，要求女子放纏足〔註43〕，改裝飾，講衛生，改變近親結婚的惡俗〔註44〕，同時還從治國齊家的理論出發，對於男女社交公開，婚姻自由，辦女報〔註45〕，鼓勵留學生出國學習〔註46〕等方面都給予了關注。《杭州白話報》從第2年第1期到第12期上，又設立了「俗語存眞」欄目，輯錄了諸如「世上無難事，只怕有心人」，「知己知彼，百戰不勝」，「家不和，鄰居欺；鄰不和，外人欺」，「將相本無種，男兒當自強」，「人善被人欺，馬善被人騎」，「有福同享，有難同當」，「人爭氣，火爭煙」，「男有剛腸，女有烈性」，「江山好改，本性難易」，「單絲不成線，獨木不成林」，「說的十句，不如做到一句」等在內的俗語共11條，對這些俗語中背後所蘊含的眞知灼見進行了論述〔註47〕。由此可見，《杭州白話報》專注於思想與知識的啓蒙的同時，還對俗語以及相關的底層文化持一種理性和客觀的姿態。

　　以《杭州白話報》爲代表的啓蒙白話報，專注於思想與知識的啓蒙，可能會得到新式學堂學生的歡迎，他們可以藉此獲得更多的西學知識。《杭州白話報》發行代售處包括上海、蘇州、無錫、金陵、北京、武昌、宜昌、常熟、江西、福建、浙江各地共23處，發起運動的廣度令人稱讚，但極少記載下層民眾閱讀該報後的效果等。「啓蒙對一切個體進行教育，從而使尚未開化的整

〔註42〕 謝俊美在《杭州白話報》一文也有所涉及，見謝俊美：《杭州白話報》，丁守和主編：《辛亥革命時期期刊介紹》（第2集），北京：人民出版社1982年版，第76～77頁。

〔註43〕 《論杭州將興放足會事》，《杭州白話報》第2年第5期，1902年；《放足會第一次聚會》，《杭州白話報》第2年第9期，1903年。

〔註44〕 閒閒者演：《論中國男女結親的壞處》，《杭州白話報》第1年第4期至第6期，1901年。

〔註45〕 《興辦女報》，《杭州白話報》第2年第1期，1902年。

〔註46〕 《苦勸女郎游學》，《杭州白話報》第1年第16期至第17期，1901年。

〔註47〕 謝俊美在《杭州白話報》一文對此也有所涉及，見謝俊美：《杭州白話報》，丁守和主編：《辛亥革命時期期刊介紹》（第2集），北京：人民出版社1982年版，第77～78頁。

體獲得自由，並作爲統治力量支配萬物，進而作用於人的存在和意識」〔註48〕，在第 2 年第 26 期至 27 期只刊登了杭州學生有關浙礦事第一次演說的來稿，也有力的證明了《杭州白話報》難以深入下層民眾。尤其到了後期，孫翼中接編《杭州白話報》後，由於啓蒙立場的偏好和政治見解的差異，不自覺地把啓蒙對象鎖定在傾向於革命的學生與會黨，「浙江學風盛行。富有明末清初以來學者、書生的種族主義抵抗傳統，也是以『反清復明』爲目標的會黨勢力強大的地方」〔註49〕。如前所述，啓蒙者原初願意放低自己的姿態，以白話文來開民智、作民氣，但由於自身「啓蒙者的角色認定，使得晚清白話文的作者自居於先知先覺的地位」〔註50〕，同時由於報刊生存發展的困境等外在原因也造成了啓蒙對象的局限性。

二、啓蒙形式與社會運動的結合

李孝悌在總結清末的下層社會的啓蒙形式時，認爲白話報刊的口語化和閱報社的普及還不足以解決所有的問題：

> 看報的人，不一定都來自下層，但爲了吸引更多潛在、有待開發的對象，二十世紀初的啓蒙者，多方設法，務期用盡所有可能用得到的方式，把高遠的理想落實到滿目瘡痍的廣闊土地上。人民看不懂艱難晦玄的符號，他們可以換一套表現方式，用下里巴人的村言俚語寫出他們的救世良言。再不懂，他們可以把書寫的文字換成口說的語言。如果口說的也不能引人入勝，無法喚起民眾的回應、共鳴，他們乾脆就把人生、世事都幻化作舞臺，粉墨裝點地訴說出心中無限的衷曲。〔註51〕

從上文談到的清末的啓蒙形式來看，大致可以分爲書面語系統和口語系統兩類，前者包括白話報刊、白話類宣傳品和教科書，後者包括宣講、講報、演說以及民間戲曲演出等形式。《杭州白話報》開始關注並嘗試採用這些啓蒙形

〔註48〕 〔德〕霍克海默、〔德〕阿道爾諾：《啓蒙辯證法：哲學斷片》，渠敬東、曹衛東譯，上海：上海人民出版社 2003 年版，第 38 頁。

〔註49〕 〔日〕近藤邦康：《救亡與傳統：五四思想形成之內在邏輯》，丁曉強等譯，太原：山西人民出版社 1988 年版，第 119 頁。

〔註50〕 夏曉虹：《晚清社會與文化》，武漢：湖北教育出版社 2001 年版，第 119 頁。

〔註51〕 李孝悌：《清末的下層啓蒙運動：1901～1911》，臺北：「中央研究院」近代史研究所 1992 年版，第 56～57 頁。

式，並結合同時期的社會運動，如義和團運動及其引發的反洋教、反賠款，慈禧回鑾，沙俄出兵東北，拒法運動等事件，真正施行了「以辦報發起和推進社會運動，又還轉以社會運動發展報紙；把辦報與搞社會運動結合起來而相互推進」〔註52〕的發展策略，引導啓蒙運動深入開展下去。

　　談及書面語系統的啓蒙形式，在看《杭州白話報》上具體的文本形式之前，要先辨別一下「文集文」和「報館文」的區別。1897 年 3 月 11 日，黃遵憲在《致汪康年書》中云：「館中新聘章枚叔、麥孺博，均高材生。大張吾軍，使人增氣。章君《學會》，論甚雄麗，然稍嫌古雅。此文集之文，非報館文。作文能使九品人讀之而悉通，則善之善者矣，然如此既難能可貴矣。才士也夫！」〔註53〕在啓蒙的傳播效果上，主張「語言與文字合」〔註54〕的黃遵憲顯然認爲報館文明顯優於文集文。在晚清啓蒙運動中，「作文能使九品人讀之而悉通」，依據傳統做文章講究「義理考據詞章」的一套顯然跟不上時代的要求。對於白話報來說，文章風格的通俗、淺顯和樸實顯得尤爲重要。《杭州白話報》的編輯欲借助傳統白話小說中的「說書人」的角色，把擬想讀者定義爲「聽眾」，模擬談天的場景，以口語化的詞語、句式模擬演說的場面效果。倘若仔細翻閱《杭州白話報》，可以看到他們潛意識中的這種認同：一般在文章署名的時候，後面多有「某某說」、「某某演」、「某某演說」、「某某演報」、「某某說法」、「某某述」之類的提示。當然，這應該是白話報上的通常慣例，編輯們把這種淺顯、易懂、樸實的文章風格看作是報刊特有的寫作方式的體現。比如林獬在《論看報的好處》開頭說：

　　　　諸位你看，現在天下也算的四通八達了，鐵路、電線、火輪船造
　　了許多。隨便有什麼事情，立刻送把人家曉得。我們生在這個時候，
　　也算得便宜極了。只可憐那不識時務的一班人都說道：洋人做的東
　　西，我們中國不該學他的樣。諸位是明白的人，請你聽一個現成的譬
　　喻。……諸位想想，孔子、伯魚是不是這樣的拘泥的人？〔註55〕

「諸位你看」、「請你聽一個現成的譬喻」，類似的敘述形式在《杭州白話報》

〔註52〕梁漱溟：《記彭翼仲先生》，梁漱溟：《憶往談舊錄》，北京：中國文史出版社
　　　　1987 年版，第 70 頁。

〔註53〕湯志鈞編著：《章太炎年譜長編》（全兩冊），北京：中華書局 1979 年版，第
　　　　44～45 頁。

〔註54〕（清）黃遵憲：《日本國志》，上海：上海古籍出版社 1981 年版，第 815 頁。

〔註55〕宣樊子說：《論看報的好處》，《杭州白話報》第 1 期，1901 年 6 月 20 日。

的具體文本中隨處可見，不再一一枚舉。當然也不排除直接把演說堂聽到的記錄下來，直接刊登在報刊上，如《杭州白話報》第 24 期就有《在記杭州演說堂》的文章。此外，《杭州白話報》上還出現了一種獨立文體──「演書」〔註 56〕。如《波蘭的故事》、《美利堅自立記》、《俄土戰記》、《菲律賓民黨起義記》、《檀香山華人受虐記》、《中東和戰本末紀略》、《日本俠尼傳》、《三大陶工故事》、《非鬚眉》、《女子愛國美談》、《俄宮活鬼》、《世界亡國小史》和《兒女英雄》等，「把中國外國好幾種書，演成白話」〔註 57〕，除了採用口語化的語詞，還套用傳統話本小說的過渡方式，如「這且按下，如今先說」、「閒話休談，卻說」等套語，使得研究者將其當作小說來看，忽視了其強調原創、真實、嚴肅的寫作態度，「借助小說體裁的廣泛影響力進行有關政治作用的書寫，正是這類文體的獨特之所在」〔註 58〕。

與此相關的便是小說文體，《杭州白話報》刊載的小說有艮廬居士演《救劫傳》（第 1 年第 2 期至第 31 期）、《亡國恨》（第 2 年第 19 期至第 23 期）、《黃天錄》（第 3 年第 1 期至第 15 期）、鋒郎的《遊塵》（第 3 年第 16 期）等，比如《救劫傳》就是作者感慨於庚子年間「北京拳匪事起，各國聯軍以剿匪為名，雲集於津沽間，長驅直入。距北京城破止百餘日耳。其間雖由王大臣暗中袒匪，亦因民之愚蠢不知外事，有以致之」，所以想「俾識字而略通文義之人得以稍知大概」〔註 59〕。因為《杭州白話報》創辦的時候，義和團運動剛被中外勢力聯合鎮壓下去不久。雖說 1900 年 7 月 2 日浙江地方當局也加入了「東南互保條約」〔註 60〕，但浙江各地依然受到了義和團運動帶來的各種衝擊，精神上的創傷絲毫不比北方地區緩和，「庚子八國聯軍攻陷北京，清廷敗績求和，所訂辱國條約，創鉅痛深，吾輩學生極為憤慨」〔註 61〕，《杭州白話報》也順應了這一趨勢，「以演義體裁編纂時事……適同志創辦《杭州白話報》，因陸續編次

〔註 56〕 孟麗：《論「小說界革命」的醞釀歷程》（博士論文），華東師範大學人文學院 2008 年，第 60～67 頁。

〔註 57〕 《白話報簡明辦法》，《中外日報》，1901 年 6 月 20 日。

〔註 58〕 孟麗：《論「小說界革命」的醞釀歷程》（博士論文），華東師範大學人文學院 2008 年，第 67 頁。

〔註 59〕 艮廬居士演：《救劫傳》，《杭州白話報》第 1 年第 31 期，1902 年 5 月 12 日。

〔註 60〕 徐和雍等：《浙江近代史》，杭州：浙江人民出版社 1981 年版，第 188 頁。

〔註 61〕 錢均夫：《求是書院之創設與其學風及學生生活情形》，原載《國立浙江大學同學會刊》1947 年 8 月 15 日，轉引自中國人民政治協商會議浙江省委員會文史資料委員會編：《浙江近代著名學校和教育家──浙江文史資料·第 45 輯》，杭州：浙江人民出版社 1991 年版，第 4 頁。

附刊報末，惟隨輯隨刊，舛漏甚多，姑錄其關目如左。」〔註62〕直接對剛發生的社會事件進行藝術再加工，有著較為直接的現實教育意義。需要說明的是，《杭州白話報》到了第3年以後，對於小說這一形式，較之以前的教育價值，開始更注重小說的審美價值，並且開闢獨立欄目，如鋒郎的《遊塵》便說：

> 喂，看官，久違呀，納福呀。還記得起第二年報上有個鋒郎麼，
> 我前兩年，常把寫亡國恨呀，醒國民呀，女子教育呀，兒童教育呀，
> 說得天花亂墜，聒噪諸君的清聽。到今年舌也□了，筆也禿了，便
> 卷起舌鋒，藏起筆鋒，做了個退鋒郎，浪跡天涯，閱歷些社會上奇
> 奇怪怪的風俗，到（「倒」，引者注）也賞心樂事，耳目一新。現在
> 遊倦歸來，追想前塵，頗多滋味，薈萃攏來，好待看官茶餘酒後，
> 在那豆棚瓜架下，解個悶兒，卻比不得那孫行者一個筋斗三萬八千
> 里的《西遊記》呢。〔註63〕

當然這裡的變化還涉及當時文壇潮流的變遷，留待後文再敘。如前所述，《杭州白話報》為了將啓蒙擴展到不識字的下層民眾，還活用古代白話小說、彈詞戲曲中的諺語、典故，比如宣樊子演《菲律賓民黨起義記》開頭說：「菲律賓是亞洲一個小島，民黨是一大股國民，個個相愛如同兄弟，結成一黨，好像那三國所說的桃園結義一般。」此外，採用民謠等藝術形式，如竹實飼鳳生編寫的《覺民曲》，「無奈我皇爺要一味維新，又怎知八月秋燐，把維新稿子燒乾淨。又做了文章，又復了弓槍，老頭巾得意洋洋，維新黨暗地悲傷，從今四百兆人都成了淒涼狀……」〔註64〕，唱起來很順口，易於傳唱。最值得注意的是，《杭州白話報》在利用這種啓蒙形式時，還注意到了形式上的創新。李孝悌認為在歷史上「戲曲和宗教是型塑中國下層社會心靈世界的兩種最重要的工具；在宗教普遍受到知識階層的撻伐、揚棄，而新的、更有效的教化媒體尚未出現之際，戲曲很自然就成為再造人心的最佳選擇」〔註65〕。晚清啓蒙者面臨的窘境便是戲曲要進行改良，用下層民眾能夠通曉的文字編寫貼近時代的曲目，摒棄傳統曲目結構中的韻文唱詞、說白等拗口部分，使其在表現內容上能以俗詞俗語表露真實的情感。

〔註62〕艮盧居士演：《救劫傳》，《杭州白話報》第1年第31期，1902年5月12日。
〔註63〕鋒郎：《遊塵》，《杭州白話報》第3年第16期，1904年。
〔註64〕竹實飼鳳生：《覺民曲》，《杭州白話報》第4期，1901年7月20日。
〔註65〕李孝悌：《清末的下層啓蒙運動：1901～1911》，臺北：「中央研究院」近代史研究所1992年版，第150頁。

用這種雅俗共賞的歌謠來傳播新信息、新知識、新思潮。比如《新童謠》（黃海鋒郎，第 2 年第 8 期，第 22 期）、雜歌謠《出軍歌》（第 2 年第 26 期，錄新小說）、新歌謠《洋大人》（燕市酒徒，第 2 年第 27 期），新彈詞包括《少年軍》（第 2 年第 23～24 期）、《女中師》（第 2 年第 28 期）、《亡國恨》（鋒郎，第 2 年第 29 期）、《哀新年》（第 2 年第 33 期），甚至在第 3 年第 16 期開闢「歌謠」欄目，有《浙江潮歌》《鐵良南下歌》《杭州女學校歌》《杭州教育會體育講習所運動會歌》4 種，現抄錄《浙江潮歌》和《鐵良南下歌》如下：

《浙江潮歌》

　　愛我浙江潮，產出英雄氣概豪，宋錢氏勳高。江東孫郎割據早，道帝王氣銷，怎見得非常人杳？時勢呀！英雄造！莫等閒坐待瓜分到。

《鐵良南下歌》

　　東亞風雲緊，睡獅還未醒。日日言維新，維新徒畫餅。練兵在北京，籌餉來南省。只把我膏腴搜刮盡，他安享太平，食玉更衣錦。我民不聊生，呼天天不應。〔註66〕

《杭州白話報》利用白話報刊的特點來進行啓蒙，優勢在於發行量大、傳播範圍廣、輻射能力強，「報紙發行數由不到一千份增至三千份」〔註67〕。有人曾將白話報與小說的傳播功用進行了對比，「唯白話報則各省頗有增設者，雖或作或輟，而風氣王變，已有端倪。此固有心興國者，所當引以爲喜也。誠以白話報之足以動人，猶之小說。」〔註68〕此後辦《京話日報》的彭翼仲也說「本館同人，狠想借這報紙，開通內地的風氣，叫人人都知道天下的大勢」，「因此又想了一個法子，決計用白話做報，但能識幾個字的人，都看得下去。就是不識字，叫人念一念，也聽得明白」〔註69〕。

　　此外，《杭州白話報》還把關注的注意點集中到了報外的活動：

　　第一，對於興辦學堂、蒙學教科書的宣傳。編寫通俗易懂的白話教科書，

〔註66〕《浙江潮歌》，《杭州白話報》第 3 年第 16 期，1904 年，標點爲引者加。

〔註67〕史和、姚福申、葉翠娣編：《中國近代報刊名錄》，福州：福建人民出版社 1991 年版，第 207 頁。

〔註68〕姚鵬圖：《論白話小說》，《廣益叢報》第 65 號，1905 年，見陳平原、夏曉虹編：《二十世紀中國小說理論資料》（第 1 卷），北京：北京大學出版社 1997 年版，第 150 頁。

〔註69〕彭翼仲：《作京話日報的意思》，《京話日報》第 1 號，1904 年 8 月 16 日。

作爲普及教育的恰當方式得到了實踐。晚清出現了一批新型的用白話編纂的
教材，許多倡導白話文運動的先行者也先後積極投身於此。〔註 70〕陳榮袞在
澳門創辦蒙學書塾，編寫了大量的白話語文課本，如《婦孺三字書》、《七級
字課》、《小學詞料教科書》等。上海彪蒙書局的浙籍人士施崇恩也編纂了許
多傳播新思想的白話文教材，如《繪圖白話字彙》被稱爲「中國第一部最通
俗的白話字典。」〔註 71〕《杭州白話報》就刊登過彪蒙書局的書籍廣告：

《新出繪圖識字實在易》

　　此書最便蒙童識字，每字用白話文話兩種解說，兼有繪圖一覽
易解。至於字法端楷，圖畫鮮明，猶其□事。現用上白洋紙石印，
每月兩期，第一期業已出書零售大洋一角二分。

　　總發行所　　杭州六克巷彪蒙書室□堂□齋□□□巷通記印書局

　　寄售處　　白話報館暨各書坊〔註 72〕

此外，還出現了一些由日本譯介過來的諸如《日本歷史》之類的白話教材。
清末的這些白話教科書可分爲兩種類型：「一種是爲了使兒童能夠理解課文的
內容在課文之後用白話對其進行了解釋和闡發，並不把原文完全翻譯過來；
一種是在文言課文後面用白話對原文所作的翻譯。」〔註 73〕但由於普及對象
是入學的兒童，與白話文倡導者所設想的對下層民眾教育，以進行廣泛動員
現實操作有一定的距離。

　　第二，對於宣講與演說的重視。演說是「對著眾人發明眞理，聽的入在耳
朵裏，印在腦子上，可以永久不忘。日子長了，可以把人的心思見解變化過來。」
〔註 74〕這種形式被官方力量和民間人士所看重，其內容或爲報刊刊載的時事新
聞，較有現實針對性和教育意義，如《杭州白話報》第 2 年第 19 期至第 20 期
刊登的《緊要演說》談「拒法運動」：「廣西撫臺王之春，借法國的兵，來兵內
亂，這事關係中國一國的安危。上海志士，於三月廿八日，聚集張園，商議阻
止借兵的策，今將各人演說錄下」，先後有龍積之、關德甫、馬君武、錢寶仁、

〔註 70〕 熊月之：《西學東漸與晚清社會》，上海：上海人民出版社 1994 年版，第 663
　　　　　～672 頁。
〔註 71〕 譚彼岸：《晚清的白話文運動》，武漢：湖北人民出版社 1956 年版，第 20 頁。
〔註 72〕 《杭州白話報》第 2 年第 22 期，1903 年，標點爲引者加。
〔註 73〕 鄭國民：《從文言文教學到白話文教學——我國近現代語文教育的變革歷
　　　　　程》，北京：北京師範大學出版社 2000 年版，第 86 頁。
〔註 74〕 《敬告宣講所主講的諸公》，《大公報》，1905 年 8 月 16 日。

吳稚暉、蔡民友等人登臺演說；或爲演說人特就某話題寫的鼓動性文章，也具有較強的感染力，如浙礦事第一次演說（第 2 年第 26 期至第 27 期）：

> 諸君諸君，試想礦是我浙江人的公產，高子衡不過是浙江一千數百萬人裏面的一個人，如何能夠不問情由，擅自由高氏一家，送給外國人呢？諸君試想，這等要緊事件，可袖手旁觀聽他去辦麼？我們既做了國民，一國的利害，都是我們的責任，況且浙江是我們祖宗一直住下來的地方，浙江省裏，不論什麼事，好歹總和我們都有干涉。現在我（應爲「有」，引者注）這種重大的事，若大家仍是糊糊塗塗，不見不聞，以爲這種事，與我們有什麼相干。我要問我們學生社會的心，究竟是死的，是活的？平日說什麼國民，說什麼熱心愛國，都是一片紙上空談。

這是杭州學生的一篇來稿，很有現場感，他所提出的「國民」與國家的責任與義務關係等，也昭示著這時期的《杭州白話報》傾向於革命的色彩，演說的主體僅爲知識分子。因爲演講要求的相關素質比較高，對於生活在閉塞內地的下層民眾來說，難以獲得新的知識觀念，比不上後來的白話報發動下層民眾也加入到演說的隊伍中來。此外，對演說會募捐（第 1 年第 3 期）、演說堂改名（第 2 年第 32 期）等也加以事無鉅細的關注。這一時期求是書院的學生也開始響應杭州白話報館的活動：

> 至於勵志社在校外之工作約有二種：第一，響應白話報運動。時校內外有志提倡開通民智之士紳，創辦白話報，其立論淺近，喚醒民眾，打破舊習，同學認爲可仿照分送善書例，乃向同學捐款協購分送。第二，並在附近茶館如太平門外及菜市橋一帶地方講解白話報。凡同學於每星期日有被抽籤舉往講解，均須前往，不得辭謝。余亦曾被舉往講述「世界地理與人種」一題，記得曾持地球儀及世界人種圖指畫說明，聽者莫不驚異有黑人紅人之說。第三，改革書塾。先就板兒巷蔡姓私塾，認其教師有新思想，與其立約，改爲新民小學，並發給自編教本以代替百家姓與千字文，私塾學生概不收費，教師薪金全由同學集資供給，主其事者爲汪曼峰先生。〔註75〕

〔註75〕 錢均夫：《求是書院之創設與其學風及學生生活情形》，原載《國立浙江大學同學會刊》1947 年 8 月 15 日，轉引自中國人民政治協商會議浙江省委員會文史資料委員會編：《浙江近代著名學校和教育家——浙江文史資料·第 45 輯》，杭州：浙江人民出版社 1991 年版，第 4 頁。

上面提到的響應白話報運動、講解白話報、改革書塾等均是杭州白話報館一直關注並嘗試推動的工作。從中我們也可以看出，這種利用多種啓蒙形式與社會運動相結合的策略，來從事開啓民智、普及教育的設想，初衷是值得讚揚的，但啓蒙策略在推行過程中並非一帆風順。因爲此時白話報的讀者還主要集中在城市，白話報的種種努力和影響尚不足以遍及社會的各個角落。同時我們也較難看到編者與讀者之間好的互動與交流，但《杭州白話報》作爲一種啓蒙的工具，日益顯示出其「組織和引導功能」，無論如何都在開啓民智的征程上先邁出了堅實的一步。

三、「自動啓蒙」與「被動啓蒙」

　　1904 年 4 月 30 日，林獬在其小說《玫瑰花》中，把發動民眾分爲「自動」與「被動」兩種，前者需採取的方式是普及教育、開通民智，以期人人明白愛國愛種的道理；後者則是揭露政府的黑暗，甚至誘導政府加重對民眾的壓迫，以此來喚醒民眾，「自動不如被動，教育普及使人人都曉得民族的主義，非等幾十年後不能望其造成風潮，被動就快得不得了，（所以革命志士）一聞把變法之事消滅，到（「倒」，引者注）像遇了赦旨，喜歡的了不得，這種見解，自非庸耳俗目所能揣度」〔註76〕。《玫瑰花》是林獬在上海創辦《中國白話報》時，從第一期開始刊載的一篇小說，借其渡船朋友「毛取仁」的口吻來講故事：「我自從少時下海直到如今才回，二十年中間親眼見了許多奇怪有趣的事情，沒有半點不實在，向來小說的規矩都是說謊話，說的雖然好玩，人家總不肯去相信他。如今我們把這段實實在在的事，放在小說裏面，豈不教人家看了又好玩又可以相信嗎？」〔註77〕從故事情節來看，這篇小說帶有自傳的性質。

　　創辦《中國白話報》之前的林獬，先後參加過蔡元培、章炳麟主持的中國教育會、愛國學社和愛國女學校的創建，同蔡元培一起辦過《俄事警聞》和《警鐘日報》，但因「蘇報案」的牽連，中國教育會的成員就「把大團體散了，化成無數小團體（如愛國女學校、科學儀器館、鏡今書局、軍事講習會、同川學堂、女子俱樂部等），各人分頭辦事」〔註78〕。作爲其中一份子的《中

〔註76〕白話道人：《玫瑰花》，《中國白話報》第 10 期，1904 年 4 月 30 日。
〔註77〕白話道人：《玫瑰花》，《中國白話報》第 1 期，1903 年 12 月 19 日。
〔註78〕《文明紹介》，《中國白話報》第 7 期，1904 年 3 月 17 日。

國白話報》傾向於批判社會、提倡革命的立場無可厚非，第四期「歌謠」欄目刊載了劉師培的《崑崙吟》，後面有「白話道人」的案語：

> 余既從事中國白話報，乃徵歌謠於劉子申叔，申叔爲撰《崑崙吟》，起草凡二小時而罷，是一部二十二史，是一部民族志，其富於歷史之知識，種族之思想，字字有根據，而復寓論斷於敘事中，吾恐大索吾國中求一知劉子者不可得矣。淺學小生妄逞口說翻檢一二東籍三數報紙，緬然談種族論改革，以劉子之眼視之，殆野馬塵埃歟。〔註79〕

從中可以看出他們的政治見解與啓蒙策略，「報館本有監督國民的責任，這國民的範圍大得很，孩童婦女固然在國民之內，那黨派學生何嘗不是國民，而且現在識字的人太少，我這報並不是一直做給那般識粗字的婦女孩子們看的，我還是做給那種比婦女孩子知識稍高的人看」〔註80〕，接著還提到了「間接的教育」，但有研究者據此認爲「這些啓蒙者很難眞正將自己降到下層社會的水平上與他們對話」〔註81〕，其實在革命與立憲兩種政治改革的策略上，只是因其路徑的不同導致採取的啓蒙形式迥異罷了。

從林獬的人生軌跡來看，他 1874 年出生於福建閩侯，幼承家學，又從名士高嘯桐學習，聞名遠揚。1891 年 2 月他有感於「今樞臣、疆吏議興學堂，而不及女學」，遂在家鄉福州創立閩中女學會，「吾謂學會入手，必求其至簡至易，無務高遠以困難女子。其平日功課，先識字，由識字以至解釋字義，以至拼句，以至能演白話，以至能作白話短信，以至能作文言。度其時期必在一年之後，或一年半，乃可畢事。自是可以閱報及粗淺書籍，遂稍稍進以普通之書及高等普通三年，足爲師範。」〔註82〕表達了自己女學教育的設想，文後還詳細設置了女學會章程，達 10 類 40 條規定之多。1893 年，他受聘執教於浙江石門知縣林伯穎的家塾，近代史上著名的林家子侄如林長民、林肇民、林尹民和林覺民都受其教澤。

應當說，林獬典型地代表了「新的社群媒體——現代知識階層」的形成

〔註79〕劉光漢：《崑崙吟》，《中國白話報》第 4 期，1904 年 1 月 31 日。

〔註80〕白話道人：《通信·答常州恨無實學者來函（附原函)》，《中國白話報》第 11 期，1904 年 5 月 15 日。

〔註81〕楊早：《清末民初北京輿論環境與新文化的登場》，北京：北京大學出版社 2008 年版，第 54～55 頁。

〔註82〕林偉功主編：《林白水文集》，福州：福州市新聞出版局（內部發行）2006 年版，第 1～3 頁。

特徵：大半脫離本鄉社會，寄居於沿海沿江發達大都市的「制度性媒介」之中，變成無根的知識分子；與現實政治、社會保持相當程度的緊張關係；對傳統文化保持著強烈的遊移性、曖昧性與矛盾性；基於「制度性媒介」對社會文化思想產生影響〔註83〕。按照余英時的話來說，就是轉型時代的知識分子，在社會上他們是游離無根，在政治上，他們是邊緣人物，在文化上，他們卻是影響極大的精英階層〔註84〕。

　　「甲午一役，刺激人心甚深，日本爲蕞爾小國，中國向抱輕視態度。自經此役後，朝野有識人士，深知國勢日拙，國難嚴重，欲謀振興中國非從興學與儲才兩方面著手不可。林迪臣來守杭州以後，推行新政，約有三端可舉，一爲策論試士，二爲興辦學堂，三爲派遣留學」。〔註85〕錢理群在《我的精神自傳》中談及他的外祖父項蘭生先生說，「後來我外祖父成爲維新派人士，他最早在杭州辦白話報，開辦安定學堂；然後又擔任浙路公司公務科長。辦學堂，辦報紙，修公路，這都是開時代風氣之先的」〔註86〕，之前林獬曾應杭州知府林迪臣（林啓）的邀請，參與創辦求是書院、養正書塾、蠶學館等新式學堂，並擔任求是書院總教習。到1901年6月，項蘭生主動出資邀請林獬辦「一張臚陳利弊，開廣見聞，據實昌言，不存忌諱的報紙」〔註87〕，這便有了《杭州白話報》的誕生。

　　1903年12月19日，林獬在上海創辦《中國白話報》，在發刊詞中特意提及他當年在《杭州白話報》的一些情況：

〔註83〕 張灝：《中國近代思想史的轉型時代》，張灝：《幽暗意識與民主傳統》，北京：新星出版社2006年版，第139頁。

〔註84〕 余英時：《中國知識分子的邊緣化》，余英時：《中國文化與現代變遷》，臺北：三民書局股份有限公司1992年版，第39～45頁。

〔註85〕 錢均夫：《求是書院之創設與其學風及學生生活情形》，原載《國立浙江大學同學會刊》1947年8月15日，轉引自中國人民政治協商會議浙江省委員會文史資料委員會編：《浙江近代著名學校和教育家——浙江文史資料·第45輯》，杭州：浙江人民出版社1991年版，第1頁。

〔註86〕 錢理群：《我的精神自傳》，桂林：廣西師範大學出版社2007年版，第12～13頁。其中「私立安定中學（即現在杭州第七中學）由胡修廬先生出資興建，「繼即選項蘭生（又名藻馨）爲學堂監督，凡規劃校名，建房宇教室，布置設備以及制訂章則，延聘教師，均由項主之。翌年（1902年）正式招生開學」。見陳憲清：《杭州安定中學》，轉引自中國人民政治協商會議浙江省委員會文史資料委員會編：《浙江近代著名學校和教育家——浙江文史資料·第45輯》，杭州：浙江人民出版社1991年版，第194頁。

〔註87〕 王植倫：《林白水》，福州：福建教育出版社1992年版，第112頁。

我從前在杭州的時候，也同著朋友們辦一種杭州白話報，那時候我做的白話也很多，都登在杭州白話報裏面，所以不上一年，那報居然一期賣了好幾千份；如今還是我幾個朋友在裏面辦哩，近來住在上海也常常替人家做幾篇白話的論說，大家都道我的説話還中聽的。我白話道人被人家恭維得高興起來，所以越發喜歡説話了。現在白話報也出了好幾種，除了杭州白話報是個老牌子，其餘的還有紹興白話報、寧波白話報，我不曾看見，也不好去恭維他，我只管我的賬罷。你們列位請看，我後頭分的門類，便曉得我這中國白話報，是個極好看的東西哩。〔註88〕

「後頭分的門類」有論說、歷史、地理、傳記、新聞、實業、時事問答、科學、小說、戲曲、歌謠、學術、通信等欄目，比《杭州白話報》更爲豐富和充實，從「看白話報的人越久越多，那新風俗、新學問、新知識必將出現在所處的老大中國了」〔註89〕，到「本報十分偏重國學，拿這種實實在在的學問來教育國民，將來成材的，才不至蹈如今草頭新黨各種的弊病」〔註90〕，可以說，以林獬爲代表的轉型時代知識分子，從一開始就把文化教育救國作爲啓蒙策略看待，依然堅信「自動啓蒙」的功效的，可以以《杭州白話報》和《中國白話報》爲例來具體說明，至於「被動啓蒙」我認爲反映了整個晚清新知識界啓蒙策略的轉變。

如前所述，《杭州白話報》專注於思想與知識的啓蒙，對教育的重視成爲該報的一大特色〔註91〕。同時，因爲林白水的關係，這一傳統在《中國白話報》中也有所體現。第一，批判中國既有的教育制度，讚美歐美現行的教育制度，主張普及教育、惠及全體國民。將八股取士的改良稱爲中國第一件喜事，「把那考文的臭爛八股，考武的笨重刀石，從明年起，一概丟去不用麼」，考文的「多要出時務題目，做策論」，「那考武已一律停止」，「將來議定凡秀才舉人進士，多要從武備學堂裏學過才能有個出身」〔註92〕。

〔註88〕《中國白話報發刊辭》，《中國白話報》第 1 期，1903 年 12 月 19 日。
〔註89〕宣樊子說：《論看報的好處》，《杭州白話報》第 1 期，1901 年 6 月 20 日。
〔註90〕白話道人：《通信·答常州恨無實學者來函（附原函）》，《中國白話報》第 11 期，1904 年 5 月 15 日。
〔註91〕謝俊美：《杭州白話報》，丁守和主編：《辛亥革命時期期刊介紹》（第 2 集），北京：人民出版社 1982 年版，第 73～76 頁。
〔註92〕《中國第一件喜事》，《杭州白話報》第 1 年第 10 期，1901 年 9 月 17 日。

同時認為西方歐美的政治學術、商兵工藝等種種事業的發達進步則「賴於歐美教育的勢力」，教育的宗旨「是要增進人的智識，陶鑄人的品行，使一國的國民，都有自治的法律，都有自立的精神」，教育的作用是「教人不可不知的學問，授人無所不能的才略，使一國的國民，都有立身的本領，都有處世的經驗」，又因民智民德民力都從教育中得來，所以要「研究教育普及的法則「，而且要求「郡府州縣，市鎮村落，都立學堂，男女貧富，盲跛聾啞，同受教育」，「現在是教育的世界，人無教育，就不能自立，國無教育，就不能自強」，「今日我們祖國，內憂外患，相侵相迫，全靠教育，造出文明」〔註93〕。

第二，採用德育、智育、體育這一西方教育的評價體系，呼籲重視女子教育、兒童教育、家庭教育。女子教育是「家庭教育的根苗，兒童教育的基礎，組織文明的源動力，改良種族的大機關」，「現在世界文明國，女學與男學並重，這真是強國強種獨一無二的大事業呢」，「家庭教育是一切教育的根本」，「社會教育、學校教育的基礎」，跟國家的強盛有關〔註94〕；並且逐條批駁「男是尊，女是卑，女子不配有學問」、「男治外，女治內，女子不必有學問」、「女子有了學問，恐怕要損害德行」、「女子天資遲鈍，身體羸弱，不能夠考求學問」這些舊觀念，認為女子教育的法則「也不外德育智育體育三大綱」，「第一培女德，第二開女智，第三強女體」〔註95〕；兒童教育要求教師要有「大公心」「愛國心」「培才心」「不誤人子弟心」「博采學問心」「忍耐改良心」，因為「文明種，少年子」，所以要勇敢擔當起「教育重任」〔註96〕。黃海鋒郎這篇談及女子教育和兒童教育的文章，一直刊載於《杭州白話報》「論說」頭條，從第9期一直連載到第15期，足見這一問題在主筆和編輯們心中的重要性。最值得稱道的便是日本女士下田歌子演說（第2年第10期至第12期），在刊登這篇演說時有編者的案語：

〔註93〕黃海鋒郎：《論今日最要的兩種教育》，《杭州白話報》第 2 年第 9 期，1903年。

〔註94〕黃海鋒郎：《論今日最要的兩種教育》，《杭州白話報》第 2 年第 9 期，1903年。

〔註95〕黃海鋒郎：《論今日最要的兩種教育》，《杭州白話報》第 2 年第 11 期，1903年。

〔註96〕黃海鋒郎：《論今日最要的兩種教育》，《杭州白話報》第 2 年第 13 期，1903年。

下田先生，是日本有名的女教育大家。熱心救世，以普渡同種（中國與日本同是黃色人種就謂之同種）男女爲己任。有一日，在華族（日本貴族）女學校，對我們中國到日本遊歷的人演説，大意論女學與國家的關係。要振興中國，第一件要緊的是教育。不但男的受教育，女的也一定要受教育。眞是一服救中國的良藥，句句切當，言言沉痛，令我們聽了又感激，又慚愧。不料日本的女人，竟有愛護中國的心腸？難道我們中國人，倒反忘記自家的祖國麼？做男子的果然應該講求學問，做些有益於國的事。就是女子們，也是國中一個國民。國家振興起來，女子也享得著福，國家亂起來，女子也一同受苦，所以男的、女的，一齊要講學問，一齊要替國家出力，才盡作人的資格哩。咳，説起這話，我也自羞自惱，恨不能做些事業，有好處到大家，幸虧組織了幾個□。且把下田先生那一段演説，編成俗話，登入白話報，以便識字的人，可睜起眼睛來子子（「仔仔」，引者注）細細看看，遇著不識字的人，諸君可放著喉嚨響響亮亮念念，叫他們矗起耳朵來清清楚楚聽聽。

將女子作爲「國民」中的一員，並把「國民」的責任與國家興亡聯繫起來，不僅凸顯了白話報讀者範圍的擴大，而且明確了白話報所塑造的接受群體應該具有的品質。爲了使得教育更有目的更高效，林獬還從齊家治國的角度出發，談如何處理家庭成員（家長，兄弟，夫妻）之間的關係，如何教育子女、接待客人、對待奴婢，嫁娶祭祀、烹調飲食、清理居室、理財以及改革舊俗（纏足、燒香、拜籤、吃素、好訟、吃鴉片、信風水、好賭博），如何享受家庭的樂趣等〔註97〕。爲了「藉此警醒世人的噩夢，做個引人入勝的先鋒，才好把這罪大惡極的世界，一筆勾銷」，《杭州白話報》刊載了署名「鋒郎」的文章，「只好仗著三寸的筆尖兒，運用腦中的思想，造成一個虛無縹緲、快樂無邊的華嚴世界」：「這個世界以內，風俗絕美，政法公平，貧富平等，無有界限，合力工作，互相生養，優游一世，無慮無驚，共沐自由的光榮，同享太平的幸福」〔註98〕，這也反映了《杭州白話報》的編輯者烏托邦的理想，「只

〔註97〕《齊家的法術》，《杭州白話報》第 1 年第 28 期，第 29 期，第 33 期，1902年。

〔註98〕鋒郎：《華嚴世界》，《杭州白話報》第 2 年第 20 期，1903 年。

要中國眞的民智開了，民氣鼓了，風俗改了，中國就一定會出現『政治良、
經濟福、民智開』的局面」〔註99〕。

　　1925 年 12 月 4 日，林白水在一篇文章中云：「說到杭州白話報，算是白
話的老祖宗，我從杭州到上海，又做了《中國白話報》的總編輯，與劉師培
兩人共同擔任，中國數十年來，用語體的報紙來做革命的宣傳，恐怕我是第
一人了。」〔註100〕在辦《中國白話報》時，林白水負責論說、小說、新聞、
時事問答等欄目，劉師培則負責歷史、地理、學術以及傳記欄目。如前所述，
他們以下層勞動者和青少年爲宣傳對象，「現在中國的讀書人沒有什麼指望
了，可望的都在我們幾位種田的、做手藝的、做買賣的、當兵的以及那十幾
歲小孩子阿哥、姑娘們」〔註101〕，提倡要用實實在在的學問來教育他們，這
在報紙的「實業」「歷史」「地理」「科學」「教育」「學說」「傳記」等欄目都
有著明確的體現。僅「教育」欄目就先後關注過小孩子的教育〔註102〕、軍國
民的教育〔註103〕、教育普及的方法〔註104〕、國文講授的方法〔註105〕、讀書
問答〔註106〕等方面，從中可以看出《中國白話報》延續了《杭州白話報》「自
動啓蒙」的策略，並且在內容上也更加充實豐富。

　　李孝悌指出：「1900 年代是中國近代史上『走向人民』運動第一次大規模
的開展。在本質上是一次思想、文化和社會的改良運動，具有強烈的啓蒙意
義。」〔註107〕但從「被動啓蒙」策略來看，我們也開始感受到時代革命氛圍
的來臨：從《杭州白話報》揭露了因義和團運動所帶來的反賠款、反洋教事
件給各地人民帶來的痛苦開始，所謂「民變」「鬧教」「鬧捐」消息經常登諸
「中外新聞」欄目；並以慈禧回鑾爲題，直陳清政府賣國媚外的腐朽反動行
爲，甚至以《中國社會之腐敗》〔註108〕爲題加以論說，強烈譴責西方列強侵

〔註99〕　謝俊美：《杭州白話報》，丁守和主編：《辛亥革命時期期刊介紹》（第 2 集），
　　　　　北京：人民出版社 1982 年版，第 79 頁。
〔註100〕　白水：《答吳稚暉先生》，《社會日報》，1925 年 12 月 4 日。
〔註101〕　《中國白話報發刊辭》，《中國白話報》第 1 期，1903 年 12 月 19 日。
〔註102〕　白話道人：《小孩子的教育》，《中國白話報》第 3 期至第 4 期，1904 年 1 月。
〔註103〕　光漢：《軍國民的教育》，《中國白話報》第 10 期，1904 年 4 月 30 日。
〔註104〕　光漢：《講教育普及的法子》，《中國白話報》第 13 期，1904 年 6 月 23 日。
〔註105〕　光漢：《講教授國文的法子》，《中國白話報》第 14 期，1904 年 7 月 3 日。
〔註106〕　白話道人：《讀書問答》，《中國白話報》第 21～24 合期，1904 年 10 月 8 日。
〔註107〕　李孝悌：《清末的下層啓蒙運動：1901～1911》，臺北：「中央研究院」近代史
　　　　　研究所 1992 年版，第 222 頁。
〔註108〕　醫俗道人：《論中國社會之腐敗》第 3 年第 2 期至第 14 期，1904 年。

犯我們的領土主權，比如把俄國指稱爲「雙頭鷲」、日本指稱爲「赤練蛇」、英吉利指稱爲「雄鷹」、德意志指稱爲「猛犢」、法蘭西指稱爲「佛狼」、中國則指稱爲「睡獅」等〔註109〕，但同時又主張文明排外〔註110〕，維護中外和局，贊同實行社會改良和君主立憲政治〔註111〕，「大家看看白話報，改過野蠻行徑，變過奴隸性質，處處從公理這條大路上走，自然四通八達。中國和外國永遠沒有事鬧出來了，中國也漸漸好興旺了」〔註112〕。

而到《中國白話報》時，以培育「國民」意識爲宗旨，在當時革命思潮的推動下，它以鮮明的立場鼓吹反帝愛國、革命排滿，痛陳沙俄在我國東北的種種暴行和西方列強隨時瓜分中國的危急情勢，引導人民推翻滿清的統治，逐漸偏離了以往白話報刊「開啓民智」的目標，改以新式教育下的學生作爲刊物的「潛在讀者」。在歐洲和俄國無政府主義的影響下，也鼓吹暗殺和破壞革命：「現在談教育的人，沒有一個不注意國民的教育，但教育的成效，我們弱國興教育大半是爲著（「著」，引者注，以下同）現在。既爲著現在，那成效又不能一時就見，這時倘不籌個速成的法子，那能夠濟急呢？別的速成法子也沒有，據我看來最快最捷的只有刺客」〔註113〕。企圖借助白話報刊這一平臺、憑藉白話文這一「俗文體」宣傳革命思想，促使革命群體內部成員之間的交流和互動，這可以視作政黨介入學生運動的雛形。如何使頗具現代色彩的「新名詞」全面滲透進白話文體，藉此實現從近代白話向現代白話的轉型，便成了晚清新知識界面臨的一個重要命題。

第二節　留日運動與名人講演

當我們談及文化輸入的形式，「我們的文化發展與思維發展大體上都『默認』了這樣的一個模式——由中國留學生將『先進』的外來文化搬運、輸送到國內的少數中心城市，又由少數中心城市再漸次向『下一級』中國城市傳輸，漸次傳輸的過程便是『先進文化』的信息逐漸減少的過程，於是對於北京、上海之

〔註109〕鋒郎：《雙頭鷲》，《杭州白話報》第 2 年第 20 期，1903 年。
〔註110〕《大家想想歌》（錄湘報），第 1 年第 1 期至第 2 期，1901 年 6 月。
〔註111〕黃海鋒郎演：《中國人》，《杭州白話報》第 2 年第 3 期，1902 年。
〔註112〕突飛子説：《論中國人對付外國人有四種情形》，《杭州白話報》第 1 年第 7 期，1901 年 8 月 18 日。
〔註113〕白話道人：《國民意見書·論刺客的教育》，《中國白話報》第 17 期，1904 年 8 月 1 日。

外的『外省中國人』而言，重要的就是不斷向中心城市的再靠攏與再學習，不斷自覺接受中心城市的文化引領」〔註114〕。這種單向輸入／輸出模式的合理性在於承認「文化勢能」〔註115〕這一前提，儘管反映了中國近現代文化發生、發展背後所依靠的文化交流的歷史事實，但將「文化交流」這一現象簡單等同於異域文化因素的「輸入」與「移植」的過程，無疑遮蔽了人這一主體在文化傳播過程中的能動性作用。「中國現代性的發生，是與人們（無論是精英人物還是普通民眾）的現實生存體驗密切相關的。這是比任何思想活動遠爲根本而重要的層次。現代性，歸根到底是人的生存體驗問題。」〔註116〕

　　對浙江而言，從 19 世紀中葉起，江南地區城市中心等級重新調整，杭州在一系列負面影響下，喪失了在以京杭大運河爲南北命脈的古老商業網絡中的戰略地位，處於不利的地位。上海得益於對外通商和杭州的衰落，迅速發展成爲大都市。〔註117〕「今人蘇精編的《近代藏書三十家》，所錄江蘇 11 人，浙江 8 人，福建 2 人（其中鄭振鐸生於浙江），湖北、湖南、江西、四川、安徽各 1 人」〔註118〕也間接證明了這一點，浙江在文化輸出的資格上喪失了領先的地位。如前所述，作爲甲午戰敗一方的中國，因民族危機的加深和革新富強的迫切訴求，認清培養留學人才對於國家強盛尤爲重要：「日本，小國耳，何興之暴也？伊藤、山縣、榎本、陸奧諸人皆二十年前出洋之學生也，憤其國爲西洋所脅，率其徒百餘人分詣德、法、英諸國，或學政治、工商，或學水陸兵法，學成而歸，用爲將相，政事一變，雄視東方。」〔註119〕這段話之所以被研究者多次引用，緣自它代表了當時統治階級中頭腦清醒、開明的知識分子的日本觀。

〔註114〕 李怡、肖偉勝主編：《中國現代文學的巴蜀視野》，成都：巴蜀書社 2006 年版，第 1～2 頁。

〔註115〕 「勢能」一詞是物理學術語，原爲相互作用的物體由於所處的位置或彈性形變等而具有的能。這裡借用來指稱同一歷史時期內不同的文化（或者亞文化）由於其發展程度不同，相互間會形成一定的落差，在不同文化（或者亞文化）相互交流的過程中，便形成了一種文化（或亞文化）之間相互作用的能，即「文化勢能」。

〔註116〕 王一川：《中國現代性體驗的發生》，北京：北京師範大學出版社 2001 年版，第 2 頁。

〔註117〕 汪利平：《杭州旅遊業和城市空間變遷（1911～1927）》，朱餘剛、侯勤梅譯，《史林》2005 年第 5 期，第 97～106 頁。

〔註118〕 吉川幸次郎：《清代三省の學術》，《吉川幸次郎全集》第 16 卷，東京築摩書房 1974 年版，第 3 頁，轉引自桑兵：《近代中國學術的地緣與流派》，《歷史研究》1999 年第 3 期，第 25 頁。

〔註119〕 （清）張之洞：《勸學篇》，上海：上海書店出版社 2002 年版，第 38 頁。

1901 年清政府實行「新政」,「直接受兩種社會趨勢的推動,一是開明士紳與青年學生的結合,二是都市與城鎮趨新勢力的凝聚,兩種趨勢往往交錯互滲」〔註 120〕,短短幾年間各種新型民間社團紛紛創立,教育會便是其中一種。它是由各地開明士紳自發組織的民間教育團體,在輔助辦理當地各種學務的同時,積極倡導新式教育,在促進教育近代化以及傳播新文化、新觀念方面有著積極的推動作用。對浙江而言,倘若把近現代留學生的中外文化交流當作一種有深度的「文化體驗」〔註 121〕的話,那麼作爲「推進新教育的核心組織」〔註 122〕的省教育會,便是這種「文化體驗」的「中轉站」。

一、文化交流活動的開展

中國學生大批湧向日本,很大程度上來源於中日文化地位逆轉造成的戲劇性變化。日本大約「到明治二十年（1887）左右,已完全不必再依賴漢譯本來吸收西洋文化,和中國文化也完全告別了。從這時候開始,中日兩國的文化地位就開始了逆轉;不久,日本在中日文化關係中的地位,已完全取代過去中國的地位了」〔註 123〕。隨之而來的便是日本知識分子對中國態度的變化:從之前對漢文化崇尚、愛慕之情轉變爲厭惡、鄙棄的風氣,這一態度趨向更因甲午戰爭戰勝中國達到了頂峰。如前所述,與之相對的中國有志人士,開始在這種「知恥近乎勇」的民族憂患中,鼓勵中國人向日本學習,「請廣譯日本書,大派游學,以通世界之識,養有用之才」〔註 124〕。研究者最樂於引用的便是張之洞 1898 年 3 月著的《勸學篇》:「至游學之國,西洋不如東洋,一、路近省費,可多遣。一、去華近,易考察。一、東文近於中文,易通曉。一、西書甚繁,凡西學不切要者東人已刪節而酌改之。中、東情勢風俗相近,易仿行,事半功倍,無過於此。」〔註 125〕張之洞闡述了開設新式學堂和派遣學生留日以普及近代教育的必要性,儘管這種鼓動性的呼籲帶有赤裸裸的功

〔註 120〕桑兵:《清末新知識界的社團與活動》,北京:三聯書店 1995 年版,第 277 頁。
〔註 121〕李怡:《日本體驗與中國現代文學的發生》,北京:北京大學出版社 2009 年版,第 11～17 頁。
〔註 122〕張彬:《從浙江看中國教育近代化》,廣州:廣東教育出版社 1996 年版,第 179 頁。
〔註 123〕汪向榮:《日本教習》,北京:中國青年出版社 2000 年版,第 34～35 頁。
〔註 124〕湯志鈞編:《康有爲政論集》（上冊）,北京:中華書局 1981 年版,第 301 頁。
〔註 125〕（清）張之洞:《勸學篇》,上海:上海書店出版社 2002 年版,第 39 頁。

利主義色彩，但將模仿對象從歐美轉向日本後，據不完全統計，從 1896 年開始派遣第一批留日學生 13 人起〔註 126〕，中國學生赴日本留學者絡繹不絕，人數逐年增加，在此後大約 10 年的時間裏，至少有 5 萬中國人以官費、公費、自費等方式在日本接受了不同層次和類別的教育〔註 127〕。

「到日本去！到日本去！」成為當時的一股留學熱潮，每年留日學生的人數都超過留學其他國家的總和，這一格局直到美國等國家把庚子賠款以留學資助的形式發還，特別是民初清華留美預備學校的成立才得以改變。1906 年清柳篤恒這樣描述留學生來日的情景：

> 於是，學子互相約集，一聲「向右轉」，齊步辭別國內學堂，買舟東去，不遠千里，北至天津，南自上海，如潮湧來。每遇赴日便船，必制先機搶搭，船船滿座。中國留學生東渡心情既急，至於東京各校學期或學年進度實況，則不暇計也，即被拒以中途入學之理由，亦不暇顧也。總之分秒必爭，務求早日抵達東京，此乃熱中（「衷」，引者注）留學之實情也。〔註 128〕

浙江官派留學生到日本也是在這種浪潮中起航的，「至若吾浙江，歲丁酉已有官派學生稽君偉（應為「侃」，引者注），汪君有齡二人到東學蠶業，汪君以病早回國，稽君於辛丑年夏卒業回國，是為中國官派學生至日本之濫觴」〔註 129〕，這一記載點明了 1897 年杭州蠶學館派學生到日本留學較他省為最早，「開創了國內派生留日風氣之先聲。就此而言，其意義大於派生留學本身。……他們的赴日預示著國內大舉派生留日時代即將到來」〔註 130〕。如上所述，隨著張之洞、楊深秀等人的呼吁，再加上當時日本方面所謂的「友好

〔註 126〕關於此點稍有爭議，筆者採用黃福慶的看法：「此十三名留日學生並非清政府計劃下所派遣者。當時清廷尚無固定的留學政策，裕庚此舉，只是基於駐日使館業務上需要之半官方式『使館學生』。惟他們已正式進入日本學校就讀，故應視為中國最早之留日學生。」見黃福慶：《清末留日學生》，臺北：「中央研究院」近代史研究所 1975 年版，第 13 頁。

〔註 127〕〔日〕實藤惠秀：《中國人留學日本史》，譚汝謙、林啓彥譯，北京：三聯書店 1983 年版，第 36～43 頁。

〔註 128〕轉引自〔日〕實藤惠秀：《中國人留學日本史》，譚汝謙、林啓彥譯，北京：三聯書店 1983 年版，第 37 頁。

〔註 129〕孫江東主稿：《敬上鄉先生請令子弟出洋游學並籌集公款派遣學生書》，《浙江潮》第 7 期，1903 年 9 月 11 日。

〔註 130〕呂順長在其著作中對浙江早期留日學生有較為詳細的考證，詳見呂順長：《清末浙江與日本》，上海：上海古籍出版社 2001 年版，第 9～20 頁。

表示」〔註131〕，共同促成了 1898 年 8 月中國派生留日政策的確立。是年 4 月浙江求是書院就首次選派 4 名學生赴日留學，另外還有浙江武備學堂選派的 4 名湘鄂籍學生〔註132〕。之後的浙江出現了「官私費赴日本游學者相望於道」的局面，僅僅從 1903 年 3 月至 1904 年 10 月，浙江共有留日學生 463 人，在全國排名第四，僅次於兩湖和江蘇〔註133〕，這除了浙江的文化經濟相對發達，官方如杭州知府林啓、浙江巡撫廖壽豐等和民間士紳大力興辦教育，提倡新學等原因外，還得益於現實民族危亡情狀對於留日學生的刺激：「而自今日觀之，中國之種禍固如何巨如急乎？且中國有何種學問適用於目前，而能救我四萬萬同胞急切之大禍也？……惟游學外洋者，爲今日救吾國唯一之方針。」〔註134〕這種彌漫於留日學生之中的激奮之情，爲留日運動的熱潮注入了一股民族主義的格調。

關於近代中日文化交流史方面的研究著作可謂不勝枚舉〔註135〕，1926 年舒新城談到研究留學史的動機時寫道：「現在的中國，留學問題幾乎爲一切教育問題或政治問題的根本：從近來言論發表的意見，固然足以表示此問題之重要，從國內政治教育實業諸事業無不直接間接爲留學生所主持、所影響的事實看來，更足見留學問題關係之重大。」〔註136〕但總體來看，「清末中國『以日爲師』，大致可歸納爲派遣學生留日、赴日參觀考察、招聘日本教習、翻譯日本書籍等四個主要途徑」〔註137〕。這裡著重談一下後兩種途徑對近代浙江文化氛圍的發展所產生的影響：〔註138〕

〔註131〕〔日〕實藤惠秀：《中國人留學日本史》，譚汝謙、林啓彥譯，北京：三聯書店 1983 年版，第 23～24 頁。

〔註132〕呂順長：《清末浙江與日本》，上海：上海古籍出版社 2001 年版，第 22～33 頁。

〔註133〕張彬：《從浙江看中國教育近代化》，廣州：廣東教育出版社 1996 年版，第 161 頁。

〔註134〕《勸同鄉父老遣子弟航洋游學書》，《游學譯編》第 6 期（1903 年 4 月），見張柟、王忍之編：《辛亥革命前十年間時論選集》（第 1 卷上冊），北京：三聯書店 1960 年版，第 381 頁。

〔註135〕這方面的著作很多，宏觀上可以將其思路大致分爲兩類：一是探討留學教育本身的問題，一是探討留學生對中國近代化的影響，或者兩者兼而有之呈現互補之勢。見田正平：《留學生與中國教育近代化》，廣州：廣東教育出版社 1996 年版，第 3～4 頁。

〔註136〕舒新城：《近代中國留學史》，上海：中華書局 1928 年版，第 1 頁。

〔註137〕呂順長：《清末浙江與日本》，上海：上海古籍出版社 2001 年版，第 3 頁。

〔註138〕對近代浙江來說，前兩種途徑的相關研究成果相對比較豐富。不計單篇論文

其一，翻譯日本書籍〔註139〕。張之洞在《勸學·廣譯》篇闡述了翻譯日本書籍的必要性，並指出依賴西洋人尋求新學的弊端：

> 　　大率商賈市井，英文之用多；公牘、條約，法文之用多。至各種西學書之要者，日本皆已譯之，我取徑於東洋，力省效速，則東文之用多。……學西文者，效遲而用博，為少年未仕者計也；譯西書者，功近而效速，為中年已仕者計也。若學東洋文、譯東洋書，則速而又速者也。是故從洋師不如通洋文，譯西書不如譯東書。〔註140〕

實藤惠秀在談到這一問題時說：「《勸學篇》不啻為留學日本的宣言書。《勸學篇》問世一年之後，各方反應熱烈。梁啓超在《大同譯書界敘例》稱：『聯合同志，創為此局。以東文為主，而輔以西文，以政學為先，而次以藝學。』……由此推之，日本書籍翻譯及日本留學兩事確是當時領導階層的共同呼聲。」〔註141〕1900 年左右，留日學生以及流亡日本的志士開始創辦刊物，並以此為中心成立各種組織團體諸如譯書彙編社、湖南編譯社、國學社、閩學會等。

浙江留日學生如陸世芬、富士英、章宗祥、錢承志、吳振麟等 5 人也參與到譯書彙編社〔註142〕的翻譯工作中，所翻譯書籍多與資產階級政治學說等相關，「光緒己亥以後，東遊漸眾，聰穎者率入其國法科，因文字之便利，朝受課程於講室，夕即迻譯以饗祖國。斯時雜誌之刊，前後相繼，稱為極盛。鼓吹之力，中外知名，大吏漸為所動。未幾而朝廷有考察憲政之使命，又未幾而仿行立憲政體之國是定矣。溯厥原因，雖至複雜，然當時輸入法學，廣刊雜誌，不得謂無絲毫助力也。」〔註143〕其中陸世芬還成立了以編譯出版中

外，較有代表性的論著除了本文提到的呂順長對清末浙江留日學生、清末浙江官民與日本的史實的詳細考辨外，還有田正平：《留學生與中國教育近代化》，廣州：廣東教育出版社 1996 年版；〔美〕任達：《新政革命與日本：中國，1898～1912》，李仲賢譯，南京：江蘇人民出版社 2006 年版等。

〔註139〕熊月之：《西學東漸與晚清社會》，上海：上海人民出版社 1994 年版，第 638～641 頁。

〔註140〕（清）張之洞：《勸學篇》，上海：上海書店出版社 2002 年版，第 46 頁。

〔註141〕〔日〕實藤惠秀：《中國人留學日本史》，譚汝謙、林啓彥譯，北京：三聯書店 1983 年版，第 23 頁。

〔註142〕熊月之：《西學東漸與晚清社會》，上海：上海人民出版社 1994 年版，第 642～643 頁。

〔註143〕張元濟：《法學協會雜誌序》，《東方雜誌》第 8 卷第 5 號，1911 年 7 月 20 日，第 7 頁。

學教科書爲主的教科書譯輯社，呂順長根據譚汝謙主編的《中國譯日本書綜合目錄》，輯錄了浙江早期留日學生翻譯的書籍清單，有汪有齡、錢承志、陳榥、何燏時、王鴻年、章宗祥、富士英等 7 人共 15 種書籍，內容多爲中學教科書和政法書籍，不少譯書還廣受歡迎﹝註 144﹞。

如上所述，由於這些翻譯書籍大多以傳播新知、輸入文明爲宗旨，有力推動了 20 世紀初期中華民族的覺醒。朱庭祺在《留美學生年報》（1910 年）談到留日學生和中國時局的影響時說：

> 當吾華似醒未醒，初醒之際；新歟！舊歟！彷徨莫定之時，有日本留學生之書報，有日本留學生之詈罵，有日本留學生之通電，以致通國之人爲之大醒，已明者因而更明。頑固者，因其詈罵而醒悟；前進者，有其驅策而更前；後退者，有其鞭策而前進。故曰：中國之醒悟，受日本留學生之影響巨矣。﹝註 145﹞

這是當時大洋彼岸留美學生對於留日學生的讚歎。隨著國內時勢的發展，團體也從開始的聯絡感情、交換新知轉換爲帶有各自政治色彩的社團。如 1903 年的拒法事件、拒俄運動以及 1905 年的反對「取締規則」風潮運動等等，背後都有這些政治團體作爲支撐，很多留日學生也慢慢地從信奉愛國改良走向革命排滿的道路了。

套用李怡的一句話來說，隨著留日學生視野的擴大，日本作爲世界文學「集散地」的意義明顯大於它作爲直接的文學「輸出」國的意義。﹝註 146﹞梁啓超曾這樣描述晚清留日學生翻譯外國書籍的盛況：

> 壬寅癸卯間，譯述之業特盛；定期出版之雜誌不下數十種，日本每一新書出，譯家動數家；新思想之輸入，如火如荼矣。然皆所謂「梁啓超式」的輸入，無組織，無選擇，本末不具，派別不明，惟以多爲貴。而社會亦歡迎之；蓋如久處災區之民，草根木皮，凍雀腐鼠，罔不甘之，朵頤大嚼；其能消化與否不問，能無召病與否更不問也。﹝註 147﹞

﹝註 144﹞ 呂順長：《清末浙江與日本》，上海：上海古籍出版社 2001 年版，第 40～43 頁。

﹝註 145﹞ 朱庭祺：《留美學生界》，《留美學生年報》1910 年第 1 冊。

﹝註 146﹞ 李怡：《日本體驗與中國現代文學的發生》，北京：北京大學出版社 2009 年版，第 7 頁。

﹝註 147﹞ 梁啓超：《清代學術概論》，北京：中華書局，1954 年，第 71 頁。

除了讚歎留日學生對於新思想輸入的功勞外，也不能忽視一部分留日學生的動機：「學堂雖得開設，代替昔時科舉；惟門戶狹隘，路徑險阻，攀登甚難，學子往往不得其門而入，佇立風雨之中；惟捨此途而外，何能躍登龍門，一身榮譽何處而求，又如何能講挽回國運之策？」〔註148〕章太炎 1903 年在《與吳君遂書》中也談到這一點：「觀夫留東學子，當其始往，豈無穎銳陵屬者，而學成以後，則念念近於仕塗（應爲「途」，引者注）。蓋人之勞苦爲學，固將以求報償，今習此技術，而於社會尚無所用，則捨仕宦一塗安往哉？是故言借權立憲者，必其學業已就者也。」〔註149〕對近代以來的留學教育提出深刻全面反思的還要數胡適，他在 1914 年 1 月就指出了留學生「志不在爲祖國造新文明，而在一己之利祿衣食，志不在久遠，而在於速成」的弊端，而這一切源於政府「不知留學乃一時緩急之計，而振興國內高等教育，乃萬世久遠之圖。留學收效速而影響微，國內教育收效遲而影響大」：

> 吾國今日處新舊過渡、青黃不接之秋，第一急務，在於爲中國造新文明。然徒恃留學，決不能達此目的也。必也一面亟興國內之高等教育，俾固有之文明，得有所積聚而保存，而輸入之文明，亦有所依歸而同化；一面愼選留學生，痛革其速成膚淺之弊，期於造成高深之學者，致用之人才，與夫傳播文明之教師。以國內教育爲主，而以國外留學爲振興國內教育之預備，然後吾國文明乃可急起直追，有與世界各國並駕齊驅之一日。吾所謂「留學當以不留學爲目的」者是也。〔註150〕

其二，招聘日本教習。如上所述，除了胡適所說的國內高等教育匱乏以外，國內中小學堂的興建及義務教育的普及在推動著翻譯教科書事業前進的同時，也紛紛開始招聘日本教習來傳播新知。在新思潮的傳佈過程中，還有一批日本教習，在 20 世紀初期新學制頒佈之初，分佈於中國各地從事教育和顧問工作，爲培養適應新教育的師資做出了應有的貢獻。需要說明的是，清政府聘請日本教習，是從 20 世紀初（大約光緒二十七年即 1901 年）開始的，

〔註148〕轉引自〔日〕實藤惠秀：《中國人留學日本史》，譚汝謙、林啓彥譯，北京：三聯書店 1983 年版，第 37 頁。

〔註149〕章太炎：《與吳君遂書》（1903 年 5 月 18 日），湯志鈞編：《章太炎政論選集》（全兩冊），北京：中華書局 1977 年版，第 225 頁。

〔註150〕胡適：《非留學篇》，《留美學生年報》第 3 年本，1914 年 1 月，見胡適：《胡適全集》（第 20 卷），合肥：安徽教育出版社 2003 年版，第 29 頁。

到宣統三年（1911 年）日本教習大批回國爲止，前後經歷十一年之久〔註 151〕。
這裡我根據汪向榮的有關統計輯錄了這一時期浙江各地招聘日本教習情況表
〔註 152〕：

地　區	校　名	教師姓名	備　註
浙江杭州	杭州醫學堂	島田 傳之助	千葉醫專畢業
	浙江高等學堂	鈴木 珪壽 辻 安彌 元橋 義敦 富長 德藏	東京高等師範學校畢業
	浙江法政學堂	大石 安吉	法學士，後轉至天津北洋法政學堂，後日本鐵道省官吏
	浙江鐵路學堂	新井 則正 永瀨 久七 田中 喜代三 小林 敬吉	箚幌農業學校畢業 東京高等工業學校畢業
	私立浙江工藝女學堂	菱沼 秋代	
	浙江兩級師範學堂	中桐 確太郎 鈴木 克己 木多 原二	早稻田大學畢業，後早稻田大學教授 教西洋史 東京高等師範學校畢業
	安定中學堂	鈴木 珪壽 嘉江 宗二 福井 直秋	見前 東京高等師範學校畢業 東京音樂學校畢業
	杭州開導學堂	伊藤 賢造	
	浙江武備學堂（後改陸軍小學堂）	齋藤 季次郎	總教習，該校有日本籍教員 7 人
	炮工學堂	三宅 縫造 松島 良吉	陸軍炮兵少尉 陸軍曹長（上士）

〔註 151〕汪向榮：《日本教習》，北京：中國青年出版社 2000 版，第 68 頁。
〔註 152〕汪向榮：《日本教習》，北京：中國青年出版社 2000 版，第 88～89 頁。

地　區	校　名	教師姓名	備　註
浙江杭州	浙江蠶學館	轟　木長 西原　德太郎 前島　次郎	原宮城縣農學校教員 教蠶學 原宮城縣農學校教員
長安	公立中學堂	大串　忠次	
湖州	府立中學堂	大西　勝人 海老名　昌一	
紹興	吳興慧興女學堂	菱沼　秋代	見前
	中西學堂（後改紹興 府學堂）	中川　外雄 藤鄉　秀樹	教日語、體操 教測繪、日語、體操
寧波	寧波府中學堂	石川　旭溪	教體操
桐鄉	桐鄉縣學堂	嵯峨崎　開城	

　　從表中既有的名單來看，基本上反映了接受新思潮、新文化集中於當時
浙江較為發達的地區這一事實。因此，從長時段來看，在浙江新教育的建設
中，對日本教習所起的作用以及所做的貢獻應該有著清醒的認識。至於有關
派遣日本教習的原因，從清政府來看，出於維護自身統治的要求，阻止革命
思想經由留日學生擴散到國內青年，因此採取限制出國人數以及從日本聘請
教員到新興的學堂任職的辦法。這樣，既可以減少留日學生的人數以及減省
經費開支，又可以控制新文化思潮尤其是革命思潮的輸入與傳播。對於日本
政府來說，因為當時採取了「保全清國」和「幫助中國改革」的對華政策，
同時在《馬關條約》的保護下，大肆鼓勵移民到中國各地，有條件的甚至建
立了東文學堂，如杭州日文學堂（1898～1906 年）就存在有八年之久，目的
均在於擴大其在華勢力〔註 153〕。

二、「民族主義」思潮的高揚

　　談到辛亥革命時，研究者多將目光集中到留日學生身上，「辛亥革命的興
論宣傳工作主要由留日學生來完成的。孫中山曾十分形象地講過，對辛亥革
命作過重大貢獻的有三部分人，一是華僑，二是留日學生，三是會黨。具體
則是華僑出錢，留日學生搞興論宣傳，會黨出力」〔註 154〕。清末留日學生的

〔註 153〕汪向榮：《日本教習》，北京：中國青年出版社 2000 版，第 173 頁。
〔註 154〕李喜所：《近代中國的留日學生》，北京：人民出版社 1987 年版，第 168 頁；
　　　　　第 195 頁。

成分很複雜，倘若硬要從思想傾向上來劃分的話，則大致可分爲「排滿革命」和「立憲改良」兩大派別，並且在不同的時期也呈現不同的特點，不能用一以貫之的立場看待。在清廷宣佈籌辦立憲前，梁啓超在日本就竭力鼓吹立憲改良，並以《清議報》、《新民叢報》爲陣地，蔣智由、韓文舉、麥孟華以及留日學生徐佛蘇（東京師範學校），蔡鍔（日本陸軍士官學校），張東蓀（東京帝國大學），蔣百里（日本陸軍士官學校）等參與刊物的具體編輯工作，並得到了留日運動初期大多數學生的認同。

如上所述，隨著國內情勢的發展，尤其是到了 1903 年「拒俄」運動的發生，留日學生逐漸清楚了清政府的眞實面目，他們的改良思想開始同激烈的愛國熱情混合在一起，慢慢走向了「排滿革命」的道路。蘇鵬在《柳溪憶語》中說：「清癸卯、甲辰間，予游學日本，適日、俄交戰於我滿洲之野，留學同人，組織義勇軍，欲效命疆場，冀以敵俄人，而有以箝日人之口。……無何，爲清、日兩政府協謀所解散，群情更憤，遂改爲秘密結社，效俄虛無黨之所爲，實行暗殺。名曰『軍國民教育會』。」〔註 155〕浙江留日學生就以此爲契機，創立光復會，成員有陶成章、徐錫麟、章炳麟、魏蘭、秋瑾等人，與興中會、華興會等一起構成了 1905 年中國同盟會成立的基礎。

是年 2 月 17 日，浙江同鄉會在東京創立了《浙江潮》月刊，談到宗旨時說：「類能輸入文明爲我國放一層光彩」，「立言務著眼國民全體之利益」，「先以浙江一隅爲言，此非有所畛域，限於所知也。」〔註 156〕欄目有社說、論說、學術、大勢、談叢、記事、雜錄、小說、文苑、日本聞見錄、新浙江與舊浙江、圖書 12 類，學術欄細分爲政法、實業及經濟、哲理、教育、軍事、歷史地理、科學、文學 8 個方面，定於陰曆每月 20 日刊行，共出 12 期，今所見者僅前 10 期，後 2 期只有目錄。編輯兼發行者先後有孫翼中、蔣方震、蔣智由、王嘉榘、許壽裳等人，以「杭州萬安橋白話報館 上海永記書報代派所」爲總代派所，以「日本東京神田區駿河臺鈴木町十八番支那留學生會館轉交浙江同鄉會雜誌部」爲聯絡地，主要撰稿人除了上述編輯兼發行者外，還有陳榥、陳威、何燏時、沈沂、周樹人、夏循垍、汪希、錢念劬等人。前文提到的《杭州白話報》同年第 9 期便有《浙江潮》月刊的介紹：

〔註 155〕蘇鵬：《柳溪憶語》，轉引自楊天石、王學莊編：《拒俄運動》，北京：中國社會科學出版社 1979 年版，第 315～316 頁。

〔註 156〕《發刊詞》，《浙江潮》第 1 期，1903 年 2 月 17 日。

去年冬間，我們浙江省在日本國留學的人，查考起來，浙江的
同鄉，已經有一百多了，便立起一個同鄉會，捐集了好多錢。凡是
同鄉學生，如有疾病等事，都由會中照應，那貧苦沒有錢的人，便
好在會中公款內支用作醫藥等費，會中又分了兩部：一叫調查部，
一叫雜誌部。調查部幹些什麼事呢？便是調查浙江全省的地理、物
產、政治、軍務、商務、農務、工業、教育、風俗以及一切要緊的
事體，雜誌部幹些什麼事呢？便是把留學生平日間的學問、見識，
大夥兒寫些出來，好叫我們內地的同鄉看了，開發智慧，增長學問。
這個雜誌的名目，叫浙江潮，為什麼叫浙江潮呢？原來浙江的潮水，
浩浩蕩蕩的湧將過來，便是千軍萬馬，也抵他不過，這最是世界上
一件利害的東西。雜誌取這個名目，不過要想浙江人，也要同潮水
一班（「般」，引者注）的有聲有勢，有氣概，有精神罷了。看浙江
潮的聽者，浙江人聽者。〔註157〕

其中，該介紹談到了浙江同鄉會的功能，也承認了《浙江潮》月刊之於內地
的同鄉「開發智慧，增長學問」的作用，這也恰恰呼應了《浙江潮》月刊同
人的自我期許：「本志全體皆由同人撰述編纂，雖不專工於文辭，然務適於我
國民之用，說理必明暢，記事必簡賅，非如直譯剪抄者令讀者昏昏欲睡也」，
「有白話一種，純以官音演說女學及兒童教育，俾略識『之無』之婦孺皆能
通曉，並可學習官音」，「每期至少有插畫三四頁，凡吾浙之名人勝景，皆竭
力搜求陸續印登自餘各圖，非徒供閱者悅目怡魂，要皆切實有用，可以增長
智識激發志氣。」〔註158〕至於調查部和雜誌部，則著意於新文化、新教育的
輸入以及浙江本地政情民俗的發掘與介紹等，「學者得此不啻有無數之名師良
友環坐討論，可以自修，可以自進」〔註159〕。本著這樣的特色與自我期許，
如上所述，發行主要通過設立代辦所進行，在第 1 期的《本志代辦所》中就
列出了 33 處，除了江浙一帶大部分城市以外，還有湖北、湖南、北京、四川、
廣東等地，後來最盛時達 70 處之多，省份也擴展到河南、安徽、江西、直隸，
甚至當時比較偏僻的山東濰縣也有雜誌出售〔註160〕。據統計，第一期至第四

〔註157〕《浙江潮》，《杭州白話報》第 2 年第 9 期，1903 年。
〔註158〕《發刊詞》，《浙江潮》第 1 期，1903 年 2 月 17 日。
〔註159〕《發刊詞》，《浙江潮》第 1 期，1903 年 2 月 17 日。
〔註160〕《濰縣派報處最近之調查》，《國民日日報》，1903 年 10 月 7 日。

期三版累計刊行 5000 冊，第五、六期再版共 5000 冊，第八期初版印數即為 5000 冊〔註 161〕。在第 6 期就刊有《本志緊要廣告》「第一期第二期再版後未及一月又售罄，第三期前雖增印，亦已無存。現在索購者猶復紛紛不絕，同人竟無以報」〔註 162〕也恰恰印證了上述看法，足以證明《浙江潮》受到的歡迎程度之廣。與同時期的《江蘇》、《湖北學生界》、《游學譯編》等一起以各種方式表達民族救亡意識，成為 20 世紀初留日學界編譯雜誌的佼佼者。

應當說，《浙江潮》在當時的影響不可忽視，尤其是與革命黨人的輿論宣傳結合起來，「在青年學生和會黨中都曾經廣為流傳」，「光復會在浙江地區的革命武裝甚至有意識地把《浙江潮》的刊名嵌入『黃河源溯浙江潮』的詩句，作為光復軍各級指揮人的標記」〔註 163〕。而這一切都來自於留日浙江學生心繫民族危亡、祖國命運的高漲的愛國主義情懷：

> 我浙江有物焉，其勢力大，其氣魄大，其聲譽大。……乃以其
> 愛國之淚組織而為浙江潮，至今稱天下奇觀者，浙江潮也。……嗚
> 呼！忍將冷眼?亡國於生前；剩有雄魂，發大聲於海上。……可愛哉，
> 浙江潮，可愛哉，浙江潮，挾其萬馬奔騰、排山倒海之氣力，以日
> 日激刺於吾國民之腦，以發其雄心，以養其氣魄。……我願我青年
> 之勢力如浙江潮；我青年之氣魄如浙江潮；我青年之聲譽如浙江潮。
> 吾願吾雜誌亦如之，因以名以為鑒，且以為人鑒，且以自警，且以
> 祝。〔註 164〕

細讀「社說」「論說」「學術」「大勢」欄目下的文章時，便常常感受到愛國情愫的激蕩回越，「民族主義」的高揚，這突出表現在以下兩點：

其一，鼓吹民族主義，反對專制統治，抵抗帝國主義的侵略。「亙 19 世紀、20 世紀之交，有大怪物焉。一呼而全歐靡，而及於美、而及於澳、而及於非，猶以為未足，乃乘風破濤以入於亞」，「合同種、異異種，以建一民族的國家，是曰民族主義」〔註 165〕。蔣方震論述了 19 世紀以來因民族主義傳播而生發的重大歷史事件，如斯拉夫主義的蔓延，德意志的建國，意大利的統

〔註 161〕〔日〕實藤惠秀：《中國人留學日本史》，譚汝謙、林啓彥譯，北京：三聯書店 1983 年版，第 348 頁。

〔註 162〕《本志緊要廣告》，《浙江潮》第 6 期，1903 年 8 月 12 日。

〔註 163〕方漢奇：《中國近代報刊史》，太原：山西教育出版社 1981 年版，第 224～225 頁。

〔註 164〕《發刊詞》，《浙江潮》第 1 期，1903 年 2 月 17 日。

〔註 165〕餘一（蔣方震）：《民族主義論》，《浙江潮》第 1 期，1903 年 2 月 17 日。

一，愛爾蘭的自治運動，日本明治維新甚至義和團運動等，指出中國目前正處於民族競爭激烈的境地，「再不以民族主義提倡於吾中國，則吾中國乃眞亡矣」。同時認爲民族主義與民權自由相輔相成，民權自由是一個國家立國之根本，「未有國民皆委棄其責任於一人，而一人乃能保其國者也。」〔註166〕只有當國民有了自由權，民權得到保障，國民才有責任和義務抵禦外力入侵，國家「合人民之權以爲權，合人民之志，以爲力。彼雖遂能力戰群族而勝之，使其本族日滋長發達而未有也」〔註167〕。談及民族主義「必推源於法國大革命」，通過考察民族主義產生的源頭及其歷史，再次論證了民權自由是實行「民族主義」的先決條件。因此，作者贊同民族主義的目的很明確，引導讀者可以將目光鎖定到現實中的清政府，把民權自由、建立民族國家同推翻清政府的統治聯繫起來。《民族主義論》一文的基本觀點，成爲《浙江潮》刊載的政論文章的共識，我們可以在《國魂篇》、《公私篇》、《四客政論》、《新社會之理論》、《近時二大學說之評論》、《鐵血主義之教育》、《印度滅亡之原因》、《斯拉夫人種與條頓人種之競爭》、《中國愛國者鄭成功傳》等文章中看到對於民族主義觀點的呼應。

　　與此相對應的，《浙江潮》月刊還重點揭露帝國主義的侵略本性，「近頃以來，無論天之涯地之角，有一事之起，則無不是帝國主義者爲之根」〔註168〕，號召國人抵抗列強入侵。《國魂篇》、《俄人之性質》、《中國金融之前途》、《中國開放論》、《最近三世紀大勢變遷史》以及《新名詞釋義·帝國主義》等對「帝國主義」作了詳細的分析，並給出了不同的解釋：如「帝國主義哉，雖然，亦知其發達之由乎？帝國主義者，民族主義爲其父，而經濟膨脹之風潮則其母也」〔註169〕，「帝國主義者，併吞主義也。即強並弱大兼小之謂也。中古羅馬帝國所行之主義足代表之」，「帝國主義者，國家主義也，即強大國家之權力，擴張國民之威勢，升高國民之品位是也」，還有「侵略的帝國主義」、「倫理的帝國主義」、「民族帝國主義」等分類，「故生於二十世紀而不知帝國主義者，雖其人存即謂其死可也」〔註170〕。1901年《辛丑條約》的簽訂，給中國人民帶來了無盡的災難，作爲身在異鄉的留學生，對於帝國主義掠奪中

〔註166〕餘一（蔣方震）：《民族主義論》，《浙江潮》第2期，1903年3月18日。
〔註167〕餘一（蔣方震）：《民族主義論》，《浙江潮》第2期，1903年3月18日。
〔註168〕《國魂篇》，《浙江潮》第1期，1903年2月17日。
〔註169〕《國魂篇》，《浙江潮》第1期，1903年2月17日。
〔註170〕《新名詞釋義·帝國主義》，《浙江潮》第6期，1903年8月12日。

國的悲慘現實有著更爲深刻的感受,「譬之是猶人也,朝割其一手,夕割其一足,其人必痛而其驚醒也易,而其反抗之力大,而其人猶可以復生也。若舉全身之精血而吸之,其猶茫然皇然莫知其由,未幾乃病瘵以死矣。」〔註 171〕應當說,《浙江潮》月刊上刊載的有關帝國主義侵略的報導、評論的文章,起到了喚醒國人對於帝國主義侵略尤其是經濟侵略的警覺的作用,以「爭路」「爭礦」爲中心的爭回利權鬥爭轟轟烈烈地開展起來。需要說明的是,革命派和改良派之間的鬥爭也在《浙江潮》編輯內部展開過,但從總的趨勢來看,激進的革命的一派日益壯大,壁壘越來越分明,刊物的革命色彩也越來越強烈,成爲革命派手中的有力輿論陣地〔註 172〕。

其二,介紹域外社會科學與自然科學新理論、新學說,進行啓蒙教育。如上所述,學術欄細分爲八個方面,《浙江潮》月刊始終把輸入異域新文明、新學說作爲刊物的一項任務。據統計,「在總共發行 10 期、刊發 167 篇的《浙江潮》中,登載的學術論文有 72 篇,占 43.1%,比例相當之高。事實上,《浙江潮》每期都設有『學術』欄,而且,每期『學術』欄內平均刊文 6 篇。……人文社會科學方面的文章占絕對優勢(「其他」欄目下的文章均爲人文社會科學類),共 66 篇(「實業」欄目內有 2 篇爲自然科學論文),占 91.7%;自然科學方面的論文 6 篇,僅占 8.3%。」〔註 173〕人文社會科學方面的文章首先要數「政法」類的文章,涉及法律、政治、社會等領域的知識,具有較強的學術性,也反映了 20 世紀初期學術轉型的基本軌跡;同時這也基於中國的現實危機以及留日學生的專業選擇,初衷在於爲解決中國的諸種現實問題提供理論依據。比如「獨頭」在《國際法上之新國家觀》談到寫作動機時云「余不敢附和,因述國際法上關於建立新國之原則,以供有志者之參考焉」〔註 174〕。其次宣傳科學破除迷信的文章,最有名的便是前文提到的陳榥,留學期間翻譯了理科教科書以應付國內新式教育之需,他撰寫的《續無鬼論》,從第 1 期連載到第 3 期,核心觀點就是「民族國家興亡之故,其與禍鬼福神之說,大有關係」〔註 175〕。作者列舉了中國普遍信奉的「偶像、魂魄、妖怪、符咒、

〔註 171〕飛生:《俄羅斯之東亞新政策》,《浙江潮》第 1 期,1903 年 2 月 17 日。

〔註 172〕方漢奇:《中國近代報刊史》,太原:山西教育出版社 1981 年版,第 223～224 頁。

〔註 173〕田正平:《救亡與啓蒙的二重奏——以留日學生刊物〈浙江潮〉爲個案的考察》,《教育研究》2005 年第 11 期,第 74 頁。

〔註 174〕獨頭:《國際法上之新國家觀》,《浙江潮》第 9 期,1903 年 11 月 8 日。

〔註 175〕陳榥:《續無鬼論》,《浙江潮》第 1 期,1903 年 2 月 17 日。

方位、讖兆」等弊俗，運用科學方法一一匡謬，比如開始提到「偶像」崇拜說云「盈尺之木，堆泥具耳目口鼻手足形，而拜跪於其前日，其能禍福人也」，這些「偶像」何以能決定人的生死禍福呢？「人之死也如老樹之必歸腐朽，如舊機器之必歸損壞乃新陳代謝之公理」，與「城隍」，與一切「偶像」無關。在文章的最後，作者悲憤地說出自己的心情：「嗚呼，舉國而爲深夜暗行，愚愚相貽而眾智乃環伺於其旁，而國亡而種亡不可說也。」〔註 176〕此外，像公猛的《希臘古代哲學史概論》，師孔的《哲學綱領》，喋血生的《斯賓塞快樂派倫理學說》等都具有哲理思辨色彩。再次便是介紹最新科學成就的論文，「寓情於理，愛國激情與科學啓蒙結合」〔註 177〕，如何燏時《氣體說》，自樹（魯迅）《說鉬》，索子（魯迅）《中國地質略論》，知白《水力說》以及佚名《說合金》等，反映了接受新知的浙江留日學生，對以科學文化爲武器來喚醒國民、高揚民族主義的深刻認知。

三、文化體驗活動的傳播

　　李怡在談及「日本體驗」時說：「作爲一種人生體驗或者文化體驗，我以爲『日本體驗』的深層意義還不是『日本』，而是中國留日知識分子這一特殊群體從自己固有的經驗出發所獲得的新的人生經歷與感受。」〔註 178〕按照加達默爾對「體驗」這一語詞的考辨來看，「……體驗概念首先就表現爲一個純粹的認識論概念。這個概念在他們兩人（指狄爾泰和胡塞爾，引者注）那裡都是在其目的論的意義上被採用的，而不是在概念上被規定。生命就是在體驗中所表現的東西，這將只是說，生命就是我們所要返歸的本源（das Letzte）。」〔註 179〕對於浙江留日學生來說，當他們完成學業陸續歸國後，除了步入政界、實業界外，大部分還是服務於教育界。作爲具有新思想、新知識的他們，如何依託省教育會這個文化體驗的「中轉站」，將這種新的文化體驗傳播開來便成爲了下文要考察的重點。

〔註 176〕陳榥：《續無鬼論》，《浙江潮》第 3 期，1903 年 4 月 17 日。

〔註 177〕田正平：《救亡與啓蒙的二重奏——以留日學生刊物〈浙江潮〉爲個案的考察》，《教育研究》2005 年第 11 期，第 76 頁。

〔註 178〕李怡：《日本體驗與中國現代文學的發生》，北京：北京大學出版社 2009 年版，第 12 頁。

〔註 179〕〔德〕漢斯・格奧爾格・加達默爾：《真理與方法：哲學詮釋學的基本特徵》（上卷），洪漢鼎譯，上海：上海譯文出版社 1999 年版，第 85 頁。

作爲清末新政的產物，教育會得以形成主要依託以下幾種力量：包括興辦新式學堂、頒佈「壬寅」「癸卯」學制、廢除科舉制度等政府力量的推動，傳統結社與近代新式社團的影響與促進，清末新型知識群體的形成和推動等。有研究者認爲，「在清末的最後 10 年間，有大約 1／5 的士紳通過留學海外或國外的新式教育機構接受到程度不等的近代『再教育』。同時也有 10 餘萬士紳成爲新式學堂與學務機構的教職員。這些由『紳而爲學者』，構成清末以新式教育或新的文化事業爲職業的『學紳』。」〔註180〕這些「學紳」和新型知識分子一起在當地的教育事務中起到了重要作用，隨著教育會的成立，便理所當然地成爲教育會的主角。

最早以「教育會」命名的團體是中國教育會，「表面辦理教育，暗中鼓吹革命」〔註181〕的社團，由蔡元培、蔣智由、林獬、葉瀚、王季同、汪德淵、宗仰等人集議於 1902 年 4 月在上海創辦，「以教育中國男女青年，開發其知識而增進其國家觀念，以爲他日恢復國權之基礎爲目的」〔註182〕，不能算是嚴格意義上的近代教育會。對浙江而言，早在 1903 至 1905 年這段時間，受中國教育會的影響，紹興、奉化、杭州、嵊縣、金華、湖州、衢州等地也出現了教育會之類的組織，如 1905 年 10 月 23 日《東方雜誌》在《各省教育匯志》「浙江」一欄下云：「杭紳孫君智敏等近就省城下城頭巷原有之杭州教育會，量加擴充，更名浙江教育會。凡各學堂管理員及教員，熱心教育者，咸入會研究管理教授各法，已擬章程請聶中丞立案保護開辦。」〔註183〕即是證明。而教育會成爲合法團體，則要等到 1906 年 7 月 28 日學部呈奏的《奏定各省教育會章程折》，「明定章程，整齊而畫一之。權限既明，義務自盡，似於振興教育，不無裨益」，「期於補助教育行政，圖教育之普及」〔註184〕，教

〔註180〕 賀躍夫：《晚清士紳與中國的近代化》，《中山大學學報》（社科版），1993 年第 3 期，第 77 頁。

〔註181〕 蔣維喬：《中國教育會之回憶》，上海通社編：《上海研究資料續集》，上海：上海書店 1984 年版，第 84 頁。

〔註182〕 陳學恂主編：《中國近代教育史教學參考資料》（中冊），北京：人民教育出版社 1987 年版，第 17～21 頁。

〔註183〕 《各省教育匯志》，《東方雜誌》第 2 卷第 9 期，1905 年 10 月 23 日，第 243 頁。

〔註184〕 《學部：奏定各省教育會章程折（1906 年 7 月 28 日）》，朱有瓛等編：《中國近代教育史資料彙編・教育行政機構及教育團體》，上海：上海教育出版社 1993 年版，第 247 頁。

育會和教育分會藉此才在各省迅速確立，到 1909 年全國各地公開成立的教育會已達 723 個，會員達 48432 人〔註 185〕，由此在中國近代教育史上出現了興辦教育會的浪潮。

1907 年 9 月 22 日，浙江省教育總會在杭州成立。成立初期，實際就任會長的是孫詒讓。1912 年 1 月 21 日，浙江省教育會在公立法政學校召開成立大會，改浙江省教育總會為浙江省教育會，舉章太炎為正會長，沈鈞儒為副會長，章因故而辭，未獲准。是年 4 月 7 日，沈鈞儒因擔任行政官辭去副會長職，故增選經亨頤為副會長。從 1912 年成立到 1926 年 11 月因經費無著停止活動，前後達 15 年之久。1913 年，經亨頤被選為正會長，從此至民國九年（1920年）連任五屆，這也成為浙江教育會最主要、最輝煌的一個時期〔註 186〕。1912年《浙江省教育總會章程》「以研究教育原理及普及方法並補助教育行政為宗旨」，著力「調查教育現狀；編輯小學教科書及教育雜誌；設立講演所；籌辦教育上一切應行事宜」〔註 187〕，經亨頤擔任會長後，浙江省教育會開始突破地域觀念與其他省份保持比較密切的聯繫，並積極參與發起和組織全國教育會聯合會等。與此同時會內具體職能範圍也體現在其章程規定的七點會務上，這裡僅以 1920 年 10 月浙江省教育會公佈的教育會章程為例：

　　1、研究學校、社會、家庭教育之事項，並設法提倡；

　　2、編印教育上有益之圖書及學報；

　　3、開各種學術研究、講演、講習等會；

　　4、教育上新發明之改良方法，應設法贊助施行；

　　5、設法經營教育上公益之事業；

　　6、聯絡各省各縣教育會以圖進行；

　　7、其他關於教育應行事項。〔註 188〕

回顧省教育會走過的道路，儘管「教育會基於研究教育並力圖發達的目的，通

〔註 185〕桑兵：《清末新知識界的社團與活動》，北京：三聯書店 1995 年版，第 274頁。

〔註 186〕白錦表、陳春萍：《浙江教育會考略》，《浙江萬里學院學報》2001 年第 3 期，第 87～89 頁。

〔註 187〕《浙江省教育總會章程（1912 年）》，朱有瓛等編：《中國近代教育史資料彙編・教育行政機構及教育團體》，上海：上海教育出版社 1993 年版，第 317頁。

〔註 188〕《修正浙江省教育會章程》，《教育潮》第 1 卷第 7 期，1920 年 10 月，第 55～56 頁。

過自身的組織力量行使教育職能，同時又針對各種窒礙民族教育發展的社會癥結，有限度地行使其他方面的職能，進行排解、協調」〔註 189〕，但這七個方面並未能全部付諸實踐。改革舊教育，重在教育觀念的革新，為了能在教育近代化的征程上走在前列，省教育會把宣傳工作視為重中之重，比如在「編印教育上有益之圖書及學報」方面，省教育會在清末《浙江教育官報》的基礎上，1913 年 4 月 1 日創辦了《教育週報》週刊，孫增大、何紹韓、蔡敦辛等先後主持，至 1919 年 3 月 30 日停刊，共出 235 期。從刊物整體內容來看，主要是介紹國外先進的教育思想、教學方法以及國內外有關教育變革的各種新聞、信息，探討教育改革的實施方法與通報省教育會舉辦的各項事業等〔註 190〕。後與《教育潮》〔註 191〕一起成為浙江省教育會宣傳新教育的園地。1924 年 8 月，「暑氣剛消，涼風初起，江浙之間，戰雲密佈，而兩省六千萬之主人，不能思患預防，以制少數客軍之內鬥。吁，可慨已！於斯情形之下，而首遭其殃者，厥惟兩省之教育。」〔註 192〕是年 9 月 3 日，江浙戰爭爆發，自此浙江省教育會開始走下坡路，11 月發行的《浙江教育會月刊》至 1925 年 5 月，共出 10 期，從內容和形式上看，都較前兩種遜色。而省教育會也因經費無著於 1925 年 11 月停止活動，至此作為「文化體驗」中轉站的功能也結束了。

不過，從整體上看，浙江省教育會值得肯定的成績便是「開各種學術研究、講演、講習等會」，邀請一些名人、學者來浙江宣傳新教育、新文化，同時利用一些特殊的機會進行演講、宣傳活動。筆者根據《教育週報》週刊、《教育潮》、《浙江教育會月刊》及《浙江教育官報》等相關材料輯錄了這些演講活動〔註 193〕，大致從 1915 年 6 月至 1924 年 6 月，浙江省教育會每年均會舉行一系列的演講活動：

〔註 189〕白錦表、陳春萍：《浙江教育會考略》，《浙江萬里學院學報》2001 年第 3 期，第 90 頁。

〔註 190〕張彬：《從浙江看中國教育近代化》，廣州：廣東教育出版社 1996 年版，第 192～193 頁。

〔註 191〕其中《教育潮》共出 10 期，從 1919 年 4 月 25 日至 1921 年 1 月止。出至第 6 期（1920 年 1 月）後，曾經一度停刊，到 1920 年 10 月復出第 7 期，刊物的宗旨此時已走到新思潮的對立面了，見何燏明：《本雜誌繼續出版述編輯者之意見》，《教育潮》第 1 卷第 7 期，1920 年 10 月，第 1～3 頁。

〔註 192〕蔡敦辛：《時局與教育》，《浙江省教育會月刊》第 2 期，1924 年 9 月，第 1 ～7 頁。

〔註 193〕白錦表：《浙江教育會與浙江教育近代化》，《浙江社會科學》2002 年第 3 期，第 93 頁；張彬：《從浙江看中國教育近代化》，廣州：廣東教育出版社 1996 年版，第 193～196 頁。

　　1915 年 6 月，在省第一舞臺舉辦講演會，邀請梁啟超主講，規模較大。(《梁任公先生之演說辭》，《教育周報》第 89 期，1915 年 6 月 20 日。)

　　1916 年 11 月 17 日，杭州各界在新市場鳳舞臺舉行「蔡孑民先生講演會」，到會五千餘人，由蔡元培先生主講，題目是《吾人所受於歐戰之教訓》。(朱慰堂：《蔡孑民先生教育講演錄》，《教育周報》第 144 期，1916 年 11 月 20 日。)

　　1917 年 8 月 1 日至 20 日，主辦丁巳夏期講演會，參加人員為國民學校教員。主要內容有：蔡敦辛主講「小學教育經驗談」；葉謙主講「社會心理」；阮性存主講「法律與教育」；司徒華林主講「美國教育現狀」；金泯瀾主講「宗教與教育」；孫玉仙主講「陽明學闡要」。地點在省法政學校。(適今：《夏期講演會之旨趣》，《教育周報》第 169 期，1917 年 8 月 19 日。)

　　1918 年 1 月 16 日，假第一師範學校、女子師範學校、第一中學舉行日文講習會。請經亨頤、許炳堃、朱顯邦、葉謙、周錫經、吳傳光為講師，一月期滿。(《日文講習會之消息》，《教育周報》第 190 期，1918 年 2 月 3 日。)

　　是年 7 月 15 日至 8 月 25 日，省教育會在新會所開消夏會，凡該會會員、學校教職員及中等學校以上學生，都得為會員。內容主要為讀書(為國文、日文二部分)，其次是文體活動，包括講演、音樂、運動會、展覽、文藝等，會員達當選百人。

　　1918 年 11 月 29 日，在歐戰和平慶祝會上，該會在會堂舉行講演會，由各校教職員、學生等人主講。演講題目有：《歐戰之結局》、《大中華之國運》、《世界和平之幸福》、《協約勝利之公理》、《今後之中華國民》、《青年團之預告》、《衛生禮法與國民人格》、《勸用國貨》(何紹韓：《歐戰勝利慶祝會之教育觀》，《教育周報》第 223 期，1918 年 11 月 17 日。)

　　是年冬，浙省教育會在會場舉行講演會，由中等以上學校輪流主辦。

　　1919 年 5 月 7 日，杜威演講《平民教育之真諦》，地點：浙江

省教育會。8 日，杜威夫人講演《女子教育之新義》，地點：同上。

1919 年 8 月，設立注音字母講習會，請方叔遠、方巽光先生主講，由各縣教育會、勸學所保送學員。聽講者約九十餘人。（《常年大會前週年大事記》（至八年八月至九年七月），《教育潮》，第 1 卷第 7 期，第 59 頁。）

1920 年 6 月 10 日，杜威演講《小學教育之新趨勢》，由鄭曉滄翻譯，地點：杭州運動場講演廳。

6 月 11 日，杜威演講《社會哲學與政治哲學》，《社會主義與社會進步》，地點：杭州公立法政專門學校。

6 月 12 日，浙江省教育會借律師公會，開會歡迎杜威。下午四時，借青年會屋頂花園，杜威講演《德謨克拉西之真義》，由鄭曉滄翻譯。

1920 年 6 月 13 日～15 日，應杭州省立第一師範學校所請，講演《德謨克拉西的社會分子應有的性質》，《科學與人生之關係》，《德謨克拉西之真義》，《造就發動的性質的教育》，《工藝和文化的關係》，《教育與社會的關係》，《社會主義》，《學生自治的組織》，由鄭宗海翻譯。（《教育潮》，第 1 卷第 7 期，第 62 頁。）

1920 年 7 月 20 日至 8 月 20 日，開設國語講習會，「公推評議員張稚鶴君主任，請許麟孫、范壽民、徐晉卿諸君為講師」，函請教育廳通令各縣保送學員，以期普及全省，配合國文教學的改革。（《常年大會前週年大事記》至八年八月至九年七月，《教育潮》第 1 卷第 7 期，1920 年 10 月，第 62 頁。）

1921 年 7 月 11 日至 8 月 6 日，浙省教育會在杭州第一師範學校舉辦浙江夏令體育講習所。（《浙江教育狀況》，《浙江教育會月刊》第 6 期，1925 年 1 月，第 31～33 頁。）

1923 年 10 月 26 日，請江亢虎博士講《社會主義講化史》。（同上）

27 日，請江亢虎博士講《俄國革命後之狀況》。（同上）

28 日，請江亢虎博士講《新民主主義與新社會主義》、盧岫雲女士講《蒙鐵梭利教育法》。（同上）

11 月 3 日，計算測驗成績請德爾滿碩士講《測驗教育》。(同上)

11 日，歡迎湯姆斯博士籌備會。(同上)

12 日，請顧爾突博士講《天演之意義》。(同上)

13 日，函各學校暨其他教育機關通告德國湯姆斯博士講演之時間及地點。(同上)

18 日，請湯姆斯博士講《德國之文化》。(同上)

1924 年 3 月 17 日，馬子貞先生講「武術」、周頌久先生講「相對性之原理」、郭沫若先生講「文藝之社會的意義」、聶湯谷先生講「最近之德國」。(同上)

是年 4 月 16 日，泰戈爾先生講「到中國的感想」。(同上)

是年 5 月 17 日，江亢虎博士講「中國人在世界之地位」。(同上)

是年 6 月 15 日，舒新城先生講「道爾頓制」。(同上)

從以上不太完整的講演會記錄來看，演講活動多集中在浙江各學校和教育場所，演說對象多爲學生和各級教員等，較少涉及普通民眾生活。從內容上看，與教育、政治、藝術、文化等方面相關的內容占很大的比例，尤其是針對教育問題的演講。總的來說，從 10 年裏的演說會活動與文化思潮的關係來看，他們不定期聘請名人演講，非常重視文化教育思想的輸入。所謂的名人演講，多少有些「後見之明」的味道。不過從僅有的記錄來看，在 20 世紀中外文化交流史上有影響的人物如梁啓超、蔡元培、郭沫若以及杜威、泰戈爾等都曾有過接受浙江教育會的邀請做演講的經歷。

1915 年 6 月，梁啓超慕西湖景色，赴杭州遊覽。他在 6 月 16 日致其女兒梁令嫻的信敘述遊杭的情形說：「此間炎熱殊甚，在西湖旬日，每日五時即起，遊至十一時必須返棹，中間曾入山數日，頗覺安適，其後午間須演說或赴宴，則大以爲苦矣。本欲更遊數處，然到處逢迎，不堪其擾，欲微行。」〔註 194〕在這次演講會上，梁啓超對於抵制日貨云：「自中日交涉失敗而後，國人莫不痛心疾首，對於既往深抱悲憤，對於未來益覺危懼，而扶助國家之思想益盛。所謂救國儲金提倡國貨，即其表著者。本愛國志熱誠，謀救國之方法，無論其效果如何？鄙人極爲欽佩，弟有一言以告諸君曰：毋憑一時之客氣而不及

〔註 194〕丁文江、趙豐田編：《梁啓超年譜長編》，上海：上海人民出版社 1983 年版，第 719～720 頁。

永久之計劃，否則必無效果之可言」〔註195〕。1915 年，袁世凱醞釀稱帝的野心日益膨脹，是年 5 月 9 日袁世凱接受了日本提出的滅亡中國的「二十一條」，此後全國各地掀起了抵制日貨的運動。在杭期間他撰寫的《痛定罪言》（1915 年 6 月 20 日）一文也可做互文性的閱讀：「今欲國恥之一灑，其在我輩之自新。我輩革而，然後國事始有所寄，然後可以語於事之得失與其緩急先後之序，然後可以寧於內而謀禦於外。」〔註196〕是年 7 月 20 日撰寫《復古思潮評議》，公開反對袁世凱稱帝，年底南下與蔡鍔策劃武力反袁，護國戰爭爆發。

　　1916 年 11 月 8 日，蔡元培旅歐回國，11 月 12 日就從上海趕赴杭州，受到了浙江官學商各界人士的歡迎。他在演講會上的題目《吾人所受於歐戰之教訓》分爲三部分：「（一）戰爭之武力何以如此雄厚？」「主要原因爲吾人所當研究者，即科學與美術是也」，「（二）經濟方面何以能支持久遠？德法在戰爭中耗費之財力，非全恃政府之手段，而在於國民之富力」，「（三）帝國主義與人道主義」，尤其提到了美術（如唱歌、手工、圖畫等）的功用和分類〔註197〕。11 月 26 日蔡元培回紹興掃墓，同一天共發表兩篇演說，前者針對紹興城的道路、衛生提出了科學的建議，並提出救濟無職業者，使他們具有「工作能力」，組織「職業介紹」的機關，並使女子有「習藝能」獲得職業的機會，介紹外國合作社的組織方式等〔註198〕；後者應浙江省立第五師範學校的邀請，對師範學校與普通學校的不同做了比較，號召師範畢業生「抱定入學宗旨，勇往直前，不變目的，莫慮其他，可也」，或「設立一如從前私塾形式的小學校」以便教育普及，「或以其所學，編製教科書參考書」以便謀生。

　　當然有影響的還是美國實驗主義哲學家、教育家杜威，先緣於胡適、陶行知、郭秉文、蔣夢麟等一批杜氏弟子的請求，後應北京大學、南京高師、江蘇省教育會以及後來加入的教育部和浙江省教育會的邀請於 1919 年 4 月 30 日抵達上海，開始了爲期兩年多的在華演講〔註199〕。1919 年 5 月 2 日，浙江

〔註195〕《梁任公先生之演說辭》，杭州《教育周報》第 89 期，1915 年 6 月 20 日。
〔註196〕陳書良編：《梁啓超文集》，北京：燕山出版社 1997 年版，第 405～406 頁。
〔註197〕高平叔撰著：《蔡元培年譜長編》（上冊），北京：人民教育出版社 1996 年版，第 618～619 頁。
〔註198〕高平叔撰著：《蔡元培年譜長編》（上冊），北京：人民教育出版社 1996 年版，第 621～622 頁。
〔註199〕信函中交代了邀請杜威博士的相關團體：「前奉大函，以美國杜威博士行將由日本來華，貴會與教育部、北京大學、南京高等師範學校等開會歡迎，擬囑敝會加入等語。敝會對於此事，深所贊同，願行附驥，並由敝會會長經子淵

省教育會會長經亨頤赴上海江蘇省教育會,「晤胡適之,同往蔣夢麟處,杜威博士及其夫人亦在,握手相見,同便膳」〔註200〕,經亨頤對實驗主義學說極為贊成。經亨頤先行返回杭州,於 5 月 5 日去城站迎接杜威及其夫人。經亨頤 1919 年 5 月 5 日至 11 日有日記記載云〔註201〕:

> 五日　晴。……順至青年會,訪鮑乃德,約同至車站歡迎杜威。返寓午膳後,即往城站。未幾,車至,博士及其夫人、蔣夢麟亦同來,即赴鮑乃德寓便餐。邀夢麟宿於餘處。即晚,宴上虞參觀團,共三席,席間,請夢麟演說,十時始散。

> 六日　有小雨。……錢均夫、計仰先等來客甚多。柏園、墨君邀夢麟等至西悅來午膳。忽聞報載京師學生滋事,章宗祥被毆斃命,此事關係甚大,即有會拍二電致國務院及教育部,切勿操切!即晚,在會宴杜威博士及其夫人。散席後,又同至鳳舞臺觀劇。十時返寓,夢麟亦來。

> 七日　晴。晨,蔣夢麟因大學事,乘早車返滬。……自三時,開講演大會,杜威博士講平民教育,到者不下二千人,五時散會。即晚,余與文叔宴青年團董事,而鮑乃德亦宴杜威,余不能去,他客亦有因此不到者。

> 八日　晴。九時,為北京學生事件及杜威談話會,集各校長商議辦法,又拍一電。即午,李垕身在新新旅館宴杜威,余不得不去;又有一美國人自俄國來,述過激黨情形,頗可研究。……即晚,善交社公宴杜威,余為主席,直至十一時,始散。

> 九日　晴。……八時三十分,即赴教育會,與各校職對杜威〔講演〕開談話會,未有如何誠得(心),事近敷衍。即午,伍仲文宴杜威於鮑乃德之寓,余亦同去。……

> 十日　晴。八時,到會,又開談話。即午,邀杜威及其夫人,又鮑乃德夫婦,至余寓便膳,甚歡。下午,同至清和坊等處遊覽。四時,至西泠印社攝影,余先返。……

君代表歡迎。」見《為歡迎杜威博士致江蘇省教育會函》,《教育潮》第 1 卷第 1 期,1919 年 4 月,第 106 頁。

〔註200〕經亨頤:《經亨頤日記》,杭州:浙江古籍出版社 1984 年版,第 162 頁。

〔註201〕經亨頤:《經亨頤日記》,杭州:浙江古籍出版社 1984 年版,第 163～165 頁。

十一日　雨。……午後，至城站送杜威博士行……聞明晨省會
學生將有示威遊行會。

經亨頤的日記，大致還原了杜威第一次到杭州一周時間內所參與的活動以及受到浙江各界人士的歡迎情形，同時也可從中讀出五四運動爆發後傳播到浙江的速度和各方的反應。「五月七日在浙江省教育會講演一次，由鄭宗海碩士翻譯。八日其夫人在浙江省教育會講演一次，由張天祚君翻譯」〔註202〕，同期《教育潮》「譯叢」欄刊登了杜威及其夫人的演講稿，分別為《平民教育之真諦》〔註203〕和《女子教育之新義》〔註204〕。杜威認為我國發展教育要克服認識偏見，其一，「故吾美各種事業，均不能離教育而獨立。然吾美之振興教育為時僅七十年，非甚悠久也。故深願諸君慎勿以教育為不易收速效，而有失望之心也。」第二，發展教育要取歐美所長，避其所短，若此「則事半功倍，與歐美並駕齊驅，固甚易易；亦勝歐美而上之，亦非難事也」。對於「普及的教育」，杜威將其分為「屬於政府及機關者：如強迫教育之實施，抽地方稅以建設學校，學校之設備，圖書儀器之製作等」和「屬於社會者：即社會全體皆當知教育之重要也」兩種，強調後者實施的重要性；並以教育制度和教育精神為中心，分析了德國教育與美國教育之間的區別，認為「教育之目的，在使個人完全發達」，「教育首當養成生徒應用知識之能力」，號召教師「固當養成學生自動之能力，尤不可不養成自己自動之能力是也」。

杜威第二次到杭州則是緣於在各地巡迴演講，從 1920 年 6 月 10 日至 15 日，杜威應浙江教育界及各學校的邀請，先後做了 10 餘場演講，內容多涉及教育與社會的關係、實驗主義的社會哲學與政治哲學、社會主義、民主與平民教育、科學與人生、工藝與文化的關係、學生自治等方面的內容。費正清這樣評價杜威在中國的影響：「他帶來一個信息，就是：現代科學的實驗主義（或實用主義）所提出的『設想通過實驗來確定真理』──這個真理使普通人民都知道了。用新的『科學的權威代替傳統的權威』，從而培養他的『個性

〔註202〕《杜威博士來華講演紀聞》，《教育潮》第 1 卷第 2 期，1919 年 6 月，第 75～76 頁。

〔註203〕美國哲學博士約翰‧杜威講詞：《平民教育之真諦》，鄭宗海口譯，朱毓魁筆述，《教育潮》第 1 卷第 2 期，1919 年 6 月，第 27～34 頁。

〔註204〕美國杜威夫人講演：《女子教育之新義》，張天祚口譯，朱毓魁筆述，《教育潮》第 1 卷第 2 期，1919 年 6 月，第 35～41 頁。

的發展』。」〔註205〕由於事值五四運動爆發，經亨頤未能及時對杜威演講這一
活動進行評價，不過他對教育界談話時「事近敷衍」的態度很失望。

同時，配合特殊時勢或事件的要求，重視對文化教育思潮的引導。1918
年11月29日慶祝歐戰勝利的會議上，圍繞演講題目和宗旨由各校學生分別認
定，並分露天講演，每校一組，會內講演，每校一人。露天講演針對普通民
眾，「湖濱一帶，五、六處露天演講，每處環聽者亦甚多。直至晚九時，提燈
會將至，始已」，而「到會所聽講者，不下七、八千人」〔註206〕，由於教育會
事先組織引導工作得當，這次演講取得了很好的效果。被胡適稱爲「這個命
令是幾十年第一件大事。他的影響和結果，我們現在很難預先計算。但我們
可以說：這一道命令把中國教育的改新至少提早了二十年」〔註207〕的《教育
部令第七號》（1920年1月24日），通令全國各國民學校先將一二年級的國文
改爲語體文：「本部年來對於籌備統一國語一事，既積極進行，現在全國教育
界輿論趨向，又咸以國民學校國文科宜改授國語爲言；體察情形，提倡國語
教育實難再緩。茲定自本年秋季起，凡國民學校一二年級，先改國文爲語體
文，以期收言文一致之效。合亟令行該□轉令遵照辦理可也。」〔註208〕爲了
配合國文教學的革新，1919年暑假省教育會設立注音字母講習會，1920年7
月20日至8月20日開設國語講習會，聽講者則爲各縣教育會、勸學所選派
的人選，藉此提高教員自身素質以便推動新教育的實施，聽者均有百餘人。
需要說明的是，「講授注音字母設立國語研究會」也被各縣教育會採納，如紹
興教育會就把其作爲1920年會務來辦，除此此外，還有「組織小學各科教授
研究會、提倡露天學校以推行義務教育、鼓吹半日學校以養成工讀互助之精
神、敦請名人講演爲新文化之運動、注重運動以發展體育、附設巡迴文庫及
閱報所以啓發社會、續徵小學成績以重美育而資比較」〔註209〕等，從中我們
可以看出新教育得以革新的制度化因素。

對浙江省教育會來說，文化教育思想的輸入和引導，最終目的是爲了更

〔註205〕費正清：《偉大的中國革命》，劉尊棋譯，北京：世界知識出版社1999年版，
　　　　第242頁。
〔註206〕經亨頤：《經亨頤日記》，杭州：浙江古籍出版社1984年版，第111頁。
〔註207〕胡適：《〈國語講習所同學錄〉序》，胡適：《胡適全集》（第1卷），鄭大華整
　　　　理，合肥：安徽教育出版社2003年版，第224頁。
〔註208〕黎錦熙：《國語運動史綱》，黎澤渝、劉慶俄編：《黎錦熙文集》（下冊），哈爾
　　　　濱：黑龍江教育出版社2007年版，第153頁。
〔註209〕《本會民國九年之新計劃》，《紹興教育周刊》第13號，1920年1月11日。

有效地將其普及推廣開去，因此他們充分創造條件把講演會這一形式制度化、規範化。從 1917 年暑期開始，每逢寒暑假省教育會都有組織地舉行講演會。如 1917 年 8 月 1 日至 20 日的丁巳夏期講演會就是爲了介紹國外教育現狀、宣傳新教育。省教育會敦請講演員從每日下午 2 點半開始，分 3 個講時，各講以 1 小時爲限。到了 8 月 16 日以後，每日第三講時作爲聽講員發表意見、互相討論之用。到 1918 年寒假則舉辦日文講習會，經亨頤後來撰文認爲學日文「因文字接近，且日文書出版亦多，售價亦廉」、「是讀書視察的捷徑」〔註 210〕。當然，舉辦日文講習會的目的是省教育會利用是年寒假組織到日本旅行的教育考察團，包括經亨頤在內共 32 名教育一線的人員參加了這次活動，從 1918 年 2 月 5 日至 3 月 6 日歷時一個月，共考察了普通教育、實業教育、社會教育三大類。這次教育考察活動因其規模大、時間長，被稱爲浙江省教育會會史上的輝煌一頁。歸國後又就本次考察情況作了專題演講，分爲旅行實況、日本之普通教育、日本社會狀況、日本之貧民教育、實業之日本、日本之特殊教育、敬告我國教育者、視察所感等諸講〔註 211〕。據經亨頤日記記載，他在「視察所感」這一專題中說，「即就未行之先所抱目的、預想、希望三項〔講述〕」〔註 212〕：

（1）日本之教育如何進步？必有最新之方法與最近之主義；

（2）朝鮮亡國後之情形如何之悲慘；

（3）南滿既被日人雜居，我國教育上有無特別注意；

經亨頤通過在日本的一番深入考察後認爲，「教育事業惟在實行，本不在方法」、「日本之教育，爲絕對的國家主義，日本教育者惟一之方法，即本此國家主義急切實行而已」〔註 213〕。而經亨頤最爲推崇的教育思想是人格教育，「人格教育是當時德國教育界流行的一種思潮，此說注重人的精神生活與理性活動，力圖矯正由物質文明而引起的現代教育之流弊」、「主張教育以養成人格爲目的，教授當注意感情陶冶和意志培養，訓練則以兒童爲中心」〔註 214〕。

〔註 210〕經亨頤：《讀書之觀察》，杭州《教育周報》第 233 期，1919 年 3 月 16 日。

〔註 211〕經亨頤：《經亨頤日記》，杭州：浙江古籍出版社 1984 年版，第 46～47 頁。

〔註 212〕經亨頤：《經亨頤日記》，杭州：浙江古籍出版社 1984 年版，第 48～49 頁。

〔註 213〕經亨頤：《視察日本教育所感》，杭州《教育周報》第 197 期，1918 年 4 月 7 日。

〔註 214〕張彬：《從浙江看中國教育近代化》，廣州：廣東教育出版社 1996 年版，第 194 頁。

從當時的教育氛圍來看，正與以黃炎培爲首的江蘇教育會提倡的「職業教育」理念的時間相合，難免給人一種互相對立抗衡的印象，並且這種爭辯在經亨頤的課堂上也出現過。對此，經亨頤認爲「職業爲成立社會〔之〕要素，人格爲維持社會之要件，二者不可離，過意偏執，實屬多事」，「唱（「倡」，引者注，以下同）人格教育者，非謂人類無須職業；唱職業教育者，亦非謂人格不足重。學者分爲反對之二說，均屬偏見」〔註215〕。至於人格教育所取得的效果，留待後文再敘。

希爾斯在論述傳統變遷的內部因素時講：「傳統並不是自己改變的。它內含著接受變化的潛力；並促發人們去改變它。某些傳統變遷是內在的，就是說，這些變遷起源於傳統內部，並且是由接受它的人所加以改變的。這樣一種變遷並不是由外部環境『強迫他們』作出的；而是他們自身與傳統之關係自然成長的結果。內在的變遷通常被促成者認爲是改進。後繼者或同代人則並不一直都承認這類『改進』。」〔註216〕從近代浙江的文化變遷來看，無論是以《浙江潮》爲代表的「文化輸入」，還是在本地「文化普及」上起著重要作用的省教育會，都著眼於用新文化、新教育資源對原有的「兩浙文化」固有的特徵進行改造。不可忽視的是，「中國現代化改革的觀點本身就紮根於傳統。」〔註217〕在這一過程中，「兩浙文化」自身固有的傳統也在潛在地發揮作用，這便是一直延續到《杭州白話報》時期的啓蒙傳統。如上所述，在文化的輸入與接收的過程中，我們不能再將之視爲一個單向靜態的過程，而要充分考慮到作爲文化載體——新知識界人士的主體作用。從某種程度上說，正是新知識界人士憑藉著文化體驗的實踐與傳播，一種新的傳統開始建立。

第三節　從「木瓜之役」到「浙一師風潮」

浙江近代教育起步於甲午戰後，伴隨著清末新政的展開，浙江各地興辦的新式學堂日趨增多。浙江兩級師範學堂（1913 年改稱浙江省立第一師範學

〔註215〕經亨頤：《經亨頤日記》，杭州：浙江古籍出版社 1984 年版，第 25～26 頁。
〔註216〕〔美〕E. 希爾斯：《論傳統》，傅鏗、呂樂譯，上海：上海人民出版社 1991 年版，第 285～286 頁。
〔註217〕托馬斯‧A‧梅茨格：《擺脫困境：理學和中國的演變中的政治文化》，見〔美〕費正清主編：《劍橋中華民國史 上卷：1912～1949》，北京：中國社會科學出版社 1998 年版，第 28 頁。

校）在當時新式學堂中的規模最突出，並因它以「木瓜之役」首起端，10 年後又以」浙一師風潮」贏得了五四運動在浙江的深入發展，因而，它在浙江近現代學生運動史上留下了濃墨重彩的一筆。當時在教育部任職的魯迅對「浙一師風潮」給予了高度的評價：「十年前的夏震武是個『木瓜』，十年後的夏敬觀還是一個『木瓜』，增韞早已垮臺了，我看齊耀珊的壽命也不會長的。現在經子淵、陳望道他們的這次『木瓜之役』比十年前我們那次『木瓜之役』的聲勢和規模要大得多了……看來經子淵、陳望道他們在杭州的這碗飯是難吃了……不過這一仗，總算打勝了。」〔註218〕從學術界研究學生運動的已有成果看，除桑兵注意到了對於晚清學堂學生與新式社團、社會變遷等話題〔註219〕的研究外，其他多集中在對五四學生運動的研究上，如從民族危機、十月革命等各種外部因素對學生運動的影響〔註220〕以及從政黨政治、民族主義思潮與學生運動〔註221〕等關係範疇展開論述，而對於這兩大時段內的某一區域學生運動與孕育學生運動的主體——新知識界〔註222〕之間的邏輯關聯等問題，尚缺乏具體的分析。因此，本文就以辛亥前後〔註223〕杭州的這兩次學生運動為切入點，以具體史實考察近代杭州城市公共輿論氛圍的變遷，同時從話語分析的角度辨析當時新型媒介報導學生運動所採取的「姿態」，力圖闡釋辛亥前後杭州新知識界對於如何近代化的糾葛認識。

〔註218〕鄧明以：《「五四」時期的陳望道同志》，見中國人民政治協商會議全國委員會文史資料研究委員會編：《文史資料選輯》第61輯，北京：中國文史出版社1981年版，第120頁。

〔註219〕桑兵的兩本著作，即《晚清學堂學生與社會變遷》，上海：學林出版社 1995年版；《清末新知識界的社團與活動》，北京：三聯書店 1995年版。

〔註220〕張惠芝：《「五四」前夕的中國學生運動》，太原：山西教育出版社1996年版；翟作君、蔣志彥：《中國學生運動史》，上海：學林出版社1996年版。

〔註221〕呂芳上：《革命之再起——中國國民黨改組前對新思潮的回應（1914～1924）》，臺北：「中央研究院」近代史所1989年版；劉永明：《國民黨人與五四運動》，北京：中國社會科學出版社1990年版；呂芳上：《從學生運動到運動學生：民國八年至十八年》，臺北：「中央研究院」近代史所1994年版。

〔註222〕所謂的新知識界，主要指明顯受到西學東漸的影響，由士紳集團中分離出來從事文教新聞事業的開明人士、國內新式學堂（包括國人自辦和教會學堂）以及留學運動培養的青年學生組成。見桑兵：《清末新知識界的社團與活動》，北京：三聯書店1995年版，第277頁。

〔註223〕本文意在強調「辛亥革命及中華民國成立」這一歷史事件在中國近代史分期上的重要界標意義。關於這方面的討論，詳見姜濤：《近代史就是要近》，《近代史研究》2010年第2期，第25頁；房德鄰：《中國近代史的含義究竟是什麼？》，《近代史研究》2010年第2期，第28頁。

一、新知識界與學生運動

桑兵在《清末新知識界的社團與活動》中對 20 世紀初期組建的各種會社組織給予了應有的重視。庚子事變後，中國「積貧積弱」的民族危機更爲深重，面對東西方各國列強的「爭強鬥勝」，清政府又開始實施新政，對文化社團政策有所調整，各地以新知識界進步人士爲主的社團紛紛建立〔註 224〕。從成立的新式社團的區域分佈來看，江蘇、浙江以及上海位居前三甲。這不僅與江浙一帶經濟文化教育較爲發達有關，還得益於上海與外部世界有便利的交通條件。從長時段的眼光來看，轉型時代的浙江省教育會是杭州新知識界近代轉型的中堅，新舊之間的衝突彌漫於新知識界尤其是「浙一師」內部，而這一特徵從「木瓜之役」到」浙一師風潮」中逐漸清晰。

新式社團在開啓民智與提倡合群的兩大宗旨下，廣泛開展各種活動〔註 225〕。對浙江而言，官方和民間首先對興辦學堂、發展新式教育的重要性與緊迫感達成了共識。此後，在政府、官吏、民間三方的共同參與、推動下，各地興建、改造學堂的熱潮興盛起來。僅以小學堂爲例，1904 年全省共有（包括官立、公立、私立在內）初等小學、兩等小學、高等小學 165 所，而 1906 年至 1909 年的 4 年間，小學堂的數量逐年增加，分別達到 710 所、1141 所、1197 所和 1870 所〔註 226〕。浙江官立兩級師範學堂就是在此熱潮中由浙江巡撫張曾敭奏請設立、以省城貢院舊址改建而成。辛亥革命前浙江興學之所以出現熱潮，除了上文所述的教育團體的宣傳與官方行政部門的積極引導外，也與民間的主動發起和各地紳商的積極介入有關〔註 227〕。當然也緣於文風鼎盛的浙江一直以來深厚的地域文化、尊師重教的傳統以及毗鄰沿海得風氣之先的開放環境。

〔註 224〕耿向東、顧新榮：《新政時期清政府文化社團政策的調整》，《社會科學輯刊》2007 年第 5 期，第 152～158 頁。

〔註 225〕新式社團爲實現開智宗旨開展了 7 種活動，包括興學育才，發展新式教育；創辦報刊出版業，組建各種形式的閱書報機構，傳播文明信息；集會演說；開展體育和軍事訓練，強健體魄，洗刷文弱之風；借用戲劇、音樂、幻燈等形式傳播近代意識，改良舊俗；開展調查，興辦實業；開辦綜合科學館或專門研究會，以引進和發展近代科學，並且這些活動也是民國成立後的新式社團所樂於採納的舉措。詳見桑兵：《清末新知識界的社團與活動》，北京：三聯書店 1995 年版，第 281～284 頁。

〔註 226〕《光緒二十九年迄三十四年浙省學堂增減比較表》，《浙江教育官報》第 16 期，1909 年 12 月 22 日，第 28 頁。

〔註 227〕張彬等：《浙江教育發展史》，杭州：杭州出版社 2008 年版，第 203 頁。

　　到了民國以後，在推進浙江教育近代化的進程中，興學的主體已由傳統開明紳商轉換為新知識界人士，教育領域在民國前新式教育的基礎上繼續革新。以留日學生經亨頤為會長的浙江省教育會〔註228〕，以「協議全省教育事宜、促進教育行政」為宗旨，熱心聯絡全國教育界，組織學術講演會，如1917年8月1日至20日舉辦的「丁巳夏期講演會」就以國民學校教員為對象，由蔡敦辛、葉謙、阮性存、司徒華林、金泯瀾、孫玉仙等分別講演「小學教育經驗」、「社會心理」、「法律與教育」、「美國教育現狀」、「宗教與教育」、「陽明學闡要」等專題〔註229〕。同時貫徹蔡元培制定的民國教育宗旨，積極創辦刊物《教育周報》、《教育潮》、《浙江省教育會月刊》，介紹世界新教育思潮，反思中國教育的弊端並積極討論新教育的建設等，對杭州教育界和思想界都產生了一定的影響。需注意的是，浙江省教育會始終堅持自主獨立精神，「是以教育會，非官廳之佐治機關，會長非隸屬於官廳之佐治員，故官廳不能以命令行施教育會，亦不能用令行文教育會長」〔註230〕。它的設立符合新知識界社團提倡合群的宗旨，也是地緣紐帶能夠轉型的成功典範。

　　等五四運動的新思潮傳播到浙江後，省教育會就成為了教育界新文化運動的中心。新知識界人士由於受到了西方文化教育的薰陶，以推進全省新教育為己任，積極向教育界同仁傳播國內外教育改革的訊息，促進人們教育觀念的革新。從省教育會對新教育的宣傳所採取的措施看，除了上文桑兵總結的7種活動中的3種外，聯絡學界和組織出國教育考察成為杭州新知識界在辛亥革命後尤其是五四時期社團活動的亮點之一。發起成立全浙教育會聯合會，多次召開會議，共商全省教育事宜並積極參加全國教育會聯合會，積極探討教育改革方案；還成功舉辦了第3屆全國教育會聯合會會議（1917年10月10日至26日在杭州召開），通過決議案13項；為了讓教員更具體直觀地瞭解和學習外國的先進教育思想與制度，1918年1月浙江省教育會利用寒假組織中小學教員去日本考察教育，經亨頤親任團長。歸國後教育考察團又舉行了彙報演講，對杭州教育界乃至全國新知識界產生了積極而深遠的影響〔註231〕。由此可以看出以

〔註228〕有關浙江省教育會的基本情況，詳見白錦表、陳春萍：《浙江教育會考略》，《浙江萬里學院學報》2001年第3期，第87～91頁。

〔註229〕適今：《夏期講演會之旨趣》，杭州《教育周報》第169期，1917年8月19日，第19頁。

〔註230〕孫增大：《官廳錯看教育會》，杭州《教育周報》第3期，1913年4月15日，第21頁。

〔註231〕經亨頤：《經亨頤日記》，杭州：浙江古籍出版社1984年版，第32～41頁。

浙江教育會為代表的新知識界開始擺脫狹隘的血緣、地緣關係的紐帶，轉向成為了有著共同社會政治追求並依靠學緣關係為紐帶的團體。

在辛亥前 10 年的報刊中，有關學堂學生鬧事的報導和相關評論不勝枚舉，比如南洋公學退學等事件以後，《蘇報》就曾開闢「學界風潮」欄，專門報導各地學界動態，抨擊新式學堂的陳腐風氣，鼓譟學生罷課退學等。1901年夏，浙江求是書院發生的「罪辮文」事件〔註232〕，民族危機的刺激就顯示出了學生激進思想的萌芽。1903 年 2 月 17 日，浙江留日學生孫翼中、王嘉榘、蔣方震、蔣智由等，在東京創辦了《浙江潮》月刊。這份由浙江革命黨人主編的留學生刊物激烈抨擊清廷專制統治、剖析列強侵華危機、介紹西方思想、提倡民族革命〔註233〕，對於清末浙江新式學堂學生激進思想的宣傳起了重大作用。當五四運動傳播到浙江後，在新舊衝突以及反傳統的表現上，新知識界報刊都創造了前所未有的先例。圍繞著《浙江新潮》以及在《浙江新潮》上發表的《非孝》一文，新舊兩派展開了激烈的鬥爭，最終爆發了震驚全國的「浙一師風潮」。本文擬從話語分析的角度對兩個時期的學生運動〔註234〕：「木瓜之役」和「浙一師風潮」事件進行分析，同時也對後人對於這兩則事件的歷史書寫和闡釋給予認知上的考辨。

1910 年 12 月 21 日魯迅致許壽裳的信中說到「木瓜之役，倏忽匝歲，別亦良久，甚以為懷。」〔註235〕指的就是 1 年前發生在浙江兩級師範學堂的一場文學色彩濃厚的新舊文化教育思想鬥爭。章太炎對「木瓜之役」說：「夏震武本治程朱之學，其侮辱教員，亦道學之常態也。浙生反對，至於退學，逷先亦振袂去，以其所學，施之鄉里，或當勝於官立學校也。」〔註236〕其中的

〔註232〕徐和雍等：《浙江近代史》，杭州：浙江人民出版社 1982 年版，第 217 頁。

〔註233〕丁守和主編：《辛亥革命時期期刊介紹》（第 1 卷），北京：人民出版社 1982年版，第 269～287 頁。

〔註234〕本文的「學生運動」主要指學校內部的風潮，與學生的切身利益有關，反映的是教育的問題，間接也涉及政治現狀。實際上與學潮含義相近，區別於作為群眾運動之一種的學生運動，後者是學生對於國家社會以群體利益作為出發點，具有政治意義、與世運有影響的運動。需要注意的是，呂芳上從學生運動的角度對五四以前的風潮集中進行了概括，認為此時期的學生政治意識還沒有完全覺醒，而這種概括在涉及到杭州辛亥革命前後的學生運動特點時似乎稍有例外。見呂芳上：《從學生運動到運動學生：民國八年至十八年》，臺北：「中央研究院」近代史所 1994 年版，第 1～4 頁。

〔註235〕魯迅：《101221 致許壽裳》，魯迅：《魯迅全集》（第 11 卷），北京：人民文學出版社 2005 年版，第 337 頁。

〔註236〕馬勇編：《章太炎書信集》，石家莊：河北人民出版社 2003 年版，第 105 頁。

「逖先」即是參加「木瓜之役」成員之一的朱希祖。從夏震武於宣統元年十一月十日（1909 年 12 月 22 日）到浙江兩級師範學堂接任監督，十一月二十四日（1910 年 1 月 5 日）去職，共十五日。此十五日應即「木瓜之役」的全過程〔註 237〕。本文以王景山收集的回憶文章以及當時報刊上的一些材料爲例。爲了更清楚地說明近代傳媒的話語傾向，限於篇幅，僅先抄錄一些報刊材料如下：

> 先一夜交來手書兩函，書中言明日清晨到校行禮，請貴堂前監督揭示教員、學生云云。是日，夏監督隨帶多人到堂，據云係十一府代表，堂中人本已詫怪。夏監督與沈君晤談數語，即率眾入禮堂，請沈君傳令全堂職員、教員及學生等到禮堂謁見。各教員大憤，公舉代表，詰問隨帶多人及謁示傳見之理由。夏君謂此係照例應辦之事，並謂師範腐敗過甚，故須公同調查云云。全體愈憤……風潮乃愈演愈烈……旋經大眾決議，一律罷課。(《全浙師範大風潮紀詳》，《申報》，宣統元年十一月十三日，1909 年 12 月 25 日)

> 是日，夏入堂時，隨帶教育會會員十餘人。當時校內人本已咄咄稱怪。乃至講堂與各教員行相見禮，鞠躬後，默坐片時。夏知大眾有不預色，然夏加以長揖。次言該校種種腐敗，非急於整頓不可，故本監督於昨日函告前監督，將禮節單一切揭示。各教員以爲揭示之說，只能對於學生，以故憤憤。而夏又言該校腐敗已達極點，決須如此辦法。教員部以爲信口誣辱，且一校腐敗，完全責任均在監督，其所言尤爲不當。立請將何項腐敗說明，否則完全停課。夏大窘，僅云我可辭職。(《任期一日之師範監督》，《時報》，宣統元年十一月十四日，1909 年 12 月 26 日)

> 其到堂第一日，學生群集監督室，詰問嘉府學生宋文保被諸暨學生許國貞毆辱事件之辦法。……監督茫然不知所對，但曰「我已知道，當設法處置」而已。學生大不謂然……監督竟束手無策。……諸暨人大不服，昌言監督要記我們過，應先自己記過。我們的事情，只要你自己想去。監督聞之，恐再有衝突，乃姑緩發表。(《全浙師

〔註 237〕 王景山《「木瓜之役」考》中的「『木瓜之役』大事日誌」輯錄了相關材料，特此指出。見朱正、陳漱渝等：《魯迅史料考證》，石家莊：河北教育出版社 2002 年版，第 224～235 頁。

範學堂之現狀》,《神州日報》,宣統元年十一月十九日,1909 年 12
月 31 日)

　　全浙師範學堂新監督夏君震武於十一月初十日接事。先一日致
函舊監督沈君鈞儒,言明日清晨到校行禮。請爲揭示教員學生云云。
教員已甚不悦。及屆期,夏監督到校,隨帶教育總會會員十六人。
面對教員言師範學堂名譽甚壞。教育總會理應調查,并行整頓。教
員愈不悦。謂名譽甚壞四字,甚有關係,請即明示證據。夏亦怒,
遂拂袖而出,並揭示停課半日。是晚,舊提學使委員至教務處商議,
令次日即上課,各教員皆應允。

　　十一日,夏監督至撫署辭職,增中丞不允。夏遂作一函致教務
長許君,責以三罪。一非聖無法,一蔑禮,一侵權。令即辭去。又
致各教員一函,令即照常上課。又致全體學生一函。……教員得函,
愈不平。遂即停課。(《杭州師範學堂解散日記》,《東方雜誌》第 6
卷第 13 號,宣統元年十二月二十五日,1910 年 2 月 4 日)

「木瓜之役」是民國成立前夕杭州教育界一件極爲轟動、以留日學生爲主體
的風潮。僅筆者查閱的資料來看,當時的《申報》、《時報》、《神州日報》、《東
方雜誌》都進行了及時的報導,有的報刊還及時追蹤報導事態相應的進展。「木
瓜之役」也因爲魯迅的親自參與,得到了後來者不斷的追述與回憶。從追述
者的角度看,儘管有些論者在事情的枝節上添油加醋(有些無法作爲信史對
待,也難撇清意識形態化的影響),但多數論者只注意到罷課緣由是夏震武帶
著教育總會多人到校,要求教職員和學生陪同謁聖並在禮堂參見等,由此遭
到了以留日學生爲主體的教師的反對,釀成罷課風潮。「按歷來學堂之風潮皆
起於學生,惟此則起於新監督與舊教員之衝突,爲向來所無。故杭城教員頗
視爲重大問題,紛紜許久,僅乃寧息。」〔註 238〕若從參加罷課風潮的主體——
留日學生的身份來看,並對當時的報刊文章進行話語分析,則可以獲得更
爲深層的認識。

　　報刊作爲旁觀者,固然有其自身的明確立場,但通過社會重大事件的報
導,也間接傳達出新知識界主體與底層民眾之間輿論傾向的差異性。在巴赫
金看來,「話語」的眞實含義只有通過社會「交往」與「對話」實踐才能獲

〔註 238〕《杭州師範學堂解散日記》,《東方雜誌》第 6 卷第 13 號,1910 年 2 月 4 日,
　　　　 第 471 頁。

得：「實際上，我們任何時候都不是在說話和聽話，而是在聽眞實或虛假，善良或醜惡，重要或不重要，接受或不接受等等。話語永遠都充滿著意識形態或生活的內容和意義。」〔註239〕同時他認爲：「與其說是話語的純符號性在這一關係中重要，倒不如說是它的無所不在的社會性更重要。……顯而易見，話語將是最敏感的社會變化的標誌，包括那些變化還只是在逐漸成熟起來，它們還尚未完全形成，還沒有探尋達到已形成的意識形態體系的領域。」〔註240〕《申報》對罷課風潮報導最爲及時、連續，對參與整個事件的雙方都給予了關注，將《師範教務長等上浙撫公稟》、《師範教員上學部電》、《夏監督致全體學生函》、《夏監督牌示》等信件原文刊登，大有客觀公正之態，並以《夏會長請派大員徹查師範風潮》、《兩級師範消弭風潮之辦法》等文陸續將論爭雙方的態度公佈於眾；《時報》、《神州日報》則力求從事件細節入手，有些風潮細節還帶有一定的「噱頭」，並將此次論爭的原因歸於「利益」之爭，這也可以分別從他們的新聞標題可以看出：《任期一日之師範監督》、《師範學堂近事續誌》（《時報》），《全浙師範學堂之現狀》、《再看全浙師範之怪狀》、《三誌全浙師範之怪狀》（《神州日報》）；《東方雜誌》則在風潮結束之後以《杭州師範學堂解散日記》一文梳理了整個風潮的經過，並毫不掩飾自己的傾向：「平心而論，師範學堂誠宜整頓，然當俟之布置妥帖情形諗熟之後。非可鹵莽從事。今夏監督於接任伊始，揭示禮節，將教員與學生同一看待，斯已大傷感情矣。復又蜂擁多人至校，對於諸教員，面詬其名譽極壞，有如聲罪致討然。不復爲教員留餘地，斯即隱忍一時。日久亦終必決裂，固可斷言者矣。若夏監督者，其亦學養不足者矣。」〔註241〕可謂是對論爭雙方各打五十大板了事。

　　而「浙一師風潮」是五四新文化運動傳播到浙江、與學生運動相互結合相互激蕩的產物。它以施存統在《浙江新潮》第2期（1919年11月7日）發表的《非孝》一文爲導火索，浙江教育界、思想界新舊派別之間由此正式展開激烈的衝突，中經「倒經（經亨頤）運動」、「挽經（經亨頤）護校」運動，

〔註239〕巴赫金：《馬克思主義與語言哲學》，錢中文等主編：《巴赫金全集》（第2卷），河北教育出版社1998年版，第416頁。

〔註240〕巴赫金：《馬克思主義與語言哲學》，錢中文等主編：《巴赫金全集》（第2卷），河北教育出版社1998年版，第359～360頁。

〔註241〕《杭州師範學堂解散日記》，《東方雜誌》第6卷第13號，1910年2月4日，第471頁。

以 1920 年 5 月 1 日暨南大學教務長姜琦正式出任「浙一師」校長止，前後歷時半年左右〔註242〕。恰如署名「可可」在一篇文章中回憶的那樣：五四之前的學生多半屈服於官僚式的教育訓練，學監、舍監掌握一切。學生的活動以運動會和遠足爲大事，本應以畢業學生爲主體的「校友會」，也多半由校長及教職員主其事，宗旨是「觀摩德藝，鍛鍊身體」〔註243〕。但由於受到五四新文化運動的影響，「風潮」從精神到形式都繼承了五四的特色，如大量學生刊物的湧現、學生自治運動的開展、集會請願運動的實踐等。「五四後學生覺悟教育的主體應在自己身上，於是漸有脫離『保育政策』而走向自主的自覺。民國七年南京高等師範學校、北京大學及浙江第一師範最先有『學生自治會』的組織。這是受新教育提倡的影響，後來又因杜威來華演講而更爲普遍化。」〔註244〕學潮一發生，除了杭州本地的社會聲援力量（包括各種新式社團、報刊、社會名流等）外，京滬等地的社會聲援力量更爲強烈，這種氣勢遠遠超過了 10 年前在本校發生的「木瓜之役」。

隨著學潮的發展，上海《民國日報》、《申報》、《新聞報》、《時事新報》，北京《晨報》、《公言報》等不同程度地給予了報導，一時報導事態進展、時評類文章潮流般湧現，首先在輿論上給予杭州進步的學生界以熱情有力的支持。多數時評文章認爲「浙一師風潮」絕非一時一地的現象，這牽涉到五四新文化運動中新舊思想抗爭的問題：是堅持新文化立場還是保存傳統？說到底如何保持教育獨立成了大家最後討論要解決的根本問題〔註245〕。從話語分析的角度，我們可以清楚地看到不同政治立場的報紙對待這次風潮的姿態：上海《民國日報》對此次學潮的反應最爲迅捷，從政黨立場出發支持杭州進步學生界，再加上葉楚傖、邵力子等寫的一組犀利的文字，毫不遮掩地諷刺浙江保守教育界；上海《申報》和北京《晨報》依然保持著對新聞事件力爭客觀的報導和持續關注，不過也站在學生這邊；耐人尋味的是上海《時事新報》的態度，因爲作爲教育廳長的夏敬觀是研究系成員之故，報導此次學潮

〔註242〕 沈自強主編的《浙江一師風潮》（杭州：浙江大學出版社 1990 年版）搜集了有關「浙一師風潮」的歷史文獻，較爲齊全。

〔註243〕 可可：《十年前學生生活之回顧》，《學生雜誌》，第 15 卷第 12 期，1928 年 12 月 10 日，第 38 頁。

〔註244〕 呂芳上：《從學生運動到運動學生：民國八年至十八年》，臺北：「中央研究院」近代史所 1994 年版，第 57 頁。

〔註245〕 穎水：《浙江一師風潮》，北京《晨報》，1920 年 3 月 31 日，第 3 版。

態度不甚積極〔註246〕。而杭州本地的報刊，如《杭州學生聯合會報》、《錢江評論》、浙江省立第一師範學校《校友會十日刊》等都及時對事態進展給予報導和總結，比起 10 年的「木瓜之役」，他們更懂得利用輿論的力量來擴大聲勢，由學生運動所帶來的勢力也越來越受到不同政治立場的新聞界的重視。

五四時期被譽爲浙江的「北大」、東南新文化運動重要據點的浙江省立第一師範及其前身一直是吸引浙江留學生歸杭的學校之一。在浙江兩級師範學堂籌備期間，王廷揚曾兩次赴日考察學務，並曾訪問經亨頤、許壽裳、錢家治、張邦華等一批浙江留日學生，咨詢辦學辦法和建築事項等，後來擔任教務長的經亨頤此時出力最多付出也最大，後來他們都陸續回國在「浙一師」任職。學堂歷任監督，多爲科舉出身，並有很多人曾留學日本。歷任教務長則都是留日學生，所聘日本教員，在新知識、新教法的傳授和示範方面起過重大影響。如周樹人 1909 年 9 月歸國後就擔任師校初級部化學和優級部生理學教員，同時兼任日本教員玲木珪壽的植物學翻譯。從教務長到一般教員，曾留學日本的人員佔了相當的比例，「木瓜之役」期間日本教員還有 8 名。從師資配置上說，辛亥革命前夕的浙江兩級師範學堂是當時杭州規模最大的新式學校。

正如前文所述，「浙一師」這種師資配置方式有著潛在的矛盾。1909 年 10 月 14 日沈鈞儒當選爲浙江諮議局副議長，請辭師校監督，浙撫增韞請富陽人夏震武〔註247〕奉命接任監督，本月 17 日夏震武又當選浙江省教育總會會長。夏當選後就發表意見書，提倡「廉恥教育」：「廉恥教育無古今，無中外。有廉恥以爲之本，則中學可也，西學可也；無廉恥以爲之本，則中學、西學皆亡國之具。」〔註248〕就知識結構和文化觀念來說，夏震武屬於傳統的儒家士大夫，而浙江兩級師範學堂的大多數教師則是新型知識分子，「木瓜之役」

〔註246〕呂芳上也注意到了上海《民國日報》和《時事新報》之間的政治立場差異，見呂芳上：《從學生運動到運動學生：民國八年至十八年》，臺北：「中央研究院」近代史所 1994 年版，第 128～131 頁。

〔註247〕夏震武（1853～1930），字伯定，號滌庵，別號靈峰，浙江富陽人。同治十年進士，官工部主事。1909 年秋任浙江省教育會總會會長，提倡「廉恥教育」。同年冬兼任浙江兩級師範學堂監督，不到一月，即被迫辭職。著有《靈峰先生集》等。見陳玉堂：《中國近現代人物名號大辭典》（全編增訂本），杭州：浙江古籍出版社 2005 年版，第 990 頁。

〔註248〕《兩級師範訓詞》，（清）夏震武撰：《靈峰先生集》（卷五），南京大學古籍部，典藏號 56～41068。

的爆發在所難免。同時，諮議局一沈姓議員因為不能參與管理校事務，「於是重發起教育會，舉夏為會長，無非欲利用為傀儡，冀以查賬為名，即可挨身入內，謀一席之地，而夏某不察，反以彼等為盟主。誠哉自取其咎，此遠因也。」〔註249〕受諮議局控制的浙江教育總會跟兩級師範學堂之間的對立因素由此可見。因此「木瓜之役」不僅是教育界新舊思想與觀念的一場鬥爭，而且還為辛亥革命前後杭州新知識界與學生運動的結合奠定了最初的範型。儘管這次論爭勝利的影響只波及杭州教育界，但也從一個側面折射出辛亥革命前杭州新知識界所處的公共輿論的氛圍。

桑兵認為，「辛亥革命之際，新知識界與舊士紳的分離對立傾向被反滿革命所掩蓋，雙方暫時成為同路人。民國以後，潛在的矛盾迅速上昇激化，由開明人士轉型而來的自由知識分子和青年學生，與由紳士支撐的正統秩序始終無法諧和，只好再度競逐較量，以求實現民權。」〔註250〕儘管新舊之爭是近代中國一個持續的現象，「但新與舊的區分標準以及不同時期的新舊社會分野卻隨時而變。各時各地新舊人物的社會分野與其思想觀念並不完全成比例：社會分類上的舊派中人有頗具新意識者，而新派中人也有不少舊觀念；兩派以及各派之中不同人物的思想、心態與社會行為均可見明顯的相互參伍及錯位」〔註251〕。具體到「浙一師風潮」的對立雙方，除了上文提到的以夏敬觀為代表的行政當局外，還有杭州保守的教育界和所謂的「校長團」。這些杭州教育界的守舊派針對經亨頤的「文學改革」和「學生自治」持反對意見，他們「起了飯碗的恐慌」以及「經氏不去，我輩不得安的概想」〔註252〕。「浙一師風潮」期間擔任浙江省教育廳長是屬於研究系的夏敬觀〔註253〕，他在同

〔註249〕《杭州某君論師範風潮書》，《教育雜誌》，第 2 年第 1 期，宣統二年正月初十，1910 年 2 月 19 日，第 69 頁。

〔註250〕桑兵：《清末新知識界的社團與活動》，北京：三聯書店 1995 年版，第 295 頁。

〔註251〕羅志田：《新舊之間：近代中國的多個世界及「失語」群體》，四川大學學報（哲社版）1999 年第 6 期，第 77 頁。

〔註252〕FJ：《齊耀珊大興文字獄》，上海《民國日報》，1919 年 11 月 28 日，第 3 版。

〔註253〕夏敬觀（1875～1953），字劍丞，近代詩人、詞人。江西新建人。光緒二十年（1894）舉人。1895 年入南昌經訓書院，隨經學家皮錫瑞治經學。1902 年入張之洞幕府，參預新政。1907 年任江蘇提學使，兼任上海復旦、中國公學監督，1909 年辭官。民國初年，率先剪辮，不以遺老自居，1919 年任浙江省教育廳廳長。1924 年辭職，寓居上海，從事著述。李盛平主編：《中國近現代人名大辭典》，北京：中國國際廣播出版社 1989 年版，第 555 頁。

請願學生的談話中自命爲「新」，因爲「20 年前我在上海中國公學和復旦公學曾做過監督，那時我也講究新的，所以我對於新思想也是很贊成的」。〔註254〕之所以反對經亨頤率先實行的教育改革，是因爲他認爲「要知無論何事，苟欲革新必與定章不合，今經先生欲以理想成爲事實率爾實驗，夫改善之心，他校學生亦具有同情。而以定章，故他校之校長及教職員將無所措手足矣」〔註255〕。看似溫和的談話，卻反映出此時夏敬觀的思想已經落伍。由此可見，新舊之間的衝突在「浙一師」學校內部如火如荼地進行著。

二、「轉型時代」與學生運動的興起

浙江自唐以來文風鼎盛，尤其到了近代，士紳階級的思想觀念也一步步變遷。「非僅在社會觀念與價值取向上加重其崇洋的傾向，甚至在新的社會領導階層知識分子中，也崇尚西學，視西化爲救國救民切要之途，於是傳統與國故逐漸不爲社會所重。」〔註256〕特別是到了民國以後，因留學者歸國後均能得到較好的社會位置，文化象徵資源來自文憑和學問，並且也帶來了實實在在的可觀效益，迫使浙江崇尚西學的趨勢更爲劇烈。在這一背景下，探究辛亥前後杭州新知識界近代轉型的原因及其與學生運動之間的互動關係倒顯得尤爲重要。

張灝認爲 1895～1925 年初前後大約 30 年的時間，是中國思想文化從傳統過渡到現代、承先啓後的關鍵時代〔註257〕。對浙江而言，教育和社會政治領域變革的逐漸推行，也帶來了以杭州爲中心的浙江近代傳媒的迅速發展。報刊雜誌的創辦、出版發行在 20 世紀初期形成了一個小高峰，與 19 世紀下半期的情形相比，從發行種類、數量到刊載的內容都有了大大進步。新式報刊大多成爲傳播新知、倡導變革的輿論載體。人文薈萃的浙江在這方面自然

〔註254〕《二十世紀的老古董和十九世紀的新人物》，《錢江評論》第 7 號，1920 年 3 月 21 日，第 2 版。

〔註255〕丁：《浙江學潮之激盪》，上海《民國日報》，1920 年 3 月 19 日，第 6 版。是年 4 月 13 日本報時評更直言不諱地指出：「夏敬觀的學問，或者配做前清的提學使，一入民國，已經沒有他厠入教育行政界的餘地，何況在這新思潮蓬蓬勃勃地起時。」詳見湘：《夏敬觀該趕》，上海《民國日報》，1920 年 4 月 13 日，第 6 版。

〔註256〕李國祁：《中國區域研究：閩浙臺地區，1860～1916》，臺北：「中央研究院」近代史所 1982 年版，第 621 頁。

〔註257〕張灝：《中國近代思想史的轉型時代》，張灝：《幽暗意識與民主傳統》，北京：新星出版社 2006 年版，第 134 頁。

不甘落後。據初步統計，從 1858 年西方傳教士在寧波創辦《中外新報》開始，到 1911 年民國成立時，浙江人自己在浙江本地創辦的以及浙江人創辦於省外但主要面向浙江的報刊至少有 84 種〔註 258〕。總體而言，這一時期的報刊內容上多注重新聞信息的傳播，諸如本省新聞、本市新聞、選電、公論等欄目，專門的文學副刊開始萌發；形式上採用詞章體、白話體雜糅的局面，冊頁印刷式樣很少；印刷材料上多採用傳統手工製紙，技術上也是機械印刷、雕版木刻、石印甚至手抄並存；由於受到現實各種物質條件的制約，此一時期報刊的發行量不高，這也是造成諸如學生運動傳播效果僅局限於區域的重要因素。

而從 1912 年至 1927 年南京國民政府上臺前，同樣從事報刊事業，新知識界對於報刊的認識有了變化，當然這得益於「出版機構的民間化、新式學堂的蓬勃發展，再加上接納新文化的『讀者群』日漸壯大」，因此「眾多潔身自好、獨立於政治集團之外的自由知識者，借報刊為媒介，集合同道，共同發言，形成某種『以雜誌為中心』的知識群體」〔註 259〕。杭州至少創辦過《道路雜誌》、《實業叢報》等近 60 種雜誌（其中學生刊物有 24 種）和《之江日報》、《浙江日報》、《杭州日報》等 30 多種綜合性報紙〔註 260〕。辛亥革命敲響了清王朝的喪鐘，使得輿論獲得了前所未有的自由生長空間，同時伴隨著共和政體的誕生，新聞事業也引起了各個地方政治勢力的重視，紛紛拉攏以此擴大自己的勢力影響範圍。而在這些輿論勢力影響下，新知識界人士既充當了報刊與底層民眾之間的知識公眾，又通過近代傳媒、新式學校和各種新式社團組成了分佈於一定區域乃至全國的文化傳播網絡的節點群落。

短短 15 年光景創辦的報刊近 100 種之多，從中可以明顯感受到以杭州為中心的浙江近代傳媒興辦的熱潮，而且報刊在發展中呈現出以下特徵：從熱衷於傳播實業新知到白話體報的誕生，開始注重底層民眾的啟蒙教育；從注重報刊的政治宣傳功能到重視報刊作為商業信息載體功能，休閒類報刊開始復興；文體類型上也從單純翻譯外國報刊文章到濃厚政論色彩的新文體的轉變；報刊欄目日益細化；報刊主體也從以新知識界人士逐漸轉為新式教育培

〔註 258〕汪林茂：《浙江通史·清代卷下》，杭州：浙江人民出版社 2005 年版，第 357～362 頁。

〔註 259〕陳平原：《文學的周邊》，北京：新世界出版社 2004 年版，第 136 頁。

〔註 260〕金普森等：《浙江通史·民國卷上》，杭州：浙江人民出版社 2005 年版，第 323～324 頁。

養下的學生。至此，以杭州爲中心的近代輿論體系開始建立起來。當然不容忽視的還有，由留學日本的學生們翻譯、編譯的各種教科書以及自然科學、社會科學方面的書刊也開始向中國沿海乃至內陸地區傳播。從 1895 年到辛亥革命前後，僅僅譯自日文的書刊就近 1000 種之多〔註261〕。近代傳媒的興起爲新知識界人士接觸新知提供了較以往更爲豐富的知識源，而這種趨勢到了民國後雖小有波折，但伴隨著五四運動新思潮在浙江的傳播早已如火如荼了。

沃爾特·李普曼曾指出：「對輿論進行分析的起點，應當是認識活動舞臺、舞臺形象和人對那個活動舞臺上自行產生的形象所做的反應之間的三角關係。」〔註262〕公共輿論毫無疑問是負載於公共生活當中的，考察杭州近代輿論的發展自然要先瞭解杭州這座城市的歷史及近代以來城市的公共生活。杭州古稱錢塘郡，隋開皇九年廢錢塘郡，置杭州，自此杭州之名首次在歷史上出現。五代吳越國和南宋王朝先後在此建都。從 19 世紀中葉開始，太平軍佔領江南並封鎖了大運河的交通運輸，使杭州失去了在以京杭大運河爲南北命脈的古老商業網絡中的戰略地位，最終導致江南地區城市中心等級的重新調整，最終取而代之的是上海的迅速崛起。甲午戰後，杭州被辟爲商埠，日本、英美等國先後在杭州建立租界，而 1909 年滬杭鐵路的竣工也促成了杭州一步步向近代城市的轉型。

近代杭州城市空間的位置，由於環西湖的城牆和旗營的存在而變得更爲封閉，前者使得杭州城變成一個與周圍風景區隔湖相望的封閉空間，後者使杭州城還存在一個更小的封閉空間，儼然一座「城中城」的格局。城牆和旗營的存在，將杭州和西湖分隔爲空間上截然不同的兩個單元。辛亥後，浙江軍政府發佈公告，廢除杭州府，將錢塘、仁和兩縣合併爲杭縣，直屬浙江省，爲省都督府的所在地。同時拆除旗營，在旗營舊址開闢「新市場」，使原來瀕湖一帶的商業中心得以擴展，一些重要的公共設施如體育場、圖書館以及展覽館等都先後建造在這裡。這樣就打破了城區空間的束縛，讓城區和西湖融爲一體。「圍繞湖濱新市場，東有滬杭鐵路終點站城站市場，南有位於錢塘江北岸集散木材柴炭的江干市場，北有運河終點以『三行一市』（即米行、紙行、箔莊及魚市場）聞名的拱墅市場，加上從鼓樓至官巷口的舊市區，形成了一

〔註261〕譚汝謙主編：《中國譯日本書綜合目錄》，香港：香港中文大學出版社 1980 年版，第 41 頁。

〔註262〕〔美〕沃爾特·李普曼：《公眾輿論》，閻克文、江紅譯，上海：上海人民出版社 2006 年版，第 12 頁。

個連接內外的商業網」〔註263〕，再加上毗鄰的上海以其成熟的現代文明形式與消費觀念的影響，迫使其脫離固有的發展軌道而走向近代化的征程，自此加劇了杭州城市公共空間的變化與城市功能的轉型。

在上述背景和城市公共空間中，尤其隨著民國以來杭州市政建設的加快，人們的生活方式和生活質量開始有了變化：馬路的修築與新式交通工具的出現和推廣，在擴大了人們的活動空間的同時也潛在地改變著人們的空間觀念；電燈的使用和現代通訊事業的發展，在改變人們傳統生活時間觀念的同時也提高了人們互動溝通、共享信息的效率；公園、運動場、電影院、遊樂場、公共圖書館等公共設施的日臻完善，在改變人們以往的娛樂方式的同時也促使人們對於信息與現代性知識的需求欲增加，閱讀報刊獲得知識成為部分人日常生活不可缺少的內容。與此相對應的，從戊戌維新以來，杭州的新知識界為了擺脫內憂外患的民族危機，各種新式社團如行會、公會、會館以及民國後的學聯、青年團、學社、協會等相繼成立，迎合著人們近代生活方式轉變的需求，如前文所說的新式社團開啟民智所採納的 7 種類型的活動。新式社團多由新知識界的人士構成，改變了傳統單純依靠血緣、地緣關係為紐帶的社團組織模式，顯示出辛亥革命前後杭州城市社會階層流動的駁雜性以及社會關係重新分化組合的大變動。同時，還應注意到這種新式社團組織在超越單純區域視角以後，彰顯出了沿海與內地、都市與鄉鎮新知識界之間的結合與互動，而這一互動的媒介除了近代傳播媒介的影響外，多由新知識界的人士擔當。

如前所述，當我們超越以杭州為中心的浙江近代輿論的區域視角後，可以看到近代傳媒如京滬等各地的報刊對於新式教育的報導也開始關注起來，如各地興學概況、中央和地方政府的辦學舉措、方針政策、學堂學生教職員的活動情況等。清政府剛開始興辦新學的初衷是為了培養自己的支持者，但到了 1905 年科舉制廢除後，新式教育割斷了傳統士紳入仕的渠道，致使既有的社會結構失序並開始顛覆。而以西學為主的教學又使得學生在學習科學知識的同時，也接受了西方的政治、人文思想。一時間新式教育下的學生開始主張自由平等、喜歡談論革命流血的事蹟，因此學生運動頻頻發生。為了更好地理解辛亥前後杭州的學生運動，就不得不提到以經亨頤為代表的杭州新知識界對「浙一師」進行的教育革新活動。

〔註263〕周峰主編：《民國時期杭州》（修訂版），杭州：浙江人民出版社 1997 年版，第 3 頁。

　　經亨頤任改制後的「浙一師」校長，其整個教育革新運動的核心是提倡「人格教育」，強調教育以陶冶人格爲主，和當時江蘇教育會黃炎培所提倡的「職業教育」不同，但是經亨頤並不反對「職業教育」：「今日中國宜重人格教育，決無廢除職業之意；若謂今日中國宜重職業教育，亦無人格已算完足之理。惟自社會全體觀之，不能錫（賜）以二名稱，則人格尚可包括職業，故余亦贊成人格之說。教育爲治本之事業，不宜作治標之主張也。」〔註264〕表現在學科設置上，即德、智、體、美、群五育全面發展，只有這樣才能爲國家培養出正直堅強、德才兼備的人才。尤其重視體育，要學生鍛鍊體魄來振奮精神。他不僅在校內舉行運動會，還以省教育會的名義，舉行中等教育聯合會操和聯合運動會，提倡軍國民教育，推動體育的發展。如 1915 年 11 月 9 日學校舉行第三次運動會時，經亨頤認爲「凡我校全體學生，皆以尚武之精神，蘊蓄於平時者，發表於今日。則今日之運動會，與愛國、尚武兩要旨有密切之關係，即於國恥紀念積極準備有密切之關係」〔註265〕。當五四運動傳播到浙江後，經亨頤積極奔走於商會與青年團之間，會晤蔡谷卿（蔡元培之族弟）等社會名流，促使杭州及各縣商會召開大會，決議同學生聯合會保持一致，共同抵制日貨。1919 年 7 月，經亨頤會晤了南歸的沈尹默和蔡元培兩位先生，在詳細詢問了五四新文化運動具體事宜後，更增強了對於改革和推進新文化運動的決心〔註266〕。開學伊始，經亨頤就積極採取以下舉措：延聘到的劉大白、陳望道聯合校內的夏丏尊一起提倡白話文，宣傳新思想〔註267〕；注重輿論宣傳，邀請社會名流到杭州演講，

〔註264〕經亨頤：《經亨頤日記》，杭州：浙江古籍出版社 1984 年版，第 25 頁。

〔註265〕經亨頤：《運動會會長開會辭》，《浙江省立第一師範學校校友會誌》第 7 期，1915 年 11 月。

〔註266〕經亨頤 1919 年 7 月 4 日日記記載：「雨。上午，至慶春門，訪沈尹默，來自北京，詳談五四運動事。本擬至會，雨過大，即順入教育廳。十一時，與仲文同至飲馬井巷，訪蔡孑民，得晤爲慰，詢其赴北京尚無確期。」見經亨頤：《經亨頤日記》，杭州：浙江古籍出版社 1984 年版，第 180 頁。

〔註267〕被稱爲浙一師「四大金剛」的還有李次九，其中劉大白、陳望道、夏丏尊三人均有舊學功底，還有留日經歷，接受過西方新思潮的洗禮，因此與經亨頤所倡導的「與時俱進」的方針配合默契。「關於教授一方面，取研究的態度。以如人生最有關係的各種問題爲綱，選擇關於一問題的材料（都從雜誌當中採取），印刷分送學生，使學生自己研究，教員隨時指導，並和學生討論。至於作文一方面，學生作白話文的，已占全數十分之九。」因教學方法新穎，受到學生們的歡迎。見《五四運動後之浙江第一師範》，上海《時事新報》1919 年 12 月 15 日，第 2 張第 1 版。

同時改組《教育周報》爲《教育潮》，介紹世界新學說、新思潮和進步刊物；最爲重要的是及時實行教員專任制度、試行新學制、組織「學生自治會」等。在新思潮的影響下，「浙一師」的改革新舉措，猶如「校園革命」的風潮一般，迅速在杭州其他學校蔓延，這就引起了教育界守舊派的反對。前文提到的「校長團」就公開與經亨頤唱對臺戲，對抗新思潮，且在省長齊耀珊等的縱容下借題發起「倒經運動」，迫使經亨頤於 1920 年 2 月離職。

從「木瓜之役」到「浙一師風潮」，以杭州爲代表的「士紳社會」正經歷了權力擴張的時期，也由於過於政治化而走向自我瓦解：一部分士紳在新式的建制下蛻變爲新式的知識人，成爲新知識界的組成成員的同時，另一部分士紳直接轉化爲政治權貴而失去民間的身份，進而成爲既有秩序的維護者。作爲這兩次風潮的反對者（官方教育機構、教育界守舊人士等），除了與新知識界人士在新舊思想方面有衝突外，還涉及到一層現實的利益衝突問題。在「木瓜之役」中，前面提到的《杭州某君論師範風潮書》指出：「師校教員薪水爲通身冠，而功課最少，如圖畫不過一星期六點鐘，而月薪有七八十金、百二十金者，其他可知。厚利所在，誰人不趨！故夏初接受時，即有人在外招搖：某任教務長，某作齋務長，某作庶務長，某某任某科教育……」這也可以看作是教育會會員爲什麼那麼想把持「浙一師」的原因之一吧。這種記述也可以從《神州日報》中《再看全浙師之怪現狀》（宣統元年十一月二十日，1910 年 1 月 1 日）一文的相關內容得到佐證。而在「浙一師風潮」爆發之前，一師學生趁著五四新文化運動的風潮，開始關注政治問題，反對浙江諮議局議員私自加薪，並搗毀議場、圍毆議員等〔註268〕。浙江諮議局和「浙一師」的仇隙就此結下，發生在後面的「倒經運動」再清楚不過，就連參加調停工作的蔣夢麟到杭州弄明白學潮眞相後，在寫給胡適的信中說：

> 到杭後調查一師學潮眞相，知這回的事情實在起於內部「牛鬼蛇神」的一般教員，齊照岩罵經子淵是過激黨底話，也是起源於內部的。這回的留經，好像西南的護法，是一個假面具，現在把西洋鏡拆穿了，只有學生是眞要留經，「牛鬼蛇神」只要飯碗留罷了。〔註269〕

〔註268〕沈曉敏：《處常與求變：清末民初的浙江諮議局和省議會》，北京：三聯書店 2005 年版，296～297 頁。

〔註269〕中國社會科學院近代史所主編：《胡適來往書信選》（上冊），香港：中華書局 1983 年版，第 87 頁。

信中的齊照岩和經子淵即事件雙方的齊耀珊與經亨頤 2 人。可見，處於「王綱解紐」的動盪變遷時代，趨新與守舊兩股力量之間的衝突、對立與扭結在一所學堂的兩代知識分子之間也不能避免，新舊觀念糾葛的背後還隱藏著一層現實的利益。

20 世紀初期，基層鄉鎮開明人士較少，即使有渴求革新社會風氣的願望，也由於勢單力薄無法與頑固勢力抗衡，因此不得不求助於本鄉外埠城市士紳的幫助。後者既是都市的名角，又對於鄉梓的革新事業充滿了熱情，對於本鄉社會習俗乃至文明習氣的培養起到了潛移默化的作用。「許多成立於上海及各省垣的團體，都有總部分會的計劃，準備向內地府縣乃至鄉鎮大幅度擴展。」〔註 270〕在計劃具體實施的過程中，鄉鎮和都市新知識界的人士開始結合，分散的社會力量逐漸形成了統一的整體，這種變化在民國成立後更為顯著，大大增強了新知識界與頑固勢力抗衡的力量。如前文所述，新知識界的人士主要是開明紳士和青年學生，桑兵曾論證了兩者結合的 3 種形式〔註 271〕，「木瓜之役」和「浙一師風潮」兩次學生運動中湧現的社團組織，對於學生運動的開展乃至最終的勝利起到了組織作用，只不過論者在討論這一問題時大多語焉不詳〔註 272〕。「木瓜之役」時以留日學生為主體的教師宣佈罷課離校，他們並沒有立即各自遣散回家鄉，而是搬到了杭州大方伯巷黃醋園附近的湖州會館，靜候事態的發展。堅持鬥爭勝利後的 25 名教員在湖州會館開了一次「木瓜紀念會」，並合影留念，其中 25 名成員中有 15 名為留日學生，湖州籍教師有楊梓耡、沈灝 2 人。

如果說此時湖州同鄉會為這班留日學生提供了與以夏震武為代表的教育界舊勢力抗衡的物質條件，那麼 10 年後「浙一師風潮」前後湧現的社團則為學生運動提供了精神資源。其中，浙江一師校友會和明遠學社均成立於風潮發生前，前者於 1913 年 10 月 13 日成立，「以陶冶校風、鍛鍊身體、養成善良之校風為宗旨」〔註 273〕，組織演講、文藝、體育等方面的活動；後者成立於 1915 年，「取

〔註 270〕桑兵：《清末新知識界的社團與活動》，北京：三聯書店 1995 年版，第 278 頁。

〔註 271〕桑兵：《清末新知識界的社團與活動》，北京：三聯書店 1995 年版，第 277～278 頁。

〔註 272〕呂芳上列舉了聲援浙江一師風潮之社會關係圖，其中提到了一些新式社團的力量，見呂芳上：《從學生運動到運動學生：民國八年至十八年》，臺北：「中央研究院」近代史所 1994 年版，第 127 頁。

〔註 273〕《本會成立大會記事》，《浙江省立第一師範學校校友會誌》第 1 期，1913 年 10 月。

舊貢院明遠樓之二字，自貢院改辦學校以來光復畢業生及職員皆爲社員」〔註274〕。經亨頤把其當做推行人格教育的平臺，希望他的教育理念通過日常的生活學習活動很好地體現出來，讓學生在潛移默化中接受人格教育的薰陶。而當五四運動傳播到杭州後，1919 年 5 月 12 日杭州學生舉行愛國遊行示威的時候，「杭州學生聯合會」宣告正式成立。這是由杭州中等以上學校學生共同組織的團體，以「鞏固學生之團結力，喚起國民之愛國心」爲宗旨，積極組織演講團深入工商界，從事抵制日貨等活動，並開始創辦《杭州學生聯合會報》，作爲溝通的橋樑〔註275〕。這一組織在整個「浙一師風潮」中起到了決定性的作用，一面積極跟全國學聯會聯繫並大力支持「浙一師」學生的行動，一面還積極鼓動杭州其他各校的學生參加，促使學生集體力量得以集結，給當時杭州的行政當局製造了重大麻煩。與此同時，「浙一師」學生在校內也成立了新式社團，從「青年團」到「書報販賣部」等，使得學生們享受到了民主、平等的體驗，也促使學生更爲熱情地接受新文化思想的薰陶。五四以後的杭州新知識界風氣劇變、學生激情滿懷，新式社團的成立爲學生運動的興起提供了精神原動力。

三、「民間輿論」與話語革新

20 世紀初期，中國的「民間輿論」已經登上歷史舞臺，成爲不可忽視的力量。然而，對於這種閃爍著時代火花的學生運動，它所傳達的內涵當初是非常朦朧的。「木瓜之役」只是對夏震武的「廉恥教育」進行了嘲諷，尚未出現新話語，但表現出了一種鮮明的對向思維和強烈的批判意識，成爲話語轉換的一種言論前提。另外，本校的學生在此時運動中的作用不太明顯，只是以留日學生爲主體的教師在鬥爭中起到了決定性的作用。在此後十年間，隨著大量的新輿論新話題的進一步湧現和傳播，它的輪廓才進一步凸顯清晰起來。「浙一師風潮」中學生自覺利用現代傳媒的輿論優勢，首先圍繞著「挽經護校」運動的展開，一師學生提出了挽經的兩大理由，即「貫徹本校改革精神」、「鞏固浙江文化運動的基礎」：

> 總之生等，爲本校教育前途進步計，不得不挽留經校長復任，

〔註274〕經亨頤：《畢業生送別會開會辭》，《浙江省立第一師範學校校友會誌》第 10
　　　　期，1916 年 11 月。
〔註275〕《杭州學生聯合會報》，見中共中央馬克思恩格斯列寧斯大林著作編譯局研究
　　　　室編：《五四時期期刊介紹》（第 2 集），北京：三聯書店 1979 年版，第 444
　　　　～445 頁。

以貫徹（「徹」，引者注）本校革新的精神；爲吾浙社會前途光明計，不得不挽留經校長復任，以鞏固吾浙文化運動的基礎。經校長是本校改革的主動人；經校長是我們浙江文化運動的先覺者，經校長去，我們亦去！經校長留，我們亦留！寧犧牲一切，定要挽留經校長復任！〔註276〕

伴隨著運動的開展，京滬杭等地的報刊也開始注意輿論話題的導向，從「新文化是我們青年的生命，我們爲生命負責任。新文化是我們青年的將來，我們爲將來負責任。新文化是我們青年前途的光明，我們爲光明負責任」〔註277〕的責任意識到「青年！浙江的青年！人格表現的時期到了！奮鬥的機會到了！」〔註278〕的承擔精神；從「你們須認定此次經校長的更換，決不是校長個人問題，決不是一師一校問題，乃是官廳以強權壓制文化運動，阻抑教育改革的問題」〔註279〕的敏銳洞察到「浙師範潮與教育獨立」〔註280〕，「而治本之法，應即將教育行政大加改革，使教育完全獨立，免受政治潮流所鼓蕩」〔註281〕的徹底反思，都是一種革新和批判精神的語詞群，並在現代傳媒中不斷被演繹、放大和引申，成爲了此後學生運動中輿論話題變革能量之源。

可見，此時「浙一師風潮」確實發揚了「五四」精神，堅持新思潮，通過新話語傳播將改革事業向前推進。除了前文提到的京滬杭各地的社團、新聞界和學生組織等的幫助外，還得到了社會名流如梁啓超、蔡元培、范源廉、孫寶琦、汪大燮等十人的聲援〔註282〕。新傳媒承載的新話語形成日漸宏大的新信息源。它們傳播、連接、輻射到新教育下更多的進步學生與知識分子中間，開闊了人們的眼界，改變著人們的觀念，孕育著浙江本地乃至全國的政治氣候。

〔註276〕《全體同學第一次請願書》，《浙潮第一聲》，1920 年 6 月，第 21 頁，另見沈自強主編：《浙江一師風潮》，杭州：浙江大學出版社，1990 年，第 36 頁。

〔註277〕玄廬：《學生與文化運動》，《星期評論》第 39 號，第 17 頁。

〔註278〕《究竟要教育行政官爲什麼》，《錢江評論》第 5 號，1920 年 3 月 7 日，第 2版。

〔註279〕《摧殘你們生命的人，就是你們的大敵》，《錢江評論》第 7 號，1920 年 3 月 21 日，第 4 版。

〔註280〕湘君：《浙師範潮與教育獨立》，上海《民國日報》，1920 年 3 月 30 日，第 6版。

〔註281〕穎水：《浙江一師風潮》，北京《晨報》，1920 年 3 月 31 日，第 3 版。

〔註282〕《梁任公等電浙維持一師》，北京《晨報》，1920 年 3 月 28 日，第 3 版。

第二章　區域文化背景中的新文學與新文化

　　1923 年 4 月 1 日，《之江日報》創刊十週年，報刊特意出版十週年紀念增刊，其中周作人在《地方與文藝》一文中著意強調不同地域文化〔註1〕的差異性，呼籲作家要抓住這種差異性，寫出有「異域情調」的作品來：

> 　　風土與住民有密切的關係，大家都是知道的：所以各國文學各有特色，就是一國之中也可以因了地域顯出一種不同的風格，譬如法國的南方普洛凡斯的文人作品，與北法蘭西便有不同，在中國這樣廣大的國土當然更是如此。這本是不足爲奇，而且也是很好的事。我們常說好的文學應是普遍的，但這普遍的只是一個最大的範圍，正如算學上的最大公倍數，在這範圍之內，盡能容極多的變化，決不是像那不可分的單獨數似的不能通融的。這幾年來中國新興文藝漸見發達，各種創作也都有相當的成績，但我們覺得還有一點不足。爲什麼呢？這便因爲太抽象化了，執著普遍的一個要求，努力去寫出預定的概念，卻沒有眞實的強烈地表現出自己的個性，其結果當然是一個單調。我們的希望即在於擺脫這些自加的鎖杻，自由地發表那從土裏滋長出來的個性。〔註2〕

〔註 1〕 需說明的是，筆者在不同的場合使用了「區域文化」「地域文化」等術語，多出於敘述和引證使用上的方便。從整體上看，地域文化只是切入區域文化研究的一個視角，一般把「地域文化」看作是區域歷時文化積澱的重要組成部分。除非特殊說明，一般傾向於採用「區域文化」這一用法。

〔註 2〕 周作人：《地方與文藝》，《之江日報・十年紀念增刊》，1923 年 4 月 1 日，第 1 版。

1923 年 3 月 22 日，周作人在日記中記載：「下午寄之江日報函，得子淵南京函，還尹默元曲五本。」〔註 3〕其中「寄之江日報函」想必就是這篇文章了。在文章開頭周作人聲稱自己並非狹隘地「再來提倡地方主義的文藝」，而是「略說地方與文藝的關係罷了」，其潛在的對話背景則是「因爲現在的思想文藝界上也正有一種普遍的約束，一定的新的人生觀與文體，要是因襲下去，便將成爲新道學與新古文的流派，於是思想和文藝的停滯就將起頭了」，因此呼籲有「國民性、地方性與個性」〔註 4〕的作品，認爲「須得跳到地面上來，把土氣息泥滋味透過了他的脈搏，表現在文字上，這才是眞實的思想與文藝。這不限於描寫地方生活的『鄉土藝術』，一切的文藝都是如此……近來浙江也頗盡力於新文學，但是不免有點人云亦云的樣子，我希望以後能夠精進，跳出國粹鄉土這些成見以外，卻眞實地發揮出他的特性來，造成新國民文學的一部分」，歸根到底，就是著眼於「風土的影響，推重那培養個性的土之力」〔註 5〕。周作人對地方文藝的提倡，目的在於解決當時文壇因理性化觀念帶來的單調，希望借助地域文化所特有的感性質地，促進文學的多元發展和提升新文學的藝術品格。

而在此過程中，從文學史的脈絡來看，周作人從徐文長到章太炎一路列舉下來，回顧了自明代中葉以來兩浙人文傳統〔註6〕的脈絡，並對其內部「飄

〔註 3〕魯迅博物館藏：《周作人日記（影印本）》（中冊），鄭州：大象出版社 1996 年版，第 301 頁。

〔註 4〕周作人：《地方與文藝》，《之江日報・十年紀念增刊》，1923 年 4 月 1 日，第 1 版。

〔註 5〕周作人：《地方與文藝》，《之江日報・十年紀念增刊》，1923 年 4 月 1 日，第 1 版。

〔註 6〕浙江省傳統上被稱爲「兩浙」，一般以錢塘江爲界分爲浙東、浙西，前者由寧、紹、臺、溫、處、嚴、金、衢八府屬組成，人稱「上八府」；後者由杭、嘉、湖三府屬組成，人稱「下三府」。從整體上看，影響浙江人文傳統的主要因素有自然地理環境、地理區位及交通、政治中心南遷與移民、行政區劃沿革等；而從浙江內部區域來看，「地域對文學的影響是一種綜合的影響，決不止於地形、氣候等自然條件，更包括歷史形成的人文環境的種種因素……而且越到後來，人文因素所起的作用也越大。確切點説，地域對文學的影響，實際上通過區域文化這個中間環節而起作用」，因此兩浙之間在經濟、文化、地理、習俗等方面有較大的差異，並且這些差異也是兩浙人文傳統內部差異性得以存在的根本原因之所在。相關論述見嚴家炎：《總序》，彭曉豐、舒建華：《「S 會館」與五四新文學的起源》，長沙：湖南教育出版社 1995 年版，第 2 頁；李國祁：《中國區域研究：閩浙臺地區，1860～1916》，臺北：「中央研究院近代史所」1982 年版，第 2 頁；朱海濱：《浙江歷史文化地理研究》（博士論文），上海：復旦大學歷史系 1998 年，第 6 頁；佘德餘：《浙江文化簡史》，北京：人民出版社 2006 版，第 2～7 頁。

逸」與「深刻」之間的分野作了審慎而又精確的勾勒：「近來三百年的文藝界
裏可以看出有兩種潮流，雖然別處也有，總是以浙江爲最明顯，我們姑且稱
作飄逸與深刻。第一種如名士清談，莊諧雜出，或清麗，或幽玄，或奔放，
不必定含妙理而自覺可喜。第二種如老吏斷獄，下筆辛辣，其特色不在詞華，
在其著眼的洞徹與措語的犀利。」〔註7〕僅有清一代，就列舉了四組矛盾體：
「毛西河的批評正是深刻一派的代表。清朝的西泠五布衣顯然是飄逸的一
派，袁子才的聲名則更是全國的了，同他正相反的有章實齋，我們讀《婦學》
很能明白他們兩方面的特點，近代的李蓴客與趙益甫的抗爭也正是同一的關
係。俞曲園與章太炎雖然是師弟，不是對立的時人，但也足以代表這兩個不
同的傾向。」〔註8〕有研究者認爲這篇文章可以視作鄉土文學理論建構的奠基
之作〔註9〕，從浙江人文傳統內部的發展來看，「自黃宗羲、全祖望、毛西河
以來，深密峭刻的學風和文風一直在清初浙江的人文精神中承傳；而與此同
時，徐渭、張岱、王思任以及三袁、李贄他們掀動的異端美學思潮也洶湧而
出，……飄逸與深刻的衝突一直從清初承傳到清季」〔註10〕。

　　伴隨著社會文化結構的整體性嬗變，中國文學自晚清以來也面臨著向現
代轉型的局面〔註11〕。與此同時，一向被視爲「高雅」文體的文言開始被邊
緣化了，而被視作「低俗」的白話文逐漸佔據了主導地位，白話文體開始與
轉型期的中國文學相結合。在這種文言、白話雅俗地位相互轉換的過程中，
新知識界人士及其「作爲晚清報界主體的民辦報刊所代表的公眾立場」〔註12〕

〔註7〕 周作人：《地方與文藝》，《之江日報·十年紀念增刊》，1923 年 4 月 1 日，第
　　　1 版。
〔註8〕 周作人：《地方與文藝》，《之江日報·十年紀念增刊》，1923 年 4 月 1 日，第
　　　1 版。
〔註9〕 丁帆等著：《中國鄉土小説史》，北京：北京大學出版社 2007 年版，第 11～12
　　　頁。
〔註10〕 彭曉豐、舒建華：《「S 會館」與五四新文學的起源》，長沙：湖南教育出版社
　　　1995 年版，第 275～279 頁。
〔註11〕 有研究者認爲前現代文學轉型有三個標誌：第一，創造主體的變化：近代知
　　　識分子進入創作主體；第二，西學東漸已經進入文學層面；第三，文學語言
　　　通俗化和現代化走向，其表現是雙音詞的增多，語法的歐化傾向，新名詞的
　　　輸入等；而轉型的具體層面則包括文學主題、文學結構、傳播方式、接受群
　　　體的變化以及翻譯文學的影響等，見郭延禮：《中國前現代文學的轉型》，濟
　　　南：山東大學出版社 2005 年版，第 1～20 頁。
〔註12〕 夏曉虹：《導言：重構晚清圖景》，夏曉虹：《晚清女性與近代中國》，北京：
　　　北京大學出版社 2004 年版，第 2 頁。

起到了關鍵性作用。對近代浙江文化與文學而言，當時的文化生態從開始的民間文化向學院文化轉換，飄逸與深刻之間的衝突也得到了延伸，因爲與公共傳媒相結合，在擴大文學影響的同時也使得文學走上了具有精英意味的學院文化的道路。正是這種從民間到學院再到社會的過程，集中顯示了新文化發生時的雅俗共融的情態以及近代學術研究範式艱難確立的過程。

第一節　傳媒與區域文化的開拓

談及區域文化與 20 世紀中國文學的關係，嚴家炎在《二十世紀中國文學與區域文化叢書》總序中這樣寫道：

> 區域文化是中國傳統文化的重要組成部分——這裡所說的傳統文化，自然也包括近百年來對外開放過程中形成的新傳統文化在內。對於 20 世紀中國文學來說，區域文化產生了有時隱蔽、有時顯著然而總體上卻非常深刻的影響，不僅影響了作家的性格氣質、審美情趣、藝術思維方式和作品的人生內容、藝術風格、表現手法、而且還孕育出了一些特定的文學流派和作家群體。〔註13〕

從文學的生成機制來看，浙江自明清以來就憑藉其深厚的歷史文化底蘊、獨特的地理優勢在經濟、政治與思想文化領域中獨得風氣之先，近代化賴以萌發與增長的質素一直保持著發展態勢，尤其是商品經濟的發達與變革推動了浙江啓蒙哲學和人文主義思潮的興起，當然西方傳教士在浙江沿海登陸所造成的中西方文化碰撞的影響也不可忽視。「中國與現代西方接觸以前，經濟的性質是農業的和前工業化的」，「自從 19 世紀西方勢力打開了中國的門戶以來，這種自給自足的農業經濟開始發生變化」〔註14〕，伴隨著寧波、溫州、杭州等漸次成爲通商口岸正式開埠，浙江的經濟結構與社會結構日益發生變

〔註13〕嚴家炎：《總序》，見彭曉豐、舒建華：《「S會館」與五四新文學的起源》，長沙：湖南教育出版社 1995 年版，第 3 頁。需說明的是，這一觀念是多數地域文化與文學研究的理論出發點之一，構成了相關地域文化與文學研究的知識體系內核。其邏輯前提在於承認既定區域内部的人們所認同的「地域文化」身份是統一的、固定的、均質的，進而用這種靜止、平面、超越時空的態度來關照文學，即此形成了一種地域文化與文學相互循環闡釋的自足封閉結構體系。同時，除了這種簡單決定論傾向外，還缺乏對於既定的地域文化審美品格的辯證認知，忽視對既定地域文化審美品格消極層面的探討。

〔註14〕〔美〕周策縱：《五四運動：現代中國的思想革命》，周子平等譯，南京：江蘇人民出版社 1999 年版，第 7 頁。

化，表現爲傳統自然經濟的解體與近代民族工業的發展，在此基礎上，新的文化思潮尤其是區域文化的開拓便成了題中應有之義，這些因素共同爲浙江新文學的發生奠定了堅實的物質文化基礎。

如上所述，浙江維新啓蒙思潮給文化領域帶來的重要變化，有兩端值得特別提及的〔註15〕：一是興辦學堂、造就人才，「按照社會分層的理論，作爲中間階層的士紳同時也是民間社會的中堅力量。尤其處於晚清這樣的社會轉型期，在激進派與守舊派水火不容、相持不下的角力中，士紳階層『允執其中』的溫和、務實姿態，恰可起到制衡的作用，其權衡、取捨最終也影響到未來社會的性質。」〔註16〕新式學堂學生和留學生成爲近代浙江新知識界的主體，爲浙江文化界和作家隊伍的轉換注入了新機；一是創辦報刊使文化傳播迅速近代化，「晚清士紳政治制度上的立憲訴求、文化觀念上的中西合璧之群體趨向，正以維新派爲最合格的代言人。其學識、財力與社會聲望，則使得晚清數以千計的報刊，多半成爲這一社會階層的傳聲筒，並經由新聞媒體的放大，建構成爲代表公眾的社會輿論」〔註17〕。浙籍新知識界人士在這一新的文化大潮中，也認識到了報刊的繁榮與出版業的發達對區域文化的開拓所產生的重大影響，前文提到的《利濟學堂報》就曾主張把傳媒與學校結合在一起〔註18〕，傳播媒介的變革與文學興盛之間的關聯極爲密切。浙江新文學與新文化的生長與發展，在更爲深刻的區域文化的背景下，便獲得了相當的可能性。

一、身份轉型與輿論空間的拓展

1912 年 6 月，李大釗在《隱憂篇》中這樣敘寫辛亥革命後中國社會的情狀：

> 國基未固，百制搶攘，自統一政府成立以迄今日，凡百士夫，心懷兢惕，殷殷冀當世賢豪，血心毅力，除意見，群策力，一力進於建設，隆我國運，俾鞏固於金甌，撼此大難，肩此巨艱，斯固未可以簡易視之。而決未意其扶搖飄蕩，如散舟深泛溟洋，上有風雨

〔註15〕王嘉良主編：《浙江文學史》，杭州：杭州出版社 2008 年版，第 355 頁。
〔註16〕夏曉虹：《導言：重構晚清圖景》，夏曉虹：《晚清女性與近代中國》，北京：北京大學出版社 2004 年版，第 3 頁。
〔註17〕夏曉虹：《導言：重構晚清圖景》，夏曉虹：《晚清女性與近代中國》，北京：北京大學出版社 2004 年版，第 3 頁。
〔註18〕陳明：《論學堂報館須相輔而行》，《利濟學堂報》（第 2 冊），1897 年 1 月。

之催淋，下有狂濤之蕩激，尺移寸度，願望其有彼岸之可達，乃遲遲數月，固猶在惶恐灘中也。〔註19〕

陳旭麓則認為「新與舊的『反覆』和『屬雜』交錯地出現於辛亥革命之後，既反映了新的歷史條件下出現的山重水複現象，又體現了中國近代社會新陳代謝的複雜性與艱巨性」〔註20〕。20世紀的中國社會處於農業自然經濟解體與近代工業文明漸漸興起的臨界點上，與農業自然經濟相適應的封建意識形態，作為長期的文化心理積澱還能牢牢地束縛著人們。「小農人數眾多，他們的生活條件相同，但是彼此間並沒有發生多種多樣的關係。這種隔離狀況由於法國的交通不便和農民的貧困更為加強了。」〔註21〕馬克思分析工業革命前法國農村社會的特點也適用於中國封建社會的情狀。與近代工業文明相適應的新的思想觀念與意識形態，也開始伴隨著外國殖民勢力的侵入發揮其既有的效應，商品的交換與流通促使人們建立起更為錯綜複雜的聯繫。表現在文學上，「文化市場的形成與民眾文化水平的提高，不僅打破了封建士大夫對文學的壟斷，而且還由於各民族之間文化的融合，使得保持一個民族完全獨立的文學面貌都成為不可能。」〔註22〕因此，談及20世紀中國文學與傳統文學的根本區別，一般會注意到近代新聞、出版事業的發達對於文學傳播方式的革新，新式教育對於新知識界人士的培養與塑造、擴展了作家隊伍和讀者群，以及稿費制度的確立對於職業作家出現的促進作用等方面。

阿英在談及晚清小說空前繁榮的原因時指出：「第一，當然是由於印刷事業的發達，沒有此前那樣刻書的困難；由於新聞事業的發達，在應用上需要多量產生。第二，是當時知識階級受了西洋文化影響，從社會意義上，認識了小說的重要性。第三，就是清室屢挫於外敵，政治又極窳敗，大家知道不足有為，遂寫作小說，以事抨擊，並提倡維新與革命。」〔註23〕把「印刷事

〔註19〕 李大釗：《隱憂篇》，李大釗：《李大釗文集》（上冊），北京：人民出版社1984年版，第1頁。

〔註20〕 陳旭麓：《近代中國社會的新陳代謝》，上海：上海社會科學院出版社2005年版，第359頁。

〔註21〕 中共中央馬克思恩格斯列寧斯大林著作編譯局：《馬克思恩格斯選集》（第1卷），北京：人民出版社1995年版，第693頁。

〔註22〕 樂梅健：《二十世紀中國文學發生論》，桂林：廣西師範大學出版社2006年版，第49頁。

〔註23〕 阿英：《晚清小說史》，北京：東方出版社1996年版，第1～2頁。

業」與「新聞事業」發達的因素置於當時政治社會要求的因素之上，也反映了阿英對近代傳播媒介變革引發文學變革關係的敏銳感悟。如前所述，與清末立憲運動相配合，「以康、梁爲首的原保皇會系統的報刊，各省市立憲團體和個別立憲派分子主辦的報刊，其他擁護立憲的地主資產階級報刊」〔註 24〕揭開了立憲派政治改良運動宣傳的序幕。辛亥革命以後，據統計，在 1912 年前半年裏，全國的報紙由十年前的一百多種，陡增至近五百種，總銷數達四千二百萬份。〔註 25〕從地區分佈看，新創辦的報紙多數集中在北京、上海、天津、廣州、武漢等地，而浙江也以二十餘種名列前茅；從種類上，有新建立的各級政權機關的機關報、新成立的各個資產階級政黨所辦的機關報、爲個人造輿論作鼓吹的報紙、專門辦給婦女看的報紙、研究自然和社會科學的學術性報刊、文藝報刊以及民族資本主義企業創辦的、以推銷產品爲目的的商業報刊等〔註 26〕。

　　這一時期新聞事業之所以取得迅速的發展，除了革命成功的樂觀情緒外，還得益於清廷的《大清印刷物專律》（1906 年 7 月）、《報章應守規則》（1906年）、《報館暫行條規》（1907）、《大清報律》（1908 年）、《著作權律》（1910年）等禁令的廢弛，各地軍政當局的支持以及相關的新法律的保護，如浙江軍政府就在其頒佈的《浙江軍政府臨時約法》第二章第五條中規定：「人民得享有……言論著作集會結社之自由」〔註 27〕。1912 年 3 月 6 日，前清江蘇巡

〔註 24〕　方漢奇：《中國近代報刊史》，太原：山西教育出版社 1981 年版，第 572 頁。需注意的是，方漢奇編撰的報刊史採用「洋務運動——維新運動——革命預備（或立憲運動）——辛亥革命時期——民國初年」的敍述框架，以政治目的（革命或維新）與階級（如封建舊官僚與資產階級革命派）作爲分期、分節的標準。這種敍述方式首先容易流於片面，以後世觀點臆測的政治意圖來區分各種出版品的性質，而忽略了其形式、資金、對象等更基本的差異，或者牽涉於報刊出版內外更爲複雜的社會關係。其次，政治目的不明確的出版品被低估，或者排除在外，並且高估政治刊物的影響力，扭曲當時的出版圖象。見李仁淵：《序論》，李仁淵：《晚清的新式傳播媒體與知識分子：以報刊出版爲中心的討論》，臺北：稻鄉出版社 2005 年版，第 8～9 頁。

〔註 25〕　戈公振：《中國報學史》，北京：中國新聞出版社 1985 年版，第 149 頁。

〔註 26〕　方漢奇：《中國近代報刊史》，太原：山西教育出版社 1981 年版，第 677～678頁。

〔註 27〕　在清政府苛刻的出版法令的迫害下，整個報刊出版業受到了嚴重的壓制：「在1898 至 1911 年的十三年內，根據不完全的材料統計，至少有五十三家報紙遭到摧殘，占當時報刊總數的三分之一強。內被查封的三十家，被勒令暫時停刊的十四家，其餘的分別遭到傳訊、罰款、禁止發行、禁止進口、禁止郵遞

撫程德全擔任臨時政府內務部部長，頒佈了《民國暫行報律》，主要內容有以下三點：

> （一）新聞雜誌已出版及今後出版者，其發行及編輯人姓名須向本部呈明註冊，或就近地方高級官廳呈明咨部註冊，截至陽曆四月一號止，在此期限內其已出版之新聞雜誌、各社須將本社發行及編輯人姓名呈明註冊，其以後出版者須於發行前呈明註冊，否則不准發行；（二）流言煽惑關於共和國體，有破壞弊害者，除停止其出版外，其發行人編輯人並坐以應得之罪；（三）調查失實，污毀個人名譽者，被污毀人得要求其更正，要求更正而不履行時，經被污毀人提起訴訟，訊明得酌量科罰。〔註28〕

此報律的頒佈，引起了全國各地新聞界與出版界的不滿，由此引發了民國初年關於報律的一系列辯論與爭議〔註29〕。1912 年 3 月 9 日出版的《臨時政府公報》第 33 號上，發表了孫中山的《大總統令內務部取消暫行報律文》，否定了內務部頒佈的這些做法，公開宣佈「案言論自由，各國憲法所重，善從改惡，古人以為常師，自非專制淫威，從無過事催抑者」。然而，這種表面上反對限制報刊出版的勝利很快就過去了，代之而來的是封報捕人的消息。就浙江而言，這種情況發生在紹興，《越鐸日報》和《一得日報》被紹興軍政分府負責人、光復會會員王金發縱容部屬搗毀，「『逢人即毆，逢物即毀，室中對象，劫搶一空。社員中有由屋頂避至鄰家者；有由後門落水避至對岸者』，重傷者十七人。『社員葛星馳者，因傷勢過重，竟致慘斃』」〔註30〕，原因在於《越鐸日報》發表了批評王金發任用私人恣意妄為的新聞和評論，魯迅在《范愛農》中這樣記載：「報館案是我到南京後兩三個星期了結的，被一群兵們搗毀。子英在鄉下，沒有事；德清適值在城裏，大腿上被刺了一尖刀。他大怒了。自然，這是很有些痛的，怪他不得。他大怒之後，脫下衣服，照了

等處分。辦報人遭到迫害的不下二十人，內被殺的二人，被捕入獄的十五人，還有不少人遭到拘留、警告、遞解回籍等處分。」見方漢奇：《中國近代報刊史》，太原：山西教育出版社 1981 年版，第 596～597 頁。

〔註28〕《內務部頒佈暫行報律電文》，《臨時政府公報》第 30 號，存萃學社編集：《辛亥革命資料匯輯》（第 5 冊），香港：大東圖書公司 1980 年版，第 239 頁。

〔註29〕方漢奇：《中國近代報刊史》，太原：山西教育出版社 1981 年版，第 682～683 頁。

〔註30〕方漢奇：《中國近代報刊史》，太原：山西教育出版社 1981 年版，第 685～686 頁。

一張照片，以顯示一寸來寬的刀傷，並且做一篇文章敘述情形，向各處分送，宣傳軍政府的橫暴。」〔註31〕1912 年 8 月 5 日，《申報》上也有《紹軍搗毀越鐸報》一文，同年 10 月 21 日該報還有《越鐸日報劫後談》一文給予了報導。

　　從整體上看，民初的報紙，包括光復前已經創刊的和新創刊的報紙，有相當大一部分是政黨報紙，分別隸屬於同盟會——國民黨系統和共和黨——進步黨系統。〔註32〕這兩大報紙系統在報導新聞的時候，「同一事件，甲乙記載，必迥然相反。故閱報，即知其屬於某黨，至記載之孰真孰偽，社會不辨也」〔註33〕，產生這種現象的緣由除了兩黨具體政見的差異外，還有實實在在的權力利害的爭執。「從數量上看，同盟會——國民黨方面的報紙，在民國成立到二次革命爆發的這一年多時間裏，始終佔有較大的優勢」〔註34〕，但終因組織渙散，紀律鬆弛，宣傳不得力等諸多原因，到了 1913 年下半年，不少報紙的銷售量僅僅千份左右，漸漸淡出了人們的視野。「蓋自報紙條例公佈，檢查郵電，閱看大樣，拘捕記者，有炙手可熱之勢也。自是而後，有督軍團之禍，張勳之復辟，護法之役，直皖、直奉及江浙之戰，與最近東南及東北之戰，兵連禍結，歲無寧日。雖內地報館，前仆後繼，時有增益，然或仰給予軍閥之津貼，或爲戒嚴法所劫持，其言論非偏於一端，即模稜兩可，毫無生氣，以視民國初元之僅以事雜言龐爲病者，蓋不勝今昔之感焉。」〔註35〕據統計，在 1912 年 4 月至 1916 年 6 月袁世凱統治時期，全國報紙至少有 71 家被封，49 家受傳訊，9 家被反動軍警搗毀；新聞記者至少有 24 人被殺，60 人被捕入獄。從 1913 年的「癸丑報災」，到 1916 年袁世凱爲推行帝制而實行的對輿論的殘酷壓制，全國報紙的總數始終只維持在 130～150 種上下，幾乎沒有增長，形成了民國以後持續了 4 年之久的新聞出版事業的低潮〔註36〕。

〔註31〕 魯迅：《范愛農》，魯迅：《魯迅全集》（第 2 卷），北京：人民文學出版社 2005
　　　　 年版，第 326～327 頁。其實，報館案發生於 1912 年 8 月 1 日，當時魯迅早
　　　　 已於 5 月離開南京，隨教育部遷到北京，「報館案是我到南京後兩三個星期了
　　　　 結的」，記憶有誤。
〔註32〕 方漢奇：《中國近代報刊史》，太原：山西教育出版社 1981 年版，第 688 頁。
〔註33〕 張季鸞：《追悼飄萍先生》，轉引自方漢奇：《中國近代報刊史》，太原：山西
　　　　 教育出版社 1981 年版，第 703 頁。
〔註34〕 方漢奇：《中國近代報刊史》，太原：山西教育出版社 1981 年版，第 705～706
　　　　 頁。
〔註35〕 戈公振：《中國報學史》，北京：中國新聞出版社 1985 年版，第 149 頁。
〔註36〕 方漢奇：《中國近代報刊史》，太原：山西教育出版社 1981 年版，第 720 頁。

就浙江而言，「1912 年 2 月間，革命政權被袁世凱所篡奪，北洋軍勢力分據各省。浙江始自楊善德，繼爲盧永祥，後至五省聯軍總司令孫傳芳，軍閥專橫十七年。在此期間，推行議會制度，我省又有省憲會議，所有議員，競出報紙，各自標榜。」〔註37〕1913 年 4 月 1 日，由張樹屏〔註38〕等集資籌辦的《之江日報》就是其中之一，也屬於鼓吹省憲的報紙行列。如前所述，從 1912 年至 1927 年，杭州至少創辦過《道路雜誌》、《實業叢報》等近六十種雜誌（其中學生刊物有二十四種）和《之江日報》、《浙江日報》、《杭州日報》等三十多種綜合性報紙〔註39〕。需說明的是，「地方報紙是爲一個具有共同的興趣和共同的知識基礎的已知共同體而生產的，它並沒有受到一種『大眾』解釋的支配。事實上，它的傳播基礎就是一個共同體，這與絕大多數全國性的報紙形成尖銳的對比，全國性的報紙是爲一個市場而生產的，而這個市場是用『大眾』標準來解釋的。」〔註40〕

戈公振在《中國報學史》中這樣總結民國以來報紙的地位和作用：

> 民國以來之報紙，捨一部分之雜誌外，其精神遠遜於清末。蓋有爲之記者，非進而爲官，及退而爲產業所化。故政治革命迄未成功，國家窳敗日益加甚。從國體一方面觀，爲籌安時代，號稱穩健之報紙，多具曖昧之態度，其是否有金錢關係雖不可知，若使無民黨報紙之奮不顧身，努力反抗，則在外人眼光中，我國人之默許袁氏爲帝，似無疑義。故從嚴格立論，若當袁氏蓄意破壞共和之時，各報即一致舉發，則籌安會中人或不敢爲國體問題之嘗試，是以後

〔註37〕趙彰泰：《解放前六十年來的杭州報紙》，見政協杭州市委員會文史資料研究委員會編：《杭州文史資料》（第 10 輯），杭州：杭州出版社 1988 年版，第 106 頁。

〔註38〕張世楨（1878～1935），字樹屏，浙江海鹽人。1901 年中秀才，後入安徽法政學堂研習新學。早年曾參加南社，資助創辦崑曲傳習所。杭州光復後，慨然出任軍需處長。1913 年以實業界身份當選爲第一屆國會眾議員，長期駐北京，代表浙江實業界兼充浙江都督朱瑞在京聯絡人。1913 年 2 月，與人集資在杭州創辦《之江日報》，該報自設印刷廠，經理李乾孫，主筆徐文蔚，後由陳宜慈任經理，曾士瀛爲主筆，每日出版一大張，連載章回小說。《之江日報》對民國初年當局中的貪官污吏時有抨擊，因而多次遭到北洋政府查禁。1924 年報紙經過改革，政治立場更加鮮明。1937 年 12 月，該報停刊。

〔註39〕金普森等著：《浙江通史·民國卷上》，杭州：浙江人民出版社，2005 年，第 323～324 頁。

〔註40〕〔英〕雷蒙德·威廉斯：《文化與社會》，吳松江、張文定譯，北京：北京大學出版社 1991 年版，第 391 頁。

　　　紛亂，可以不作。更進一步言之，使袁氏至今而健在，則其為害於
　　　民國，有為吾人所不敢想像者。報紙之失職，有逾於此耶？其實袁
　　　氏雖死，繼之而起者，往往倒行逆施，無所恐懼。雖曰其故甚多，
　　　而輿論之軟弱無力，不可謂非一種誘因。〔註41〕

清末中央政府對輿論的控制主要集中在上層文化的話語權上，對於中下層社
會意識形態的建構已無力控制，慢慢讓渡給民間的啟蒙運動，〔註42〕這便是
前文所述的白話報刊得以盛行的主要原因：「借助於白話這種俗文體，它得以
進入廣大的中下層社會實現信息的交流與溝通。在這裡，媒介形式、媒介所
承載的思想內容具有相等同的地位，均被賦予了重要的價值蘊涵。與之相應，
信息環境與傳播渠道本身也都呈現出了某種主體性。在這一意義上可以斷
言，同之前所出現的報刊媒介相比，白話報則較為充分地體現了大眾傳媒所
獨具的現代特徵。」〔註43〕與大眾傳媒相適應的物質條件，比如日益細化的
城市分工體系、龐大的傳媒市場和多元的市民消費群體，成為促進知識分子
轉型的重要因素。1907 年創刊的《小說林》第 1 期上，徐念慈以「小說林社」
的名義刊登「募集小說」的啟事：

　　　　本社募集各種著譯家庭、社會、教育、科學、理想、偵探、軍事
　　　小說，篇幅不論長短，詞句不論文言、白話，格式不論章回、筆記、
　　　傳奇。不當選者，可原本寄還；入選者，分別等差，潤筆從豐致送：
　　　甲等　每千字五圓；乙等　每千字三圓；丙等　每千字二圓〔註44〕

這是迄今發現的最早的小說雜誌稿酬標準，儘管後來的《小說月報》、《禮拜
六》等雜誌的稿酬標準更為詳備，無法抹殺這份啟事的文學史意義：至此，
中國第一次出現了真正意義上的職業作家。時代的轉型給文學發展提供了不
可多得的契機，但同時還要看到 20 世紀我國社會政治的語境對這一局面特有

〔註41〕 戈公振：《中國報學史》，北京：中國新聞出版社 1985 年版，第 161 頁。

〔註42〕 清末的歷次啟蒙運動有一個共同的圈狀結構，即內圈結構是知識精英的思想
　　　　交流與自我啟蒙，外圈結構分為兩層，一層指向通俗文化，一層指向上層文
　　　　化。知識精英的內部交流與地緣關係不大，外圈的啟蒙成效則很大程度上依
　　　　賴於地域的選擇上。見楊早：《清末民初北京輿論環境與新文化的登場》，北
　　　　京：北京大學出版社 2008 年版，第 214～215 頁。需要指出的是，清末的啟
　　　　蒙運動以及隨後的新文化運動均沒能很好地改造通俗文化。

〔註43〕 王平：《清末民初的語言變革與現代文學雅俗觀的生成》（博士論文），四川大
　　　　學文學與新聞學院 2007 年，第 50 頁。

〔註44〕 陳平原、夏曉虹編：《二十世紀中國小說理論資料·第一卷（1897～1916）》，
　　　　北京：北京大學出版社 1989 年版，第 237 頁。

形態的制約、限制與規定，文學並沒有能眞正走上一條自由發展的軌道。如前所述，20 世紀初，清政府實行「新政」，採取了諸如廢除科舉、設立新式學校、派遣留學生、保護民族工業以及五大臣出國考察憲政、宣佈九年預備立憲、成立帶有議會性質的諮議院等措施，這些改革措施贏得了一部分新知識界人士的歡迎。民國成立之初，「民初的知識分子雖然有意識要起新的社會作用，扮演新型的社會角色，其心態卻在無意識中仍傳承了士對國是的當下關懷。」〔註 45〕政府實行了軍閥操縱下的不徹底的政黨政治，接下來軍閥統治再度出現，1914 年袁世凱解散了國會，廢除了憲法。1915 年和 1917 年相繼發生了兩次不成功的帝制復辟運動。此後，整個中國實際上陷入了由互相爭奪傾軋的地方督軍所控制的境地，象徵中央權力的政府則落入安福系首領段祺瑞手中。與此同時，孫中山 1917 年 9 月在廣東建立了軍政府，從此時開始，南北之間展開了一系列不分勝負的內戰，整個中國動亂不安。

　　這一切對於新式的知識分子的打擊是不言自明的，政治的黑暗與混亂使知識界產生厭倦與悲涼的情緒。當然，以袁世凱爲代表的北京政府對於言論的鉗制，幾乎封死知識分子慣常利用公共輿論來影響政治的途徑，這種政治上的失意也迫使大部分知識分子開始把自己的興趣從政治參與轉移到文化建設上來。這種轉向是當時整個知識界的主調，並非少數知識精英的先知先覺，此時「與民初直接投入政治的力行思路也迥然不同，知識分子重新操持輿論的動力，從眼光向下『開民智』的啓蒙熱情，一變爲對中國思想文化的弊端和自身文化位置的重新檢討」，「是完成了從『啓蒙』到『自啓蒙』的轉向」〔註 46〕。他們認識到要以西方科學、民主、自由觀念來徹底地改造中國傳統文化。

　　這一時期在東京、上海、廣州、杭州等地還湧現了一批文藝報刊，比如《新小說》、《繡像小說》、《雁來紅叢報》、《小說七日報》、《遊戲世界》、《月月小說》、《著作林》、《小說林》、《小說世界》、《揚子江小說報》、《十日小說》、《小說月報》、《娛閒報》、《國魂報》、《上海白話報》、《陽秋報》、《鶴立報》、《天趣報》等，數目超過 30 種以上〔註 47〕。這些報刊的主編多半贊同立憲派的改良主張，受到了以《民報》爲首的革命派報刊不遺餘力的揭發、嘲諷、

〔註 45〕 羅志田：《再造文明之夢——胡適傳》，成都：四川人民出版社 1995 年版，第 182 頁。

〔註 46〕 楊早：《清末民初北京輿論環境與新文化的登場》，北京：北京大學出版社 2008 年版，第 145 頁。

〔註 47〕 阿英：《晚清文藝報刊述略》，北京：中華書局 1959 年版，第 24 頁。

指責乃至控訴。杭州最早的純文藝報刊可以追溯到 1895 年秦鍾瑞辦的《笑林報》，仿上海《遊戲報》的風格，內容多為詞章體筆談，諧趣小品及打油詩，其後有 1906 年陳蝶仙（1879～1940，浙江杭州人）主編的《著作林》月刊相承續〔註48〕。陳蝶仙早在 1900 年就發表了長篇言情小說《淚珠緣》，不脫明清小說「才子佳人」模式，但在鴛鴦蝴蝶派中影響甚大，所作長篇也被視為鴛鴦蝴蝶派小說之濫觴。

從辛亥革命到五四前夕，以「鴛鴦蝴蝶」為中心的報紙副刊和小報、期刊興盛一時，這些副刊的編輯和撰稿人不少來自南社，比如柳亞子、李叔同、蘇曼殊、胡寄塵、朱少屏、葉楚傖等人，他們依託上海租界洋場，「作品則以小說為主，有社會、黑幕、娼門、哀情、言情、家庭、武俠、神怪、軍事、偵探、滑稽、歷史、宮闈、民間、反案等門類，而以描寫半殖民地半封建社會的新式才子佳人們相悅相戀的言情小說為大宗」〔註49〕，可以看作是對傳統文化和精英文化的雙重疏離，堅守市民情調，有研究者認為「鴛鴦蝴蝶派的市民情調是『民智』在傳統禮教文化裏得到『開啓』的結果之一，它在疏離傳統文化上邁出了 20 世紀最初的步伐，是中華民族向『現代』進軍的早期表現。在疏離傳統、向現代進軍這一點上，它所要做的，正是『五四』新文化所要做的。鴛鴦蝴蝶派的市民情調裏的思想、文化、藝術在某種程度上起到了為『五四』開路的作用」〔註50〕。

即使到了五四新文化運動以後，精英知識分子對於通俗文化的影響依然極為有限，「原有意面向『引車賣漿者流』的白話小說只在上層精英知識分子和追隨他們的邊緣知識分子中流傳，而原被認為是為上層精英分子說法的古文卻在更低層但有閱讀能力的大眾中風行」〔註51〕，這種雅俗共融的局面未能改變的原因在於：

　　……胡適等人在有意識的一面雖然想的是大眾，在無意識的一面卻充滿精英的關懷。文學革命實際上是一場精英氣十足的上層革命，故其效應也正在精英分子和想上昇到精英的人中間。民初新舊

〔註48〕　鍾韻玉：《杭州早期文藝報刊》，見政協杭州市委員會文史資料工作委員會：《杭州文史資料》（第 8 輯），杭州：杭州出版社 1987 年版，第 81 頁。

〔註49〕　方漢奇：《中國近代報刊史》，太原：山西教育出版社 1981 年版，第 734 頁。

〔註50〕　程文超：《1903：前夜的湧動》，濟南：山東教育出版社 1998 年版，第 261～262 頁。

〔註51〕　羅志田：《再造文明之夢——胡適傳》，成都：四川人民出版社 1995 年版，第 172 頁。

　　雜糅的現象後面還要進一步探討，但這些新文化運動領導人在向著
「與一般人生出交涉」這個取向發展的同時，已伏下與「一般人」
疏離的趨向這個事實已隱然可見了。〔註52〕

「隱然可見的事實」便是新文化運動實際上並非將眼光轉向下層啓蒙，而是
以普及白話文作爲策略，用西方理念選擇、改造後的通俗文化來衝擊、替代
上層文化，其實質仍是對於上層文化話語權的爭奪。

二、語言變革與雅俗觀念的轉換

　　談及近代浙江文學自身的嬗變歷程，自然離不開語言變革〔註53〕與雅俗
觀念的轉換這一整體性的近代文學背景，畢竟「這一時期雅俗文學的轉化，
與19、20世紀之交的中國文學大變革結合起來，導致了中國文學體系和文學
格局的全面重構，使整個中國文學形態發生了根本性的變化」〔註54〕。儘管
「五四開創了一種與中國舊有的文學區別很大的『新』文學，它昭示了文學
發展的新的可能性。中國現代文學的一切都是從五四開始的。五四所推出的
區別於傳統的文學語言與文體格局、感知方式與表述方式，啓導了現代文學
日後的成就」〔註55〕，但五四新文學的產生並不是一蹴而就的，「晚清時期可
以專門劃作中國傳統文學和現代文學之間的一個關鍵的過渡時期」〔註56〕。

〔註52〕 羅志田：《再造文明之夢——胡適傳》，成都：四川人民出版社1995年版，第
172頁。

〔註53〕 從最寬泛的意義上，近代以來的語言變革應包括口語語言與書面語言的變
革，畢竟與之分別對應的口頭文學與書面文學一直就處於相互吸收和轉化的
動態過程中；從語言的基本要素來看，近代以來的語言變革應包括語音、語
彙和語法三部分的變革，比如會涉及到國語的讀音問題、俗語入文以及翻譯
外來詞、新術語等方面帶來的語彙問題、漢語語法、句法等諸多形式方面的
問題。筆者不只限於形式方面，更多的涉及到語言變革的實踐及其相關思想
觀念，藉此來討論晚清以來的語言變革對於新文學格局的塑形作用。見張向
東：《語言變革與現代文學的發生》，北京：人民文學出版社2010年版，第5
～9頁。

〔註54〕 門巋等著：《雅俗文學與其互化論》，天津：天津社會科學院出版社2000年版，
第129頁。

〔註55〕 劉納：《嬗變——辛亥革命時期至五四時期的中國文學》，北京：中國社會科
學出版社1998年版，第425頁。

〔註56〕 李歐梵：《前言》，見〔捷〕雅羅斯拉夫·普實克，深圳大學比較文學研究所
主編：《普實克中國現代文學論文集》，李燕喬等譯，長沙：湖南文藝出版社
1987年版，第3頁。

在此過渡時期內，中國文學整體上由屬於應用型的雜文學體系轉化爲情感型的純文學體系，體現雅俗觀念轉換的重要文學現象之一便是「原來屬於俗文學的小說由俗入雅，由俗文學的邊緣品種進入雅文學圈並成爲其最重要的中心品種，從而使雅俗文學的內涵、分界和文學格局都發生了由古典型向現代型的轉化」〔註57〕。對此，無論是從文學的發展歷程還是從文學空間的轉換看，「兩浙」區域文化在此過程中都扮演了相當重要的角色。

近代文學雅俗觀念的轉換，與中國近代文學整體性變革有著密切的關係，並且「『雅』、『俗』之別主要在不同作家、流派對傳播媒體的理解、運用不盡一致」〔註58〕。如前所述，在「西學東漸」以及報刊日益發達的背景下，晚清新知識界人士重視報刊開啓民智、傳播文明的作用，認識到了「自報章興，吾國之文體，爲之一變」〔註59〕的社會效應，這才有了「十九世紀二十世紀之交是個新時代，新時代給我們帶來了新文化，產生了我們的知識階級。這知識階級跟從前的讀書人不大一樣，包括了更多的從民間來的分子，他們漸漸跟統治者拆夥而走向民間。於是乎有了白話正宗的新文學，詞曲和小說戲劇都有了正經的地位。還有種種歐化的新藝術」〔註60〕。這一進程起源於「詩界革命」、「文界革命」「小說界革命」在內的文學革新運動，中經以王國維、魯迅爲代表的「兩浙」區域文化傳統對戲劇、小說兩種次要文體樣式的歷史透視，完成於以中國現代文學語言的形成爲標誌的五四新文學的創立。基於此，近代文學的雅俗轉換獲得了最基本的動力，一個新型的雅俗共融的文學格局得以確立並一直延續了下來。

翻譯西書過程中產生的新術語最先帶來了語言形式上的碰撞，使得古漢語面臨著前所未有的挑戰〔註61〕。眾所周知，新思想、新觀念、新學問的表達自然離不開新術語、新名詞，剛開始僅限於天文、地理、數學等自然科學

〔註57〕 門巋等著：《雅俗文學與其互化論》，天津：天津社會科學院出版社2000年版，第129頁。

〔註58〕 周海波：《現代傳媒視野下的中國現代文學》（博士論文），山東師範大學文學院2004年，第42頁。

〔註59〕 梁啓超：《中國各報存佚表》，《清議報》第100冊，1901年12月21日。

〔註60〕 朱自清：《論雅俗共賞》，朱喬森編：《朱自清全集》（第3卷），南京：江蘇教育出版社1988年版，第225頁。

〔註61〕 夏曉虹：《中國現代文學語言的形成》，《開放時代》2000年第3期，第60～66頁。

與技術領域還不太明顯，等到後來擴展到社會與人文科學領域時便較爲凸顯，一時間攪得出版界、教育界、新聞界、學術界面貌大變〔註62〕。戊戌維新前後出現的「新學之詩」〔註63〕就典型地反映了新知識界人士盲目熱衷新術語的現象，它與後來梁啓超提出的「詩界革命」的主張相呼應，也反映了當時詩壇力闢新境的一種努力。「蓋當時所謂新詩者，頗喜撏扯新名詞以自表異。丙申、丁酉間（1896～1897），吾黨數子皆好作此體，提倡之者爲夏穗卿，而復生（譚嗣同）亦綦嗜之。」〔註64〕其中夏穗卿便是倡導「詩界革命」倡導者之一的夏曾佑（1863～1924，浙江錢塘人），其代表作《雜詩》便運用了多個西方新術語：「冰期世界太清涼，洪水茫茫下土方。巴別塔前分種教，人天從此感參商。」梁啓超在《飲冰室詩話》裏解釋說：「冰期、洪水，用地質家言。巴別塔云云，用《舊約》閃、含、雅費分闢三洲事也。」〔註65〕以舊體詩的形式表現「新學」的內容，表現了對於新思想、新學說的傾慕；同時雜用西洋名詞、典故和佛家語，在形式上對古典詩歌有一種衝擊力。

如前所述，近代化報刊「本以注重新聞、面向大眾爲特點，其所派生的『報章文體』，便既須以新思想、新事物滿足讀者的求新欲望，又要以啓蒙、通俗的言說方式擴大銷量」〔註66〕。一向處於卑微地位的白話文憑藉著「開啓民智」的呼吁，尤其通過與近代化報刊的緊密結合，得以與文言文形成分庭抗禮之勢，以至於敏感的守舊派視「報章文體」爲古文的敵人。除了創辦白話報刊外，還有尋求古音古義的「文學復古」運動、創制切音字、「廢除漢字」、提倡白話小說、編纂白話教科書、演說活動等多種啓蒙形式，依託民間與官方的共同努力，從而形成了一場立體的、參與範圍極爲廣泛的語言變革運動。前文已提及，不再贅述。需要說明的是，初期新知識界人士並不認同白話文這一俗文體，「其提倡白話文運動者，大多是從工具理性的角度去理解

〔註62〕熊月之以「新名詞大爆炸」爲標題談及這一現象，認爲「漢語復音詞的增多，表達方式的演進，白話文的興起，無一不與日譯新詞的引進有著密切的關係，」同時「晚清日譯新詞的湧入，是一次影響十分廣泛、內涵極其豐富的文化傳播」。見熊月之：《西學東漸與晚清社會》，上海：上海人民出版社1994年版，第672～678頁。

〔註63〕郭延禮：《中國近代文學發展史》（第2卷），北京：高等教育出版社2001年版，第113～114頁。

〔註64〕梁啓超：《飲冰室詩話》，北京：人民文學出版社1959年版，第49頁。

〔註65〕梁啓超：《飲冰室詩話》，北京：人民文學出版社1959年版，第50頁。

〔註66〕夏曉虹：《中國現代文學語言的形成》，《開放時代》2000年第3期，第61頁。

白話文的，即他們只是將白話文視爲一種工具加以利用，從而過多強調了其普及功能，而沒有認識到它是文學發展的必然趨勢和前進方向。同時，由於擺脫不了所謂的『雅俗』的觀念，在內心中始終篤信文言高於白話」〔註67〕。比如劉師培 1905 年在《國粹學報》上連載《論文雜記》，講古今文字因爲「進化之公理」才有深淺文質的區別，典型地代表了晚清以來新知識界人士的實踐策略：用文言撰述學術著作的同時還寫白話文章宣傳革命。

前文提及的夏曾佑及其「新學詩」派的理論主張，就是 1895 年秋冬之際夏曾佑與梁啓超、譚嗣同等在北京交遊時常談論的話題，「啓超屢遊京師，漸交當世士大夫，而其講學最契之友，曰夏曾佑、譚嗣同。曾祐方治龔、劉今文學，每發一義，輒相視莫逆。……而啓超之學，受夏、譚影響亦至巨」〔註68〕。可以說，「兩浙」區域文化的夏曾佑也參與了文學革新運動，比如 1897 年 10 月 16 日至 11 月 18 日與嚴復在《國聞報》上連載發表了《本館附印說部緣起》，第一次從理論上論述了小說的社會功能，「夫說部之興，其如人之深，行世之遠，幾幾齗於經史上，而天下之人心風俗，遂不免爲說部之所持」〔註69〕，這些主張可以看作是日後梁啓超倡導「三界革命」的先聲。「三界革命」的提法大約出現在 1902 年前後，「詩界革命」「文界革命」口號見於梁啓超的《夏威夷遊記》（1899 年 12 月），「詩界革命」認爲「欲爲詩界之哥倫布、瑪賽郎，不可不備三長：第一要新意境，第二要新語句，而又須以古人之風格入之，然後成其爲詩」〔註70〕，側重於詩歌內容上的革新，至於形式上的革新，則多主張詩歌與音樂的結合，以口語、俗語和新名詞入詩，提倡史詩式的長篇巨製等〔註71〕，依託其主編的《清議報》、《新民叢報》、《新小說》等刊物爲「新派詩」提供發表的平臺，擴大了「詩界革命」的影響力，「所看漢文書籍於後來有點影響的，乃是當時書報，如《新民叢報》、《新小說》，梁任公的著作，以及嚴幾道林琴南的譯書，這些東西那時如不在學堂也難得看到，

〔註67〕 盧毅：《章門弟子與近代文化》，桂林：廣西師範大學出版社 2009 年版，第 86 頁。

〔註68〕 王嘉良主編：《浙江文學史》，杭州：杭州出版社 2008 年版，第 366 頁。

〔註69〕 幾道、別士：《本館附印說部緣起》，見陳平原、夏曉虹編：《二十世紀中國小說理論資料·第一卷（1897～1916）》，北京：北京大學出版社 1989 年版，第 12 頁。

〔註70〕 張永芳：《晚清詩界革命論》，桂林：灕江出版社 1991 年版，第 39 頁。

〔註71〕 郭延禮：《中國近代文學發展史》（第 2 卷），北京：高等教育出版社 2001 年版，第 179～182 頁。

所以與學堂也可以說是間接的有點兒關係的」〔註72〕；「文界革命」批評了當時的八股時文和桐城派古文的弊端，倡導一種「然其文條理明晰，筆鋒常帶情感，對於讀者，別有一種魔力焉」〔註73〕的「新文體」，一時間對當時渴望新思想、新知識的讀書人產生了極大的吸引力，1947 年朱自清談到文體的通俗化時說：

> 文體通俗化運動起於清朝末年。那時維新的士人急於開通民智，一方面創了報章文體，所謂「新文體」，給受過教育的人說教，一方面用白話印書辦報，給識得些字的人說教，再一方面推行官話字母等給沒有受過教育的人說教。前兩種都是文體的通俗化，後一種雖然注重在新的文字，但就寫成的文體而論，也還是通俗化。〔註74〕

「小說界革命」的提出見於梁啓超的《論小說與群治之關係》（1902 年 11 月 14 日），強調小說的社會功能，藉此把革新小說與思想文化啓蒙和社會改革結合起來，並主張翻譯西歐和日本的政治小說。大約 1907 年前後，周桂笙在其《新庵諧譯初編·自序》中說：「邇者朝廷既下變法之詔，國民尤切自強之望，而有志之士，眷懷時局，深考其故，以爲非求輸入文明之術，斷難變化固執之性，於是而翻西文、譯東籍尙矣。日新月異，層出不窮，要皆覺世牖民之作，堪備開智啓慧之功，洋洋乎盛矣哉，不可謂非翻譯者之與有其功也！」〔註75〕由此可以看出，新知識界人士譯介外國文學作品的目的側重於輸入西方文明和思想啓蒙，而文學啓蒙與近代文學轉型的關聯在於「它密切了文學與現實社會和人生的關係，拓寬了文學描寫的空間領域和審美範圍，書寫了西方的新思想、新意境和新人物。其次，爲了更充分地發揮文學啓蒙的作用，爲接受群體提供更多的閱讀方便，文學改革必然要走語言通俗化即言文合一的道路」〔註76〕。從整體上看，梁啓超提倡「三界革命」是爲了促進文學的通俗化。在他看來，救國、變法與新民是密切聯繫在一起的，其中新民則要求

〔註72〕 周作人：《知堂回想錄》，香港：三育圖書文具公司 1980 年版，第 108 頁。
〔註73〕 梁啓超：《清代學術概論》，北京：東方出版社 1996 年版，第 77 頁。
〔註74〕 朱自清：《論通俗化》，見朱喬森編：《朱自清全集》（第 3 卷），南京：江蘇教育出版社 1988 年版，第 142 頁。
〔註75〕 梅慶吉主編：《吳趼人全集》（第 9 卷），哈爾濱：北方文藝出版社 1998 年版，第 303 頁。
〔註76〕 郭延禮：《中國前現代文學的轉型》，濟南：山東大學出版社 2005 年版，第 90～91 頁。

大眾掌握知識，而掌握知識的前提要求言文合一：「文學之進化有一大關鍵，即由古語之文學，變爲俗語之文學是也。各國文學史之開展，靡不循此軌道。」〔註77〕總體而言，「由於梁啓超赴日後倡導的『小說界革命』影響廣泛，依賴『小說改良群治論』與『小說新民論』的提攜，白話小說也從被正統文人輕蔑的『小道』，一躍而成爲『文學之最上乘』」，「靠近白話，已經成爲晚清報章文體的總趨勢」〔註78〕。可見，在20世紀初期，梁啓超理論上的鼓吹對於白話文運動的興起以及雅俗共融的文藝觀念的促成有著重要的意義。

　　從文學空間的流動來看，在五四新文學的前夜，主要有三股思潮即「詩界革命」「新小說」「革命文學」貫穿其中。〔註79〕僅以「新小說」的空間轉換爲例：

> 　　在初期，它的作家群基本上分爲兩大撥，一是江蘇，一是廣東，出現吳、粵對峙的局面。但自1908年以後，由粵向吳的傳動已十分明顯。在以後二三年時間裏，晚清譴責小說的風骨和鋒芒已經消折凋零，代之而起的是鴛鴦蝴蝶派小說。來自蘇州（如包天笑、周瘦鵑、程瞻廬、程小青等）和來自揚州（如李涵秋、畢倚虹、張秋蟲等）及常熟（如徐枕亞、吳雙熱等）的江蘇作家群開始風靡上海的文壇。〔註80〕

如前所述，作爲一個政治環境寬鬆、經濟文化發達，且對各種趨新勢力具有強烈吸引力的新興大都市，上海一直是清末新型話語的重要「孵化基地」。應當說，除了上海這一現代都市以外，還「更應該指正向上海進行強有力的經濟、文化輻射的周邊地區：江蘇、浙江、安徽、福建、廣東。而這其中，江蘇和廣東尤其令人矚目」〔註81〕。清末民初的江蘇作家群在譴責小說式微之後，仗著溫香與纏綿的話語，擁著「鴛蝴小說」和「文明戲」搶灘上海，「江蘇整體性地被上海所吸引和包容，成爲大上海『海派』文化最鮮亮的底

〔註77〕 梁啓超等：《小說叢話》，見陳平原，夏曉虹編：《二十世紀中國小說理論資料·第一卷（1897～1916）》，北京：北京大學出版社1989年版，第65頁。

〔註78〕 夏曉虹：《中國現代文學語言的形成》，《開放時代》2000年第3期，第62頁。

〔註79〕 彭曉豐、舒建華：《「S會館」與五四新文學的起源》，長沙：湖南教育出版社1995年版，第21頁。

〔註80〕 彭曉豐、舒建華：《「S會館」與五四新文學的起源》，長沙：湖南教育出版社1995年版，第76頁。

〔註81〕 彭曉豐、舒建華：《「S會館」與五四新文學的起源》，長沙：湖南教育出版社1995年版，第24頁。

色」〔註82〕，與上海毗鄰的浙西杭嘉湖地域也概莫能外，與此時的「鴛蝴派」小說有關聯的兩位浙江作家嚴獨鶴和趙苕狂，均來自這一區域〔註83〕。「鴛鴦蝴蝶派」小說興起於 1908 年左右，辛亥革命後開始興盛。魯迅在《上海文藝界之一瞥》對「鴛鴦蝴蝶派」有貼切的說明：「和才子相悅相戀，分拆不開，柳陰花下，像一對蝴蝶，一雙鴛鴦一樣。」〔註84〕不可否認的是，「鴛鴦蝴蝶派」對大眾文化階層表現出了異乎尋常的熱情，把文學的休閒娛樂功能放在了第一位，淡化了梁啟超宣傳的小說可以救國家開民智的功效，文學開始變成一件純粹的消費品。隨著復古思潮的興起，白話文熱潮一度降溫，不僅同光體詩歌、桐城後期的散文也要堅持文言，鴛鴦蝴蝶派小說也重新使用文言甚至駢體文，「雅」的成分更多，而「俗」的語言反不為人所喜，近代文學在通俗化的走向上遭到了逆轉。

與此同時，對精英知識分子而言，「因當時社會動盪、統治集團旗幟更替頻繁，文禁相對鬆弛，所以他們所依附的學院事實上又成為以自由思想、藝術獨立和個性表現相標榜的文化探索和藝術實驗的基地，既明顯脫離世俗社會及其大眾文化，又遠離政治化和商業化運作。這一學院化特徵決定了他們成為一群具有強烈探索性意味的文化先鋒」〔註85〕，王國維和魯迅就是他們中間的傑出代表，面對江蘇作家群熱鬧的創作勢頭，不約而同地完成對戲劇和小說這兩種五四新文學最重要的樣式的歷史透視〔註86〕。如前所述，若從民族國家文學這一批評視角來看，民初的「鴛蝴派文學」在同「新文學」爭

〔註82〕彭曉豐、舒建華：《「S會館」與五四新文學的起源》，長沙：湖南教育出版社 1995 年版，第 76 頁。包天笑在《釧影樓回憶錄續編》中說：「可是自從辛亥革命以後，蘇州漸漸有些退化的現象。為的是西化東漸，有一個『強鄰』虎視眈眈在身側，那就是上海。因此向來有些老輩，不許子弟到上海去的，總說上海是壞地方，現在也放任了。資產階級向來不做上海生意的，現在覺得容易賺錢，也做上海的生意了。科舉既廢，讀書人覺得在蘇州無生路，也往上海跑了。」見包天笑：《釧影樓回憶錄續編》，香港：大華出版公司 1973 年版，第 117 頁，

〔註83〕彭曉豐、舒建華：《「S會館」與五四新文學的起源》，長沙：湖南教育出版社 1995 年版，第 75～80 頁。

〔註84〕魯迅：《上海文藝界之一瞥》，魯迅：《魯迅全集》（第 4 卷），北京：人民文學出版社 2005 年版，第 301 頁。

〔註85〕吳秀亮：《「五四」時期雅俗小說的關係結構》，《文學評論》1995 年第 6 期，第 30 頁。

〔註86〕彭曉豐、舒建華：《「S會館」與五四新文學的起源》，長沙：湖南教育出版社 1995 年版，第 80～91 頁。

奪所謂文壇的「領導權」的同時，還潛在地分享著共同的資源，比如逐漸發達的出版和傳播業，日益規範的流通市場和職業觀念以及繁複豐富的藝術表現技巧，乃至此前作為共同起源的「小說界革命」等等。而這些特徵，也眞實地反映了民初文壇雅俗共融的時代氛圍，只不過「新文學」後來靠著國家威權的庇祐、新式教育的興起以及理論的倡導和創作實績的推動等一系列制度性的實踐，才進入了文壇的中心。

周作人在《中國新文學的源流》中總結了晚清白話文與五四白話文運動的一些不同：

第一，現在白話文，是「話怎麼說便怎麼寫」。那時候卻是八股翻白話。

第二，是態度的不同——現在我們作文的態度是一元的，就是：無論對什麼人，做什麼事，無論是著書或隨便地寫一張字條兒，一律都用白話。而以前的態度則是二元的：不是凡文字都用白話寫，只是為一般沒有學識的平民和工人才寫白話的。因為那時候的目的是改造政治，如一切東西都用古文，則一般人對報紙仍看不懂，對政府的命令也仍將不知是怎麼一回事，所以只好用白話。但如寫正經的文章或著書時，當然還是作古文的，因此我們可以說，在那時候，古文是為「老爺」用的，白話是為「聽差」用的。

總之，那時候的白話，是出自政治方面的需求，只是戊戌政變的餘波之一，和後來的白話文可說是沒有大關係的。〔註87〕

周作人區分晚清白話文和文學革命以來的白話文，著眼點並不在於古文的「死」和白話的「活」，而是基於此來闡釋他的「載道」「言志」的文學觀念。應當說，晚清白話文運動的提倡者並未把語言變革本身作為追求的目標，提倡白話文並不完全否定文言文，同時把文學分為「雅」「俗」兩種，脫離口語的文言文為「雅」，用口語寫成的白話文為「俗」。夏曉虹在闡述晚清白話文運動與文學改良思潮之間的關係時說，當時的白話文章「若作為現代散文來閱讀，至少還缺乏兩項基本的要素：新詞語與文學性。」〔註88〕對於白話文學而言，正如胡適所說：「這些人可以說是『有意的主張白話』，但不可以說

〔註87〕周作人：《中國新文學的源流》，南京：江蘇文藝出版社2007年版，第54～55頁。

〔註88〕夏曉虹：《晚清社會與文化》，武漢：湖北教育出版社2001年版，第120頁。

是『有意的主張白話文學』。他們的最大缺點是把社會分作兩部分：一邊是
『他們』，一邊是『我們』。一邊是應該用白話的『他們』，一邊是應該做古
文古詩的『我們』。……這種態度是不行的。」〔註89〕儘管胡適有意抬高「有
意主張白話文學」的文學革命的地位，但確實指出了一千年來白話文學自然
的演進與晚清白話文運動的根本缺憾所在。有意味的是，在對下層社會進行
啓蒙的過程中，作爲新思潮載體的傳媒日益凸顯出自身的主體性，新信息的
傳佈打破了社會不同階層之間的隔閡，營造出了一個平等、公開的言說空間。
與此同時，由於媒介自身「雙刃劍」的特性，文人的「身份認同」意識和語
言觀念開始發生微妙的變化〔註90〕。在編輯白話報刊的過程中，以往的文人
雅士逐漸擺脫既有社會階層的限制，對以白話文爲代表的俗文化有了更多的
認同。這樣，白話文這一俗文體也開始向中上層社會滲透，踏上了與學院文
化相結合的道路。他們的語言觀念和身份認同意識與當時逐漸上昇的白話文
書寫體系之間的關聯，某種程度上規約著語言變革的具體方向。

三、區域文化與新文學的發生

　　討論現代文學（或新文學）的發生，研究者特別注意文學史敘述的過渡
性與連續性，「現代文學者，近代文學之所以發酵也；近代文學者，又歷古文

〔註89〕　胡適：《五十年來中國之文學》，胡適撰：《胡適說文學變遷》，上海：上海古
　　　　　籍出版社 1999 年版，第 143～144 頁。胡適這篇文章是較早對新文學發生過
　　　　　程進行探究的著作，其中關於一千年來的白話文學、晚清白話文運動與文學
　　　　　革命運動的看法緣於他多元論的歷史觀，隨著不同歷史語境的變遷與自我建
　　　　　構的需要，關於此問題表現出了態度的遊移和多變：或強調兩者之間的區別，
　　　　　或強調兩者之間的聯繫。這些觀點集中體現在《新文學運動之意義》（1925
　　　　　年 9 月 29 日）、《國語文學史》（北京：文化學社 1927 年版）、《白話文學史》
　　　　　（上海：新月書店 1928 年版）《〈中國新文學大系·建設理論集〉導言》以及
　　　　　胡適口述、唐德剛整理翻譯《胡適口述自傳》（合肥：安徽教育出版社 1999
　　　　　年版）等相關論述中。
〔註90〕　「『內俗外雅——體用分離』的語言觀對知識階層產生了深刻的制約作用，使
　　　　　其陷入了一種語言的困境之中：一方面，他們在啓蒙思想的感召下，積極呼
　　　　　籲推廣白話文，然而這又並非出於眞正的語言自覺，因而難以發自內心地認
　　　　　同這一俗文體；另一方面，作爲正統文體的文言日益顯示出它的局限性，無
　　　　　法適應『開啓民智』、動員民眾的時代要求，但是在心理慣性的驅使下，文人
　　　　　們又不可能堅決地予以摒棄。對於白話文運動的倡導者們而言，此時他們與
　　　　　下層民眾、與文人群體都處於一種『疏離』的狀態」。見王平：《清末民初的
　　　　　語言變革與現代文學雅俗觀的生成》（博士論文），成都：四川大學文學與新
　　　　　聞學院 2007 年，第 39～40 頁。

學之所積漸也。明歷古文學，始可與語近代；知近代文學，乃可語現代」〔註91〕。在此基礎上，尤其關注新文學發生的內源性因素，這可以看作是對既有的「衝擊──回應」模式宏觀上的修正，即承認新文學發生有著不可忽視的世界性背景，又強調中國文學傳統內部異質因素所起到的作用，「所說的『傳統內部』的『傳統』，不在於它的時間維度，而是它的空間向度。這一『傳統』不是泛指世代的承襲和積澱，而是說一種空間的格局和落差。也就是說，我們所強調的傳統是有嚴格空間地位的區域傳統，是與主導傳統有區別的次要傳統。」〔註92〕當把視線引向與次要傳統相對應的區域文化上，「力圖將區域文化的內在意義上昇爲中國現代文學學科發展的新動力，同時將對區域精神的發掘匯入當代文化發展的大潮之中」〔註93〕，借區域文化的生長點及位移來考察現代文學（或新文學）發生與發展的軌跡。需注意的是，將傳統分爲主導傳統與次要傳統，主要著眼於兩者之間的變遷導致傳統的破壞，而大、小傳統之間的轉化是穩定中的一次循環、一種內部結構的調整〔註94〕。要恰當地書寫新文學發生的原初圖景，除了強調主導傳統與次要傳統的劃分外，也離不開對大、小傳統之間轉換因素的考察。

　　區域作爲人文地理學上的一個概念，除了用來指一個具有特定的位置和共同的特色的（包括自然方面的和人文方面的）客觀存在的地理單元外，還指一種主觀建構，是個人或某一群體面對區域時，形成的一種文化認同，一種對特定文化身份的歸屬感。也就是說，完整的地理區域概念是客觀的物質環境與人們主觀建構相結合的產物，區域研究取向的重心從「著重區域經濟和社會的分工與整合，轉移到著重區域身份和意識的建構」〔註95〕。因此，區域文化的形成有一個具體的社會廣泛接受的過程，和一個具體的

〔註91〕錢基博：《現代中國文學史》，上海：上海書店出版社 2004 年版，第 34 頁。

〔註92〕彭曉豐、舒建華：《「S 會館」與五四新文學的起源》，長沙：湖南教育出版社 1995 年版，第 28～29 頁。

〔註93〕李怡、肖偉勝主編：《中國現代文學的巴蜀視野》，成都：巴蜀書社 2006 年版，第 3 頁。

〔註94〕彭著注意到了主導傳統與次要傳統、大、小傳統區分之間的差異，但這種區分有些過分強調新文學的性質，筆者對這兩種區分涉及到的因素都要給予考慮，這樣比較符合新文學發生的原初圖景。見彭曉豐、舒建華：《「S 會館」與五四新文學的起源》，長沙：湖南教育出版社 1995 年版，第 29 頁。

〔註95〕程美寶：《地域文化與國家認同：晚清以來「廣東文化」觀的形成》，北京：三聯書店 2006 年版，第 29 頁。

個人和群體的深層意識和心理積累的過程，基於此形成區域的「想像的共同體」〔註96〕。對於文學研究來說，金克木認為：

> 我覺得我們的文藝研究習慣於歷史的線性探索，作家作品的點的研究；講背景也是著重點和線的襯托面；長於編年表而不重視畫地圖，排等高線，標走向、流向等交互關係。是不是可以擴展一下，作以面為主的研究，立體研究，以至於時空合一內外兼顧的多「維」研究呢？假如可以，不妨首先擴大到地域方面，姑且說是地域學（Topology）研究吧。〔註97〕

在此過程中，我們不能忽視區域文化認同也需要諸如地理環境、語言等客觀的物質文化基礎，至於這些物質文化因素如何被整合到區域文化知識內部，需要考慮近代中國面臨轉型的現實語境以及不同時期的話語權力變遷。1903 年 2 月 17 日，「公猛」在《浙江潮》上發表了自己對浙江文明作為區域文化的看法：

> 乃讀鄉先哲學士大夫之遺書，其理想值高超，出乎天，天而入於人，人發為文章。雲蒸霞蔚，光怪陸離，我浙江人於政治界、哲理界、文藝界，其位置固居何等乎？蓋自中原文物輸入我浙以來，風發雲屬，雷掣雷鳴，遂以成此日之形勢。而此日者則又存亡之鍵，興廢之機也。其亡也，則土地為人占焉，妻女為人奴焉。一切歷史化為物語，一切盛業化為古跡。其興也，則且將挾其一切哲理、一切藝術，乘此滾滾汩汩飛沙走石二十世紀之潮流，以與世界之文明相激相射相交換相融和，放一重五光十色之異彩，以灌溉我二十一行省之同胞，浙江者，文明之中心點也。吾浙人其果能擔任此言乎？抑將力不勝任，徒為歷史羞乎？夫歌舞昔昔人者，所以示後人也，而不然者則當此滄海橫流，視天沉醉，方將沉痛迫切之不暇，而又何予之鼓吹休明者為哉！〔註98〕

〔註96〕 本尼迪克特‧安德森認為，民族是「一種想像的政治共同體——並且，它是被想像為本質上有限的（limited），同時也享有主權的共同體」，而「想像體」，安德森認為「事實上，所有比成員之間有著面對接觸的原始村落更大（或許連這種村落也包括在內）的一切共同體都是想像的。區別不同的共同體的基礎，並非他們的虛假／真實性，而是他們被想像的方式。」見〔美〕本尼迪克特‧安德森：《想像的共同體——民族主義的起源與散佈》，吳叡人譯，上海：上海人民出版社 2003 年版，第 5～6 頁。

〔註97〕 金克木：《文藝的地域學研究設想》，《讀書》1986 年第 4 期，第 85 頁。

〔註98〕 公猛：《浙江文明之概觀》，《浙江潮》第 1 期，1903 年 2 月 17 日，第 172～173 頁。

文章回顧了浙江自古以來形成的人文傳統——吳越文化，浙江思想學術的發展在歷史上有兩個特別值得重視的時期，其一緣於晉室的南渡，形成了主要以浙西的嘉興、湖州以及浙東的紹興爲核心的文化帶；其二因爲宋室的偏安，形成了以浙東的永嘉、寧波、金華爲典範的文化帶。「浙江地域文化傳統之特色的形成，則既與民族本身的發展歷史相聯繫，與時代思潮相呼應，又與人民生活的地域特徵相聯繫」〔註 99〕，不但注意到了與中原文化的關係，又對處於世界文明背景下的浙江文明能否成爲中國文明的中心提出了質疑。之後，「匪石」在《浙江潮》第 4 期上發表了《浙風篇》，分別從地理、宗教、吏治、學術、社會等幾方面闡述了浙江區域文化特徵〔註 100〕。就浙江區域文化而言，宋代是浙江文化歷史的重大轉折點，浙江成爲當時人文的淵藪、文化的中心所在，「言兩浙人文，似當統括於江南之自然區域，而後可以得其錯綜複雜之故。若以行政區域劃分，爲方便計固可，爲考鏡學術之源流，竊以爲非深刻之論也」〔註 101〕，畢竟從兩浙學術發展及其影響來看，「宋代兩浙學術大盛，但主流皆非發源於浙境，其重要尚在福建之次。章學誠指清代兩浙學術分別由顧炎武、黃宗羲開山，而兩人學術上之影響，與其所受之影響，皆不在浙江一隅。及至晚清，浙江有俞樾、黃以周、孫詒讓，或溝通吳皖，或兼采漢宋，號稱三大師，俞、黃分別主持詁經精舍和南菁書院，孫則爲清代小學的殿軍，影響泛及江南乃至京師。」〔註 102〕需指出的是，前文提及的

〔註 99〕沈善洪、費君清主編：《浙江文化史》，杭州：浙江大學出版社 2009 年版，第 6 頁。

〔註 100〕有關浙江區域文化或者吳越文化特徵的著作特別多，筆者所見的專著有：滕復等編著：《浙江文化史》，杭州：浙江人民出版社 1992 年版；張荷：《吳越文化》，瀋陽：遼寧教育出版社 1995 年版；彭曉豐、舒建華：《「S 會館」與五四新文學的起源》，長沙：湖南教育出版社 1995 年版；鄭擇魁主編：《吳越文化與中國現代文學》，杭州：杭州大學出版社 1998 年版；陳方競：《魯迅與浙東文化》，長春：吉林大學出版社 1998 年版；祁茗田等著：《文化與浙江區域經濟發展》，杭州：浙江人民出版社 2001 年版；佘德餘：《浙江文化簡史》，北京：人民出版社 2006 年版；沈善洪，費君清主編：《浙江文化史》，杭州：浙江大學出版社 2009 年版；潘正文：《兩浙人文傳統與百年浙江文學》，北京：中國社會科學出版社 2010 年版，均多集中從「浙東」「浙西」兩方面來加以論述：前者文風偏剛勁，藝術思維偏「土性」，文體風格深刻；後者文風偏秀婉，藝術思維偏「水性」，文體風格飄逸。另見彭曉豐、舒建華：《「S 會館」與五四新文學的起源》，長沙：湖南教育出版社 1995 年版，第 200～315 頁。

〔註 101〕賀昌群：《江南文化與兩浙人文》，《國風》第 8 卷第 9～10 期合刊，1936 年 10 月。

〔註 102〕桑兵：《近代中國學術的地緣與流派》，《歷史研究》1999 年第 3 期，第 28 頁。

賀昌群，他撰寫此文的目的乃與其批評 1930 年代浙江派把持北京各高等學府的情勢有關，對於章太炎及其弟子發展兩浙學術取代江淮學術，進而「佔據江南文化的中心地位」這一歷史進程缺乏公正評價。〔註 103〕有意味的是，早在 1924 年 8 月，章太炎就發表了《浙江之文化》一文：

> 吾國各處文化不同，所以就各處言各處。今在浙江，只說浙江之文化。江浙兩省相近，文化相去絕遠。江蘇人讀書精，交通便，富於客觀，少於主觀，故鄙人對於江蘇人，多以陽明學派語之。浙江人讀書粗疏，交通不便，富於主觀，少於客觀，遇事猛浪，故告以陽明學派，反不相宜。浙江文化本與江蘇伯仲，而近世各省評論，總以江浙二省人爲最無用之人。江蘇人勇氣不足，容或不能成偉大人物。浙江人勇氣有餘，亦蒙此謗，無可自解。何也？〔註 104〕

章太炎從吳越文化傳統內部考察，把一向並稱的江浙對立起來，分別論述了浙江與江蘇文化的不同特徵。接著，章太炎給出了自己的答案，「試思前代浙江豈無人物，在唐則陸宣公，在宋金華永嘉兩派，雖未見用，傳至明初，即有劉文成宋文憲出來，此種人物，浙人當自知之。乃至清代以來，亦無其人，何也？鄙意成就人才，不在別種學術，而在通達歷史，知成敗利鈍之故」〔註 105〕，著意在於論證「成就人才在於通達歷史」的觀點。查《章太炎年譜長編》知，1924 年 7 月 5 日，「因教育改進會延請講演，曾赴金陵一行」，在講壇上「勸治史學」。〔註 106〕接著，章太炎這篇《浙江之文化》依然延續了此前在南京講演的態度：「今人反對史學者，謂過去之事，無關現在。一若君主時代之書，不適用於民主時代，不知人之閱歷，本由積漸而來，不知過去，亦無以推測將來。……大抵史學與他種學術稍異，宜於自修，不甚宜於講演。故於今之學制，不能適合，然學者亦自有餘暇。如暑假星期之類，何時不可自者，未必便成國手，然欲成國手，除此亦無門徑也。」〔註 107〕是年 8 月 15 日，章

〔註 103〕此處觀點得益於桑兵的研究啓發，見桑兵：《近代中國學術的地緣與流派》，《歷史研究》1999 年第 3 期，第 28 頁。

〔註 104〕章太炎氏述：《浙江之文化》，《浙江省教育會月刊》第 1 期，1924 年 8 月，第 11～12 頁。

〔註 105〕章太炎氏述：《浙江之文化》，《浙江省教育會月刊》第 1 期，1924 年 8 月，第 11～12 頁。

〔註 106〕湯志鈞編著：《章太炎年譜長編》（全兩冊），北京：中華書局 1979 年版，第 759 頁。

〔註 107〕章太炎氏述：《浙江之文化》，《浙江省教育會月刊》第 1 期，1924 年 8 月，第 11～12 頁。

太炎在《華國月刊》第一卷第十二期發表了《救學弊論》，公開對當時迷戀西學的學風加以針砭，強調「眼學」治史以尋求「國性」。對此，魯迅曾譏諷云「太炎先生忽然在教育改進社年會的講壇上『勸治史學』以『保存國性』，真是慨乎言之。但他漏舉了一條益處，就是一治史學，就可以知道許多『古已有之』的事。」〔註108〕至於「眼學」與「耳學」之間的爭論對於新文學教育的關係如何，留待後文再論。

　　作為區域文化的浙江文化〔註109〕，本身「是在整個中國文化的孕育和沾溉中成長起來的，自然與中國文化具有某種共同性；同時，由於浙江文化所處的獨特自然環境和社會環境，她又具有自己鮮明的區域個性，構成了開拓進取務實創新的海派文化風格特色，成為中國文化中的一塊瑰寶，反過來極大地豐富了中國文化」〔註110〕。很明顯，浙江文化與其他區域文化一樣，既具有共時性的特點，又具有歷時性的特點。造成浙江文化的原因不單有獨特的自然環境，畢竟「我們不應該把自然界估量得太高或者太低：愛奧尼亞的明媚的天空固然大大有助於荷馬詩的優美，但是這個明媚的天空不能單獨產生荷馬」〔註111〕。此外，社會環境還有諸如文化結構、民風民俗以及方言土語等因素，前文提到的關於浙江文化區域特徵時已涉及到文化結構的二維之分，不再贅述。有意味的是，這種區域文化有著很強的區域規範。如前所述，除了王國維、魯迅分別對戲劇、小說歷史的研究促進了雅俗觀念的轉換外，20 世紀早期浙江區域文化還孕育了周作人、茅盾文學觀念的平民化傾向，魯迅為代表的「改造國民性」主題的奠定。他們「沾染著兩浙文化水土的衝擊

〔註108〕魯迅：《又是「古已有之」》，魯迅：《魯迅全集》（第7卷），北京：人民文學出版社2005年版，第239頁。

〔註109〕需說明的是，「吳越文化」、「兩浙文化」、「兩浙人文傳統」、「浙江文化」以及「浙江區域文化」等術語有著不同的內涵和外延。「吳越文化」最初由兩部分構成：吳指稱生活於今蘇南、皖南、浙北一帶，越最早活動在今浙北及太湖一帶，它們屬於同一原始部族的兩個分支。但「吳越文化」自身有一個發展演變的過程，它經過不斷的整合與重構，形成了一個龐大的體系，蘊藏著豐富駁雜的內涵，要對其進行相當準確的概括是困難的。同時，地域概念隨著歷史的發展而發生一定的變化，但地域文化作為深層文化結構仍深深地積澱在人們的腦海裏。除非特殊聲明，傾向於採用「浙江文化」、「兩浙文化」的用法。

〔註110〕沈善洪、費君清主編：《浙江文化史》，杭州：浙江大學出版社2009年版，第1019頁。

〔註111〕〔德〕黑格爾：《歷史哲學》，王造時譯，北京：商務印書館1963年版，第123頁。

波，最後匯流在『鄉土小說』中，成爲『S 會館』裏最好的一個年成。」〔註
112〕這裡著重談一下浙江文化因素對於新文學發生的資源性支撐。劉禾在討論
「現代中國文學的性質究竟是什麼」認爲：

> 「五四」以來被稱之爲「現代文學」的東西其實是一種民族國
> 家文學。這一文學的產生有其複雜的歷史原因。主要是由於現代文
> 學的發展與中國進入現代民族國家的過程剛好同步，二者之間有著
> 密切的互動關係。……與之相反，中國的現代民族國家意識則是在
> 反抗列強的歷史條件下促成的。西方的國家民族主義（nationalism）
> 被中國人接受後，即成爲反抗帝國主義的理論依據，這一點無需贅
> 述。但值得注意的是，國家民族主義的意識形態功能遠遠超過了反
> 帝鬥爭的需要，它其實創造了一種新的有關權力的話語實踐，並滲
> 透了 20 世紀知識生產的各個層面。「五四」文學中「改造國民性」
> 的主題把文學創作推向國家建設的前沿，正是體現了國家民族主義
> 對文學領域的佔領。〔註 113〕

作爲現代國家形式的民族國家，應該是由辛亥革命引入我國，之前所謂的「天
朝模型」的國家形式被西方列強的「堅船利炮」所摧毀，「適者生存」的現
代民族國家意識成爲了時代的主流〔註 114〕。如上所述，現代民族國家的興
起在不同時期和區域的歷史條件下有著截然不同的命運，具體到中國範圍
內，與次要傳統相對應的區域文化便在其中起到了不同的作用。僅就「改造
國民性」這一新文學主題來說，從浙江區域文化走出的魯迅及其文學創作，
便與之有著深層的緊密聯繫。許壽裳回憶魯迅在 1902 年初就「一、怎樣才
是最理想的人性？二、中國國民性中最缺乏的是什麼？三、它的病根何在？」
這三個問題與他展開過討論，「畢生孜孜不懈，後來所以毅然決然放棄學醫
而從事於文藝運動，其目標之一，就是想解決這些問題，他知道即使不能驟
然得到全部解決，也求於逐漸解決上有所貢獻。因之，辦雜誌，譯小說，主
旨在此；後半生的創作數百萬言，主旨也重在此」〔註 115〕。魯迅把「改造

〔註 112〕彭曉豐、舒建華：《「S 會館」與五四新文學的起源》，長沙：湖南教育出版社
1995 年版，第 90～91 頁。

〔註 113〕劉禾：《語際書寫——現代思想史寫作批判綱要》，上海：三聯書店 1999 年版，
第 191～192 頁。

〔註 114〕劉禾：《語際書寫——現代思想史寫作批判綱要》，上海：三聯書店 1999 年版，
第 192 頁。

〔註 115〕許壽裳：《亡友魯迅印象記》，北京：人民文學出版社 1953 年版，第 19 頁。

國民性」的話題作爲文學創作的核心命題，早已成爲研究界的共識。而魯迅「改造國民性」思想的確立，更多的是自身生命體驗和外部思想環境的相互作用的結果，魯迅與越文化或者浙江區域文化的關係〔註116〕便是洞察這一問題的突破口。

眾所周知，魯迅自1909年8月間留日回國，到1918年4月爲《新青年》撰稿發出第一聲吶喊開始，大致度過了所謂「沉默的十年」：「這十年，與他頻繁轉移的生活軌跡相比，他的筆述生涯則暫顯停頓，比較於其前的慷慨激昂的日本時期和其後的『一發而不可收』的五四時期，顯然獨自構成了一個『心聲』隱默的十年」〔註117〕。期間雖然有辛亥革命帶來的短暫的興奮與激越，但更多的時間，「一個人處在沉悶的時代，是容易喜歡看古書的，作爲研究，看看也不要緊，不過深入之後，就容易受其浸潤，和現代離開」〔註118〕的境遇中。梳理這段時間魯迅的讀古籍概況，可以看出大部分著作爲故土先賢之作。

　　　1910年，開始輯錄有關會稽的史地佚文，1915年6月編輯出版了《會稽郡故書雜集》。

　　　1912年，輯校謝承《後漢書》。

　　　1913年，作《虞預〈晉書〉序》。同時開始校勘《嵇康集》，以後又多達數十遍之多。

　　　1914年，作《〈志林〉序》並校錄《志林》、《廣林》、《范子計然》、《任子》、《魏子》5本書。

　　　1917年，作《會稽禹廟窆石考》。

　　　1918年，作《〈呂超墓誌銘〉跋》。

　　　1918年，作《呂超墓出土吳郡鄭蔓鏡考》。〔註119〕

比照《魯迅整理祖國文化遺產年編》裏的內容，這裡僅極其簡略地列舉魯迅

〔註116〕王曉初：《「沉默的魯迅」及其意義——從越文化視野透視》，《文學評論》2010年第1期，第150～155頁。

〔註117〕汪衛東：《魯迅前期文本中的「個人」觀念》，北京：人民文學出版社2006版，第214頁。

〔註118〕魯迅：《341128 致劉煒明》，魯迅：《魯迅全集》（第13卷），北京：人民文學出版社2005年版，第270頁。

〔註119〕趙英：《籍海探珍——魯迅整理祖國文化遺產擷華》，北京：中國文史出版社1991年版，第159～246頁。

從事的「典籍世界」活動，「魯迅先生輯錄古籍，經部和史部、子部的一部分、集部的大部分，大都是魏晉時代會稽人的著作或有關魏晉時代會稽人的著作，……或者，有的是魏晉人但不是會稽人的著作，例如嵇康、沙門法顯；有的是會稽人但不生長在魏晉時代，例如唐虞世南、沈亞之，宋士復古。也可以說，從時間上魯迅先生是從魏晉時代輻射出去，從地區上是從會稽郡延伸出去搞輯錄工作的。」〔註120〕這樣，魯迅以「魏晉」為內核，構築了新文學發生的浙東背景，這也使他以「拆散時代的懷疑與絕望」進入「五四」。魯迅的這一創作情態呈現出為陳獨秀、胡適以及郭沫若等都無法企及的反傳統的深度和力度，以自我靈魂中的「魏晉感受」的袒露拓出質地堅韌、悲涼沉鬱的一脈，對新文學發生產生了深刻的影響。〔註121〕

魯迅延續了在日本開展的「新生」文藝運動，依託越地故土做了進一步的思考與探索，通過編校輯錄故籍對民族文化「固有之血脈」進行發掘，「外之既不後於世界之思潮，內之仍弗失固有之血脈，取今復古，別立新宗，人生意義，致之深邃，則國人之自覺至，個性張，沙聚之邦，由是轉為人國」〔註122〕。需說明的是，魯迅也深深懂得「因為新的階級及其文化，並非突然從天而降，大抵是發達於對於舊支配者及其文化的反抗中，亦即發達於和舊者的對立中，所以新文化仍然有所承傳，於舊文化也仍然有所擇取」〔註123〕，在對故鄉文化審視過程中也看到了故鄉文化消極的層面，儘管在《〈越鐸〉出世辭》中我們可以領略其文辭鏗鏘、意緒激揚的文字背後對於故土風物的自豪之情：「於越故稱無敵於天下，海嶽精液，善生俊異，後先絡驛，展其殊才；其民復存大禹卓苦勤勞之風，同句踐堅確慷慨之志，力作治生，綽然足以自理。」〔註124〕但爬梳魯迅論及故鄉的文字可以看出，在魯迅的感性體悟和理性審視中，浙江文化的現實層面基本上是被否定的：

> 十年已後，歸於會稽，禹句踐之遺跡故在。士女敖嬉，睥睨而

〔註120〕徐小蠻：《魯迅輯校古籍手稿及其研究價值》，《魯迅研究動態》1987 年第 8期，第 6～7 頁。
〔註121〕陳方競：《魯迅與浙東文化》，長春：吉林大學出版社 1998 年版，第 110 頁。
〔註122〕魯迅：《文化偏至論》，魯迅：《魯迅全集》（第 1 卷）：北京：人民文學出版社2005 年版，第 57 頁。
〔註123〕魯迅：《〈浮士德與城〉後記》，魯迅：《魯迅全集》（第 7 卷），北京：人民文學出版社 2005 年版，第 373 頁。
〔註124〕魯迅：《〈越鐸〉出世辭》，魯迅：《魯迅全集》（第 8 卷），北京：人民文學出版社 2005 年版，第 41 頁。

過，殆將無所眷念，曾何誇飾之云，而土風不加美。〔註125〕

　　近讀史數冊，見會稽往往出奇士，今何不然？甚可悼歎！上自士大夫，下至臺隸，居心卑險，不可施救，神赫斯怒，湮以洪水可也。〔註126〕

　　越中棘地不可居。〔註127〕

　　僕年來仍事嬉遊，一無善狀，但思想似稍變遷。明年，在紹之屋爲族人所迫，必須賣去，便擬挈眷於北京，不復有越人安越之想。而近來與紹興之感情亦日惡，殊不自至〔知〕其何故也。〔註128〕

這樣，審視區域文化經驗本身就是新文學發生之所以具有現代性的一種表現方式。與此同時，1911 年 1 月 3 日，魯迅在紹興府中學堂任教時，與陳子英、孫德卿合辦《越鐸日報》開始運用公共輿論平臺對社會現象展開批評與探討：「爰立斯報，就商同胞，舉文宣意，希翼治化。紓自由之言議，盡個人之天權，促共和之進行，尺政治之得失，發社會之蒙覆，振勇毅之精神。灌輸真知，揚表方物，凡有知是，貢其顓愚，力小願宏，企於改進。不欲守口，任華土更歸寂寞，復自負無量罪惡，以續前塵；庶幾聞者戒勉，收效毫釐，而吾人公民之責，亦藉以盡其什一。」〔註129〕《越鐸日報》開闢了「自由言論」、「黃鍾」「禹域秋陽」、「稽山鏡水」等專欄進行社會批評和文明批評，「以士夫之清議，作輿論之代表，凡記載新聞評論，是非務求事之確當，不期辭之過激，爲獬豸之驅邪，戒山膏之善駕，是以登高一呼歡騰越水」〔註130〕。應當說，魯迅並不把目光僅局限到紹興一隅，而是立足於紹興的社會現象來展開對新生的中華民國政治和文化建構方面的思考。

〔註125〕魯迅：《〈會稽郡故書襍集〉序》，魯迅：《魯迅全集》（第10卷），北京：人民文學出版社2005年版，第35頁。

〔註126〕魯迅：《110102 致許壽裳》，魯迅：《魯迅全集》（第11卷），北京：人民文學出版社2005年版，第341頁。

〔註127〕魯迅：《110307 致許壽裳》，魯迅：《魯迅全集》（第11卷），北京：人民文學出版社2005年版，第345頁。

〔註128〕魯迅：《190116 致許壽裳》，魯迅：《魯迅全集》（第11卷），北京：人民文學出版社2005年版，第370頁。

〔註129〕魯迅：《〈越鐸〉出世辭》，魯迅：《魯迅全集》（第8卷），北京：人民文學出版社2005年版，第42頁。

〔註130〕子木：《越鐸報之歷史》，紹興《天覺報》，1911年12月22日，第3版。

　　1912 年 2 月，魯迅接受了越社要求他編輯越社機關刊物《越社叢刊》〔註131〕的任務，內中收集魯迅發表於《越鐸日報》副刊上的文章有：署名「會稽周建人喬峰」的《辛亥遊錄》，署名「周作人起孟」的《古小說鉤沈序》以及辭去「山會師範學校校長」的《周豫才告白》等文章〔註132〕。在魯迅看來，發掘和激活作為次要傳統的浙江文化是民族走向新生的一個重要前提。如前所述，《越鐸日報》努力在紹興開創的公共空間很快就被王金發及其軍政府壓制了下去，相對於上海、杭州等大城市來看，《越鐸日報》生存的現實空間紹興依然圍於專制、封閉和沉悶的環境中。再加上《越鐸日報》同人內部也產生了分裂，1912 年 3 月，魯迅受蔡元培邀請赴南京中華民國臨時政府教育部任職。不管怎樣，魯迅在紹興，在與《越鐸日報》相處僅僅兩個多月的時間，獲得了對於在中國建立現代公共空間的「起點」，深化了對於中國社會與歷史尤其是辛亥革命的認知。

第二節　「浙一師」校園與新文學場域的建構

　　周策縱談到民初學生群體的特徵時說：「自從 20 世紀初年，中國學生就比西方民主國家的學生特別有一種更活躍的政治和社會意識。他們比較更樂於參加公共事務和嘗試政治變革。……無論任何有損國家和文化自尊心的事，都會使中國學生比其他團體更加敏感。同時他們也意識到有影響力的學生活動的悠久傳統。……因為舊制度顯得如此無望，趨新和現代主義對青年人的吸引力就增強了。」〔註133〕面對急劇變動的社會文化氛圍，學生對原有

〔註131〕　《越社叢刊》，1912 年 2 月在浙江紹興創刊。越社編輯，越鐸日報社發行。體例模仿《南社》，分為文錄、詩錄、詞錄三部分，第一集沒有詞錄。現僅見一集。

〔註132〕　關於魯迅和《越鐸日報》的關係，有張能耿：《魯迅和〈越鐸日報〉》，《新聞業務》1961 年第 10 期；彭安定，馬蹄疾：《〈軍界痛言〉為魯迅辛亥革命時期的佚文考》，《社會科學輯刊》1981 年第 2 期；彭安定，馬蹄疾：《「越鐸日報」署名「獨應」的四篇「古文」為魯迅佚文考》，《遼寧大學學報》（哲學社會科學版）1981 年第 5 期；樓滬光：《魯迅和〈越鐸日報〉》，《新聞戰線》1981年第 10 期；邱錢牧等：《魯迅與〈越鐸日報〉》，《杭州大學學報》（哲學社科版）1984 年第 4 期；裘士雄：《魯迅和〈越鐸日報〉》，《魯迅研究月刊》1990年第 4 期；王曉初：《「沉默的魯迅」及其意義——從越文化視野透視》，《文學評論》2010 年第 1 期。

〔註133〕　〔美〕周策縱：《五四運動史》，陳永明等譯，長沙：嶽麓書社 1999 年版，第135～136 頁。

的文化政治模式表現出不滿和不安,「在中西合流的新文化裏所培養出來的青年,他們對於原來的所謂『中』『西』已不復能區別,在意識裏只感到古今新舊的區分。」〔註134〕他們意識到自身的特殊身份,認同在公共事務上應當擔負起責任,同時社會對於青年學生階層的期許也發生了改變,「以青年純潔的個性,廣泛參與社會運動,用清新、明確的青年人的價值來改造社會,容易博得社會的同情」〔註135〕,這些因素促使學生的視野從密切注意教育革新、干涉學校行政事務的狹小一隅轉向社會,關心國家大事和民族前途。不可否認,作爲社會群體中最有文化活力的階層,學校作爲微觀社會爲學生提供了豐厚的文化資源。

就浙江這一區域來說,發生於1920年春季的「浙一師風潮」便是五四學生運動與新文化運動傳播到浙江後相互激蕩的產物,同時也是新舊文化思想交鋒、幕後新興勢力與保守勢力相互角逐的呈現。作爲孕育了這場在中國學生運動史上留下濃重一筆的學生運動的大本營「浙江一師」,儼然成爲新文化運動在浙江的中心:「『浙軍』在新文化運動期間,其出類拔萃者主要是在『異鄉』建功,但這並不意味著新文化思潮在浙江本土是沉寂無聞的。恰恰相反,全國的新文化運動在浙江也產生了熱烈的迴響,而且還因一批有影響人物的積極參與,浙江的新文化運動也顯出相當的規模與聲勢。如同北京的新文化中心在北大,浙江的新文化中心在當時浙江最著名的學府浙江第一師範學校(簡稱『一師』)。」〔註136〕倘若探究這場學生運動裏挾的新思潮淵源、學生群體彰顯的覺醒意識,則不得不從辛亥前後浙江文化氛圍談起。

如前所述,早在清末新政期間,浙江新知識界人士意識到民族危機的緊迫性,開始創辦新式學堂、普及新式教育,一方面開展了以《杭州白話報》爲中心的下層啓蒙運動,一方面通過派遣留學生、舉辦名人講演等活動關注新思潮的傳播與互動,一時間「民族主義」的意識在浙江本土得到了高揚。「新式學校迅猛發展,知識分子階層不斷壯大。表現到文學中,它不僅影響到作爲創作主體的作家的知識構成和創作面貌,而且還直接影響到作爲接受主體

〔註134〕浦江清:《論大學文學院的文學系》,浦漢明編:《浦江清文史雜文集》,北京:清華大學出版社1993年版,第239頁。

〔註135〕呂芳上:《從學生運動到運動學生:民國八年至十八年》,臺北:「中央研究院」近代史研究所1994年版,第112頁。

〔註136〕王嘉良主編:《浙江20世紀文學史》,杭州:浙江大學出版社2009年版,第38頁。

的讀者對於文學創作的要求和閱讀趣味的轉變」〔註137〕，而「從 20 世紀初旬到五四文學革命前夜，浙江文學大體上是在『近代』的格局內運行，章太炎、秋瑾、蔣觀雲等浙江籍作家在引領近代文學潮流方面作出了不可磨滅的貢獻」〔註138〕，近代化思潮造就了文學的諸多新質素，已開始向文學的「現代」轉型方向發起有力的衝擊。

布迪厄談到「文學場」時說，「叫做『文學場』的微觀社會指不同地位之間的客觀關係，比如著名作家地位和先鋒派作家地位。只有重新結構此特殊宇宙的特有規律才能瞭解情況，因爲該宇宙以及它由各種資本（經濟資本、象徵資本、文化資本等）分配而確定的『力線』（lines of force）提供了不同生產者採取的策略、結成的聯盟、組建的流派和所維護的藝術原則」〔註139〕。「浙一師」正是這樣的微觀社會，如前所述，它所維護的藝術原則來自於校長經亨頤倡導的「人格教育」，以「勤愼誠恕」四字爲校訓，對學生因材施教，重視其個性發展，輔導其「自動、自由、自治、自律」〔註140〕，爲一師學生接受新思潮準備了有力條件。五四運動傳播到浙江以後，經亨頤實行「與時俱進」的辦學方針，積極聘請陳望道、李次九，加上原來的劉大白、夏丏尊二人〔註141〕，實施包括職員專任、學生自治、改革國文教授以及學科制等在內的教育改革，深化了五四文學革命在浙江傳播的效果。等到「浙一師風潮」過後，「浙一師」的「後四金剛」〔註142〕也帶來了新文藝的清新氣息。總體上看，一師的「前後四金剛」以及五四運動前後的學生，包括 1915 年成立的「明遠學社」同學會，以及上海《民國日報》爲中心的外圍組織，「無意之中，形

〔註137〕欒梅健：《科舉制度的廢除與讀者群體的轉變》，《中國現代文學研究叢刊》2006年第 2 期，第 214 頁。

〔註138〕王嘉良主編：《浙江 20 世紀文學史》，杭州：浙江大學出版社 2009 年版，第 23 頁。

〔註139〕〔荷蘭〕賀麥曉：《二十年代中國「文學場」》，見陳平原等主編：《學人》（第 13 輯），南京：江蘇文藝出版社 1998 年版，第 296 頁。

〔註140〕姜丹書：《我所知道的經亨頤》，見中國人民政治協商會議浙江省委員會文史資料研究委員會編：《浙江文史資料選輯》（第 4 輯），杭州：浙江人民出版社 1962 年版，第 76 頁。

〔註141〕陳望道、李次九、劉大白和夏丏尊被稱爲「浙一師」的「前四金剛」，見曹聚仁：《我與我的世界》，北京：人民文學出版社 1983 年版，第 130～134 頁。

〔註142〕朱自清、俞平伯、劉延陵、王祺被稱爲「浙一師」的「後四金剛」，見曹聚仁：《我與我的世界》，北京：人民文學出版社 1983 年版，第 135～140 頁。

成了呼吸相通的文化集團」〔註143〕，在整個東南一帶舉起了文學革命的旗幟。

一、經亨頤及其「人格教育」

提及「浙一師」〔註144〕，就不得先不提及她的掌舵人物——經亨頤。這位清末民初開創浙江師範教育的先驅者，1887 年出生於上虞經家，字子淵，號石禪，晚號頤淵。1903 年 2 月自費留學日本，入東京弘文學院學習，1906 年入東京高等師範學校學習。1908 年浙江官立兩級師範學堂成立後，受聘回國任該學堂教務長。1937 年 1 月 30 日，經亨頤在《越風》上回顧自己與浙江兩級師範學堂的結緣：

> 凡事有緣，我於杭州或者可以用一個「緣」字，因為兩級師範開校那一年，我還在日本高等師範本科一年級並沒有畢業，我的先輩許季弗、錢均夫、張變和是那年卻好畢業，何以不回來呢，監督王孚川先生曾先去聘請他們，據說不願就教務長。……兩級師範是民國紀元前四年四月十五日開學，我趕到杭州已經是四月十三。……僅兩天的功夫，把鑼鼓要敲起來，現在回憶的確有神助的，好在我臨行時將日本高師內部辦事情形，詳細調查帶來勉強應付。〔註145〕

監督王孚川即王廷揚，經亨頤任浙江兩級師範學堂教務長為其所聘。1908 年 5 月 14 日，浙江兩級師範學堂正式開學，將所招六百名學生分別設科開班。〔註146〕如前所述，作為教務長的經亨頤在此期間「擘畫周詳，規模宏遠」，隨後經亨頤去日本繼續學業後，學校監督和教務長頻繁更替〔註 147〕。1912

〔註143〕曹聚仁：《我與我的世界》，北京：人民文學出版社 1983 年版，第 139 頁。

〔註144〕有關浙江兩級師範和第一師範的情況，見鄭曉滄：《浙江兩級師範和第一師範校史志要》，中國人民政治協商會議浙江省委員會文史資料研究委員會編：《浙江文史資料選輯》（第 4 輯），杭州：浙江人民出版社 1962 年版，第 45〜73 頁。

〔註145〕經亨頤：《杭州回憶》，《越風》第 2 卷第 1 期，1937 年 1 月 30 日，轉引自董郁奎著：《一代師表：經亨頤傳》，杭州：浙江人民出版社 2007 年版，第 38 頁。

〔註146〕有關浙江兩級師範學堂的招生和學制情況，見姜丹書：《我所知道的經亨頤》，中國人民政治協商會議浙江省委員會文史資料研究委員會編：《浙江文史資料選輯》（第 4 輯），杭州：浙江人民出版社 1962 年版，第 74 頁。

〔註147〕經亨頤後來回憶說：「我離開杭州忽忽兩年中，兩級師範換了六個教務長，第六個走的時候，監督是徐班超先生，找不到人，學生中竟還有記得經先生可以畢業回來了。」見經亨頤：《杭州回憶》，《越風》第 2 卷第 1 期，1937 年 1 月 30 日，轉引自董郁奎著：《一代師表：經亨頤傳》，杭州：浙江人民出版社 2007 年版，第 46 頁。

年1月1日，孫中山在南京就任臨時大總統，宣告中華民國成立。是年元月開始，南京臨時政府陸續頒佈了一系列改革師範教育的政策，浙江兩級師範學校由此進入了一個新的發展時期。1913年7月，本校優級師範停辦，專辦普通師範，校名改爲「浙江省立第一師範」，校長仍由經亨頤擔任。1913年5月，浙江省議會就通過《籌設省立師範決議案》，規定每一舊府各設立師範學校一所，寧波、紹興、金華、溫州、處州5府所屬的師範學校一律改爲省立，未設師範學校的各府必須在1914年7月1日前設立〔註148〕。至1918年，浙江省有省立師範學校有12所。〔註149〕其中，浙江省立第一師範學校辦得最爲出色，在當時國內同類師範學校中首屈一指。五四運動後「浙一師」成爲浙江新文化運動的中心。這其中，執掌「浙一師」前後達八年之久的經亨頤功不可沒，他和他的「人格教育」理念與實踐〔註150〕爲五四運動傳播到浙江提供了契機。

　　人格教育作爲19世紀末20世紀初流行於德國等歐洲國家教育界的一種教育理論，以現在的眼光看，其「著眼於發展受教育者心理品質的教育」，宗旨是「使受教育者形成一個健全的、日趨完善的人格，把知、情、意統一協調起來，建立一種完整和健全的心理結構」，同時「要把德育、智育、體育、美育、勞動技術教育這幾個方面結合起來，使受教育者具有較高的動機水平和自我意識，形成一個高層次、高效能的自我調節與控制系統」〔註151〕。經

〔註148〕限於當時的條件，「改稱的固然是改了，未設的仍是未設。爲此，省議會於1916年再次決議，要求未設立省立師範學校的各府一律於1917年設立齊全，並將寧波、紹興、衢縣等地原有師範講習所併入該地的省立師範學校。」見張彬：《從浙江看中國教育近代化》，廣州：廣東教育出版社1996年版，第286～287頁。

〔註149〕這12所中等師範學校分別是：浙江省立第一師範學校（省垣）、浙江省立第四師範學校（鄞縣）、浙江省立第五師範學校（紹興）、浙江省立第七師範學校（金華）、浙江省立第十師範學校（溫州）、浙江省立第十一師範學校（處州）、浙江女子師範學校（省垣）、臺屬縣立女子師範學校（臨海）、處屬縣立女子師範學校（麗水）、明道女子師範學校（紹興）、嘉禾女子師範學校（嘉興）、舊寧屬縣立女子師範學校（鄞縣）。見《全國師範學校一覽表》，朱有瓛主編：《中國近代學制史料》（第3輯，下冊），第565～574頁。

〔註150〕談及經亨頤的「人格教育」理論與實踐，在有關浙江教育史、浙江文史資料以及「浙一師」師生的相關傳記、回憶錄中均有涉及。就筆者所見，董郁奎《一代師表：經亨頤傳》一書對此討論得較爲詳備，特此指出。見董郁奎：《一代師表：經亨頤傳》，杭州：浙江人民出版社2007年版，第80～113頁。

〔註151〕方俊明：《認知心理學與人格教育》，西安：陝西師範大學出版社1990年版，第377頁。

亨頤極爲推崇這一教育理念，在東京高等師範學校的時候，就比較注重教育科學，「老實說一般理科的學生本不十分注意的，但是我特別對于吉田靜致先生所授的倫理覺得有相當興趣，所以不但他所講的，還有他所著的倫理學全部都買來參考，這是我一生最值得自慰的一件事」〔註 152〕。此外，經亨頤還多次撰文闡述人格教育的內涵〔註 153〕，總體上看，經亨頤對其認知和理解也是隨著時代的發展逐步完善的。最重要的是，他把這些思想運用到「浙一師」日常管理與教學中，比如注重人格教育與生活教育的聯繫。針對「吾國民有自私自利、浮僞虛榮之通病，人格之日益墮落，生活之日益困難，無可諱言」的現狀，經亨頤提出「人格存在於社會生活之中，生活包含於國民人格之內。此人格、生活之不可陷於狹義，亦人格教育、生活教育之不可偏倚也」〔註 154〕。對師範學校來說，開展人格教育要求「以『誠』字爲全國師範學校校訓之中心」、「考查學生成績宜注意操行考查，操行成績宜注意自動能力」〔註 155〕。經亨頤後來回憶說，「我平時對學生，並無何種特別手段，而且決不主寬，所謂主嚴，不但對學生，自己辦事上首先要主嚴，第一關鍵是入學試驗，招進來的新學生基本好不好，和學習成績好不好大有關係，第一師範以後的學生，個個都是我親手招進來的，招生人數與學額差不多要一與二十之比，無論何人送來條子一概不要」〔註 156〕，所謂「依著自己的理想去做，不十分計較利害得失的，因而有『經毒頭』的綽號」〔註 157〕。早在更名爲「浙一師」後的第一屆招生廣告中稱：

〔註 152〕 經亨頤：《杭州回憶》，《越風》第 2 卷第 1 期，1937 年 1 月 30 日，轉引自董郁奎：《一代師表：經亨頤傳》，杭州：浙江人民出版社 2007 年版，第 27 頁。

〔註 153〕 相關文章如下：《全國師範校長會議答覆教育部咨詢第一案》，杭州《教育周報》第 97 期，1915 年 9 月 5 日；《教育者之人格——入學式訓辭》，《浙江一師校友會誌》第 10 期，1916 年 9 月；《最近教育思潮》，《浙江省教育會丁巳夏期講演會講稿》，1917 年 8 月；《最新教育之三大主張（己未年春正縣視學會議講稿）》，杭州《教育周報》第 229 期，1919 年 2 月 16 日。

〔註 154〕 經亨頤：《全國師範校長會議答覆教育部咨詢第一案》，杭州《教育周報》第 97 期，1915 年 9 月 5 日。

〔註 155〕 經亨頤：《全國師範校長會議答覆教育部咨詢第一案》，杭州《教育周報》第 97 期，1915 年 9 月 5 日。

〔註 156〕 經亨頤：《杭州回憶》，《越風》第 2 卷第 1 期，1937 年 1 月 30 日，轉引自董郁奎：《一代師表：經亨頤傳》，杭州：浙江人民出版社 2007 年版，第 56～57 頁。

〔註 157〕 曹聚仁：《我與我的世界》，北京：人民文學出版社 1983 年版，第 109 頁。

本校奉省長令，以省城兩級師範學校改辦，照章須招預科新生八十名。茲准於九月一日起舉行入學試驗。凡高等小學畢業及與同等學力，行瑞體健並年齡相當者，希即請縣行政長官備文保送。先期來校呈驗文憑相片，填寫履歷，聽候試驗錄取者，應即繳保證金、制服費各十元，課業用品費五元。特此廣告。〔註 158〕

除了對於招生生源的重視和嚴格外，關於學生在校期間的日常生活，我們可以從豐子愷、曹聚仁的回憶中略窺一二：

寄宿舍生活給我的印象，猶如把數百隻小猴子關閉在個大籠子中，而使之一齊飲食，一齊起臥。小猴子們怎不鬧出種種可笑的把戲來呢？十多年前，我也曾做了一隻小猴子而在杭州第一師範學校的大籠子中度過五年可笑的生活。〔註 159〕

在這兒，且讓我說一番苦經：一師校規，十分嚴厲；學生一律住在校中，假日得有假條，請准了假，才可以到街上去，下午八時前，必須回校。學生和社會幾乎完全隔絕。夏丏尊師是我們的舍監，在我們心目中，簡直是閻王，言語無味，面目可憎。〔註 160〕

改制後的「浙一師」第一、二、三屆生分別是原來 1910 年、1911 年、1912 年入學的學生，而豐子愷和曹聚仁分別為五屆生、七屆生。從學校的整體氛圍看，「五四運動前三年，明遠樓前靜如止水，什麼波動也沒有；師生都在埋頭讀書，頗有樸學家氣象」〔註 161〕。作為事後回憶，曹聚仁的潛臺詞指向 1920 年春的「浙一師風潮」。從學校的課程設置看，1913 年後，「浙一師」只辦初級師範，它的課程仍延續癸卯舊制，略減讀經時間，添了外國語、法制經濟與樂歌〔註 162〕。其中，對於「修身」課程和學生的道德品行，經亨頤極為重視，「我們在一師讀書，每一年級，每一班組，每一星期，總有一小時『修養』

〔註 158〕《浙江省立第一師範學校招生廣告》，杭州《教育周報》第 14 期，1913 年 8 月 8 日。
〔註 159〕豐子愷：《寄宿舍生活的回憶》，豐子愷：《豐子愷文集：1915～1939》（第 5 集），豐陳寶、豐一吟編，杭州：浙江文藝出版社 1992 年版，第 166～167 頁。
〔註 160〕曹聚仁：《我與我的世界》，北京：人民文學出版社 1983 年版，第 103 頁。
〔註 161〕曹聚仁：《我與我的世界》，北京：人民文學出版社 1983 年版，第 141 頁。
〔註 162〕鄭曉滄：《浙江兩級師範和第一師範校史志要》，見中國人民政治協商會議浙江省委員會文史資料研究委員會編：《浙江文史資料選輯》（第 4 輯），杭州：浙江人民出版社 1962 年版，第 60 頁。

課程由經自己來講授」〔註163〕，藉此增加與學生接觸的機會，有些課程情形
在其日記中也多有記載。

　　1916 年，正值第一次世界大戰全面化時期，社會上普遍受到軍國民教育
精神的感召〔註164〕。當時，一師體育老師胡公冕，教授學生軍事體操，執行
嚴格的紀律：「五年『兵式操』，不弱於三個月『集中訓練』。——當時第一師
範的中隊，練得形式嚴整，精神壯健，眞可上得戰場。」〔註165〕與此相對應
的，便是經亨頤對體育活動的重視〔註166〕，一師學生也並非一心只讀書。1913
年 11 月 16 日，學校舉行了第一次運動會，取得了成功。同時，經亨頤借助於
省教育會的力量，邀請省會中等學校舉行聯合會操和全省中等學校聯合運動
會，藉此聯絡感情、提倡教育，以改變傳統重文輕武的觀念。在 1915 年 10
月省會學校舉行的第一次聯合會操時說：

> 　　吾國近今之學校教育，體操不注重，無可諱言。非官廳之提倡，
> 非校長之不認眞，非教員之不熱心，非學生之不奮勉，推其原因，
> 至深且遠。直至漢唐以來，苟安太平重文輕武之積習，有以使然。
> 至今日一般社會之觀念，文武二字，已截然劃爲二途，如風馬牛
> 之不相及。夫苟安太平爲重文輕武之原因，顧惟太平可苟安，不
> 太平則不能苟安，即不能重文輕武。吾國今日當風雨飄搖之際，
> 歐戰未已，內亂未靜，尚可謂太平乎？以吾輩之青年，謂時勢造
> 英雄可，謂英雄造時勢亦可，尚得苟安乎？請今日到會諸君先一
> 思之。〔註167〕

其目的是「所希望者惟學校之學生，青年堪爲社會之先導。……自今日起願

〔註163〕曹聚仁：《我與我的世界》，北京：人民文學出版社 1983 年版，第 109 頁。

〔註164〕其實，早在 1912 年 2 月，蔡元培在《對於教育方針之意見》一文中提出「五
育」並舉的民國教育方針，即以軍國民教育、實利主義教育、公民道德教育、
世界觀教育、美感教育爲方針。見高平叔編：《蔡元培全集》（第 2 卷），北京：
中華書局 1984 年版，第 130 頁。

〔註165〕姜丹書：《浙江第一師範回憶錄》，《越風》第 2 卷第 1 期，1937 年 1 月 30 日，
轉引自董郁奎：《一代師表：經亨頤傳》，杭州：浙江人民出版社 2007 年版，
第 60～61 頁。

〔註166〕董郁奎：《一代師表：經亨頤傳》，杭州：浙江人民出版社 2007 年版，第 108
～111 頁。

〔註167〕《省會學校聯合會操開始式本會會長訓辭》（會場記錄），杭州《教育周報》
第 104 期，1915 年 10 月 24 日。

諸君結合精神，皆以挽救社會重文輕武之積習爲前提」〔註168〕。以後來之見看，不管當事人後來如何抱怨，這對於人生關鍵時期的學生十分必要。同時，經亨頤也注重人格教育與藝術教育的聯繫，他這樣看待兩者之間的關係：「藝術教育僅美育上之問題，已與人格主義之教育較爲接近。……凡主知之教育，廢除科學主義而爲藝術主義，則藝術教育全與人格教育相一致。又可自教育事業之新解釋轉出美感之新解釋。藝術教育之所謂美，非狹義之美，與人格有密切之關係者也。」〔註169〕如前所述，從課程設置上看，早在兩級師範學堂時期，優級師範科就有圖畫手工專修科目設置。起初學堂聘請兩名日籍音樂教師，設有獨立的音樂教室和琴室，音樂教學道具和參考書從日本購置。辛亥革命後，日籍教師回國。1912 年 8 月，經亨頤請留日歸來的李叔同任音樂和美術教師，並設高師圖音手工專修課程，同時由李息（即李叔同）、姜丹書、樊熙、周承德等擔任，內容包括西洋畫、手工、圖畫（除中國畫與用器畫外，包括素描、水彩及油畫）、美術史、中國畫、音樂等〔註170〕。對此，豐子愷在《我與弘一法師》一文中回憶說：

> 我十七歲入杭州浙江第一師範，廿二歲畢業以後沒有升學。我受中等學校以上學校教育，只此五年。這五年間，弘一法師，那時稱爲李叔同先生，便是我的圖畫音樂教師。圖畫音樂兩科，在現在的學校裏是不很看重的；但是奇怪得很，在當時我們的那間浙江第一師範裏，看的比英、國、算還重。我們有兩個圖畫專用的教室，許多石膏模型，兩架鋼琴，五十幾架風琴。我們每天要花一小時去練習圖畫，花一小時以上去練習彈琴。〔註171〕

民國成立以來，緣於國內政局混亂，戰亂頻繁，初等教育本來薄弱的基礎開始萎縮，民眾識字率急遽下降，到了 1917 年，陳獨秀在天津南開學校發表演講時還說：「學校處數固屬過少，不能普及。就是已成的學校，所教的無非是中國腐舊的經史文學，就是死讀幾本外國文和理科教科書，也是去近代西洋

〔註168〕《省會學校聯合會操開始式本會會長訓辭》（會場記錄），杭州《教育周報》第 104 期，1915 年 10 月 24 日。

〔註169〕經亨頤：《最近教育思潮》，《浙江省教育會丁巳夏期講演會講稿》，1917 年 8 月。

〔註170〕鄭曉滄：《浙江兩級師範和第一師範校史志要》，見中國人民政治協商會議浙江省委員會文史資料研究委員會編：《浙江文史資料選輯》（第 4 輯），杭州：浙江人民出版社 1962 年版，第 60 頁。

〔註171〕豐子愷：《豐子愷自述》，鍾桂松編，鄭州：大象出版社 2003 年版，第 71 頁。

教育眞相眞精神尚遠」〔註 172〕。從中也可以看出把圖畫音樂看得比英文、國文、算術等科目重要的意義，此時的「浙一師」教育及其課程設置達到了陳獨秀的「期許」，豐子愷認爲這是緣於李叔同先生的人格和學問，統制了他們的感情，折服了他們的心靈。從字裏行間我們也感受到了經亨頤「人格教育」取得了積極的效果。同時，爲了活躍師生的課外生活，李叔同還組織了「樂石社」〔註 173〕的篆刻藝術團體，不但訂出了章程，還定期展出和觀摩社員的作品，交流心得體會等，並把社員的作品彙集成冊，加以出版，名《樂石》。自 1914 年 10 月起，至 1915 年 5 月止，共出版了 8 冊，李叔同還把這些寄送給他的母校——東京美術學校圖書館收藏〔註 174〕。

　　1913 年 10 月 13 日，浙江省立第一師範校友會成立。這個校友會應該基於前兩級師範校友會而來，經亨頤認爲學校校友會的成立，「以教員於教室授與智識以外，便乘此機會施其訓練指導之手段，即校長職員亦得乘此考察學生個性」，除了一般校友會具備的「振作校風，敦篤友誼」之信條外，經亨頤還要求幹事及會員當隨時隨事要「交社會交際之預備，他日出而任事應有把握」，至於成立之要素則有三點，即「學校職員之熱心，學生之本分及教職員與學生、學生與學生間感情是也」〔註 175〕。從組織結構上看，校友會總部設有會長（總掌會務）、總務部長（協理事務）、文藝部長、運動部長。各部的分支機構有：總務部下分設會計、庶務、書記三部，文藝部下設言論、雜誌、音樂三部，運動部下先後設立過足球、籃球、庭球、蹴球、游泳、弓箭等。校友會會長由經亨頤擔任，主持著校友會的日常工作〔註 176〕。就社團活動而言，校友會組織了諸如演講、文藝、體育方面的日常活動，取得的效果也很明顯。前文提到的名人演講活動，有些就是以校友會的名義舉辦的〔註 177〕。

〔註 172〕陳獨秀：《近代西洋教育》，《新青年》第 3 卷第 5 號，1917 年 7 月 1 日，第 2 頁。
〔註 173〕有關樂石社社友小傳，見郭長海等編：《李叔同集》，天津：天津人民出版社 2006 年版，第 124～127 頁。
〔註 174〕《前言》，郭長海等編：《李叔同集》，天津：天津人民出版社 2006 年版，第 18 頁。
〔註 175〕經亨頤：《校友會成立大會開會辭（1913 年 10 月）》，見張彬編：《經亨頤教育論著選》，北京：人民教育出版社 1993 年版，第 12 頁。
〔註 176〕董郁奎：《一代師表：經亨頤傳》，杭州：浙江人民出版社 2007 年版，第 102 頁。
〔註 177〕董郁奎：《一代師表：經亨頤傳》，杭州：浙江人民出版社 2007 年版，第 107 ～108 頁。

應當說，經亨頤把校友會所提倡的友誼與人格教育聯繫起來，為學生鍛鍊自我提供了一個開放的舞臺。

值得一提的是，校友會創辦了《浙江省立第一師範學校校友會誌》，刊登了浙江一師及校友會的相關信息，從內容上看，有規章制度、會議決議、會議發言、演講記錄以及一些隨筆、詩歌散文、教育方面的論文、生活常識等，類似於早期的校園刊物。此前，1913 年 5 月，由浙師校友會編輯及發行的《白陽》雜誌創刊。李叔同在《白陽誕生詞》中寫道：「技進於道，文以立言。悟靈感物，含思傾妍。水流無影，華落如煙。掇拾群芳，商量一編。維癸丑之莫春，是為《白陽》誕生之年。」〔註178〕李叔同還以筆名「息霜」在《白陽》第 1 期上發表了諸如《音樂序》、《西湖夜遊記》、《近世歐洲文學之概觀》、《西洋器樂種類概說》、《石膏模型用法》以及親自作曲作詞的《春遊》（三部合唱）等文章。就歌曲而言，最著名的當屬在「浙一師」創作的《送別》：

> 長亭外，古道邊，芳草碧連天。晚風拂柳笛聲殘，夕陽山外山。
>
> 天之涯，地之角，知交半零落。一觚濁酒盡餘歡，今宵別夢寒。長亭外，古道邊，芳草碧連天。晚風拂柳笛聲殘，夕陽山外山。〔註179〕

「浙一師」校園藝術活動氛圍除了李叔同的努力外，還有單不庵、劉毓盤、徐道政等國文老師的幫助，比如單不庵就曾擔任過浙江一師校友會的文藝部職務等。此外，「浙一師」極為重視國文教學工作。1916 年 9 月，經亨頤在秋季開學時說：「國文宜注重，已言之屢矣，本校定四主科，國文實為主科之主科，但從前尚不過對諸先生先事提示，自本學年則將於教授上實現改革。」〔註180〕對此，曹聚仁滿懷感情的說：「這樣『立雪程門』，我們的單不庵（丕）師，頗有領導群倫的聲譽。……他的入室四弟子，有施存統（復亮）、周伯棣、俞壽松（即俞秀松）和我，他們都是真不二價的理學家門徒，只有我比較近於樸學家路子，不是理學老路。」〔註181〕然而，到了五四運動前夕，新文化運動借助北京大學的文化資源，《新青年》、《新潮》、《每周評論》等報刊的發行，以及與林紓等人的論爭，引起了社會的廣泛關注。隨著新文化、新思潮在社會層面獲得越來越多的接受者，新舊文化的衝突與對

〔註178〕郭長海等編：《李叔同集》，天津：天津人民出版社 2006 年版，第 114 頁。
〔註179〕郭長海等編：《李叔同集》，天津：天津人民出版社 2006 年版，第 168 頁。
〔註180〕經亨頤：《丙辰秋季始業式訓辭（1916 年 9 月）》，見張彬編：《經亨頤教育論著選》，北京：人民教育出版社 1993 年版，第 69 頁。
〔註181〕曹聚仁：《我與我的世界》，北京：人民文學出版社 1983 年版，第 141 頁。

峙也日漸顯現，雙方攻守情勢發生了轉變。思想的激進形成「新的崇拜」，
社會變動的上昇幾乎到了唯新是尚的地步，形成了所謂新即是善、舊即是惡
的價值判斷〔註 182〕。與此同時，知識分子集團面臨著分化和重組的情勢。
外交事務上的一系列的失敗不僅延續了晚清以來政府交涉的無力和屢遭欺
侮的聲譽，也促進了激進主義思潮在社會大眾層面的普及和深化。這些社會
動態和民眾心理均能在諸如「浙一師」這樣的校園裏找到答案，經亨頤的「人
格教育」理論與實踐爲接受新的文化氛圍提供了準備條件。與此同時，也不
能忽視現代傳播媒介在政府、知識分子以及普通民眾之間的中介功能。應當
說，現代傳播媒介在某種程度上引導和塑造著接受群體的言論立場，成爲輿
論環境得以形成的根本性因素。

二、浙江新潮社及其文學活動

1919 年 5 月 6 日，五四運動傳播到浙江後，之江大學學生召開全體大會，
並聯合包括浙江第一師範、第一中學、甲種工業學校、女子師範、法政學校
等杭州中等以上學校，採取一致行動。5 月 9 日，杭州各校代表召開會議，決
定成立杭州學生救國聯合會，舉行遊行示威，致電聲援北京學生愛國運動。5
月 21 日，北京學生代表四人到達杭州，第二天分別在浙江省教育會會場和「浙
一師」禮堂介紹北京學生運動情況，進一步激發了杭州學生的反帝愛國熱情〔註
183〕。5 月 29 日，杭州學生發表的罷課宣言稱：「外交失敗，東魯垂危，環顧
大局，炭炭堪慮。執果推因，皆由國賊曹、章輩所致」，「情勢如此，國亡無
日。竊思讀書原爲明理，理既不存，何必讀書；國將不保，讀書何用」，「言
念國賊，髮指皆裂。憂憤之餘，無心問學。故自本月二十九日，生等全體罷
課」〔註 184〕。與此同時，浙江各地區的青年和社會各界團體也加入到了反帝
愛國運動中，發起了遊行示威、罷課、抵制日貨、召回留日學生、輿論宣傳
教育普通民眾等活動，引發了浙江當局的恐慌和壓制。如前所述，「浙一師風
潮」的爆發就孕育於這樣的時代氛圍中，標誌著五四運動傳播到浙江後新舊

〔註 182〕羅志田：《再造文明之夢——胡適傳》，成都：四川人民出版社 1995 年版，第
　　　　175 頁。
〔註 183〕金普森等著：《浙江通史・民國卷上》，杭州：浙江人民出版社 2005 年版，第
　　　　186～187 頁。
〔註 184〕《杭州學生會二次宣言》，《申報》，1919 年 5 月 29 日，第 1 版。

文化、新舊思想的一次總交鋒，有著深刻的歷史意義。〔註185〕在此期間，以經亨頤校長爲首的「浙一師」師生，面對著如火如荼的新文化運動，展示了與時俱進的魄力與眼光。

如前所述，關於五四白話文運動取得成功的原因歷來眾說紛紜。綜合來看，1935 年胡適在《〈中國新文學大系・建設理論集〉導言》中的評價較爲客觀，他反對將白話的發生歸因於「中國近代來產業發達，人口集中」的需要：

> 中國白話文學的運動當然不完全是我們幾個人鬧出來的，因爲這裡的因子是很複雜的。我們至少可以指出這些最重要的因子：第一是我們有了一千年的白話文學作品：禪門語錄，理學語錄，白話詩調曲子，白話小説。若不靠這一千年的白話文學作品把白話寫定了，白話文學的提倡必定和提倡拼音文字一樣的困難，決不能幾年之內風行全國。第二是我們的老祖宗在兩千年之中，漸漸的把一種大同小異的「官話」推行到了全國的絕大部分：從滿洲里直到雲南，從河套直到桂林，從丹陽直到川邊，全是官話區域。若沒有這一大塊地盤的人民全説官話，我們的「國語」問題也就無從下手了。第三是我們的海禁開了，和世界文化接觸了，有了參考比較的資料，尤其是歐洲近代國家的國語文學次第產生的歷史，使我們明瞭我們自己的國語文學的歷史，使我們放膽主張建立我們自己的文學革命。——這些都是超越個人的根本因素，都不是我們幾個人可以操縱的，也不是「產業發達，人口集中」一個公式可以包括的。

> 此外，還有幾十年的政治的原因。第一是科舉制度的廢除（一九〇五年）。八股廢了，試帖詩廢了，策論又跟著八股試帖廢了，那籠罩全國文人心理的科舉制度現在不能再替古文學做無敵的保障了。第二是滿清帝室的顛覆，專制制度的根本推翻，中華民國的成

〔註185〕葉文心認爲：「五四運動在杭州的激進表現，既不是社會經濟發展到某一階段以後的必然表現，也不是相對於傳統文化之保守性自然而然便發生了的反作用，而是兩種不同的時空交錯之餘新舊雜陳對立的產物。五四前夕，北方日益發展，南方日益僵化，進出省城與中部城鎮兩地往來求學的內地青年們首當其衝地發現他們站立在兩種秩序的交錯口上。他們的挫折、失望與憤怒，與解放的理想交織，結果產生出極具破壞力的反傳統衝刺。」見葉文心：《史學研究與五四運動在杭州》，郝斌，歐陽哲生主編：《五四運動與二十世紀的中國：北京大學紀念五四運動 80 週年國際學術研討會論文集（上、下）》，北京：社會科學文獻出版社 2001 年版，第 1112 頁。

立（一九一一～一二）。這個政治大革命雖然不算大成功，然而它是
後來種種革新事業的總出發點，因爲那個頑固腐敗勢力的大本營若
不顛覆，一切新人物與新思想都不容易出頭。〔註186〕

從上面的敘述中可以解讀出白話文學得以成功的因素：如歷史傳統（白話文
學的歷史存在，官話的普及）、現實因素（世界文化的影響）、政治因素（科
舉制度的廢除，中華民國的成立）等。「新文學的迅速成功使我們不得不疑
問這一時期知識精英們的鑒賞標準（taste）是否產生了變化。這一變化的最
有可能的原因是本土發展及外域影響的結合：明清以來的小說的興起及翻譯
文學的發展、對外來文學觀的接受，但最重要的還是本世紀初教育制度的變
革，它爲新的鑒賞標準的傳播和再生產設立了基礎，並使其紮根於新一代知
識分子的生性當中。」〔註187〕應當說，科舉制度的廢除與新式教育的普及，
文學教育的重點使得寫作從純粹的模仿以便求得功名轉換爲對中國古代文
學及西方翻譯文學的閱讀與欣賞上，「寫作成爲一種愛好。文學才華由文化
資本變成一種象徵資本，主要在文學場中有效，無法轉換成政治或其他形式
的權力」〔註188〕。

胡適在 1922 年談到民國八年的學生運動與新文學運動時說：它們「雖是
兩件事，但學生運動的影響能使白話的傳播遍於全國，這是一大關係；況且
『五四』運動以後，國內明白的人漸漸覺悟「思想革新」的重要，所以他們
對於新潮流，或採取歡迎的態度，或採取研究的態度，或採取容忍的態度，
漸漸的把從前那種仇視的態度減少了，文學革命的運動因此得自由發展，這
也是一大關係。因此，民國八年以後，白話文的傳播眞有「一日千里」之勢。
白話詩的作者也漸漸多起來了。」〔註189〕如前所述，我們也不可忽視白話文
確立所需要的官方資源。1919 年 10 月全國教育聯合會決議要求政府正式提倡
白話文，1920 年 1 月 12 日，教育部發佈訓令，要求小學一二年級國語從當年

〔註186〕胡適：《〈中國新文學大系・建設理論集〉導言》，上海：上海良友圖書印刷公
　　　　司 1935 年版，第 35～36 頁。
〔註187〕〔荷蘭〕賀麥曉：《二十年代中國「文學場」》，見陳平原等主編：《學人》（第
　　　　13 輯），南京：江蘇文藝出版社 1998 年版，第 302 頁。
〔註188〕〔荷蘭〕賀麥曉：《二十年代中國「文學場」》，見陳平原等主編：《學人》（第
　　　　13 輯），南京：江蘇文藝出版社 1998 年版，第 303 頁。
〔註189〕胡適：《五十年來中國之文學》，胡適撰：《胡適說文學變遷》，上海：上海古
　　　　籍出版社 1999 年版，第 153 頁。

秋季起用白話取代之。是年 3 月，小學各年級的文言教科書全部廢除，白話文的推廣得到了全面普及。

因此，從 1919 年開始，新文學運動才開始在更廣泛的範圍內傳播，這在「浙一師」校園也不例外。如前所述，作為單不庵弟子的施存統，就是因為接觸到《新青年》等刊物，轉而變為一個進步的青年〔註 190〕。學生思想極為活躍，施存統、何景亮、傅彬然等還在學校自行組織了「書報販賣部」，在《浙江省立第一師範學校校友會十日刊》每期的報縫處，登載要販賣的書報名稱及其價格：有《新青年》、《新潮》、《解放與改造》、《少年中國》、《星期評論》、《教育潮》、《民風周報》、《星期日》、《建設》、《新教育》、《新生活》、《哲學概論》、《杜威在華演講集》等。在《本校書報販賣部宣言》中說：

> 轟轟烈烈的五四運動，大家說是提倡新思想的結果，不錯不錯！
> 當時這次舉動，究竟有沒有達我們的目的？——就是掃除強權，——
> ——簡直可說一點沒有；那麼，就是新思想的勢力還沒有十分普遍，
> 所以我們果敢要達我們的目的，還要從根本上著想，從事於文化運
> 動。〔註 191〕

而採取的措施，便是「我們承認現在發表新思想的書報，是文化運動的健將；是解放束縛的利器；所以我們要盡我們的力量來傳播他；這就是我們要組織這個書報販賣部的緣故」〔註 192〕。據統計，截止到 1919 年年底，在一師銷售的新思潮雜誌達一千多份，而「浙一師」的學生人數不足四百，可以看出新文化、新思潮受歡迎的程度〔註 193〕。當時輿論對五四運動後的一師學生這樣評價：「自從五四運動以後，一師青年漸漸脫離舊思想、舊學術、舊風俗、舊習慣、舊制度的種種束縛，覺悟著時代的趨勢，人生的意義。」〔註 194〕同時，大部分學生刊物開始廣泛採用白話文，幾乎所有的雜誌、報紙和文學作品都開始使用新文學媒介。胡適在 1922 年對此有如下的概述：

〔註 190〕 曹聚仁：《我與我的世界》，北京：人民文學出版社 1983 年版，第 112 頁。
〔註 191〕 《專件 本校書報販賣部宣言》，《浙江省立第一師範學校校友會十日刊》第 1 號，1919 年 10 月 10 日。
〔註 192〕 《專件 本校書報販賣部宣言（續）》，《浙江省立第一師範學校校友會十日刊》第 2 號，1919 年 10 月 20 日。
〔註 193〕 呂芳上：《從學生運動到運動學生：民國八年至十八年》，臺北：「中央研究院」近代史研究所 1994 年版，第 120～121 頁。
〔註 194〕 《摧毀你們生命的人就是你們的大敵！》，《錢江評論》第 7 號，1920 年 3 月 21 日。

　　各地的學生團體裏忽然發生了無數小報紙，形式略仿《每周評論》，內容全用白話。此外又出了許多白話的新雜誌。有人估計，這一年（一九一九）之中，至少出了四百種白話報。內中如上海的《星期評論》，如《建設》，如《解放與改造》（現名《改造》），如《少年中國》，都有很好的貢獻。一年以後，日報也漸漸的改了樣子了。從前日報的附張往往記載戲子妓女的新聞，現在多改登白話的論文譯著小說新詩了。北京的《晨報》副刊上，上海《民國日報》的《覺悟》，《時事新報》的《學燈》，在這三年之中，可算是一個最重要的白話文的機關。時勢所趨，就是那些政客軍人辦的報也不能不尋幾個學生來包辦一個白話的附張了。民國九年以後，國內幾個持重的大雜誌，如《東方雜誌》、《小說月報》……也都漸漸的白話化了。〔註195〕

對浙江而言，「五四運動在杭州得到突出表現的不是愛國主義的遊行示威，而是新文化陣營裏的出版創作。這些新刊物的出現集中在 1919 年夏秋之間，杭州一地，在短短六個月裏，便出版了 16 種以教師學生爲主要對象的刊物，總期數達到 120 餘卷。換言之，1919 年秋天學生們返校開學之後，每星期平均可以接觸到三至四本不同的新文化刊物。」〔註196〕浙江五四期間最早的學生刊物是《明星》，由一中學生阮毅成獨立創辦，用白話文寫作，使用新式標點，響應白話文運動，認爲「各地都有新文化運動的刊物，浙江素以文化之邦自命，卻獨付闕如。創辦《明星》，意思就在趕上外面世界的潮流。」〔註197〕不幸的是，《明星》刊成而無人問津。他轉而經由同學介紹，結識浙江省立甲種工業專門學校的學生，其中有褚保時、汪馥泉、黃星球、蔡經銘、沈乃熙、孫錦文、倪維熊，又聯合一中好友查猛濟等人，於 1919 年 10 月 10 日共同創辦半月刊《雙十》。這一刊物的宗旨是：「就是一方面竭力把新思潮傳佈，一方面對於守舊派，立於指導者的地位，下一種誠懇的勸告。」該刊由各社員共同負責，分擔寫作任務，《雙

〔註195〕胡適：《五十年來中國之文學》，胡適撰：《胡適說文學變遷》，上海：上海古籍出版社 1999 年版，第 153 頁。

〔註196〕葉文心：《史學研究與五四運動在杭州》，郝斌、歐陽哲生主編：《五四運動與二十世紀的中國：北京大學紀念五四運動 80 週年國際學術研討會論文集（上、下）》，北京：社會科學文獻出版社 2001 年版，第 1103 頁。

〔註197〕葉文心：《史學研究與五四運動在杭州》，郝斌、歐陽哲生主編：《五四運動與二十世紀的中國：北京大學紀念五四運動 80 週年國際學術研討會論文集（上、下）》，北京：社會科學文獻出版社 2001 年版，第 1103 頁。

十》對杭州各界發表了不少攻擊性和批評性的文字，諸如批評當時杭州輿論刊物的陳腐守舊以及各校推行的所謂「奴化」教育的傾向。

隨後，主編浙江教育會《教育潮》刊物的沈仲九以及浙江第一師範學生傅彬然分別去信表示贊同。其中主張無政府主義的沈仲九在信中說：「《雙十》在黑暗的杭州，不能不看做第一顆的明星，我希望你們格外努力，把《雙十》的光明，普照杭州的學生，普照全浙的學生。……你們既然做一個杭州出版界的先鋒，……你們千萬不要怕黑暗，只要怕自己沒有揭開黑暗的能力。你們不要怕封禁，只要怕自己沒有破封禁的價值。」〔註 198〕作為主編，沈仲九極力贊成《雙十》的立場言論，並提出了一些辦報的具體注意事項。而傅彬然則在信中高調宣佈「我想在杭州聚集各校的真正新青年，共同做重精神不重形式的文化運動的事情」〔註 199〕。自此之後，《雙十》的主力軍開始和浙江第一師範的師生「會師」。施存統後來回憶說，他當時就「邀請了七八個同學，和他們開一個會」，決議成立「浙江新潮社」，並以杭州平海路省教育會的一間房屋作為社團活動地方，以一師的黃宗範為聯絡人〔註 200〕。此後，《雙十》停刊，勝利「會師」的青年致力於「浙江新潮社」相關的聯絡與出版活動。

如前所述，新思潮早在五四之前便進入到「浙一師」的校園，其中介紹新思潮並傳佈無政府主義思潮的是一師高年級學生，如施存統、周伯棣、傅彬然、俞秀松、宣中華等，他們均是來自浙江中部城鎮社會的青年學子。他們在創辦刊物的傾向上多少和一中學生有些差別，葉文心認為他們在年齡、經歷、思想上是兩組不同的人馬，「一中學生們平均只有十五、六歲，一師學生多半是十九、二十歲。一中學生辦刊物的宗旨是提倡白話文、新文學，一師學生組織團體的目的在接受新思想，宣傳新主張。一中學生一般家中都有開明保守兼具的權威人物，願意支持子弟的文學活動；一師學生則家在保守閉塞的內地鄉鎮，追求新潮的活動常常不得父兄戚里的諒解」〔註 201〕。因此，一師學生更熱衷於接受

〔註 198〕葉文心：《史學研究與五四運動在杭州》，郝斌，歐陽哲生主編：《五四運動與二十世紀的中國：北京大學紀念五四運動 80 週年國際學術研討會論文集（上、下）》，北京：社會科學文獻出版社 2001 年版，第 1105 頁。

〔註 199〕葉文心：《史學研究與五四運動在杭州》，郝斌，歐陽哲生主編：《五四運動與二十世紀的中國：北京大學紀念五四運動 80 週年國際學術研討會論文集（上、下）》，北京：社會科學文獻出版社 2001 年版，第 1105 頁。

〔註 200〕施存統：《回頭看二十年來的我》，《民國日報·覺悟》，1920 年 9 月 23 日。

〔註 201〕葉文心：《史學研究與五四運動在杭州》，郝斌，歐陽哲生主編：《五四運動與二十世紀的中國：北京大學紀念五四運動 80 週年國際學術研討會論文集（上、下）》，北京：社會科學文獻出版社 2001 年版，第 1106 頁。

新思潮，宣傳新主張，因此在言論上便比《雙十》更爲激進起來。1919 年 11 月 1 日，《浙江新潮》出版，在發刊詞裏提出了一個完整的社會改造的綱領，所以「本周刊第一種旨趣，就是『謀人類——指全體人類——生活的幸福和進化』」，並認爲人類要達到這種目的，須有三個條件：自由、互助、勞動。因此「改造社會」、「促進勞動者的自覺和聯合」、「對於現在的學生界勞動界，加以調查批評和指導」便也成爲本周刊的宗旨。發刊詞最後聲明：

> 第一，本周刊的社員，對於國家主義和地方主義，是很反對的。但是現在都是住在浙江，對於浙江的情形，比較的熟悉一點，所以將來的立論，不免偏重在浙江一方面。但是我們所以偏重浙江，我們是認他爲全世界全人類的一部分。我們因爲環境的關係，不得不謀一部分人類的發展，以助全人類的發展，將來由浙江而全國，而全世界，同人等當盡力去做的。

> 第二，本周刊的目的，無非想把人類從黑暗變爲光明，從僞道變爲眞理，從獸性變爲人性。……黑暗，僞道，獸性的勢力，一日不滅，本報的旨趣，一日不變。本報形式，雖然可以消滅，本報的精神，終當直接間接，以和讀者諸君相接觸，以求得最後的勝利；這種精神，就是奮鬥的精神，是本報社員所共同自勉的。……
> ……

> 本報的旨趣，要本奮鬥的精神，用調查，批評，指導的方法，促進勞動者的自覺和聯合，去破壞束縛的競爭的掠奪的勢力，建設自由互助勞動的社會，以謀人類生活的幸福和進步。〔註202〕

從發刊詞裏，可以明顯看出當時流行的無政府主義思潮的影響，「破壞」與「改造」的呼吁，躍然紙上。20 世紀初期的無政府主義，大致可分爲巴黎和東京兩派：前者以李石曾、吳稚暉辦的《新世紀》雜誌爲代表，從理論觀點上看，《浙江新潮》與其相同之處在於他們都相信人類歷史進化論觀點，對未來社會的普遍自由和幸福抱著必勝的信念；不同點在於謀求的手段不同。巴黎無政府主義者推崇西方現代科技，主張通過教育和宣傳等非暴力的手段，達到科技的進步與普及，進而實現全人類的幸福。而「浙江新潮社」這群激進的青年，緣於時空環境以及年齡因素，他們認爲「政治階級和資本階級，就是

〔註202〕中共中央馬克思恩格斯列寧斯大林著作編譯局研究室編：《五四時期期刊介紹》（第 2 集下冊），北京：三聯書店 1959 年版，第 586～590 頁。

束縛的，競爭的，掠奪的根本，正是自由，互助，勞動的大敵」，這樣他們把「資本階級」作為打倒對象，著重於經濟利益和政治權力上公平公正。後者以劉師培、何震為代表的《天義》雜誌，倡導以「復古為革新」，嚮往上古小國寡民、無兵無爭的簡樸生活，不反對為了達到理想採取激進手段。「浙江新潮社」的成員卻以向前看，趕上時代潮流為第一要義，「杭州青年們的無政府主義思潮，同時兼具了東京及巴黎兩派的某些成分。他們在道德理想上表現了相當程度的傳統保守色彩，他們所考慮的手段卻不避激進」〔註203〕。

　　《浙江新潮》才出了兩期，便因在第二期上發表了施存統的《非孝》，引起了軒然大波，被警察勒令封存。其實，施存統寫這篇文章並非全面否定「孝」，只是「由於他的父親只知喝酒賭錢，不關心孩子，並且還要虐待他的母親而引起的」〔註204〕。當時在北京的陳獨秀，敏銳地注意到二十歲的俞秀松主編的小報《浙江新潮》，在 1920 年元旦出版的《新青年》第七卷第二號上，發表一則隨感，深為讚賞〔註205〕。以後來之見來看〔註206〕，陳獨秀確實

〔註203〕 葉文心：《史學研究與五四運動在杭州》，郝斌，歐陽哲生主編：《五四運動與二十世紀的中國：北京大學紀念五四運動 80 週年國際學術研討會論文集（上、下）》，北京：社會科學文獻出版社 2001 年版，第 1108 頁。

〔註204〕 傅彬然：《五四前後》，見中國社會科學院近代史研究所編：《五四運動回憶錄》（下），北京：中國社會科學出版社 1979 年版，第 748 頁。

〔註205〕 全文如下：（七四）隨感錄《浙江新潮》——《少年》
《浙江新潮》是《雙十》改組的，《少年》是北京高等師範附屬中學「少年學會」出版的。《少年》的內容，多半是討論少年學生社會的問題，很實在有精神；《浙江新潮》的議論更徹底，《非孝》和攻擊杭州四個報——《之江日報》、《全浙公報》、《浙江民報》、《杭州學生聯合會周報》（這篇「攻擊」文章署名「沈宰白」，即夏衍，引者注）——那兩篇文章，天真爛漫，十分可愛，斷斷不是鄉愿派的紳士說得出來的。
我讀了這兩個周刊，我有三個感想：
（1）我禱告我這班可愛可敬的小兄弟，就是報社封了，也要從別的方面發揮《少年》、《浙江潮》的精神，永續和「窮困及黑暗」奮鬥，萬萬不可中途挫折。
（2）中學生尚有這樣奮發的精神，那班大學生那班在歐美、日本大學畢業的學生，對了這種少年能不羞愧嗎？
（3）各省都有幾個女學校，何以這班姊妹們都是死氣沉沉（「沉」，引者注）！難道女子當真不及男子，永遠應該站在被征服的地位嗎？獨秀。見獨秀：《（七四）隨感錄〈浙江新潮〉——〈少年〉》，《新青年》第 7 卷第 2 號，1920 年 1 月 1 日。

〔註206〕 《浙江新潮》的主編俞秀松後來成為中國共產黨的一員勇將；另一主編宣中華也是中國共產黨的骨幹， 1927 年 4 月 17 日死於龍華；《非孝》作者施存

有眼力，看出了《浙江新潮》「這班可愛可敬的小兄弟」的勇氣和銳氣。同時，也不難想見陳獨秀的高度評價對於浙江新潮社成員的鼓舞。《浙江新潮》在浙江被禁後，不得不移到上海出版，勉強出了第三期就停刊了。

1920 年 1 月 1 日，杭州一些青年和教師繼《浙江新潮》之後成立了《錢江評論》，目的是「迎接世界的新潮流」，「適應中國時勢的趨向」和「自由發表新思想」，他們這種以「人道主義」爲世界的新潮流，以「社會改造」爲宗旨，認爲改造社會、建設新社會只能依靠青年，「新時代的新青年，是動的，是適應的，是覺悟的；所以能夠把世界變爲活的，返靜爲動，使退化的變成創化的世界」〔註207〕。從內容上看，帶有明顯的無政府主義色彩，同時盡情揭露了社會、政治及教育的黑暗面。1919 年底，北京工讀互助團第一組正式成立，少年中國學會在北京發佈「工讀互助團」的消息，「本互助的精神，實行半工半讀」〔註208〕，吸引了大批追求理想社會的青年。在「募款啓事」中說，目的是「來幫助北京的青年，實行半工半讀主義，庶幾可以達教育和職業合一的理想」，「倘然試辦有效，可以推行全國，不但可以救濟教育界和經濟界的危機，並且可以免得新思想的青年，和舊思想的家庭發生許多無謂的衝突」，列名的發起人有李大釗、陳溥賢、李辛白、陳獨秀、王星拱、孟壽春、蔡元培、高一涵、徐彥之、胡適、張崧年、羅家倫、周作人、程演生、王光祈、顧兆熊、陶履恭共十七人〔註209〕。其實，早在 1919 年 12 月 4 日，王光祈就在北京《晨報》上撰文提倡在城市中組織工讀互助團的具體設想。《工讀互助團募款啓事》上的列名也算是對王光祈與少年中國學會的支持。施存統、俞秀松、傅彬然、周伯棣等四人在「浙一師」風潮後奔赴北京，胡適在 1920 年 2 月 24 日的日記中記載，當日晚上八九點「工讀互助團員章錢民、施有統、傅——來談甚久」。胡適在前一天還專門作書與工讀互助團〔註210〕，足以想見胡適對這一辦法的認同。到 1920 年 2 月，工讀互助團在北京先後成立了四個組，初期因生計所迫，主張「暫時重工輕讀」，但不

統亦成爲中國共產黨早期的重要角色；至於「那兩篇文章」的另一作者夏衍，後來成爲中國共產黨在上海電影界地下工作的組織者、領導者。

〔註207〕《文藝復興和五四運動》，《錢江評論》第 2 期，見中共中央馬恩列斯著作編譯局研究室編：《五四時期期刊介紹》（第 2 集），北京：三聯書店 1959 年版，第 437 頁。

〔註208〕《工讀互助團簡章》，《新青年》第 7 卷第 2 號，1920 年 1 月 1 日。

〔註209〕《工讀互助團募款啓事》，《新青年》第 7 卷第 2 號，1920 年 1 月 1 日。

〔註210〕胡適：《胡適日記全編》（第 3 冊），曹伯言整理，合肥：安徽教育出版社 2001 年版，第 100～101 頁。

久這種無政府主義、空想社會主義的幻想破滅了。1920 年 3 月 23 日，第一組宣告解散。至是年 10 月底，工讀互助團的主張終因經濟的壓迫以及不善於經營管理等原因宣告失敗〔註211〕。許多成員恢復了過去的學習生活或者出國留學，1920 年 4 月，施存統、俞秀松等也離京返滬到星期評論社工作，在此過程中他們逐漸接受了馬克思主義，走上了革命的道路。

三、「前後四金剛」及其文學活動

1919 年 9 月 1 日，易白沙寫信給胡適說，「南開請我講文學史，我想用個新法子，從現代講起。由中華民國，倒數至清、明、元、宋，以及三代。第一章就是陳獨秀、胡適、錢玄同、藍公武、吳稚暉、梁啓超、戴季陶」，然而對此易白沙並沒有太大的把握，不過態度很決絕：「這個辦法，反對的人太多，請你指教指教，並補助我的材料，改正我的錯誤。我的性情太笨拙，去年到京，反對白話文，把大學的飯碗犧牲，毅然不顧。今年受了陳獨秀被囚的感觸，明白這平民文學的價值，到了天津桐城派勢力圈內，也毅然不顧，樹起新文學旗幟。若再和去年樣犧牲，更可顯我的精神了。」〔註212〕由此可見，新文學場的建構並非後來者敘述的那般容易，除了舊文學勢力的逼迫外，還需要新文學教育的逐步推進。而這需要學校教師的啓發、提攜和幫助，社會進步力量的支持，否則很難成獲得成功。從五四運動在「浙一師」取得的豐碩成果中，可以明顯看到除了校長經亨頤外，還有「前後四金剛」以及社會進步人士的影響，他們共同促使浙江新文學從一隅走向全國。

杭州市學生聯合會發表罷課宣言聲援北京的五四運動時，以齊耀珊爲首的浙江當局以「愛護學生、保護治安」爲名，勒令各校一律放假。作爲「浙一師」校長的經亨頤，一方面對學生運動持肯定的態度。1919 年 5 月 12 日，全城中等以上學生 3000 餘人舉行遊行示威，「自公眾運動場出發，先過教育會，氣甚壯，余出助呼萬歲」〔註213〕，對於外界談論自己多事，「鼓動學生」的行爲毫不在意，認爲他們「亦不明群眾心理矣」〔註214〕。另一方面積極奔

〔註211〕郭笙編著：《「五四」時期的工讀運動和工讀思潮》，北京：教育科學出版社 1986 年版，第 53～54 頁。
〔註212〕《易白沙致胡適（1919 年 9 月 1 日）》，杜春和等編：《胡適論學往來書信選》（上、下冊），石家莊：河北人民出版社 1998 年版，第 824～825 頁。
〔註213〕經亨頤：《經亨頤日記》，杭州：浙江古籍出版社 1984 年版，第 167 頁。
〔註214〕經亨頤：《經亨頤日記》，杭州：浙江古籍出版社 1984 年版，第 167 頁。

走設法避免學生與政府間的衝突進一步激化，1919 年 5 月 27 日，日記中記載：「……上午，先至校，又至會，至廳，至省公署，皆為罷課事奔走」，「而余所處地位，新舊交攻，眾矢之的。收放則可，而志不能奪，自今日韜光行事」〔註215〕。因《浙江新潮》事件，經亨頤在回答省公署的訓令時說：

> 《浙江新潮》雖不是本校的印刷物品，黃宗正卻是本校的學生，我做校長的不能不負責任。所以我曾經叫黃宗正來問過，據說，《浙江新潮》是《雙十》改稱的，社員共有二十八人，本校卻有十四人。通訊處從前並不在本校，發起也並不是本校；通訊是一個幹事的意思，也不是主持。我從山西回來，曾看見這張報紙，封面寫著第一師範的字樣，也覺得有些不便。前一次專任職員會議的時候，也提議到的。以為新潮新潮，大概是研究研究新學說，況且不要學校負責，認為學生個人的通訊，所以不加干涉了。後來看到有篇《非孝》的文章，各教員曾訓誡過好幾次，現在已經覺悟，他們的社員也已經解散，不再出版了。〔註216〕

從字裏行間，可以讀出經亨頤發表的言論只是搪塞官府罷了。對於行政當局要求斥退學生的要求，經亨頤以「斥退學生是教育的自殺」為由拒絕，「我既取了他進來，因為不好，我就斥退出去，好像校長教員只能夠教好的學生，不能教不好的學生使他好」〔註217〕。如前所述，五四新文化運動傳播到浙江以後，1919 年 7 月，經亨頤曾專程拜會了南歸的沈尹默和蔡元培，堅定了改革和推進新文化運動的決心。在新文化運動的影響下，要使得教學「與時俱進」，迎合時代的潮流，「今後的教育，無非大家覺悟『人應如何教』，就是叫做『學生本位』」，「依著『養成健全人格，發展共和精神』兩句話做去，聽各職員研究闡發」〔註218〕。如前所述，1919 年 9 月秋季開學後，經亨頤在「浙一師」大膽實施了四項教育革新措施，除了職員專任、學生自治、試行學科制外，與「前四金剛」最為密切的恐怕就是改革國文教授了。至於改革的原

〔註215〕經亨頤：《經亨頤日記》，杭州：浙江古籍出版社 1984 年版，第 170 頁。

〔註216〕經亨頤：《對教育廳查辦員的談話》，張彬編：《經亨頤教育論著選》，北京：人民教育出版社 1993 年版，第 224 頁。

〔註217〕經亨頤：《對教育廳查辦員的談話》，張彬編：《經亨頤教育論著選》，北京：人民教育出版社 1993 年版，第 231 頁。

〔註218〕經亨頤：《對教育廳查辦員的談話》，張彬編：《經亨頤教育論著選》，北京：人民教育出版社 1993 年版，第 229～230 頁。

因，經亨頤並不否認五四運動的影響，只是說這種推測很淺近罷了，實際上他「認定中國文字不改革，教育是萬萬不能普及」，「我做了師範校長，不是單單製造幾個學生；設法使教育可以普及，這是我的本務」，因此「非提倡國語改文言爲白話不可」〔註219〕。

爲了配合這些教育改革，經亨頤聘請了劉大白、陳望道、李次九等一批有新思想的教師任教。如前所述，除了李次九入「浙一師」前的經歷不詳外，其他三人都有舊學根底，同時也有留學日本的經歷，比較樂於接受西方思潮的影響，認同經亨頤「與時俱進」的觀念和教育革新的措施。「前四金剛」一起自編國語叢書，如四人合編的《國語教授法大綱》、陳望道的《新式標點用法》、陳望道和劉大白合編的《注音字母教授法》等，他們還從《新青年》、《每周評論》、《新潮》、《民國日報·覺悟副刊》等雜誌上選編一百多篇文章作爲新教材，其中有李大釗、陳獨秀、魯迅等人的文章。「關於教授一方面，取研究的態度。比如人生最有關係的各種問題爲綱，選擇關於一問題的材料（都從雜誌當中採取），印刷分送學生，使學生自己研究，教員隨時指導，並和學生討論。至於作文一方面，學生作白話文的，已占全數十分之九」〔註220〕，目的讓學生用批評的眼光，取研究的方法，進行分析、綜合、辯難。這種有著文學性、藝術性和靈活多變的教育形式，受到了學生的歡迎，一股新文化、新文學的氣息在「浙一師」校園傳播開來。應當說，國文教授改革的實踐對學生的影響只是潛移默化，他們在學習白話文以後，開始在校內外刊物上練筆，表達自我個性。可以1919年10月10日《浙江省立第一師範學校校友會十日刊》第1號的「歡迎投稿」啓事爲例，從中窺得一二：

> 校友諸君！本刊的旨趣，已經在發刊詞上面說清楚了，諸君尚有教育上的感想，服務的狀況和經驗，其他和教育有關係的時代思潮，意見，統希望隨時在本刊發表。
>
> 文體——文言國語——不拘，用國語尤爲歡迎；但統以樸實簡明爲主，抄寫的時候，能夠照本刊的格式——橫行，每句空一格，每行二十格——那更歡迎不盡了。

〔註219〕經亨頤：《對教育廳查辦員的談話》，張彬編：《經亨頤教育論著選》，北京：人民教育出版社1993年版，第227～228頁。

〔註220〕《五四運動後之浙江第一師範》，上海《時事新報》，1919年12月15日，第2張第1版。

單就徵稿啓事的內容而言，已經頗具新文學的氣息了。其實，在五四運動爆發前夕，一師就已經暗含著白話文授課的萌芽了，經亨頤 1919 年 4 月 30 日日記云：「本校學生文課有白話，而子韶大不爲然，盛氣而辭。北京大學之暗潮次及吾浙，亦本校之光也。惟爲友誼，亦不得不慰勸，志不可奪，未便相強。下學年國文教授有革新之望，須及早物色相當者任之。」〔註 221〕此外，形式要求橫行書寫的實行、分段與新式標點的使用，是新文學之所以成爲新文學的標誌性特徵。當然，這些形式特徵從清末就開始討論和實踐，但就「浙一師」的青年學生來說，恐怕是受了《新青年》上關於這些話題的討論的影響，其中，錢玄同、陳獨秀、劉半農、朱經農、胡適、陳望道、陳大齊、張東民等都曾參與這些討論〔註 222〕。與此同時，也不能忽視「浙一師」校園外進步人士的作用，曹聚仁回憶說：

> 在杭州省教育會主編《浙江潮》的沈仲九先生，也是我所最敬愛的導師。他並沒教過一師的書，但，他和沈玄廬（定一）先生都是學生運動的精神上的支持者。本來，二沈和劉大白師，有紹興三傑之稱，三傑都是我們的導師。我在杭州主編《錢江評論》，文稿概不署名，便是受了沈仲九先生所倡導的無政府主義的影響。〔註 223〕

其中《浙江潮》顯然是回憶錯誤，應爲《教育潮》雜誌。如前所述，《教育潮》主要介紹世界上的教育思想，批評中國教育的弊端，討論新教育的建設，被看做是教育界革命的先驅。而作爲主編的沈仲九，「是五四運動中轉移東南風氣的人」，「是一個社會運動的導師」〔註 224〕。傅彬然也在《回憶浙江新潮社》中提及，他們接受新文化的途徑除了閱讀新文化、新文學報刊外，還受到浙江省教育會《教育潮》主編沈仲九的影響，「我們和他認識，大概在《教育潮》出版以後。他是無政府主義者，他把許多宣傳無政府主義的書刊介紹給我們」〔註 225〕。至於沈玄廬，民初曾擔任浙江省議會議長，五四時期與戴季陶一起主編《星期評論》，當時熱衷於社會改革。因爲與劉大白是摯友，所以一師的學生通過劉大

〔註 221〕經亨頤：《經亨頤日記》，杭州：浙江古籍出版社 1984 年版，第 162 頁。
〔註 222〕張向東：《語言變革與現代文學的發生》，北京：人民文學出版社 2009 年，第 307～327 頁。
〔註 223〕曹聚仁：《我與我的世界》，北京：人民文學出版社 1983 年版，第 167 頁。
〔註 224〕曹聚仁：《我與我的世界》，北京：人民文學出版社 1983 年版，第 168 頁。
〔註 225〕傅彬然：《回憶浙江新潮社》，張允候等編：《五四時期的社團》（三），北京：三聯書店 1979 年版，第 148 頁。

白與上海的新文化刊物取得聯繫，這也是沈玄廬在「浙一師風潮」發生前後大力支持學生的緣由。1919 年 12 月 13 日，沈玄廬在寫給胡適的信中說：

> 昨天接到你的所發起的工讀互助團章程，我高興的很，因為這幾天，浙江方面，要求我實地答覆非孝以後怎麼樣獨立生活的信有好多起，我正一時籌不出妥善的方法；有了這個辦法，不但我可以寫幾封切切實實的回信，並且我常時要打算的都市生活，也有了榜樣。……我很盼望你們快快成立，要用你們的成績來推廣，比較一紙章程好得多。〔註 226〕

如前所述，北京工讀互助團在醞釀成立的時候，工讀互助團運動也在全國各地掀起了高潮。1920 年 2 月 27 日，上海工讀互助團經過醞釀開了籌備會，陳獨秀、王光祈、康白情、張國燾、劉清揚、戴季陶、沈玄廬、彭璜、蕭子暲等二十餘人參加了討論。〔註 227〕上海工讀互助團在他們的幫助下成立，但不久就解散了。在此前後，胡適在日記中多次記載有參加工讀互助團會議〔註 228〕，實際上是對工讀互助這一問題進行探討，指出「北京工讀互助團的計劃的根本大錯就在於不忠實『工讀』兩個字」，「他們的眼光射在『新生活』和『新組織』上」〔註 229〕。此後，沈玄廬在蕭山衙前開展的農民運動，「浙一師風潮」後部分學生也參與了其中，留待後文再說。如前所述，1920 年 4 月 2 日，經亨頤任校長時所聘請的教員回校，而在學潮中飽受屈辱的「前四金剛」堅持不再留校任教，雖多次挽留也改變不了他們的去意。是年 4 月 12 日，蔣夢麟推薦的暨南學校教務主任姜琦擔任一師校長〔註 230〕。4 月 17 日，全校復

〔註 226〕中國社會科學院近代史研究所、中華民國史研究室編：《胡適來往書信選》(全 3 冊)，香港：中華書局香港分局 1983 年版，第 76 頁。

〔註 227〕郭笙編著：《「五四」時期的工讀運動和工讀思潮》，北京：教育科學出版社 1986 年版，第 54 頁。

〔註 228〕分別見 1920 年 2 月 29 日條，1920 年 3 月 7 日條，1920 年 3 月 13 日條，胡適：《胡適日記全編》(第 3 冊)，曹伯言整理，合肥：安徽教育出版社 2001 年版，第 106 頁；第 113 頁；第 119 頁。

〔註 229〕胡適：《工讀主義試行的觀察》，《新青年》第 7 卷第 5 號，1920 年 4 月 1 日。在此前後，關於工讀互助思潮的思考和討論較為集中，僅以《新青年》為例，同期還有戴季陶的《工讀互助團與資本家的生產製》，李守常的《都市上工讀團底缺點》，王光祈的《為什麼不能實現工讀互助主義？》，陳獨秀的《工讀互助團失敗的原因在那裡？》共 4 篇文章參與了討論，列在「工讀互助團問題」專題下。

〔註 230〕曹聚仁：《我與我的世界》，北京：人民文學出版社 1983 年版，第 126 頁。

課，「浙一師風潮」宣告結束。在《全體同學第三次宣言》中說：「教員復職，學生上課，並非我們所要求的目的，我們所要求的目的，是在對於教育改革、文化運動兩件事切切實實有成績表現在先，以後確能在這兩件事上繼續進行的人來做我們的校長，我們才肯歡迎」〔註231〕。姜琦接任「浙一師」校長後，盡力維持經亨頤所倡導的改革精神，在面對全校師生做演講時說：

> 提倡文化運動的效果，未必一時一地能奏效的，譬如經校長在我校是一個文化運動的中堅分子，現在已爲黑暗環境所不容了，但是以後我想總有受他感化的一日。所以我今後做校長，當極力的貫徹經校長的主義，不過方法上或有和他不同的地方，願諸君與我合力共謀進行。〔註232〕

姜琦任期內的「浙一師」依然堅持提倡新文化，校政完全公開，盡量採取民主態度。同時1920年5月聘請的教員中除了袁興產、胡公冕、姜丹書、陳純人、金咨甫、徐溥泉、金宗書、李浩然等舊教員外，新聘請的有鄭文彬、俞平伯、朱自清、劉延陵、王祺、陳邦材等，都是經過學生同意後聘請的，其中稱爲「後四金剛」的俞平伯、朱自清、劉延陵、王祺以及後來續聘的葉聖陶，皆能繼承一師原有的精神面貌，在國文教授方面做出了貢獻。曹聚仁回憶說：「在前四金剛的氣氛中，同學中有了宣中華、徐白民、施存統、俞秀松和周伯棣那些參與社會革命的戰士」，「由於後四金剛，乃產生了張維祺、汪靜之、馮雪峰、魏金枝這一串湖畔詩人，一時風向所趨，他們都在寫白話詩了」〔註233〕。需要說明的是，作爲中國第一本新詩雜誌《詩》，雖以「中國新詩社」的名義出版，後來改爲「文學研究會刊物」之一，實際上由「後四金剛」中的劉延陵、俞平伯以及葉聖陶、朱自清等人創辦，因左舜生的幫助，中華書局負責出版。從1922年1月15日出版第1期開始，至1923年5月15日出自第2卷第2期止，前後共7號。其中，爲《詩》雜誌出力最多的是劉延陵，「幾個人裏最熱心的是延陵，他費的心思和工夫最多」〔註234〕，1921

〔註231〕《全體同學第三次宣言》，《浙潮第一聲》，1920年6月，轉引自沈自強主編：《浙江一師風潮》，杭州：浙江大學出版社1990年版，第30頁。
〔註232〕沈自強主編：《浙江一師風潮》，杭州：浙江大學出版社1990年版，第163頁。
〔註233〕曹聚仁：《我與我的世界》，北京：人民文學出版社1983年版，第137頁。
〔註234〕朱自清：《選詩雜記》，趙家璧主編：《中國新文學大系‧詩集》，朱自清編選，上海：上海良友圖書印刷公司1935年版，第19頁。

年寒假後，劉延陵正在「浙一師」任教，直到 1922 年間，他考取官費留美後
〔註 235〕，《詩》的編輯工作大致從第 1 卷第 5 號以後才由葉聖陶擔負主要的編
輯工作。劉延陵除了負責《詩》最初的編輯工作外，還發表新詩作品如《姊
弟之歌》、《夕陽與薔薇》、《水手》（均在第 1 卷第 1 號），《牛》、《梅雨之夜》、
《竹》、《等她回來》（均在第 1 卷第 3 號）等，是《詩》上值得注意的新詩人
之一。同時他還翻譯介紹西洋新詩及其理論，如結合中國新詩發展的實際情
況，發表《現代的平民詩人買絲翡耳》（第 1 卷第 3 號）、《現代的戀歌》（第 1
卷第 5 號）等文章倡導詩歌向民間取材，併發表象《美國的新詩運動》（第 1
卷第 2 號）、《法國詩之象徵主義與自由詩》（第 1 卷第 4 號）等文章，爲五四
新詩的發展提供了藝術上的借鑒和理論上的指導。

　　伴隨著文學革命中新文學場的建立，新式教育培養下的學生把包括西方
文學在內的「新文學」當成了必然，他們或以仰慕的理由，或以「修改」稿
件的名義，同胡適、陳獨秀、魯迅、周作人等新文學運動中的先驅者聯繫。
畢竟「五四運動前後，我們受了《新青年》的影響，對於陳獨秀、胡適、錢
玄同、魯迅兄弟的言論，不獨心嚮往之，幾乎奉之爲神明」〔註 236〕，這樣即
使在不同學校就學任教的學生和老師，仍然能建立一種「師生關係」，這種關
係對於 20 世紀 20 年代的文學場結構不無影響。〔註 237〕1922 年 10 月 30 日，
畢業於金陵大學中文系的學生吳文祺，就寫信給胡適，表示了自己的文學觀
念與人生觀受其影響很大，從一箇舊文學的信徒一轉爲信仰白話文具有至高
無上的價值的人。由於深信白話詩較五七言詩更易於表現情感，不惜在《文
學旬刊》上撰文與南高師反對新詩的先生們爭論，不過最後也不忘懇請胡適
把自己的文章《整理國故的利器──〈讀書通〉》「語病削去」，推薦到《讀書
雜志》第三期上發表〔註 238〕。

　　汪靜之依託地緣與學緣關係，在其新詩創作的道路上曾經得到了胡適、

〔註 235〕鄭子瑜：《序》，見葛乃福編：《劉延陵詩文集》，上海：復旦大學出版社 2002
　　　　年版，第 3 頁。
〔註 236〕曹聚仁：《我與我的世界》，北京：人民文學出版社 1983 年版，第 167 頁。
〔註 237〕賀麥曉談及布迪厄的理論與二十年代的中國文學場某些獨有特徵時認爲，「二
　　　　十年代中國文學實踐中不可忽略的集體性、至關重要的師生關係在布氏理論
　　　　中幾乎沒有提及」。見〔荷蘭〕賀麥曉：《二十年代中國「文學場」》，陳平原
　　　　等主編：《學人》（第 13 輯），南京：江蘇文藝出版社 1998 年版，第 295 頁。
〔註 238〕《吳文祺致胡適（1922 年 10 月 30 日）》，杜春和等編：《胡適論學往來書信
　　　　選》（上、下冊），石家莊：河北人民出版社 1998 年版，第 617～619 頁。

周作人和魯迅等的指導。1923 年 4 月 23 日，汪靜之在致胡適的信中敘及自己最近的創作和讀書生活情況，最後說：「向來承先生培植，感激莫名！願你再借助數十元，濟我緊急的正用。如果你肯答應，請快快寄下，切勿久延。因我急於要買書到和尚寺裏去冷靜地修養一二月，待寧馨兒平安產出。我最慚愧的是《蕙的風》之淺薄與惡劣，此詩脫稿後，《蕙的風》實在有不得不焚毀之勢。」〔註 239〕從信中措詞、語氣可以讀出汪靜之與胡適的關係非同一般。同為「浙一師」學生的曹聚仁，是年 7 月 21 日也憑藉著經亨頤的介紹，向胡適寫信求教並懇請拜訪的機會，語氣和措詞便顯得極為恭敬、莊重：「今夏卒有進北京大學之決計，以故中變；恐人事相迫，終無及門請益之機緣，故敢藉經子淵先生之紹介而奉書左右，幸鑒其愚而宥之！」〔註 240〕如前所述，汪靜之在「浙一師」就讀時，朱自清、葉聖陶和劉延陵都是他的老師，除了對其作品提出修改意見外，還推薦到《新潮》、《小說月報》等刊物上發表。當《蕙的風》尋求出版機會時，由胡適推薦亞東圖書館出版，並由胡適、朱自清、劉延陵等為《蕙的風》作序。它的問世在文壇挑起一場有關詩歌「道德」的爭論，一方面有周作人、魯迅、朱自清等對汪的作品給予極高的評價，並為他辯護。以周作人為例，他在 1922 年在《晨報副鐫》發表文章談及自己的看法：

> 《湖畔》是汪靜之等四個人自費出版的詩集。……他們的是青年人的詩：許多事物映在他們的眼裏，往往結成新鮮的印象，我們過了三十歲的人所承受不到的新的感覺，在詩裏流露出來，這是我所時常注目的一點。我寫這幾句話，或者似乎有廣告的嫌疑，因為他們寄了一百本來，叫我替他們在北京找個寄售的地方……至於廣告這一層，我想也沒有什麼要緊：即使是自己的著作，只要自信還有一點價值，便是自畫自贊，在或一範圍內也是人情之所容許的罷。〔註 241〕

> 汪靜之君的《蕙的風》發表以後，頗引起舊派的反對，這原是當然的，也沒有什麼辯解的必要，因為他們的攻擊乃是真正的保證，倘若被他們恭維那就要不得了。但是我最憎惡那些躲在老輩的背

〔註 239〕中國社會科學院近代史研究所，中華民國史研究室編：《胡適來往書信選》（全3 冊），香港：中華書局香港分局 1983 年版，第 197 頁。
〔註 240〕《曹聚仁致胡適（1923 年 7 月 21 日）》，杜春和等編：《胡適論學往來書信選》（上、下冊），石家莊：河北人民出版社 1998 年版，第 1216 頁。
〔註 241〕仲密：《介紹小詩集〈湖畔〉》，《晨報副鐫》，1922 年 5 月 18 日。

後，動輒拿了道德的大帽子來壓人的朋友，所以對於《學燈》上的
胡夢華君的文章禁不住要來說幾句話。〔註242〕

另一方面，胡夢華〔註243〕、聞一多等年青批評家則加以批評，他們的看法代
表了當時一部分新知識分子對該詩集的印象。1923 年 9 月，23 歲的張聞天在
目睹了詩壇風氣後，發表了自己的不滿：「自從白話詩、白話文、白話小說流
行以來，一般青年都爭著做詩、做文、做小說，這並不是他們對於文藝方面
有特別的興趣，這是因為這樣可以用最少的努力得到最大的效果。最近更因
為做長詩不容易，所以大家去做短詩了。社會上充滿了無數的青年詩人！其
次是文章家，又其次是小說家！……但是我痛恨一般以文藝為終南捷徑的青
年！」〔註244〕以聞一多為例，他在給梁實秋的信中將《蕙的風》與徐玉諾《未
來之花園》作了比較：

> 徐玉諾是個詩人。《惠（應為「蕙」，引者注）的風》只可以掛
> 在「一師校第二廁所」的牆上給沒帶草紙的人救急。實秋！便是我
> 也要罵他誨淫。與其作有情感的這樣的詩，不如作沒情感的《未來
> 之花園》。但我並不是罵他誨淫，我罵他只誨淫而無詩。淫不是不可
> 誨的，淫不是必待誨而後有的。作詩是作詩，沒有詩而只淫，自然
> 是批評家所不許的。〔註245〕

這對於年僅二十歲左右的汪靜之而言，不能不說是一種幸運，他不僅成為
了當時「浙一師」最有名的學生，還促成了杭州學生文學社團「晨光社」
的建立〔註246〕。從文學史發展看，浙江本土出現的新文學社團，首推晨光

〔註242〕作人：《什麼是不道德的文學》，《晨報副鐫》，1922 年 11 月 1 日。

〔註243〕胡夢華對《蕙的風》的批評應該是現代文學史中的一場公案。1922 年 8 月汪
靜之的詩集《蕙的風》出版後，1922 年 10 月 24 日的《時事新報・學燈》發
表了胡夢華的《讀了〈蕙的風〉以後》，說其中有些愛情「有不道德的嫌疑」。
接著，是年 10 月 30 日，章鴻熙在《民國日報・覺悟》上發表《〈蕙的風〉與
道德問題》，加以辯駁。胡夢華又在《覺悟》是年 11 月 3 日發表《悲哀的青
年——答章鴻熙君》進行反辯駁，言辭比較尖刻，緊接著就是魯迅《反對「含
淚」的批評家》撰文談論此事的文章等。另見〔荷蘭〕賀麥曉：《中國早期現
代詩歌中的現代性》，《詩探索》1996 年第 4 期，第 110～117 頁。

〔註244〕張聞天：《生命的跳躍——對於中國現文壇的感想》，《少年中國》第 4 卷第 7
期，1923 年 9 月。

〔註245〕聞一多：《致友人・十一》，聞一多：《聞一多選集》（第 2 卷），成都：四川文
藝出版社 1987 年版，第 665 頁。

〔註246〕〔荷蘭〕賀麥曉：《二十年代中國「文學場」》，見陳平原等主編：《學人》（第
13 輯），南京：江蘇文藝出版社 1998 年版，第 304 頁。

文學社和湖畔詩社。這是兩個前後承續、有著一定聯繫的新文學社團。晨光文學社於 1921 年 10 月，「浙一師」學生潘漠華、汪靜之等發起成立。成員除了「浙一師」學生趙平復、魏金枝、周輔仁、胡冠英外〔註247〕，還有如浙江女子師範、安定中學等愛好文學的學生、教師等共 20 多人，其中馮雪峰爲後期社員。如前所述，參與創辦《詩》刊的「浙一師」教師朱自清、葉紹鈞、劉延陵被聘爲顧問。1922 年，晨光文學社在杭州報紙（一說《浙江日報》）上出版了《晨光》文學周刊（一說爲旬刊），大多發表社員的詩歌、散文等作品，數月後停刊。1922 年下半年，晨光文學社解散〔註248〕。1922 年 4 月，湖畔詩社成立，其成員有應修人、潘漠華、馮雪峰和汪靜之四人，相繼出版新詩合集《湖畔》和《春的歌集》。湖畔詩社成員雖然不多，但他們的詩歌反映了五四運動傳播到浙江以後，被喚醒的青年對自由愛情、婚姻的嚮往和憧憬，同時也有描寫自然風光和人生情境的詩作，反映了「個性」解放的時代特徵。如汪靜之 1922 年 1 月 8 日寫下的《過伊家門外》，全詩只有三行：

> 我冒犯了人們的指謫，
>
> 一步一回頭地瞟我意中人；
>
> 我怎麼欣慰而膽寒呵。〔註249〕

藝術上以率眞大膽、直抒胸臆爲特徵，有著稚拙眞誠的青春氣息。朱自清 1935 年在總結新文學運動第一個十年的詩歌創作時說，「中國缺少情詩，有的只是『憶內』『寄內』，或曲喻隱指之作；坦率的告白戀愛者極少，爲愛情而歌詠愛情的更是沒有。這時期新詩做到了『告白』的一步。……但眞正專心致志

〔註247〕除了周輔仁的生平不詳外，趙平復日後化名柔石，1928 年 6 月在上海結識魯迅，同魯迅一起創辦「朝花社」，出版《朝花周刊》。1929 年 1 月，接編《語絲》周刊第 5 卷前 26 期。1931 年 2 月 7 日，被國民黨槍殺於上海龍華，成爲「左聯五烈士」之一。創作有《二月》、《三姊妹》、《爲奴隸的母親》等小說；魏金枝最初從事詩歌與散文創作，1926 年起發表《留下鎮上的黃昏》、《七封書信的自傳》等小說，後加入「左聯」，編輯過《萌芽》月刊；胡冠英是曹誠英的丈夫，後來因爲胡適與曹誠英的戀情等因素，受到研究者的注意。

〔註248〕范泉主編：《中國現代文學社團流派辭典》，上海：上海書店 1993 年版，第 470～471 頁。

〔註249〕需說明的是，上述引文出自上海亞東圖書館 1922 年版，而在 1957 版中該詩被列入《小詩八首》中，題目爲《一步一回頭》：「我冒犯了人們的指謫非難，一步一回頭地瞟我意中人，我多麼欣慰而膽寒。」見汪靜之：《蕙的風》，北京：人民文學出版社 1957 年版，第 36 頁。

做情詩的，是『湖畔』的四個年輕人」〔註250〕，並對湖畔四詩人的風格進行了評判。他們以一種流派的形式展現了浙江詩歌在文壇上的地位與影響，當然這些成績的獲得離不開早期中國新詩壇上白話新詩人的開拓之功，也與「浙一師」校園的文化氛圍有著密切的關係。與此同時，茅盾在《中國新文學大系·小說一集》的導言中談到「從民國十一年起（一九二二），一個普遍的全國的文學的活動開始來到！……這一時期，是青年的文學團體和小型的文藝定期刊蓬勃滋生的時代」，在列舉各地文學社團的活動時，也為當時浙江的新文學運動做了一些統計上的說明：

> 「浙江方面，寧波最為熱鬧；十一年秋就有了春風周報社的《春風周報》，內分青年與兒童兩部，後來又《文學周刊》（附《四明日報》內，十三年秋），有日月文學社的《日月旬刊》（時間同上），有第四中學學生組織的曦社（時間同上）；有春風學社（十三年七月），飛蛾社（亦為四中學生組織），有定期刊《飛蛾》（十三年五月）。在杭州有片月詩社（十三年六月），悟社（之江大學學生組織，以提倡革命文學為宗旨，十三年四月），以及赤社之不定期刊《赤報》。在嘉興有秀州文學會（秀州中學）的定期刊《碧漾》（十二年六月），在台州有第六中學知社的半月刊《知》（十三年七月），在紹興有愛美文藝社的月刊《愛美》（十三年九月），又有第五中學師範部的半月刊《微光》（十四年秋）。」〔註251〕

對於校園文學社團的存在價值，茅盾認為：「這一大活動的主體是青年學生以及職業界的青年知識分子。他們的團體和刊物也許產生了以後旋又消滅，……然而他們對於新文學發展的意義卻是很大的。這幾年的雜亂而且也好像有點浪費的團體活動和小型刊物的出板（「版」，引者注），就好比是尼羅河的大氾濫，跟著（「著」，引者注）來的是大群的有希望的青年作家，他們在那狂猛的文學大活動的洪水中已經練得一付好身手，他們的出現使得新文學史上第一個『十年』的後半期頓然有聲有色！」〔註252〕這些校園文學社團

〔註250〕朱自清：《導言》，趙家璧主編：《中國新文學大系·詩集》，朱自清編選，上海：上海良友圖書印刷公司1935年版，第4頁。

〔註251〕茅盾：《導言》，趙家璧主編：《中國新文學大系·小說一集》，茅盾編選，上海：上海良友圖書印刷公司1935年版，第4～6頁。

〔註252〕茅盾：《導言》，趙家璧主編：《中國新文學大系·小說一集》，茅盾編選，上海：上海良友圖書印刷公司1935年版，第8頁。

最大的魅力不僅是爲我們留下了那一時代的文化氛圍，而且作爲新文學場域的建構者，這一場域在之後的中國文壇依然發揮著作用：從 1921 年初浙江上虞白馬湖畔的春暉中學，到 1925 年 2 月成立的上海江灣立達學園，以及 1926 年 8 月章錫琛、章錫珊兄弟開辦的開明書店，先後以經亨頤、夏丏尊、匡互生、葉聖陶、章錫琛等爲核心形成了一個精神追求一致、結構較爲鬆散的文化團體，包括俞平伯、劉大白、朱自清、豐子愷、李叔同、朱光潛、劉延陵、胡愈之、王伯祥、周予同、徐調孚、劉薰宇、劉叔琴、方光燾、鄭振鐸、徐蔚南、王任叔、王世穎、張孟聞、錢君匋、陳望道、陶元慶等一批新文學作家或編輯家，創辦或參與編輯了諸如《春暉》、《我們》、《詩》、《文學周報》、《小說月報》、《一般》、《新女性》、《開明》、《中學生》、《中學生文藝》、《新少年》、《國文月刊》以及「文學周報叢書」、「開明國語讀本」、「音樂歌譜」（錢君匋編）、「開明英文讀本」（林語堂編）、「開明活頁文選」等等，他們自覺立足於民間，通過課堂、著述、編撰、出版等途徑來從事新文化活動，爲中國新文學教育、出版以及傳播事業做出了不可磨滅的貢獻。

第三節　章門弟子與新文學教育的確立

在近代中國思想文化史上，談到「新教育」與「新文學」時，多將五四新文化運動作爲它們結伴而行的成功個案〔註253〕，而身爲局內人的蔡元培述及北大的整頓與革新時說：「北大的整頓，自文科起。舊教員中如沈尹默、沈兼士、錢玄同諸君，本已啓革新的端緒；自陳獨秀君來任學長，胡適之、劉半農、周豫才、周豈明諸君來任教員，而文學革命、思想自由的風氣，遂大流行。」〔註254〕民初北京大學「啓革新的端緒」者，多爲章門弟子〔註255〕，沈尹默、沈兼士、朱希祖、錢玄同、馬裕藻、黃侃等因地緣、學緣因素相互

〔註253〕陳平原：《新教育與新文學──從京師大學堂到北京大學》，陳平原：《中國大學十講》，上海：復旦大學出版社 2002 年版，第 102 頁。

〔註254〕蔡元培：《我在教育界的經驗》（1937 年 12 月），中國蔡元培研究會編：《蔡元培全集》（第 8 卷），杭州：浙江教育出版社 1997 年版，第 510～511 頁。

〔註255〕盧毅根據有關「章門弟子錄」記載，將考察對象局限於東京《民報》社聽講的諸位弟子，即黃侃、汪東、錢玄同、朱希祖、沈兼士、馬裕藻、許壽裳、周樹人、周作人、吳承仕等十人，盧毅：《章門弟子與近代文化》，桂林：廣西師範大學出版社 2009 年版，第 5～18 頁。本文在此說的基礎上，在考察章門弟子與新文學教育的關係時，更多地從地緣、業緣關係上注重「章門弟子」在特定語境下對某一事件的不同反映。

援引，陸續湧入北大，均早於 1916 年底出任北大校長的蔡元培。「弟子成就者，蘄黃侃季剛、歸安錢夏季中、海鹽朱希祖逿先。季剛、季中皆明小學，季剛尤善音韻文辭。逿先博覽，能知條理。其他修士甚眾，不備書也。恨歲月短淺，他學未盡宣耳。」〔註256〕章氏舊學功夫爲黃侃、朱希祖、吳承仕、汪東、沈兼士等弟子所承傳，而新文學中與章氏精神淵源最爲契合的則首推周氏兄弟，此外還有出入新舊學問之間的錢玄同。緣此，由章門弟子帶來的章氏思想開始對全國學界持續產生較爲深遠的影響〔註257〕。從某種程度上說，章太炎也與五四新文化運動以及北京大學的教育革新有著密切的關係。

討論章門弟子與新文學教育這一話題，自然離不開他們在東京《民報》時期的章太炎先生。「這事是由龔未生發起的，太炎當時在東京一面主持同盟會的機關報《民報》，一面辦國學講習會，借神田地方的大成中學講堂定期講學，在留學界很有影響。魯迅與許季茀和龔未生談起，想聽章先生講書，怕大班太雜沓，未生去對太炎說了，請他可否於星期日午前在民報社另開一班，他便答應了。」〔註258〕講課的內容，主要包括《說文解字》、《莊子》、《楚辭》、《爾雅義疏》〔註259〕。作爲晚清以降無可爭議的「古文經學大家」，一般很難將其與新文學教育扯上邊，然而，「就在白話文運動如火如荼的 1921 年，上海泰東書局竟推出了一冊談笑風生、甚至不無插科打諢的《章太炎的白話文》」，「這麼一來，古文學的『押陣大將』，一轉而成爲新文學的『開路先驅』」〔註260〕。這小薄冊子收錄的文章可追溯到 1910 年

〔註256〕章太炎：《自定年譜》，湯志鈞編著：《章太炎年譜長編》（全兩冊），北京：中華書局 1979 年版，第 317 頁。

〔註257〕一般論者將章門弟子在北大取代桐城派的勢力作爲近代中國學術轉向的開始。從 1914 年開始，章門弟子一直佔據北大文科的要津，直到 1930 年代初被蔣夢麟、胡適等留美派取代爲止。關於這兩派學者在教育界、學術界的角力已經超出本文論題的範圍，暫且不論。不過從長時段來看，近代中國人文派別論爭往往最終牽涉到學術風氣的轉換，這一點不容忽視。

〔註258〕周作人：《民報社聽講》，周作人：《知堂回想錄》，香港：三育圖書文具公司 1980 年版，第 215～216 頁。

〔註259〕有關講課內容，這裡依錢玄同和朱希祖日記爲準，至於周作人在《知堂回想錄》（香港：三育圖書文具公司 1980 年版，第 216 頁。）中僅僅提到《說文》、《莊子》，「《說文解字》講完以後，似乎還講過《莊子》，不過這不大記得了。大概我只聽講《說文》，以後就沒有去吧」，聽課弟子爲錢玄同、朱希祖、龔寶銓、許壽裳、魯迅、周作人、朱宗萊、錢家治等 8 人。

〔註260〕陳平原：《導讀：學問該如何表述——關於〈章太炎的白話文〉》，章太炎：《章太炎的白話文》，陳平原編，貴陽：貴州教育出版社 2001 年版，第 1 頁。

東京出版的《教育今語雜誌》上的若干篇文章，研究者多將其與同時期章氏所撰的《國故論衡》相比照，進而探究章太炎的學術思想〔註261〕。殊不知，「作爲章氏第一種講學記錄，《章太炎的白話文》與日後由吳承仕記錄整理的《菿漢微言》、曹聚仁記錄整理的《國學概論》、王乘六、諸祖耿等記錄整理的《國學講演錄》，共同構成『學問家兼教育家』章太炎的有機組成部分」〔註262〕。作爲學問家的章太炎早已進入研究者的視野，而對於教育家的章太炎研究則缺乏系統深入的研究，章門弟子與新文學教育之間的關係也缺乏較爲細緻的勾勒〔註263〕。

　　作爲「西學東漸」影響之下產生的現代教育體制，「從『壬子——癸丑學制』到『壬戌學制』，正是現代民主國家將高等教育和中等教育納入整體性的『現代性』規劃，逐步實現『體制化』的過程。……『新文學』的醞釀、發生和發展也是在這個過程中完成的，並且借助兩次學制改革的制度性力量確

〔註261〕關於《教育今語雜誌》上文章引發的「公案」，詳見劉思源：《章太炎的白話文》，《魯迅研究月刊》2001 年第 2 期；陳平原：《關於〈章太炎的白話文〉》，《魯迅研究月刊》2001 年第 6 期；劉貴福：《黎錦熙〈錢玄同先生傳〉獻疑三則》，《魯迅研究月刊》2004 年第 1 期。

〔註262〕陳平原：《關於〈章太炎的白話文〉》，《魯迅研究月刊》2001 年第 6 期，第 51～52 頁。其實，1922 年 4 月至 6 月，章太炎應江蘇教育會邀請，在上海講學，曹聚仁整理講演記錄，於 1922 年 11 月 1 日由泰東圖書局以《國學概論》爲題出版；另還有張冥飛筆述的《章太炎先生國學講演集》，1924 年由上海平民印書局再版。二書也均爲白話文體。

〔註263〕有代表性的論著有：李澤厚：《中國近代思想史論》，北京：人民出版社 1979年版；湯志鈞編著：《章太炎年譜長編》（全兩冊），北京：中華書局 1979 年版；姜義華：《章太炎思想研究》，上海：上海人民出版社 1985 年版；王汎森：《章太炎的思想：兼論其對儒學傳統的衝擊》，臺北：時報文化出版企業有限公司1985 年版；唐文權、羅福惠：《章太炎思想研究》，武漢：華中師範大學出版社 1986 年版；錢穆：《中國近三百年學術史》，北京：中華書局 1986 年版；章念弛編：《章太炎生平與思想研究文選》，杭州：浙江人民出版社 1986 年版；章念弛編：《章太炎生平與學術》，北京：三聯書店 1988 年版；〔日〕近藤邦康：《救亡與傳統：五四思想形成之內在邏輯》，丁曉強等譯，太原：山西人民出版社 1988 年版；侯外廬：《中國近代啓蒙思想史》，黃宣民校訂，北京：人民出版社 1993 年版；陳平原：《中國現代學術之建立：以章太炎、胡適之爲中心》，北京：北京大學出版社 1998 年版；張昭軍：《儒學近代之境：章太炎儒學思想研究》，北京：社會科學文獻出版社 2002 年版；陳方競：《多重對話：中國新文學的發生》，北京：人民文學出版社 2003 年版；王玉華：《多元視野與傳統的合理化：章太炎思想的闡釋》，北京：中國社會科學出版社 2004 年版；盧毅：《章門弟子與近代文化》，桂林：廣西師範大學出版社 2009 年版。

立了自己的主導地位。」〔註264〕章門弟子恰巧在這一進程中登上了歷史舞臺，並從事作爲一種知識生產的「文學教育」，「大學裏的課堂講授，與社會上的文學潮流，並非互不相干：對文學史的敘述與建構，往往直接介入當下的文學創造」〔註265〕，因此，章門弟子與新文學教育關係相當密切，某種程度上他們卓越的成就影響了這一時段的文學走向，因此他們也被視爲近代中國知識界轉型的風向標，堪稱近代中國思想文化史上一道奇異的景觀。本文擬在思想史、學術史、文化史以及文學史的背景下，通過章門弟子與新文學教育這一話題，對晚清以降新文學教育得以確立的進程作一番知識考古上的「清理」，在對章氏教育思想的發散與傳播進行追蹤的同時，力爭對五四新文學發生的歷史文化背景進行再審視，就學院文化與民間文化的互動等相關問題提出一些自己的看法。

一、學在民間〔註266〕

甲午戰敗，晚清國勢更加式微，朝野上下紛紛謀求救亡圖存的良方，一時間改革教育的呼聲成爲引導社會革新進程的「劇情主線」，科舉與學校之爭也成爲了熱門話題。1896 年，刑部左侍郎李端棻奏請廣開學校折，並對新式學堂「重虛文」「輕實學」的毛病進行了檢討：

> 夫二十年來，都中設同文館，各省立實學館，廣方言館，水師武備學堂，自強學堂，皆合中外學術相與講習，所在而有。而臣顧謂教之之道未盡，何也？諸館皆徒習西語西文，而於治國之道，富強之原，一切要書，多未肆及，其未盡一也。格致製造諸學，非終身執業，聚眾講求，不能致精。今除湖北學堂外，其餘諸館，學業不分齋院，生徒不重專門，其未盡二也。……〔註267〕

〔註264〕羅崗：《「校園內外」和「課堂上下」——論中國現代文學與現代教育的內在關聯》，《當代作家評論》2002 年第 4 期，第 136 頁。

〔註265〕陳平原：《新教育與新文學——從京師大學堂到北京大學》，見陳平原：《中國大學十講》，上海：復旦大學出版社 2002 年版，第 102 頁。

〔註266〕陳平原在討論章太炎的學術思想時，曾著意從「勸學」與「學隱」，「學在民間」之自信，書院講學的魅力，救學弊與扶微業等四方面對「官學與私學」這一問題進行了論述，對筆者啓發頗多，特此指出。見陳平原：《中國現代學術之建立：以章太炎、胡適之爲中心》，北京：北京大學出版社 1998 年版，第 70～109 頁。

〔註267〕李端棻：《請推廣學校折（1896）》，舒新城編：《中國近代教育史資料》（上冊），北京：人民教育出版社 1961 年版，第 141～142 頁。

無獨有偶，同年 6 月，山西巡撫胡聘之則談到近日書院的弊端時認爲要大量裁汰「或空談講學，或溺志詞章，既皆無裨實用」的書院，加強「算學天文地輿農務兵事」等西學課程〔註 268〕。不論是反思新式學堂的過失，還是建議對已有傳統書院進行改造，歸根結底都是爲了「師夷長技以制夷」，培養能夠力挽狂瀾的「有用人才」以便復興中國。而對於「興學校」與「廢科舉」何爲「第一要義」，不同身份及政治傾向的人，在側重點上也不一樣，康有爲對此時期的紛爭有個精彩的比喻常被研究者引用：廢科舉是「吐下而去其宿?」，興學校是「補養以培其中氣」〔註 269〕。此時剛走出詁經精舍的章太炎也以「廢科舉」、「興學校」爲「昌吾學」、「強吾類」的良方，在論政上積極呼應康梁的主張：1897 年3 月 3 日發表的《論學會有大益於黃人亟宜保護》以「革政挽革命」爲「今之亟務」，針對既有的「人終以科舉爲清望，而以他途爲卑污庫下，則仍驅高材捷足以從學究矣」情狀，主張「政府不能任，而士民任之，於是奔走展轉，搜徒索偶，以立學會」〔註 270〕。是年 8 月 2 日，章太炎在《變法箴言》中說：「然則學堂未建，不可以設議院；議院未設，不可以立民主。事勢之決塞，必有先後，皆出於幾。」〔註 271〕顯然贊成「興學校」爲變法之根本。

隨著戊戌六君子喋血，康梁出逃，一時風起雲湧的維新變法戛然而止，固守祖訓祖規的「後黨」再次手握政柄，章太炎也因此「攜家南渡，避地臺灣」〔註 272〕。而在 1898 年春天，章太炎曾赴武昌謁見張之洞，幫助辦理《正學報》，現實的鬥爭使章太炎認清了「新政」的眞面目。1924 年章太炎在《救學弊論》中對此時期張之洞興辦學校、辦理洋務很不贊成，尤其對其興學痛下譏評：

> 學子既以紛革變其血氣，又求報償，如商人之責子母者，則趣

〔註 268〕胡聘之等：《請變通書院章程折（1896）》，舒新城編：《中國近代教育史資料》（上冊），北京：人民教育出版社 1961 年版，第 69 頁。

〔註 269〕康有爲：《請開學校折（1896 年 6～7 月）》，湯志鈞編：《康有爲政論集》（全兩冊），北京：中華書局 1981 年版，第 305 頁。

〔註 270〕章太炎：《論學會有大益於黃人亟宜保護》，《時務報》第 19 冊，1897 年 3 月 3 日，湯志鈞編：《章太炎政論選集》（全兩冊），北京：中華書局 1977 年版，第 12 頁。

〔註 271〕章太炎：《變法箴言》，《經世報》第 1 冊，列爲「本館論說」一，1897 年 8 月 2 日，湯志鈞編：《章太炎政論選集》（全兩冊），北京：中華書局 1977 年版，第 22 頁。

〔註 272〕章太炎：《太炎先生自定年譜》，見湯志鈞編著：《章太炎年譜長編》（全兩冊），北京：中華書局 1979 年版，第 73 頁。

於營利轉甚。其後學者益崇遠西之學，其師或自遠西歸，稱其宮室
與馬衣食之美，以導誘學子。學子慕之，惟恐不得當，則益與之俱
化。以是爲學，雖學術有造，欲其歸處田野，則不能一日安已。自
是惰遊之士遍於都邑，唯祿利是務，惡衣惡食是恥，微特遺大投艱
有所不可，即其稠處恒人之間，與齊民已截然成階級矣。〔註273〕

章氏看似責備都邑生活、學校教育對學生的毒害，實際強調的是學生要注重
自我的道德修養。如前所述，即使在最初同康梁派步調一致時，在對待政府
與學會關係的認識上，雙方也存在著距離：梁啓超把學會看成是學校的「補
充」，「學校振之於上，學會成之於下」〔註274〕，而章太炎認爲「政府不能任，
而士民任之，於是奔走展轉，搜徒索偶，以立學會」，這與一致崇尚走上層路
線自上而下推行改良方案的康梁派迥然有別，也昭示著之後與康梁派分道揚
鑣的必然性。

章太炎立學會的本意是對政府的行爲表示懷疑：

中國四百兆人，識字者五分之一，賴地大物博，戶口殷振，以
分率計之，猶得八十兆，未甚少也。其知文義者，上逮舉貢，下至
學官弟子，無慮六十萬人，誦習史傳，通達古今者，百人而一；審
諦時務，深識形便者，千人而一；以此提倡後進，郡不過數人，則
甚少矣。然使舉措不違，此六百人者，雲合霧集，智略輻湊，以振
起輟學之士，猶可爲也。而朝廷所以宣教化於下民者，惟郡縣之學
官，雖優崇其禮，不使屈膝。至於官秩事權，則統隸於郡守，考成
於縣令，縱有材行，無所措施。〔註275〕

儘管章太炎對「學在民間」潛力抱有信心：「中國種種學術，操之官府則益衰，
傳自草野則益盛」〔註276〕，但由於政府辦學不力，引起了章太炎的諸多感慨：

〔註273〕 章太炎：《救學弊論》，《華國月刊》第 1 卷第 12 期，1924 年 8 月 15 日；本
　　　　社編：《章太炎全集》（第 5 卷），上海：上海人民出版社 1985 年版，第 100
　　　　頁。

〔註274〕 （清）梁啓超：《變法通議·論學會》，（清）梁啓超：《梁啓超全集》，北京：
　　　　北京出版社 1999 年版，第 27 頁。

〔註275〕 章太炎：《論學會有大益於黃人亟宜保護》，《時務報》（第 19 冊），1897 年 3
　　　　月 3 日，湯志鈞編：《章太炎政論選集》（全兩冊），北京：中華書局 1977 年
　　　　版，第 10～11 頁。

〔註276〕 章太炎：《與梁啓超》，馬勇編：《章太炎書信集》，石家莊：河北人民出版社
　　　　2003 年版，第 104 頁。

「嗚呼！昔之愚民者，鉗語燒書，坑殺學士，欲學法令，以吏爲師，雖愚其黔首，猶欲智其博士；今且盡博士而愚之，使九能之士，懷寶而不獲用，幾何其不爲秦人笑也？」〔註277〕章太炎對教育出路的基本思考已初露端倪。

　　如前所述，庚子事變後，晚清「積貧積弱」的民族危機更爲深重，面對東西方各國列強的「爭強鬥勝」，清政府又開始實施新政，廢除科舉而興辦學校已變成大勢所趨。之後的幾年以逐漸減少科舉名額，補充新式學堂學生以同等資格等方式作爲過渡，直到 1905 年袁世凱等奏請「力停科舉以廣學校」，在中國實行了 1300 多年的科舉制度被完全廢止〔註278〕。其實，清末新政採取的過渡策略來自於康梁派的建議，梁啓超在其興學校養人才的「上策」中云：

> 　　遠法三代，近採泰西，合科舉於學校，自京師以訖州縣，以次立大學、小學，聚天下之才，教而後用之，入小學者比諸生，入大學者比舉人，大學學成比進士，選其尤（「優」，引者注）異者，出洋學習比庶吉士，其餘歸內外、戶刑工商各部，任用比部曹，庶吉士出洋三年，學成而歸者，授職比編檢，學生業有定課，考有定格，在學四年而大試之，以教習爲試官，不限額，不糊名。〔註279〕

儘管「這一制度的實行，對中國教育體制順利地從科舉向學校過渡起了很大作用」〔註280〕，但正如上文已提到的那樣，章太炎 1924 年在《救學弊論》對以「宮室興馬衣食之美，以導誘學子」的弊端給予了批評。其實，1906 年章太炎在《與王鶴鳴書》中就直接抨擊了以京師大學堂爲代表的「官學」的弊端：

> 　　科舉廢，學校興，學術當日進，此時俗所數稱道者。遠觀商、周，外觀歐、美，則是直不喻今世中國之情耳。中國學術，自下倡之則益善，自上建之則日衰。凡朝廷所闓置，足以干祿，學之則皮

〔註277〕章太炎：《論學會有大益於黃人亟宜保護》，《時務報》（第 19 冊），1897 年 3 月 3 日，湯志鈞編：《章太炎政論選集》（全兩冊），北京：中華書局 1977 年版，第 11 頁。

〔註278〕舒新城編：《中國近代教育史資料》（上冊），北京：人民教育出版社 1961 年版，第 47～66 頁。

〔註279〕（清）梁啓超：《變法通議·論科舉》，（清）梁啓超：《梁啓超全集》，北京：北京出版社 1999 年版，第 25 頁。

〔註280〕陳平原：《中國現代學術之建立：以章太炎、胡適之爲中心》，北京：北京大學出版社 1998 年版，第 78 頁。

傳而止。不研精窮根本者，人之情也。……今學校爲朝廷所設，利

祿之途，使人苟偷，何學術之可望？〔註281〕

這也是被研究者一再引用並被視爲章太炎第一篇公開批評新式學堂的文章，有時因爲章氏理論角度的關係，也很容易被引申爲緣於「革命排滿」的需要。比如侯外廬在評價上述觀點則以「太炎是一個極端的民族主義者，最反對滿清統治的人，他最怕言致用有利於滿清，所以他對於清代的人物評價第一義，首先是基於反滿一點」〔註282〕作爲辯護詞。其實，章太炎關注的中心點在於「科舉未廢，倡學校可以救偏除弊；科舉已廢，則必須正視此救偏之『偏』、除弊之『弊』」〔註283〕。章太炎對新式教育「干祿以求學」的風氣深惡痛絕，這樣我們就很容易理解章太炎一以貫之的「學在民間」的主張了。

如此看重「學在民間」，緣於章太炎認同私學傳統促進學術發展的積極作用，當然這還也與其自身學術實踐的深刻體會有關。按照章太炎的思路推演開去，客觀來看，官學有利於普及教育，而私學則有利於發展學術。倘若把「重在民間」這一理念僅僅局限於官學與私學的二元對立，多少有些埋沒了章太炎這一理念自身的光輝。《與王鶴鳴書》中章太炎潛在的對話者是「科舉廢，學校興，學術當日進」這一時俗之見，具有一定的論爭意味。到了 1910年 3 月 10 日，在東京與錢玄同、陶成章一起創辦《教育今語雜誌》時，太炎先生對此的闡釋更爲系統深刻。在首載《刊行教育今語雜誌之緣起》，其稱：

環球諸邦，興滅無常，其能屹立數千載而永存者，必有特異之學

術，足以發揚其種性，擁護其民德者在焉。中夏立國，自風、姜以來，

沿及周世，教育大興，庠序遍國中，禮教昌明，文藝發達，蓋臻極

軌。……十稔以還，外禍日急，八比告替。兼歐學東漸，濟濟多士，

悉捨國故而新是趨，一時風尚所及，至欲斥棄國文，芟夷國史，恨軒

轅、厲山爲黃人，令己不得變於夷。語有之：「國將亡，本必先顚。」

其諸今日之謂歟？同人有憂之，爰設一報，顏曰《教育今語雜誌》。

明正道，辟邪辭，凡諸撰述，悉演以語言，斯農夫野人，皆可曉解。

〔註281〕章太炎：《與王鶴鳴書》，本社編：《章太炎全集》（第 4 卷），上海：上海人民出版社 1985 年版，第 152～153 頁。

〔註282〕侯外廬：《近代中國思想學說史》（下冊），上海：生活書店 1947 年版，第 848頁。

〔註283〕陳平原：《中國現代學術之建立：以章太炎、胡適之爲中心》，北京：北京大學出版社 1998 年版，第 76 頁。

所陳諸義，均由淺入深。蓋登高必自卑，登堂乃入室，躐等之敝，所不敢蹈。眞愛祖國而願學者，蓋有樂乎此也。〔註284〕

《緣起》論及自古以來重視教育的傳統，學術在民族自立過程中有著積極作用，因此「本雜誌以保存國故，振興學藝，提倡平民普及教育爲宗旨」。全用白話文來普及國學常識，宣傳民族革命思想。其動機還是強調「學在民間」的立場。對那種「學校不論在公在私，都受學部管轄，硬要依著學部的章程，在外又還要受提學使的監督」，學部和提學使都是「八股先生」和「斗方名士」，「況且現在教習，對著提學使，隱隱約約有上司下屬的名分」，後面還舉四川經學大師廖季平的遭遇爲例，最後對師範學生提出了自己的設想：「一面不妨充當教習，一面可以設個學會。學會不收學部的管轄，也不受提學使的監督，可以把最高的智識，灌輸進去。後來有高深智識的愈多，又可以再灌輸到學校去」〔註285〕。章太炎以「學會」爲中介來改善「學校」，並用一個精彩的譬喻來說明前者發展學術的動力：

> 不過看中國幾千年的歷史，在官所教的，總是不好。民間自己所教的，又向旁邊去看歐洲各國，雖然立了學校，高深的智識，總在學校以外，漸漸灌輸進去。學校也就帶幾分學會的性質，方得有好結果。大概學校彷彿是個陂塘，水總不免要乾，必得外邊有長江大河，展轉灌輸，陂塘才可以永久不涸。〔註286〕

至此章太炎提出了辦學會作爲「振興學藝」的理想出路。民國初建，對於類似「學會」功能的「教育會」，章太炎主張「惟學校必當獨立，其旁設教育會，專議學務，非與財政相關者，並不令議員容喙，庶幾政學分滌，不以橫捨爲獻脈之地。」〔註287〕甚至1913年被軟禁於北京時期，章太炎在《致袁世凱書》中談到「考文苑」時依然堅持：「苟圖其大，得屈此身以就晦冥之地，則私心所祈向者，獨考文苑一事，經緯國常，著書傳世，其職在民而不在官，猶古

〔註284〕湯志鈞編著：《章太炎年譜長編》（全兩冊），北京：中華書局1979年版，第321～322頁。

〔註285〕章太炎：《留學的目的和方法》，章太炎，陳平原編：《章太炎的白話文》，貴陽：貴州教育出版社2001年版，第60～61頁。

〔註286〕章太炎：《留學的目的和方法》，章太炎，陳平原編：《章太炎的白話文》，貴陽：貴州教育出版社2001年版，第61頁。

〔註287〕《本社社長覆張季直先生書》，《大共和日報》1912年1月6日，湯志鈞編：《章太炎政論選集》（全兩冊），北京：中華書局1977年版，第540頁。

九兩師儒之業。邇者方言國音、字典文例、文學史、哲學史等，皆未編成，
而教育部群吏，又盲聾未有知識，國華日消，民不知本，實願有以拯濟之。」
〔註288〕1916年8月5日，在江蘇省教育局附屬小學教員暑期補習學校的演講
中說：「學問須有自己意思，專法古人，專法外人，而自己無獨立之精神，大
為不可」，「若全恃他人之教授，則其智慧為偽智慧，道德為偽道德」〔註289〕，
實際上這反映出章太炎對學術自主獨立精神的追求。「學校者，使人知識精
明，道行堅厲，不當隸政府，惟小學校與海陸軍學校屬之，其他學校皆獨立，
長官與總統敵體，所以使民智發越，毋枉執事也。」〔註290〕聯繫其一生的經
歷，陳平原高度讚揚了章太炎一生堅持私人講學的明確學術追求，「在學術精
神上是力主自由探索『互標新義』，反對朝廷的定於一尊與學子的曲學干祿；
而在具體操作層面，則是借書院、學會等民間教育機制，來傳國故繼絕學，
進而弘揚中國文化」〔註291〕。其實，清末民初新知識界人士如嚴復、王國維、
蔡元培等均提倡政學分立、教育獨立的主張，而章太炎對民間社會能夠為學
者提供較多自由思考和獨立探索空間的看法，影響了章門弟子，他們在置身
官學之際不忘對「民間身份」的追求與獲取。

　　對章太炎這一思想深有體驗並做出了實踐回應的首推魯迅，當然這也與
魯迅的個性和當時的處境有關。「沉默」十年中，魯迅專注於古代鄉邦尤其是
浙東文獻的整理，古代小說史料的鉤沉，漢代石刻碑像的收集與《嵇康集》
的校注〔註292〕，寧可呆在組織鬆散的教育部，也不願意完全進入道德化和學
術化的北大。「S會館」游離於大學體制之外，是以民間社會的思想者身份而
存在的，既是對章太炎學術思想的承續，也與浙東學術及江南知識階層的學

〔註288〕湯志鈞編：《章太炎政論選集》（全兩冊），北京：中華書局1977年版，第686
　　　　頁。
〔註289〕《章太炎說教育》，《時報》1916年8月6日，湯志鈞編著：《章太炎年譜長
　　　　編》（全兩冊），北京：中華書局1979年版，第537頁。
〔註290〕章太炎：《代議然否論》，本社編：《章太炎全集》（第4卷），上海：上海人民
　　　　出版社1985年版，第306頁。
〔註291〕陳平原：《中國現代學術之建立：以章太炎、胡適之為中心》，北京：北京大
　　　　學出版社1998年版，第109頁。
〔註292〕魯迅從1913年開始，直到去世前後長達20年間，先後校勘《嵇康集》達10
　　　　多遍，並撰有《〈嵇康集〉逸聞考》、《〈嵇康集〉著錄考》、《〈嵇康集〉序·跋》、
　　　　《〈嵇康集〉考》等文章。可以說，魯迅對於嵇康的專注和追慕乃至在鍾情於
　　　　魏晉這一點上，固然與其自身精神個性生成特性分不開，但章太炎的影響不
　　　　容忽視。

術化取向有深刻的聯繫〔註293〕，留待後文再論。民初以來，以京師大學堂為代表的教育領域的改革舉措，不僅彰顯了章太炎的「學在民間」、「學校獨立」的思路，還顯示了教育領導權開始由官僚階層轉向新知識界人士的趨勢〔註294〕。1912 年 10 月，北京大學校長嚴復因學校經費問題，與教育部數度衝突後憤然宣佈辭職，原工科學長何燏時接任後，就開始同預科學長胡仁源（於1914 年底繼任北大校長）一起大舉引進章門弟子。1916 年底蔡元培出任北大校長以後，章門弟子在北大的勢力和地位更得到了鞏固和擴張〔註295〕。

　　錢基博對此極為感慨：「在前清光、宣之際，北京大學之文科，以桐城家馬其昶、姚永概諸人為重鎮。民國新造，浙江派代之以興，章炳麟之徒乃有多人，登文科講席，至是桐城派乃有式微之歎。」〔註296〕沈尹默在回憶中也談到這一點，「太炎先生門下大批湧進北大以後，對嚴復手下的舊人則採取一致立場，認為那些老朽應當讓位，大學堂的陣地應當由我們來佔領。我當時也是如此想的」，「我雖然不是太炎弟子，但和他們是站在一起的」〔註297〕。面對這種新舊思想鬥爭，魯迅以他身處的特殊位置以及章門弟子必須享有的集體認同感，靜靜地觀察著北大，直至被出入 S 會館的錢玄同說服加入《新青年》為止——這也是現代文壇一段廣為人知的佳話。

　　在民初歸國以後，周作人先是做了半年浙江省教育司視學，後受聘浙江省第五高級中學英文教員，直到 1917 年 4 月去北京為止，在整理浙東文化典籍的同時，開始關注教育問題〔註298〕尤其是兒童教育問題，此外還和魯迅一

〔註293〕陳方競：《對五四新文化、新文學運動發生根基的再認識（下）》，《海南師範學院學報（社會科學版）》，2003 年第 6 期，第 72 頁。

〔註294〕陳萬雄說：「北京大學的主持者由原來的官僚階層轉移到一批開明學者身上，這是從傳統官學走向民間的重要轉變」。見陳萬雄：《五四新文化的源流》，北京：三聯書店 1997 年版，第 25 頁。

〔註295〕這方面的研究成果很豐富，概況起來主要緣於 20 世紀初的文化界對於地緣、業緣、學緣因素的重視等，即同鄉之誼、留日背景、故交舊識等因素的共同作用使得他們很容易產生一種集體認同感。詳見盧毅：《章門弟子與近代文化》，桂林：廣西師範大學出版社 2009 年版，第 76 頁。

〔註296〕錢基博：《現代中國文學史》，上海：上海書店 2004 年版，第 400 頁。

〔註297〕沈尹默：《我和北大》，陳平原，夏曉虹編：《北大舊事》，北京：三聯書店 1998年版，第 166～167 頁。

〔註298〕周作人早期教育思想集中在兒童教育觀，性教育觀，環境教育觀等方面：啟明（周作人）：《個性之教育》，《天覺報》第 6 號，1912 年 11 月 6 日；啟明（周作人）：《論社會教育宜先申禁制》，《天覺報》第 14 號，1912 年 11 月 14日；啟明（周作人）：《家庭教育一論》，《天覺報》第 46 號，1912 年 12 月 16

起翻譯古希臘、俄國和東歐文學。1914 年 1 月 20 日在《紹興縣教育會月刊》第 4 號上發表署名「周作人」的《徵求紹興兒歌童話啓》：

> 作人今欲採集兒歌童話，錄爲一編，以存越國土風之特色，爲
> 民俗研究兒童教育之資材。即大人讀之，如聞天籟，起懷舊之思，
> 兒時釣遊故地，風雨異時，朋儕之嬉戲，母姊之話言，猶景象宛在，
> 顏色可親，亦一樂也。第茲事體繁重，非一人才力所能及，尚希當
> 世方聞之士，舉其所知，曲賜教益，得以有成，實爲大興。〔註 299〕

周作人隨後還列舉了 8 條原則，規定兒歌童話收集者應該注意的事項，特別強調「錄記兒歌，須照本來口氣記述。俗語難解處，以文言注釋之。有音無字者，可以音切代之，下仍加注。童話可以文言敍說，但務求與原本切近，其中語句有韻律如歌詞者，仍須逐字照錄，如《蛇郎》之『寧可吞爹吃，不

日：周作人：《童話研究》，《教育部編纂處月刊》第 1 卷第 7 期，1913 年 8
月刊；《遺傳與教育》（《紹興縣教育會月刊》第 1 號，1913 年 10 月 15 日）、
《民種改良之教育》（《紹興縣教育會月刊》第 1 號，1913 年 10 月 15 日，署
名啓明譯）、《書籍紹介：〈新學制實行法〉等》（《紹興縣教育會月刊》第 1
號，1913 年 10 月 15 日，署名啓明）、《童話略論》（《紹興縣教育會月刊》第
2 號，1913 年 11 月 15 日，署名周作人）、《遊戲與教育》（《紹興縣教育會月
刊》第 2 號，1913 年 11 月 15 日，署名啓明譯）、《兒童研究導言》（《紹興縣
教育會月刊》第 3 號，1913 年 12 月 15 日，署名持光）、《書籍紹介：〈幼稚
唱歌〉〈幼稚遊戲〉》（《紹興縣教育會月刊》第 3 號，1913 年 12 月 15 日，署
名作人）、《兒歌之研究》（《紹興縣教育會月刊》第 4 號，1914 年 1 月 20 日，
署名作人）、《玩具研究一》、《玩具研究二》（以上錄入《紹興縣教育會月刊》
第 5 號，1914 年 2 月 20 日，署名持光）、《小兒爭鬥之研究》（1914 年 2 月
20 日起連載於《紹興縣教育會月刊》第 5～8 號，署名啓明譯）、《〈古童話釋
義〉引言》（《紹興縣教育會月刊》第 7 號，1914 年 4 月 20 日，署名啓明）、
下有《吳洞》等古童話釋義 3 篇（《紹興縣教育會月刊》第 7 號，1914 年 4
月 20 日，署名啓明）、《外緣之影響》（《紹興縣教育會月刊》第 8 號，1914
年 5 月 20 日，署名啓明譯）、《〈童話釋義〉引言》（《紹興縣教育會月刊》第
9 號，1914 年 6 月 20 日，署名啓明）、下有《蛇郎》、《老虎外婆》等童話釋
義文章 6 篇、《書籍紹介：廣學會書》（《紹興縣教育會月刊》第 9 號，1914
年 6 月 20 日）、《學校成績展覽會意見書》（《紹興縣教育會月刊》第 9 號，1914
年 6 月 20 日）、《小學校成績展覽會雜記》（《紹興縣教育會月刊》第 10 號，
1914 年 9 月 20 日，署名啓明）以及《讀書論》（《紹興教育雜誌》第 1 期，
1914 年 11 月 20 日，署名啓明）、《婦學商兌》（《紹興教育雜誌》第 2 期，1914
年 12 月 20 日，署名啓明）以及 1915 年 1 月 20 日從第 3 期開始的「紹興教
育雜誌短評」系列文章等。

〔註 299〕周作人：《徵求紹興兒歌童話啓》，《紹興縣教育會月刊》第 4 號，1914 年 1
月 20 日。

可嫁蛇郎』」〔註300〕，這可以看作是周作人將兒童文學研究與民間文學調查相結合的一種嘗試。等到了《語絲》周刊時期，周作人依然注重對民間文學的收集和整理，對故事的記錄整理也作學術上的要求，「記述故事，請用明白淺顯的語言，如實寫出，勿點染增益以失其實」〔註301〕，一方面延續了早期重視民間文學整理的觀念，另一方面也得益於平民文學觀念的確立。

　　就五四新文學運動而言：「簡單說來，他們的中心理論只有兩個：一個是要建立一種『活的文學』，一個是要建立一種『人的文學』。前一個理論是文學工具的革新，後一個理論是文學內容的革新。中國新文學運動的一切理論都可以包括在這兩個中心思想的裏頭。」〔註302〕而後者「人的文學」的命題則來自於經常出入 S 會館的周作人，「我認為周氏兄弟的思想，是國內數一數二的，所以竭力慫恿他們給《新青年》寫文章，七年一月起，就有豈明的文章。」〔註303〕魯迅研究民俗是為了改造國民性，因為他深刻地認識到「倘不深入到民眾的大層中，於他們的風俗習慣加以研究，解剖，分別好壞，立存廢的標準，而於存與廢，都慎選施行的方法，則無論怎樣改革，都將為習慣的岩石所壓碎，或者只在表面上浮游一些時」〔註304〕。周作人步魯迅後塵從南京到日本留學，期間對西學涉獵廣泛，諸如道德觀念起源發達史、生物學、性心理學、兒童文學、童話學、醫學史、妖術史、民俗學等等〔註305〕，知識體系較為完備，他研究民俗更多的是從中發現了不少知識和人生的樂趣。儘管周氏兄弟表現出同一維度的「兩極」，但在五四時期這種差異性還不太明顯，首先得益於家學尤其是浙江地域文化的滋養，當然也與章太炎「學在民間」的觀念有著深刻的聯繫。

〔註300〕周作人：《徵求紹興兒歌童話啓》，《紹興縣教育會月刊》第 4 號，1914 年 1 月 20 日。
〔註301〕《征集民間故事啓事》，《語絲》第 4 卷第 1 期，1927 年 12 月 17 日。
〔註302〕羅常培：《中國文學的新陳代謝》，羅常培：《中國人與中國文》，上海：開明書店 1945 年版，第 12 頁。
〔註303〕錢玄同：《我對於周豫才君之追憶與略評》，錢玄同：《錢玄同文集》（第 2 卷），北京：中國人民大學出版社 1999 年版，第 307 頁。
〔註304〕魯迅：《習慣與改革》，魯迅：《魯迅全集》（第 4 卷），北京：人民文學出版社 2005 年版，第 229 頁。
〔註305〕錢理群：《周作人傳》，北京：北京十月文藝出版社 1990 年版，第 126～127 頁。

二、眼學與耳學的分歧

　　對中國私學傳統如此推崇，章太炎就不得不先論證中國文化自身的價值。從總體上看，章太炎認為「教育的根本要從自國自心發出來」：

> 本國沒有學說，自己沒有心得，那種國，那種人，教育的方法，只得跟別人走。本國一向有學說，自己本來有心得，教育的路線，自然不同。……中國學說，歷代也有盛衰，大勢還是向前進步，不過有一點兒偏勝。〔註306〕

章太炎對「西學中源說」加以否定：「至於別國所有中國所無的學說，在教育一邊，本來應該取來補助，斷不可學《格致古微》的口吻，說別國的好學說，中國古來都現成有的。」作為一篇演說稿，可以想見章太炎主張中西之別但固守中學的得意神態：「要知道凡事不可棄己所長，也不可攘人之善。棄己所長，攘人之善，都是島國人的陋見，我們泱泱大國，不該學他們小家模樣！」〔註307〕對此，汪榮祖認為「他的思想內容頗具『現代性』，反映了現代西方的衝擊。……在迎接西潮的同時，尋求本國文化的自主，也就是不照單全收西方的現代性，而是要營建中國的現代性」〔註308〕。照汪榮祖的話說，章氏教育思想立足於文化多元論。其實，章氏只是強調中國文化面對西方思潮時應採取的策略——復古以革新，這多少也會得到當時晚清國粹派的贊同的。

　　1906年6月29日，章太炎從上海出獄，被孫中山派人從上海接走，第三次流亡到日本，在同盟會主持的歡迎儀式上，發表了《東京留學生歡迎會演說辭》，要成就這感情，有兩件事是最要的：「第一、是用宗教發起信心，增進國民的道德；第二、是用國粹激動種性，增進愛國的熱腸。」這段眾所周知的引文裏，這種感情便是章所宣傳的團結心或者是革命道德，他把國粹（語言文字、典章制度、人物事蹟）與佛教（華嚴、法相二宗）並舉作為種族革命和民族獨立的基礎，並用「文學復古」來表達對民族文化復興的期望，不乏與西方「文藝復興」的對比：

> 又且文辭的本根，全在文字，唐代以前，文人都通小學，所以

〔註306〕章太炎：《教育的根本要從自國自心發出來》，章太炎著，陳平原編：《章太炎的白話文》，貴陽：貴州教育出版社2001年版，第88頁。

〔註307〕章太炎：《教育的根本要從自國自心發出來》，章太炎著，陳平原編：《章太炎的白話文》，貴陽：貴州教育出版社2001年版，第99頁。

〔註308〕汪榮祖：《章太炎對現代性的迎拒與文化多元思想的表述》，《「中央研究院」近代史研究所集刊》（第41期），2003年9月，第174頁。

文章優美，能動感情。兩宋以後，小學漸衰，一切名詞術語，都是亂攪亂用，也沒有絲毫可以動人之處。究竟甚麼國土的人，必看甚麼國土的文，方覺有趣。像他們希臘、梨俱的詩，不知較我家的屈原、杜工部優劣如何？但由我們看去，自然本種的文辭，方爲優美。

可惜小學日衰，文辭也不成個樣子。若是提倡小學，能夠達到文學復古的時候，這愛國保種的力量，不由你不偉大的。〔註309〕

由此，提倡小學（「國粹」）與愛國保種、進行種族革命之間的內在根基也就不難理解了。從這時開始直至辛亥革命後回國，章太炎用生命激情踐行著自己的學術理想，一面奔走於光復會、同盟會，一面研究學問，此時期撰寫完成了《小學答問》、《新方言》、《文始》等，正所謂「提獎光復，未嘗廢學」〔註310〕。這也是章太炎教育思想最令人感動的地方，將其文化理想與學術追求付諸於教育實踐層面。

具體到新式學堂的教學，「章太炎對學校攻擊最烈的是其教學方式：『專重耳學，遺棄眼學』。『眼學』『耳學』之分，不只是一般讀書方法的區別，而是兩種學制在教學方式上的根本差異。」〔註311〕很明顯，章太炎的這一主張來源於中國私學傳統〔註312〕，概括來講，「眼學」強調治學要盡可能多地佔有「史料」，同時還要結合自身的人生體驗進行思考，不必千人一聲；而「耳學」則要求治學要有邏輯嚴謹的框架體系和言簡意賅的結論，對於「結論」與「史料」之間的齟齬和矛盾，暫可無須顧及〔註313〕。章太炎終其一生堅持私人講學的動力機制即根源於此。

章太炎關於「眼學」「耳學」之分，可以從對新式學堂以教科書代替專業著述的態度來看。在講教歷史的方法時，章太炎對時人熱衷科學式的「歷史教科書」不以爲然，「若是開卷說幾句『歷史的統系，歷史的性質，歷史的範

〔註309〕《民報》第 6 號，1906 年 7 月 25 日，湯志鈞編：《章太炎政論選集》（全兩冊），北京：中華書局 1977 年版，第 277 頁。

〔註310〕《太炎先生自定年譜》，湯志鈞編著：《章太炎年譜長編》（全兩冊），北京：中華書局 1979 年版，第 317 頁。

〔註311〕陳平原：《章太炎與中國私學傳統》，王曉明主編：《批評空間的開創：二十世紀中國文學研究》，上海：東方出版中心 1998 年版，第 41 頁。

〔註312〕關於中國傳統書院教育的特徵，詳見陳平原：《中國現代學術之建立：以章太炎、胡適之爲中心》，北京：北京大學出版社 1998 年版，第 95～96 頁。

〔註313〕陳方競：《多重對話：中國新文學的發生》，北京：人民文學出版社 2003 年版，第 146 頁。

圍』，就叫做科學，那種油腔滑調，彷彿塡冊一樣，又誰人不會說呢」，並以一種嚴肅的口吻講：

> 歷史本來是繁雜的，不容易整理，況且體裁又多，自然難得分析。……至於學堂教科所用，只要簡約，但不能說教科書適宜的，就是科學，這個也容易瞭解。若說合科學的歷史，只在簡約，那麼合了科學，倒不得不「削趾適履」，卻不如不合科學的好。〔註314〕

最後又說「教育的事情，不能比講學的事；教科的書，不能比著作的書」，若把「講學」與「著作（書）」、「教育」與「教科（書）」兩兩互相勾連比對，就不難發現章太炎教育的志向。同時，章太炎還對新式學堂因爲注重「耳學」帶來的學風問題，這在 1924 年的《救學弊論》中有深刻的闡述：「今之文科，未嘗無歷史，以他務分之，以耳學囿之，故其弊有五」：「一曰尚文辭而忽事實」，「二曰因疏陋而疑僞造」，「三曰詳遠古而略近代」，「四曰審邊塞而遺內治」，「五曰重文學而輕政事」。章氏認爲「揚榷五弊，則知昔人治史，尋其根株，今人治史，摭其枝葉，其所以致此者，以學校務於耳學，爲師者不可直說事狀以告人，是以遯而爲此。能除耳學之制，則五弊可息，而史學可興也」〔註315〕。

因爲「諸科之中，唯文科最爲猖披，非痛革舊制不可治」，章太炎採取一貫決絕的態度，「吾論今之學校先宜改制，且擇其學風最劣者悉予罷遣，閉門五年然後啓，冀舊染污俗悉已湔除，於是後來者始開教也」。當然章太炎並不缺乏辯證的認識，「教之之道，爲物質之學者，聽參用遠西書籍，唯不通漢文者不得入」〔註316〕。這裡章太炎有一個潛在的參照，那就是對於私學傳統的贊同。如前文所述，這也根源於章太炎自身的學術實踐體驗，「余學雖有師友講習，然得於憂患者多」〔註317〕，他心目中的教育制度是注重因材施教，師生間有較多情感交流的「學會」，如被後來者無限嚮往的 1908 年東京《民報》的講學模式。許壽裳在《紀念先師章太炎先生》一文中回憶當時的聽課情景時說：

〔註314〕章太炎：《中國文化的根源和近代學問的發達》，章太炎著，陳平原編：《章太炎的白話文》，貴陽：貴州教育出版社 2001 年版，第 67～68 頁。

〔註315〕章太炎：《救學弊端》，《華國月刊》第 1 卷第 12 期，1924 年 8 月 15 日，本社編：《章太炎全集》（第 5 卷），上海：上海人民出版社 1985 年版，第 102～103 頁。

〔註316〕章太炎：《救學弊論》，《華國月刊》第 1 卷第 12 期，1924 年 8 月 15 日，本社編：《章太炎全集》（第 5 卷），上海：上海人民出版社 1985 年版，第 101～102 頁。

〔註317〕《章太炎先生自定年譜》，上海：上海書店影印 1986 年版，第 14 頁。

　　　　每星期日清晨，步至牛込區新小川町二丁目八番地先師寓所，
在一間陋室之內，師生席地而坐，環一小幾。先師講段氏《說文解
字注》，郝氏《爾雅義疏》等，精力過人，逐字講解，滔滔不絕，或
則闡明語原，或則推見本字，或則旁證以各處方言，以故新誼創見，
層出不窮。即有時隨便談天，亦復詼諧間作，妙語解頤。自八時至
正午，歷四小時毫無休息，真所謂「默爾識之，學而不厭，誨人不
倦」。其《新方言》及《小學答問》二書，皆於此時著成，即其體大
思精之《文始》，初稿亦權輿於此。〔註318〕

當然，因為這些聽課者日後大多成為著名的學者，在文化教育界舉足輕重，
所以在章太炎的心目中，當日情境變成了一個不可逾越的高峰，以至於在 1935
年 5 月 5 日致錢玄同的信中說：「徙蘇州後，亦尚從事講學，然今學子根柢淺
薄，求如東京時之盛，不可得已。」〔註319〕說到底，這還是中西教育制度所
追求的目標不同，講課只是普及知識，而講學還體現著一種人生境界，不然
魯迅也不會「聽講的《說文解字》卻一句也不記得了」，倒是「先生的音容笑
貌還在眼前」〔註320〕了。

　　在「西學東漸」成為時代主潮的背景下，章太炎以學會講習來弘揚中國
文化價值的良苦用心，著實令後人敬佩，不管其中是否存在論述和實踐的策
略。不可否認的是，清末民初承載中國文化核心價值的歷史文化，在面對西
學模式和現代學科體制時開始轉型，文學開始擺脫傳統經史子集範疇，轉而
在現代的文化秩序中逐漸佔據重要位置。文學在知識譜系學中的最終定位並
得到具體實踐，始自 1904 年 1 月 13 日頒佈的「癸卯學制」。陳國球依據晚清
奏請設立京師大學堂的三大章程〔註321〕，考察了文學逐漸成為一個重要學科
的過程，並認為文學「無論從語言、文字，以至其表達模式，都與文化傳統
關係密切，抱著『存古』思想的張之洞，反而刻意要在西潮主導的現代學制

〔註318〕 許壽裳：《紀念先師章太炎先生》，陳平原等編：《追憶章太炎》，北京：三聯
　　　　書店 2009 年版，第 47 頁。
〔註319〕 章太炎：《與錢玄同》（1936 年 5 月 5 日），馬勇編：《章太炎書信集》，石家
　　　　莊：河北人民出版社 2003 年版，第 155 頁。
〔註320〕 魯迅：《關於太炎先生二三事》，魯迅：《魯迅全集》（第 6 卷），北京：人民文
　　　　學出版社 2005 年版，第 566 頁。
〔註321〕 即 1898 年梁啟超起草的《奏議京師大學堂章程》、1902 年張百熙擬定的《欽
　　　　定京師大學堂章程》、1903 年張之洞主持的《奏定大學堂章程》。

中留下傳統的薪火。在這個情勢之下，『文學』的內涵雖還是褊狹的『詞章之學』，但其學術位格已有相當現代化的規劃。接下來的變革，就是『美感』、『虛構』等西來觀念對『文學』定義的改造，這又有待繼起的文化政治的推移了。」〔註322〕中國文學門正式設置於1909年京師大學堂設立分科大學之後，課程設置儘管在形式上學習西方學制，其核心思想仍局限於傳統的文學觀念，如被後人廣泛讚譽的林傳甲《中國文學史》就是如此，對此不必過分苛責。需要注意的是，這種形式上的革新〔註323〕恰恰標誌著文學教育的現代體制開始發生根本性的變革。

1912年12月2日，民國政府教育部頒佈《中學校令施行細則》，其中第三條明確規定：「國文要旨在通解普遍語言文字，能自由發表思想，並使略解高深文字，涵養文學之興趣，兼以啓發智德。國文首宜授以近世文，漸及於近古文，並文字源流，文法要略，及文學史之大概，使作實用簡易之文，兼課習字。」〔註324〕跟「文學教育」密切相關的便是「涵養文學之興趣」的教育目標以及「文學史之大概」的教育內容等項目。在1913年1月12日教育部部令第1號公佈了第一個《學科及科目》表，將文學分爲八類，包括「國文學」（中國文學）、六類外國文學（梵語文學、英文文學、法文文學、德文文學、俄文文學、意大利文學類）與「言語學類」〔註325〕。這個科目表詳細列舉了各類文學的必修課程，從中可以體會到「中國文學」在成爲現代學科的過程中走過的路程是多麼曲折。

民初的北京大學於1912年廢經學，而將其分入文科之哲學、史學、文學

〔註322〕陳國球：《文學史書寫形態與文化政治》，北京：北京大學出版社2004年版，第30頁。

〔註323〕羅志田在談到這一時段語言文字地位上昇及文字改革等問題時，認爲語言文字直接與民族主義思想相關，但這種思想啓蒙最終卻還是把重點放在了語言文字的形式變革問題上，這是中國歷史文化轉型的一個很奇特的現象，與西方先啓蒙後革命完全相反，這也說明外在的文化秩序及文學秩序對清季民初的文學思想及其現代轉向有極大的主導作用。詳見羅志田：《國家與學術：清季民初關於「國學」的思想論爭》，北京：三聯書店2003年版，第143頁。

〔註324〕《1912年12月教育部公佈中學校令施行規則》（1919年12月2日部令第28號），璩鑫圭、唐良炎編：《中國近代教育史資料彙編·學制演變》，上海：上海教育出版社1991年版，第669頁。

〔註325〕《教育部公佈大學規程》（1913年1月12日部令第1號），璩鑫圭、唐良炎編：《中國近代教育史資料彙編·學制演變》，上海：上海教育出版社1991年版，第698～699頁。

三門。1917 年設立文科研究所，分設哲學、中文和英文三門，1919 年廢門改系。〔註326〕至此，北大的新式教育體制得以根本確立：

> 蔡子民的主要成就，是在他的大學教育。……因爲那時是民國五年（一九一六），袁世凱剛死，洪憲帝制雖已取消，北洋政府裏還充滿著烏煙瘴氣。……他於舊人舊科目之外，加添了新的人和新的科目，於是經史子集之外，有了戲曲和小說，章太炎的弟子黃季剛，洪憲的劉申叔，復辟的辜鴻銘之外，加添了陳獨秀、胡適之、劉半農一班人，英文之外也加添法文、德文和俄文了。古今中外，都是要的，不管好歹讓他自由競爭，這似乎也不很妥當，但是在那個環境，非如此說法，「今」與「外」這兩種便無法存身，當做策略來說，也是必要的。〔註327〕

單就文學教育而言，新派舊派並駕齊驅，各領風騷。進入具體的文學課堂，更是「新」中有「舊」，「舊」中有「新」，呈現錯綜複雜的局面，一時難斷雅俗高低。〔註328〕從某種程度上，這也是蔡元培「思想自由，兼容並包」的辦學方針的體現，然而「學科的界定，很大程度受制於大學課程的設置。而後者牽涉到的，遠不只是學術發展的內在理路，更包括意識形態的需求、教育體制的變更、校園政治的衝突等。」〔註329〕這裡抄錄 1917 年北京大學的中國文學門的課程表，括號裏的數字代表每周課時：

> 第一年　中國文學（6）、中國文學史（上古迄魏，3）、文字學（聲韻之部，3）、希臘羅馬文學史（3）、哲學概論（3）、第一種外國語（8）

> 第二年　中國文學（6）、中國文學史（魏晉迄唐，3）、文字學（形體之部，3）、近世歐洲文學史（3）、美學（3）、第二種外國語（8）

〔註326〕馬越編著：《北京大學中文系簡史（1910～1998）》，北京：北京大學出版社1998 年版，第 4 頁。

〔註327〕啓明：《蔡子民》，鍾叔河編訂：《周作人散文全集》（第 13 卷），桂林：廣西師範大學出版社 2009 年版，第 16 頁。

〔註328〕陳平原：《知識、技能與情懷（上）──新文化運動時期北大國文系的文學教育》，《北京大學學報》（哲學社會科學版），2009 年第 6 期，第 98 頁。

〔註329〕陳平原：《學術史上的「現代文學」》，《中國現代文學研究叢刊》1997 年第 1期，第 67 頁。

　　第三年　　中國文學（6）、中國文學史（唐宋迄今，3）、文字學
（訓詁之部，3）、第二種外國語（8）〔註330〕

「文學史」（包括歐洲文學、近世文學）以及文字學各門課程開始成為中文系
的主導課程，而這些多半由章門弟子承擔：黃侃、劉師培教授中國文學，朱希
祖教授中國古代文學史，錢玄同教授文字學，周作人教授歐洲文學史以及 1920
年秋在北大兼課教授「中國小說史」的魯迅。此外便是吳梅教授詞曲以及近代
文學史，黃節教授中國詩等〔註331〕。蔡元培入主北大後，1917 年 1 月 9 日《就
任北京大學校長演說詞》中首先提到改良講義：「諸君研究高深學問，自與中
學高等不同，不惟恃教員講授，尤賴一己潛修。以後所印講義，只列綱要，其
詳細節目，由教師口授後學者自行筆記，並隨時參考，以期學有心得，能裨實
用。」〔註332〕章太炎批評的「眼學」、「耳學」之間的分歧，也因章門弟子進
入體制化的北大，出現了編講義、授課與著述三者之間如何權衡的問題。

　　1917 年周作人離開紹興來到北京，不久便從中學教師變為北大教授，後
來他在回憶這一角色轉換時說，「其時我才從地方中學出來，一下子就進到最
高學府，不知道如何是好，也只好照著中學的規矩，敷衍做去。點名劃到，
還是中學的那一套；但是教課，中學是有教科書的，現在卻要用講義，這須
得自己來編，那便是很繁重的工作了」〔註333〕。這裡一方面說明了隨著現代
教育體制的完善，隨之帶來的一些潛在規範開始起作用。像周作人的這門《歐
洲文學史》課程，正式要求每周上六小時，周作人為此準備得很用心；另一
方面提到的與中學不同的地方便是「編講義」。教師在每門課程前為學生提供
一份講義，被視為老北大的傳統，所重在「眼學」。然而蔡元培入主北大後採
用西方學制，還要求與課堂講授相結合，這也是前文所述的新式教育的特徵。

　　講演不但對於舊派的老師是個挑戰，對章門弟子來講，也未必每人都是

〔註330〕朱有瓛主編：《中國近代學制史料》第 3 輯（下冊），上海：華東師範大學出
　　　　　版社 1983 年版，第 99 頁。

〔註331〕陳平原：《新教育與新文學——從京師大學堂到北京大學》，陳平原：《中國大
　　　　　學十講》，上海：復旦大學出版社 2002 年版，第 131 頁。

〔註332〕蔡元培：《蔡孑民先生言行錄》，濟南：山東人民出版社 1998 年版，第 164～
　　　　　165 頁。關於講義問題，北大曾在 1922 年 9 月發生講義費風潮，可以從歷史
　　　　　細節深化對「眼學」與「耳學」分歧的認識。參見散木：《也說「北大講義費
　　　　　風潮」——兼說蔡元培的「小題大做」和魯迅的「即小見大」以及馮省三其
　　　　　人》，《魯迅研究月刊》2006 年第 12 期，第 57～65 頁。

〔註333〕周作人：《五四之前》，周作人：《知堂回想錄》，香港：三育圖書文具公司 1980
　　　　　年版，第 371 頁。

能手。周作人做講演時,「低頭伏案照著稿子宣讀,而聲音細小,坐第一排的人也聽不清楚。事後我知道他平常上課也是如此」〔註334〕,顯然不符合新式教育的要求。1928 至 1931 年在北京大學留學的吉川幸次郎回憶說:「我聽的課當中,浙江籍先生也很多,寧波出身的馬裕藻先生的話還能聽得懂。朱希祖⋯⋯他是浙江海鹽人,海鹽這地方,是語言最難懂的地方。我是真的不懂。當我對旁邊的同學說,我只聽懂了 1/3,旁邊的同學說:朱大鬍子所說的,我也聽不懂!」〔註335〕從中可以看出方言對教學的危害,所幸的是,教授們的講授,往往因為「講義」而一時變為名著,除了學生考試需要使用以外,也可能緣自課堂傳播在接受中的困難。

三、言文一致的追求

可以看出,對於章太炎及其弟子而言,不論是對「學在民間」一以貫之的堅持,還是因「眼學與耳學」的分歧而帶來的教學上的困擾,他們在面對新式教育時,堅決維護著自己特立獨行「依自不依他」的角色認同感。如前所述,章太炎在面對新文學教育時,也有一種建設者甚至是開拓者的面相,而這也可以看作新文化運動思想的另一種資源〔註336〕。從發生學的觀點來看,對於章門弟子主要呈現在以下四個方面聯繫:對孔教的反對;以《齊物論釋》體現出來的多元現代性與自由平等;言文一致的追求;國故與文藝復興關係等〔註337〕。這裡著重論述與新文學教育密切相關的「言文一致」。陳平原在談到相關問題時,則依據章太炎 1910 年發表在《教育今語雜誌》上「衡文論史」的篇章,認為論學文章之採用白話,對於五四白話文的產生與演進是個關鍵性的突破,「極有可能形成與《逼上梁山》(胡適)等傳統論述不太一致的思路」〔註338〕,而這一結論的獲得,源於陳平原對《章太炎的白話文》一書文章來源的考辨。

〔註334〕 梁實秋:《看雲集·憶豈明老人》,《梁實秋文集》編輯委員會編:《梁實秋文集》(第 3 卷),廈門:鷺江出版社 2002 年版,第 438 頁。

〔註335〕 〔日〕吉川幸次郎:《我的留學記》,錢婉約譯,北京:光明日報出版社 1999 年版,第 49 頁。

〔註336〕 李振聲:《作為新文學思想資源的章太炎》,《書屋》2001 年第 7 期,第 20~45 頁。

〔註337〕 羅檢秋:《五四新文化與晚清學術傳統》,《傳統文化與現代化》1994 年第 5 期,第 45~53 頁。

〔註338〕 陳平原:《導讀:學問該如何表述——關於〈章太炎的白話文〉》,章太炎著,陳平原編:《章太炎的白話文》,貴陽:貴州教育出版社 2001 年版,第 4 頁。

先看 1921 年 6 月上海泰東書局初版在《編者短言》中對《章太炎的白話文》所做的導引：

> 太炎先生是中國文學界的泰斗，這是誰也知道的，並且誰也樂意承認的。不過他著的書，往往因說理太深，有用的是「老氣橫秋」的文言，初學的人，看了總覺得不大舒服。因此便自然發生一種要求：就是，怎樣能直接聽他的講？好了！有了！你們的惟一講義，就是這本書。這本書的特色：第一，章先生一生親筆做的白話文，極少，編者煞費苦心，才收集這幾篇；第二，篇數雖少，差不多把求中國學問的門徑，與修身立世之道，網羅無遺，讀之既增知識，又可以培養道德；第三，以極淺顯的白話，說最精透的學理，可以作白話文的模範。──這是編者願介紹於大家的主要特點。吳齊仁識於一九二一年，一月。〔註339〕

編者「吳齊仁」可以看作是「無其人」〔註340〕的諧音，實際上這本書是由張靜廬一手策劃編輯的〔註341〕，張所撰述的「導引」不乏書商廣告的「噱頭」，但把這本書直接等同於「講義」則是抓著了問題的核心所在。巧合的是，那時的《教育今語雜誌》還載有《本社編輯教科書預告》：「本社為振興教育起見，特由同人中公推學問深邃者，各就專門，編輯初學教科書若干種，定五月後漸次出書。已起稿者，列如下：一，《中國歷史教科書》；二，《中國地理教科書》；三，《算術教科書》；四，《理科教科書》。特此預告。」〔註342〕而 1910 年 6 月 6 日《教育今語雜誌》第 4 冊出版，章太炎署名「獨角」發表的「代社說」文章講的是「留學的目的和方法」，標題為《庚戌會衍說錄》，後面有編者「庭堅」的「附識」：「這一篇社說，本是中國各省留學日本高等師範學校學生，請獨角

〔註339〕 吳齊仁：《編者短言》，見章太炎：《章太炎的白話文》，上海：泰東圖書局 1921 年 6 月初版，第 1～2 頁。

〔註340〕 「據張靜廬先生面告，編者『署名「吳齊仁」者，無其人也』，實為張靜廬所編，係張在章氏滬寓索得付印的」。見湯志鈞編：《章太炎年譜長編》（全兩冊），北京：中華書局 1979 年版，第 622 頁。

〔註341〕 「章太炎在《教育今語雜誌》上發表的『社說』、『演說錄』，後來這些文章由他親自持交張靜廬，由上海泰東圖書館 1921 年排印出版，題稱《章太炎的白話文》。」見湯志鈞編：《章太炎年譜長編》（上冊），北京：中華書局 1979 年版，第 331 頁。

〔註342〕 湯志鈞編：《章太炎年譜長編》（全兩冊），北京：中華書局 1979 年版，第 331 頁。

先生去演說所錄下來的演說稿。」因此，基本可以斷定章太炎這些文章的文體風格除了雜誌自身性質的規約，也多少考慮到閱讀對象這一因素。

《教育今語雜誌》在東京出版，章太炎、陶成章把它當做光復會的「通信機關」，在各期封底上，刊有「海外各國代派送」，如「新加坡、大吡叻、紅毛丹、吉隆坡、仰光、檀香山、斐城、爪哇、泗水、諫義里、婆羅州、坤甸、文島檳港」，如在「緣起」中所說的那樣，「凡諸撰述，悉演以語言，斯農夫野人，皆可瞭解。所陳諸義，均由淺入深」，藉此向南洋光復會各分會華僑同胞傳播中國文化。既然如此，便不得不考慮實行的辦法，在《教育今語雜誌章程》談到「辦法」時，對雜誌的內容進行了界定：

> （二）本雜誌演述各種學術，均由最淺顯最易曉者入手，以次漸進，期有系統。
>
> （三）本雜誌於各種學術，務求解釋明瞭，不事苟難，庶便學子自修，兼為無師者指導門徑。〔註343〕

說到底，《教育今語雜誌》刊載的文章體現著章太炎言文一致的追求，不妨把它放到晚清盛行的「演說」風氣帶來的文體觀念革新這一思路中來考察〔註344〕，這也是前文一再論述的問題之一。同時，也不能忽視章太炎1906年主持《民報》時，曾與日本的「漢字統一會」、法國巴黎的《新世紀》雜誌就語言文字問題展開論爭這一現實背景，在此過程中，他一方面展示了晚清以小學言國粹、言建國者的文化視野；另一方面闡述了以方言為根基，打通古今的「言文一致」觀，以言語之「展轉緣生」為依據，建立在文化地域親緣性基礎上的「語言統一」論〔註345〕。在此過程中，章太炎創作了學術名著《新方言》。在1907年10月25日《民報》第17號上，章太炎在《博徵海內方言告白》中說：

> 中國方言，傳承自古，其間古文古義，含蘊甚多，而世人不知雙聲相轉、疊韻互變之法，至有其語而不能舉其字，通行文字，形體不過二千，其伏在殊言絕語中者，自昔無人過問。近世有文言一

〔註343〕《教育今語雜誌章程》，《教育今語雜誌》第1冊，1910年3月。

〔註344〕李孝悌：《清末的下層啓蒙運動 1901～1911》，臺北：「中央研究院」近代史研究所1992年版，第84～136頁。

〔註345〕彭春凌：《以「一返方言」抵抗「漢字統一」與「萬國新語」——章太炎關於語言文字問題的論爭（1906～1911）》，《近代史研究》2008年第2期，第65頁。

致之說，實乃遏絕方言，以就陋儒之筆筍，因訛就簡，而妄人之漢
字統一會作矣。果欲文言合一，當先博考方言，尋其語根，得其本
字，然後編為典語，旁行通國，斯為得之。〔註346〕

文中提到的「漢字統一會」亦由日本人創設，主張「選擇常用之字以為程限，
欲效秦皇同（「統」，引者注）一文字」〔註347〕。章太炎因張之洞、端方等人
也參與其中並做會長，對之很不以為意，「夫在上而言國粹，則挾其左右學界
之力，欲阻吾民圖新之先機，以是為束縛豪傑之具，辭而辟之可也。若在野
而倡國粹，則一二抱殘守缺之士，為雞鳴風雨之思，其志哀，其旨潔」〔註348〕。
其實，早在 1903 年，直隸大學堂學生王用舟、何鳳華等人，上書時任直隸總
督的袁世凱，提議推廣王照的官話字母：

我中國自文言分離以來，口音日雜一日，而讀書識字之人愈日
少一日……吾國南北各省，口音互異，甚有隔省之人不能通姓名之
弊……彼泰西各國，類皆文言合一，故團體最固；至於日本，尤以
東京語為普通教育，誠握要之圖也。我國無事不規仿泰西，步武日
本，獨於此漠然置之，可惜孰甚。〔註349〕

晚清文字改革者的理論主張也是「言文一致」，一種便主張用拼音化來實現「言
文一致」，即改變書面語系統的「文」，讓它與口語系統的「言」一致，力圖
建立以語音為中心的書寫與傳播系統〔註350〕。而這遭到了章太炎的批評，他
認為言文一致首先要解決的是言語（語音）的問題，然後找到與言語（語音）
相對的文字（文辭）來表達，即上面提到的「當先博考方言，尋其語根，得
其本字，然後編為典語，旁行通國，斯為得之」。這便是制定國語以求「語言
統一」的做法。在章太炎看來，方言里保留著很多古字：「若綜其實，則今之

〔註346〕章太炎：《博徵海內方言告白》，《民報》第 17～24 號封底廣告，1907 年 10
月 25 日至 1908 年 10 月 10 日，另見湯志鈞編：《章太炎年譜長編》（全兩冊），
北京：中華書局 1979 年版，第 266 頁。
〔註347〕章太炎：《論漢字統一會》，本社編：《章太炎全集》（第 4 卷），上海：上海人
民出版社 1985 年版，第 319 頁。
〔註348〕許之衡：《讀「國粹學報」感言》，張枬、王忍之編：《辛亥革命前十年間時論
選集》（第 2 卷上），北京：三聯書店 1963 年版，第 46 頁。
〔註349〕何鳳華等：《上直隸總督袁世凱書》，本社編：《清末文字改革文集》，北京：
文字改革出版社 1958 年版，第 35～36 頁。
〔註350〕梁啓超：《沈氏音書序》，本社編：《清末文字改革文集》，北京：文字改革出
版社 1958 年版，第 7 頁。

里語，合於《說文》、《三倉》、《爾雅》、《方言》者正多。雙聲相轉而字異其音者，鄰部相移而字異其韻；審知條貫，則根柢豁然可求。」〔註351〕章太炎撰述《新方言》的理論前提便來源於此，因此便在《民報》上刊登廣告征集「鄉土殊言」。

　　章太炎的「言文一致」觀還得益於 1902 年東渡日本期間泛覽東西洋書籍，「和、漢文籍，吾儕之江海也。不能去江海以求樂，則去純素同帝之道遠矣。」〔註352〕朱維錚詳細考證此時期《訄書》修訂本文章，認爲其重訂本的大量觀點受到日本體驗的影響，「完成了理論上的蛻變過程」〔註353〕。與「言文一致」觀念相輔相成的便是章太炎的文學觀念，章太炎在《文學論略》中說：「以有文字，著於竹帛，故謂之文。論其法式，謂之文學。凡文理、文字、文辭，皆謂之文。」〔註354〕這一定義遭到很多人的誤解，但核心觀點便是把文學泛化或做普世化的處理，頗有章學誠提出「六經皆史」把經典世俗化的傾向。從當時的文學思潮來看，這種潮流漸成爲清末民初思想界的一種共識，與梁啓超推崇小說爲文學正宗，以及王國維把一向邊緣的元曲元劇提升到「有境界」的美學範疇等相呼應。按照章太炎的敘述，「法式」應是現在所說的文體規範，即章太炎雅俗觀之中的「雅」：

> 　　所謂雅者，謂其文能合格。公牘既以便俗，則上準格令，下適時語，無屈奇之稱號，無表象之言詞，斯爲雅矣。……公牘之文，與所謂高文典冊者，積極之雅不同，其消極之雅則一，要在質直而已，安有所謂便俗致用者即無雅之可言乎！〔註355〕

這裡的「雅」的標準即「文能合格」和「便俗致用」。對此，任訪秋解釋說：「從這一段裏，可以看出『便俗致用』之要，在老老實實地敘事說理，讓看的人容易理解，這就是『雅』。至於那些引用古時官名以代時制，用一些陳詞

〔註351〕章太炎：《論漢字統一會》，本社編：《章太炎全集》（第 4 卷），上海：上海人民出版社 1985 年版，第 320 頁。

〔註352〕章太炎：《與吳君遂》（1902 年 7 月 29 日），馬勇編：《章太炎書信集》，石家莊：河北人民出版社 2003 年版，第 63 頁。

〔註353〕朱維錚：《前言》，本社編：《章太炎全集》（第 3 卷），上海：上海人民出版社 1984 年版，第 8～15 頁。

〔註354〕章太炎：《文學論略》，章太炎著，陳平原編：《章太炎的白話文（附錄）》，貴陽：貴州教育出版社 2001 年版，第 138 頁。

〔註355〕章太炎：《文學論略》，章太炎著，陳平原編：《章太炎的白話文（附錄）》，貴陽：貴州教育出版社 2001 年版，第 150 頁。

濫調與浮誇的語句來表現事理，既不切合實際，反令讀者莫名其妙，這就是不雅，也就是庸俗。」〔註356〕這種雅俗觀念可以視為章太炎文體風格的延伸，若干年後任鴻雋在回憶章太炎東京講中國文學史時說：「若是把他的說話記錄下來，可以不加修改便成一篇很好的白話文章。」〔註357〕可見章太炎盡意發揮，暢所欲言「講學」，正是踐行自己言文一致的觀念，而這些觀念也影響了後來的章門弟子，突出表現在他們參與國語運動的種種實踐中。

提到「國語運動」，有研究者指出：「國語運動和白話文運動是『五四』時期中國語文變革的兩翼。白話文運動的目標是變革現代書面用語，棄文言而用白話，實行『言文一致』；國語運動的目標，則重在推行標準語，彌補方言的隔閡，謀求語言的統一。」〔註358〕從這一闡釋來看，國語運動與白話文運動有著密切的互補性，而這些都與章太炎的言文一致追求有著密切的聯繫。如前所述，在晚清轟轟烈烈的白話文運動中，不論是為了開民智還是為了宣傳革命排滿，言文一致已成為新知識界的一個共識。當然，由於時局動盪不穩，他們設計的改革方案無法得到實施。側身其間的章太炎不能不算是一個特異性的存在，他不但代表著晚清文字改革的一種路向，還以自己的親身實踐書寫著白話文做學術文章的先聲。王風在《文學革命與國語運動之關係》一文中，梳理了清末民初兩個不同政治體制的政府相承接以推動國語運動的線索：從晚清拼音化運動到民初的「國音」制定，再到教育部 1918 年正式公佈注音字母，1920年改初等教育「國文科」為「國語科」，認為正是「民間知識分子和官方合流」共同推動「文學革命的發生與勝利」，「完成了這一從國文、文言向國語、白話的轉變」〔註359〕。從中可以看出兩點：其一便是在國語運動中，官方的制度性實踐作為合力之一的重要性，其二便是文學革命成功的背後有北京大學起著「中介」的作用。而貫穿兩者之間的便是一群擅長小學研究，先後進了高等師範和北京大學，養成許多文字音韻學家，至今還是很有勢力的章門弟子。

〔註356〕 任訪秋：《章太炎文學簡論》，見中國社會科學院近代文學組編：《中國近代文學論文集·詩文卷（1949～1979）》，北京：中國社會科學出版社 1984 年版，第 593 頁。

〔註357〕 任鴻雋：《記章太炎先生》，陳平原、杜玲玲編：《追憶章太炎》，北京：三聯書店 2009 年版，第 212 頁。

〔註358〕 高天如：《中國現代語言計劃的理論和實踐》，上海：復旦大學出版社 1993 年版，第 81 頁。

〔註359〕 王風：《文學革命與國語運動之關係》，夏曉虹等著：《文學語言與文章體式：從晚清到五四》，合肥：安徽教育出版社 2006 年版，第 46～70 頁。

1912 年 8 月 7 日，已遷往北京的民國政府教育部通過了《採用注音字母案》，稍後教育部總長蔡元培開始著手籌設「讀音統一會」，12 月，教育部制定公佈讀音統一會章程八條，並於部中設籌備處，聘吳稚暉為主任，第一次以官方名義組織代表審定漢字讀音並制定統一注音字母的方案。1913 年 2 月 15 日至 5 月 22 日，「讀音統一會」在北京召開會議，各省選派了精通小學又旁通兩門外語的代表參加，浙江方面有朱希祖、馬裕藻、許壽裳、胡以魯、杜亞泉、汪怡安、錢稻孫、楊麴、陳濬等九參加了這次會議〔註 360〕。當時任「讀音統一會」議長的吳稚暉回憶說：「讀音統一會開會的時節，征集及調查來的音符，有西洋字母的、偏旁的、縮寫的、圖畫的，各種花樣都有；而且都具匠心，或依據經典，依據萬國發音學，依據科學，無非人人想做倉頡，人人自算估盧，終著意在音符。幾乎也無從軒輊，無從偏採哪一種。」〔註 361〕經過激烈的討論，會議最後通過了以浙江會員馬裕藻、朱希祖、許壽裳、錢稻孫及部員周樹人等人的提議，採納了章太炎擬定的標音符號，並定名為「注音字母」。顯然，在此過程中以章門弟子為首的浙江派起到了很大的作用，朱希祖也因這次會議聲譽日隆，被聘入北大任預科教員。

如上所述，此後章門弟子如馬裕藻、錢玄同、沈兼士、黃侃、周作人等一一進入北大，繼續在五四運動中發揮作用，其中以錢玄同的貢獻最為突出。1917 年 1 月，陳獨秀任北京大學文科學長，《新青年》總部也隨之遷往北京東華門外箭杆胡同作為辦公地點。錢玄同在 1917 年 1 月 1 日的日記中記道：「文學之文，當世哲人如陳仲甫、胡適二君均倡改良之論。……必能於中國文學界開新紀元。」〔註 362〕不久，錢玄同開始投稿《新青年》，「贊同仲甫所辦的《新青年》雜誌，願意給它當一名搖旗吶喊的小卒」〔註 363〕。「自陳獨秀為文科學長，用適之說，一時新文學之思潮，又復澎湃於大學之內。浙士錢玄同者，曾執業於章炳麟之門，稱為高第弟子者也。為人文理密察，雅善持論；

〔註 360〕黎錦熙：《國語運動史綱》，黎澤渝、劉慶俄編：《黎錦熙文集》（下冊），哈爾濱：黑龍江教育出版社 2007 年版，第 114 頁。

〔註 361〕吳稚暉：《三十五年來之音符運動》，莊俞、賀聖鼎編：《最近三十五年之中國教育》（下卷），北京：商務印書館 1931 年版，第 35 頁。

〔註 362〕魯迅博物館編：《錢玄同日記》（第 3 冊），1917 年 1 月 1 日條，福州：福建教育出版社 2002 年影印版，第 1480 頁。

〔註 363〕錢玄同：《我對於周豫才君之追憶與略評》，錢玄同：《錢玄同文集》（第 2 卷），北京：中國人民大學出版社 1999 年版，第 307 頁。

至是折而從適，爲之疏附。適驟得此強佐，聲氣騰躍。」〔註364〕隨後，胡適1918 年 4 月 15 日在《新青年》4 卷 4 號上發表了《建設的文學革命論》，提出「國語的文學，文學的國語」的口號，「這篇文章發表後，『文學革命』與『國語統一』遂呈雙潮合一之觀」〔註365〕。1918 年 11 月 15 日，錢玄同在《答姚寄人論 Esperanto》中說：

> 有人說國語是國魂國粹，廢國語是消滅國魂國粹，國將不國；這是十六七年前老新黨的議論，動輒引俄滅波蘭兼滅其語爲言，……我意且以爲國魂國粹要是永遠保存，甚或昌大之，力行之，則國眞要「不國」了。……照這樣作去，中國人總有一天被逐出於文明人之外，……所以依我看來，要想立國於二十世紀，還是少保存些國魂國粹的好！〔註366〕

周作人在晚年回憶 1917 年 6 月張勳復辟事件時說：「經歷這次事變，深深感覺中國改革之尚未成功，有思想革命之必要。」〔註367〕其根據便是 1919 年 4 月 15 日發表在《新青年》6 卷 4 號的《思想革命》一文：

> 白話在社會上的勢力，日見盛大，這是很可樂觀的事。但我想文學這事物本合文字與思想兩者而成，表現思想的文字不良，固然足以阻礙文學的發達，若思想本質不良，徒有文字，也有什麼用處呢？……這單變文字不變思想的改革，也怎能算是文學革命的完全勝利呢！……所以如白話通行，而荒謬思想不去，仍然未可樂觀，……中國人如不眞是「洗心革面「的改悔，將舊有的荒謬思想棄去，無論用古文或白話文，都說不出好東來。……所以我說，文學革命上，文字改革是第一步，思想改革是第二步，卻比第一步更爲重要。我們不可對於文字一方面過於樂觀了，閣卻了這一面的重大問題。〔註368〕

「國語統一」運動中的「言文一致」的追求與「文學革命」運動中的「思想

〔註364〕錢基博：《現代中國文學史》，上海：上海書店出版社 2004 年版，第 400～401 頁。

〔註365〕黎錦熙：《國語運動史綱》，黎澤渝、劉慶俄編：《黎錦熙文集》（下冊），哈爾濱：黑龍江教育出版社 2007 年版，第 128 頁。

〔註366〕姚寄人，（錢）玄同：《中國文字與 Esperanto》，《新青年》第 5 卷第 5 號，1918 年 11 月 15 日。

〔註367〕周作人：《復辟前後（一）》，周作人：《知堂回想錄》，香港：三育圖書文具公司，第 319 頁。

〔註368〕仲密：《思想革命》，《新青年》6 卷 4 號，1919 年 4 月 15 日。

革命」提倡得到了彰顯。1922 年 10 月 2 日，錢玄同在北京女子高等師範學校發表演說時說：「我們主張文學革命，不是嫌古文太精深，乃是嫌古文太粗疏；不是單謀初級教育和通俗教育的方便，乃是謀中國文學的改良。我們不僅主張用白話文來做初級教育和通俗教育的教科書，尤其主張用彼來著學理深邃的書籍。」〔註 369〕《新青年》就一再標榜要將白話的應用範圍從「文藝文」推向「學術文」〔註 370〕，而這種主張顯然受到章太炎的影響，從中可見章太炎 1910 年《教育今語雜誌》時期以白話「衡文論史」的典範意義。錢玄同在1933 年 7 月回顧說：

> 章先生於 1908 年著了一部《新方言》，他說：「考中國各地方言，多與古語相合。那麼古代的話，就是現代的話。現代所謂古文，倒不是眞古。不如把古語代替所謂古文，反能古今一體，言文一致。」這在現在看，雖然覺得他的話不能通行，然而我得了這古今一體、言文一致之說，便絕不敢輕視現在的白話，從此便種下了後來提倡白話之根。民國元年（1912 年）1 月，章先生在浙江教育會上演說，他曾說過：「教育部對於小學校刪除讀經，固然很對。但外國語、修身亦應刪去。歷史宜注重，將來語言統一以後，小學教科書不妨白話來編。」我對於白話文的主張，實在植根於那個時候，大都是受章先生的影響。〔註 371〕

錢玄同的這一說法確實不容置疑。1919 年 3 月，以錢玄同爲代表的章門弟子在「國語統一籌備會」召開第一次大會時，就提交了《國語統一進行方法》的議案，「統一國語既然要從小學校入手，就應該把小學校所用的各種課本看作傳佈國語的大本營；其中國文一項，尤爲重要。如今打算把『國文讀本』改作『國語讀本』」〔註 372〕。1920 年 1 月 24 日，教育部正式通令全國各國民學校先將一二年級的國文改爲語體文：「茲定自本年秋季起，凡國民學校一二

〔註 369〕錢玄同：《國文的進化》，《國語月刊》第 1 卷第 9 期，錢玄同：《錢玄同文集》（第 3 卷），北京：中國人民大學出版社 1999 年版，第 107 頁。

〔註 370〕陶履恭、獨秀、錢玄同、馮維鈞：《通信》，《新青年》第 3 卷第 6 號，1917年 8 月 1 日。

〔註 371〕熊夢飛：《記錄玄同先生關於語文問題談話》，《文化與教育》1933 年 7 月，轉引自高勤麗編：《疑古先生——名人筆下的錢玄同，錢玄同筆下的名人》，上海：東方出版中心 1999 年版，第 254 頁。

〔註 372〕黎錦熙：《國語運動史綱》，黎澤渝、劉慶俄編：《黎錦熙文集》（下冊），哈爾濱：黑龍江教育出版社 2007 年版，第 152 頁。

年級，先改國文爲語體文，以期收言文一致之效。」〔註373〕最值得稱道的是，章門弟子將這一主張運用到實踐中，不僅成功編寫了孔德學校的國語教科書，還積極參與大學中文系的課程改革與建設，僅就北京大學而言，方言調查和歌謠的搜集和整理爲中國現代民俗學的確立奠定了堅實的基礎。

四、新文學教育的困境

陳平原認爲：「教育既是一種社會實踐，也是一種制度建設，還是一個專門學科、一種思想方式，甚至可以說是一套文本系統，有必要進行深入的探究。即便你只是想瞭解『什麼是文學』或『怎麼做文學』，你也必須介入到關於教育的討論裏來。」〔註374〕對章太炎來說，他對新式教育的思考得益於 1908 年東京國學講習會的實踐。當時「由清末至民國初年，吾國知識界對於學問有一種風氣：求學問是爲了改良政治，是爲救國，所以求學問不是以學問爲終身之業，乃是所以達救國之目的」，「大部分東京留學生都是熱心政治，所謂求學不過是在政治活動中以求幫助自己智識之一種手段，很少有人以學問爲目的，以努力學問爲終身事業的。……至於眞正研究純粹學術的人，可以說是絕無僅有。」〔註375〕然而章太炎卻「以音韻訓詁爲基，以周、秦諸子爲極，外亦兼講釋典」〔註376〕。對語言文字尤爲重視，這不僅與他自身紮實的乾嘉樸學的功底有關，也身受時代風氣的影響，包含著近代民族主義的深沉憂慮：

> 獨有先生出類拔萃，雖則他的入手工夫也是在小學，然而以樸學立根基，以玄學致廣大，批判文化，獨具慧眼，凡古今政俗的消息，社會文野的情狀，中、印聖哲的義諦，東西學人的所說，莫不察其利病，識其流變，觀其會通，窮其指（疑應爲「旨」，引者注）歸。〔註377〕

〔註373〕黎錦熙：《國語運動史綱》，黎澤渝、劉慶俄編：《黎錦熙文集》（下冊），哈爾濱：黑龍江教育出版社 2007 年版，第 153 頁。

〔註374〕陳平原：《知識生產與文學教育》，《社會科學論壇》2006 年第 2 期（上），第 94 頁。

〔註375〕張君勱：《我從社會科學跳到哲學之經過》，見呂希晨、陳瑩選編：《精神自由與民族文化——張君勱新儒學論著輯要》，北京：中國廣播電視出版社 1995 年版，第 389～390 頁。

〔註376〕章太炎：《致國粹學報社書》（1909），見湯志鈞編選：《章太炎政論選集》（全兩冊），北京：中華書局，1977 年版，第 497 頁。

〔註377〕許壽裳：《章太炎傳》，天津：百花文藝出版社 2009 年版，第 4 頁。

「以樸學立根基，以玄學致廣大」是時人對章太炎學術歷程評價的共識，但「批判文化，獨具慧眼」恐怕不是研究者所能達成共識的。當清末以吳稚暉為代表高呼廢除漢語言文字時，章氏立即與之抗辯：「說文之學，稽古者不可不講，時至今日，尤須拓其境宇，舉中國語言文字之全，無一不應究心。清末妄人，欲以羅馬字易漢字，謂為易從，不知文字亡而種性亡……夫國於天地，必有與立，所不與他國同者，歷史也，語言文字也，二者國之特性，不可失墜者也……尊信國史，保全中國語言文字，此余之志也。」〔註378〕由此可見，在作為古文經學大家的章太炎看來，「國粹」之保存與其所理解的民族獨立之間有著多麼重要的關聯。

五四新文化運動以後，章太炎有感於國學淪喪，宣揚讀史救國，與提倡白話文的周氏兄弟有些隔膜。1922 年，章太炎應江蘇省教育會的邀請，在上海主講「國學」。周作人曾敏感地指出：「對於太炎的學問，我是極尊重的。但我覺得他在現在只適於專科的教授而不適於公眾的講演，否則容易變為復古的本營，即使他的本意並不如此。」〔註379〕正如錢基博對章太炎做出的評價那樣：「然世儒之於炳麟，徒贊其經子詁訓之劬，而罕會體國經遠之言，知賞窈眇密栗之文，未有能體傷心刻骨之意。」〔註380〕作為章門弟子之一的周作人也不例外，不過仍有一絲同情的「理解」在。

如前所述，章太炎的學術生涯充滿著憂患與挫折，在此當中展開學術思想的起點，不同於純書齋式的苦想與邏輯推理，包含著自我體驗的深沉理解，「思想學術不僅僅是一種信念的主張，也不僅僅是一個邏輯的推論、純理的思辨和可供傳輸授受的知識，而更是一種聚集而成的生命形態，在其知識學形式的背後，須得有深厚的生命經驗作為支柱」〔註381〕。所以章氏於 1906 年 7 月 15 日在《東京留學生歡迎會演說辭》中談到「章瘋子」這個綽號時不以為惡：

> 大凡非常可怪的議論，不是神經病人，斷不敢想，就能想也不敢說。說了以後，遇著艱難困苦的時候，不是神經病人，斷不能不

〔註378〕章太炎：《自述治學功夫及志向》，章太炎：《章太炎學術文化隨筆》，張勇編北京：中國青年出版社 1999 年版，第 342～343 頁。
〔註379〕周作人：《思想界的傾向》，周作人：《周作人自編文集·談虎集》，石家庄：河北教育出版社 2002 年版，第 88 頁。
〔註380〕錢基博：《現代中國文學史》，上海：上海書店出版社 2004 年版，第 69 頁。
〔註381〕李振聲：《作為新文學思想資源的章太炎》，《書屋》2001 年第 7 期，第 22 頁。

百折不回，孤行己意。所以古來有大學問成大事業的，必得有神經
病才能做到。〔註382〕

這樣一種與生命相擔當、抗爭的學說和思想恐怕不是常人所能理解的，倘若
不能跳出「進步」「落後」之類的二元價值評價體系，而根據預設的立場將
其或歸爲前期進步、後期落後，或歸爲自相矛盾，就難以一種知人論世的方
式去認識作爲新文學教育思想資源的章太炎。因爲其思想的前瞻性和知識體
系的龐大駁雜，在「五四」甚至以後的很長一段時間內，都無法認識其獨特
的價值。劉夢溪就認爲：「在現代學者中，章太炎是最具有定見，遇事從不
動搖的眞儒。年輕時贊成變法，是鑒於對現狀的體認，在個人固屬至誠；後
來主張革命，提出種族問題，也是基於戊戌後世局越來越不可收拾，而採取
的一種因應方略；最後由於西潮滾滾，時髦學人置傳統文化無地，他轉而在
文化方面極力主張保存國性。毋寧說他一直有一種不隨時流的獨立不倚的精
神」〔註383〕。

　　對章門弟子而言，「前清光、宣之際，便是福建派占勢力時期。候官嚴復，
閩縣林紓、陳衍等人，都是大學教師，講的是桐城義法。自辛亥以後，閩派
漸衰，浙江派代興。」〔註384〕按照歷史的眼光看，章門弟子作爲一個學術文
化群體的崛起源於此時，但是必須注意這時的外部環境：

承續並發展章太炎學術思想並較早進入北京大學的章門弟子的
文學觀構成新文學發生的「內源性」成分；相對於此，陳獨秀和胡
適的文學觀作爲兩種不同因素，構成新文學發生的「外源性」介入
成分；此外，最早進入北京大學的嚴復（包括林紓）的思想及文學
觀，作爲一種不可或缺的成分，從正與反兩個方面作用於新文學。
〔註385〕

這一概括指出了章門弟子進入北大以後所處的外部環境與人事關係，就要求
以動態的眼光來剖析新文學教育確立的過程。章門弟子歸國後至積聚到北京
前這一段時間在浙江教育界所從事的職業，不能籠統的看作文學教育，「那時

〔註382〕章太炎：《東京留學生歡迎會演說辭》，湯志鈞編：《章太炎政論選集》（全兩
　　　　冊），北京：中華書局 1977 年版，第 270 頁。
〔註383〕劉夢溪：《中國現代學術經典·總序》，見歐陽哲生編：《中國現代學術經典·
　　　　嚴復卷》，石家莊：河北教育出版社 1996 年版，第 31～32 頁。
〔註384〕因明：《對北京大學的憤言》，《每周評論》第 19 號，1919 年 4 月 27 日。
〔註385〕陳方競、劉中樹：《對五四新文學發生及源流的再認識》，《文藝研究》1999
　　　　年第 2 期，第 61 頁。

太炎的學生，一部分到了杭州，在沈衡山領導下做兩級師範的教員，隨後又做來教育司（後改稱教育廳）的司員，一部分在北京當教員，後來匯合起來，成為各大學的中國文字學教學的源泉，至今很有勢力。」〔註386〕寫回想錄的周作人，1917年4月初到北京大學接洽工作時，「十日下午又往北大訪蔡校長，辭教國文的事，順便告知不久南歸，在校看見陳獨秀、沈尹默，都是初次相見，竭力留我擔任國文，我卻都辭謝了」〔註387〕。那時的周作人認為國文非自己能力所及，先到北大附設的國史編纂處充任編纂一職。其他的章門弟子也多半先任職做預科教員，這就從一個側面說明了桐城派在民初北京大學的勢力並不像有些回憶錄所說的那樣脆弱。由於章門弟子紛紛秉其師承，所任課程均是文史之學，這就不可避免在日後的課程上與桐城派發生正面衝突，「北大學術思想轉變的中心是在文科，而文科的中國文學系又是新舊文學衝突之聚點」〔註388〕。

應當說，這種衝突應該是雙方治學旨趣的不同引發的，五四前夕北大文科曾發生過「魏晉文」與「唐宋文」之爭〔註389〕。前者以章太炎為大師，崇尚魏晉文章；後者以林紓為代表，取法唐宋，推崇唐宋八大家古文。儘管章太炎的文學趣味也經歷了一個由唐宋文向魏晉文轉變的過程，但是基於桐城派文風不擅長論辯說理、以及延伸下來的「漢宋之爭」與「今古文之爭」的原因，章太炎對「以保桐城學者之盼睞為幸」的林紓、嚴復大加批評的態度，深深地影響了章門弟子。值得注意的是，包括周氏兄弟在內的章門弟子幾乎無一例外地受過嚴復、林紓翻譯的影響，周作人在《魯迅的青年時代》一書中對魯迅與清末文壇的相關回憶就是例證。而他們態度的轉變，始於1908年《民報》時期聽章太炎講習。同時，以嚴復、林紓為代表的北大文科一開始在課堂上所表現出來的學術化傾向〔註390〕，對於剛

〔註386〕周作人：《民報社聽講》，周作人：《知堂回想錄》，香港：三育圖書文具公司1980年版，第217頁。
〔註387〕周作人：《北京大學》，周作人：《知堂回想錄》，香港：三育圖書文具公司1980年版，第314頁。
〔註388〕楊亮功：《五年大學生活》，王世儒，聞笛編：《我與北大——「老北大」話北大》，北京：北京大學出版社1998年版，第271頁。
〔註389〕盧毅：《章門弟子與近代文化》，桂林：廣西師範大學出版社2009年版，第70～76頁。
〔註390〕陳方競：《多重對話：中國新文學的發生》，北京：人民文學出版社2003年版，第386～387頁。

入北大文科的章門弟子也是一種壓力。當然，以劉師培、黃侃等人極力推崇以《文選》爲代表的六朝駢文，與素來推崇唐宋散文爲代表的桐城派之間也有過論爭〔註391〕。由此也說明，這些論爭的意義也在於構成新文學發生的歷史背景。

知識體系和學術趣味的轉移〔註392〕，也是新文學教育遭遇困境的因素之一。對於胡適來說，章太炎屬於老師一輩，在1922年《五十年來中國之文學》一文談到章太炎，有如下的評價：

> 章炳麟是清代學術史的押陣大將，但他又是一個文學家。他的《國故論衡》、《檢論》，都是古文學的上等作品。這五十年中著書的人沒有一個像他那樣精心結構的；不但這五十年，其實我們可以說這兩千年中只有七八部精心結構，可以稱做「著作」的書，……章炳麟的《國故論衡》要算是這七八部中的一部了。〔註393〕

然後話題一轉說「但他的成績只替古文學做一個很光榮的下場」，「章炳麟的文學，我們不能不說他及身而絕了」，這裡蘊含著以胡適爲代表的新文學與傳統劃清界限的急躁心理。據余英時看來，在新文學史上「暴得大名」的胡適之所以被北大聘爲教授，與蔡元培看到他的《詩三百篇言字解》有著某種關係，其學術地位也是在日後整理國故運動中奠定的。顧頡剛在《古史辨》第一冊自序中，將整理國故思潮追溯到章太炎，畢竟這場20年代發起的「整理國故運動」思想來自於《國故論衡》：「整理國故的呼聲，倡始於太炎先生，而上軌道的進行則發軔於適之先生的具體的計劃。」〔註394〕「蔡子民先生自長北京大學後，全國教育因之振興；其後又爲中央研究院院長，其自身又屢長教育行政。迄今各省大學校長及歷任教育部長，大都爲蔡先生振拔之人，枝葉扶疏，彌漫全國。而餘杭章先生，又以文章歷史，爲國性所託，自亡命日本時，已陶鑄弟子。民國既建各大學國文歷史教授，大都爲章門弟子，迄

〔註391〕 汪春泓：《論劉師培、黃侃與姚永樸之文選派與桐城派的紛爭》，《文學遺產》2002年第4期，第14～27頁。

〔註392〕 桑兵：《近代中國學術的地緣與流派》，《歷史研究》1999年第3期，第24～43頁。

〔註393〕 胡適：《五十年來中國之文學》，胡適：《胡適文存》（第2集第2卷），臺北：遠流出版事業股份有限公司1986年版，第124頁。

〔註394〕 顧頡剛：《〈古史辨〉第一冊自序》，顧頡剛：《古史辨自序》，石家莊：河北教育出版社2000年版，第93頁。

今不下七八傳，而亦彌布全域，大學中學、靡不有其蹤跡。」〔註395〕這樣的陣勢對於胡適來說，也不能不說是一種壓迫了。

　　郭沫若在《少年時代》中曾經講到：「平心而論，梁任公的地位在當時確是不失爲一個革命家的代表。……二十年前的青少年……可以說沒有一個沒有受過他的思想或文字的洗禮的。……他的功績實不在章太炎輩之下。他們所不同的，只是後者的主張要經過一次狹義的民族革命，前者以爲這是不必要的破壞罷了。」〔註396〕儘管郭沫若強調的是梁啓超的作用，但作爲比較對象的章太炎的作用更不一般。1922 年 10 月 10 日，《中華新報》出版增刊，首載章氏《時學箴言》，內中附有章氏與愛迪生照片，冠以「東西洋文化之提攜」，下標「國學泰斗章太炎先生」，「世界大發明家艾迪生先生」。在「記者識」中稱：

　　　　太炎先生國學泰斗，一代宗匠，吉光片羽，海內爭誦。今年所作，多爲關於建國問題者，論學之文，反不易見。頃者整理國故之說大倡，而率無門徑。茲存先生特爲本報紀念增刊撰文一首，示國人以治學之津梁。此文之出，足使全國學界獲一貴重教訓，固不僅本社之榮幸已也。〔註397〕

不管這一定見是否出自《中華新報》的出版營銷「策略」，從中還是可以看出，「整理國故」儘管由胡適等人倡導，但佔據學界主導地位的仍是章太炎及其弟子們。

　　與此同時，隨著環境的變化如反對方逐漸式微等，章門弟子內部也出現了一些分化，或因爲思想分歧、或因爲個性衝突、或因爲地緣、業緣關係的壓迫等〔註398〕。「文學團體不是豆莢，包含在裏面的，始終都是豆」〔註399〕，章門弟子儘管不能以文學團體來稱謂，但大致意義如此，原有的集體認同感逐漸消解。沈尹默回憶說：「太炎先生的門下可分爲三派。一派是守舊派，代

〔註395〕朱偰：《先君逖先先生年譜》，海鹽縣政協學習文史資料委員會編：《文史大家朱希祖》，上海：學林出版社 2002 年版，第 185 頁。

〔註396〕郭沫若：《少年時代》，北京：人民文學出版社 1979 年版，第 112～113 頁。

〔註397〕湯志鈞編：《章太炎年譜長編》（全兩冊），北京：中華書局 1979 年版，第 661～662 頁。

〔註398〕盧毅：《試析章門弟子的內部分化》，《東方論壇》2007 年第 6 期，第 78～82 頁。

〔註399〕魯迅：《中國新文學大系·小說二集序》，魯迅：《魯迅全集》（第 6 卷），北京：人民文學出版社 2005 年版，第 264 頁。

表人是嫡傳弟子黃侃，這一派的特點是：凡舊皆以爲然。第二派是開新派，代表人是錢玄同、沈兼士，玄同自稱疑古玄同，其意可知。第三派姑名之曰中間派，以馬裕藻爲代表，對其他二派依違兩可，都以爲然。」〔註 400〕北京的興論界在描述以黃侃、汪東爲代表的《國故》與錢玄同、周氏兄弟等其他章門弟子爲代表的《新潮》之爭時說：

> 至於介於二派者，則有海鹽朱希祖氏，朱亦太炎之高足弟子也，邃於國學，且明於世界文學進化之途徑，故於舊文學之外兼冀組織新文學，惟彼之所謂新者，非脫卻舊之範圍，蓋其手段不在於破壞而在於改良。〔註 401〕

其實朱希祖並非復古派，只是因爲「遜先是老北大，又是太炎同門中的老大哥，可是在北大的同人中間似乎缺少聯絡，有好些事情都沒有他加入」〔註 402〕等因素，他也是此時章門弟子中對中西文化觀念思考較爲成熟的一位。他在《新青年》上發表《非「折衷派的文學」》〔註 403〕可以看作是對上述興論界評價的反駁，業表明了傾向於新文學的立場。

就新文學教育的確立而言，「新文學並非從一發生就走進了大學講堂，相當長一段時間內，它是在『民間』——相對於大學講堂來說——發展的。」〔註 404〕「自新文學運動以來，在大學中新舊文學應該如何接流，中外文學應該如何接流，這都是必然發生的問題，也必然要解決的問題。可是中國文學系一直在板著面孔，抵拒新潮」〔註 405〕。可以說新文學在進入大學課堂的過程中遭遇到了前所未有的尷尬：

> 大約是由於「傲慢」，或婉轉些說，是由於「學者的偏見」，他們總以爲只有自己所從事的國學是學問的極峰——不，應該說只有他們自己的國學可以稱得起正宗的學問！他們自己的國學是些什麼

〔註 400〕沈尹默：《我和北大》，陳平原，夏曉虹編：《北大舊事》，北京：三聯書店 1998 年版，第 166 頁。

〔註 401〕《請看北京學界思潮變遷之近狀》，《公言報》1919 年 3 月 18 日。

〔註 402〕周作人：《北大感舊錄（六）》，周作人：《知堂回想錄》，香港：三育圖書文具公司 1980 年版，第 497 頁。

〔註 403〕朱希祖：《非「折中派的文學」》，《新青年》第 6 卷第 4 號，1919 年 4 月 15 日。

〔註 404〕楊蓉蓉：《知識的合法選擇與規避——中國新文學進入大學教育的初期回顧》，《文藝爭鳴》2007 年第 7 期，第 83 頁。

〔註 405〕楊振聲：《爲追悼朱自清先生講到中國文學系》，《文學雜誌》1948 年第 3 期。

呢？我，十足的外行，敢代他們回答：經史之學，只有經史之學！
〔註406〕
伴隨著現代大學制度建立的中國文學系，對於提倡「言文一致」、貼近大眾，有著時代風尚的「新文學」有一種排斥感。從知識權力的角度來說，新文學進入大學講堂，進入課程結構設置，就意味著它從此具有了現代大學體制所賦予的知識控制權，具有了課程設置背後所隱藏的「話語霸權」；同時，「作為課程內容之一，新文學能夠以知識的形式傳播出去，並且還取得了大學所賦予的『學術』地位，這就意味著新文學所包含的文化價值也被傳播出去，為社會所接受」〔註407〕。然而事實卻並非如此，這一流向不僅被新文學的反對者所贊成，也影響了新文學的提倡者們，朱自清在1928年為《一般》撰文時稱「『國學』是我的職業，『文學』是我的娛樂」。到了 1940 年代的西南聯大時期，被後人稱為發揚了新文學傳統的楊振聲、沈從文等人，在教授新文學課程的同時，也開設諸如「歷代詩選（漢魏六朝）」、「陶謝詩」、「中國小說史」等相關的古代文學課程，藉此顯示新文學作家也有著深厚的古典文學修養，但依然不能使「正統派」人物改變對於新文學的根本態度〔註408〕。

〔註406〕朱自清：《現代生活的學術價值》，朱喬森編：《朱自清全集》（第4卷），南京：江蘇教育出版社1990年版，第195頁。

〔註407〕楊蓉蓉：《知識的合法選擇與規避——中國新文學進入大學教育的初期回顧》，《文藝爭鳴》2007年第7期，第84～85頁。

〔註408〕李光榮：《西南聯大文學教育與新文學傳統》，《中國現代文學研究叢刊》2005年第4期，第73頁。

第三章　辛亥前後的女性教育及其文學

　　談到以女性問題作爲透視晚清社會的窗口時，夏曉虹認爲「在晚清的社會震盪中，女性的生存狀態發生了更爲顯著的變化。從基本人權的嚴重缺失，到爭取男女同權，更進而與男子一道，爲現代國家的國民所應具備的各項權利努力奮鬥，這一女性逐步獨立的歷程，也成爲晚清社會基礎變革最有力的印證。並且，由晚清發端的婦女解放思潮至今亦未過時，彼時先進之士競相宣說的『女權』，百年之後，仍然響徹新世界的天壤」〔註1〕。「晚清的社會震盪」即是「三千年一大變局」，中國社會的諸多層面開始了艱難的變革歷程。近代口岸城市的逐步開放，客觀上結束了中國自給自足自然經濟的一統狀態，爲女性職業化趨勢提供了必需的物質條件，從而打破了傳統的「男主外，女主內」的家庭經營格局，擁有經濟自主權的女性開始追求自由、開放的生活方式〔註2〕。同時戊戌維新以來新知識界人士營造的輿論氛圍，比如「天賦人權」的觀念，喚醒了女界民族意識、平等自立精神乃至性別意識的覺醒。「女子無才便是德」之類的傳統女性觀開始受到質疑和挑戰，興辦女性教育〔註3〕逐漸成爲新知識界應對危局、振興民族的共識。

〔註1〕夏曉虹：《導言》，見夏曉虹：《晚清女性與近代中國》，北京：北京大學出版社2004年版，第4頁。

〔註2〕羅蘇文：《女性與近代中國社會》，上海：上海人民出版社1996年版，第9～55頁。

〔註3〕清末民初時期，在報刊著述中習慣把婦女或女性稱作「婦人」、「女子」，且「女子」一詞到五四以後更爲普遍。「婦女」則爲抗戰以後至1949年以後主流文化中的稱謂。依現代語境上看，「婦女」多指稱有婚史或者由一定社會閱歷經驗的女人，「女性」從外延上比「婦女」更寬廣，也更具有現代意味。爲了行文論述的方便，這裡我暫用「女性教育」這一指稱。

　　跟傳統意義上的女學不同，辛亥前後的女性教育從創辦之初，便同「天賦人權」之類的近代女性觀纏繞在一起。伴隨著 20 世紀初西方女權思想的傳入，女性的新角色也從「賢妻良母」逐漸變爲「國民之母」，進而再變爲「女國民」、「女英雄」等面相。應當說，新知識界人士的輿論宣傳與學校教育的實踐促進了女性的覺醒，改變了她們的傳統空間認知方式，有的還改變了她們的生活軌跡，她們開始從家庭走向社會，積極參與社會公共生活，啟蒙家設計討論的「新女性」先驅形象開始活躍於歷史舞臺。「晚清女子教育的最大特色是女學與女權的交織，這種女權又被框定在國族主義的範疇內。」〔註4〕在此過程中，晚清「民族主義」的話語開始滲透到女性教育與女權運動中，而女學校、女性團體、女性報刊便是集中呈現女性教育和女權運動的重要載體，三種載體的核心當數女學校及女性教育的開展〔註5〕。

　　就辛亥前後浙江的女性教育而言，不得不從 1898 年戊戌維新前夕在上海創辦的「中國女學堂」說起。它的創辦人爲浙江上虞的經元善（1841～1903），即前文提到的經亨頤的叔父，時任上海電報局總辦的要職。「借助報紙，經元善眞正把中國女學堂辦成了一樁公共事業，不僅賬目公開，以示秉公辦理，而且將同人與外界的不同意見公諸報端，引起公眾的參與興趣。……這些在正式版面出現的各類文字，與在廣告欄目中刊載的啟事相配合，對中國女學堂做了卓有成效的宣傳。」〔註6〕因此，將其置於中西文化交融的時代背景下，

〔註4〕姚霏：《空間、角色與權力：女性與上海城市空間研究（1843～1911）》，上海：上海人民出版社 2010 年版，第 79 頁。

〔註5〕需說明的是，關於「女性教育」的研究可謂碩果累累，除了大部頭的婦女史、婦女運動歷史資料、女子教育通史、女性文學史外，還是近年來博碩論文選題關注的焦點，據不完全統計，有關此方面的論文達二百篇左右。研究面相上或集中考察某一區域及時代的女子教育，包括西歐文藝復興時期、近代日本、戰後美國、19 世紀印度以及中國從西周一直順延到抗戰以來的斷代、區域的研究，如華北、山東、湖南、雲南、貴州、九江、煙臺、廣州、上海、甘寧青、天津、廈門、福州、浙江；或對於精英人物女性教育觀念的研究，包括杜威、盧梭、蒙田、英美基督教傳教士、袁枚、王韜、嚴復、鄭觀應、康有爲、梁啟超、張謇、經元善、蔡元培、陸費達、陶行知、魯迅以及呂碧成、唐群英、陳衡哲、張愛玲等；或研究書籍、報刊以及社團與女性教育的關聯，如漢代家訓、唐代女教書及墓誌彙編、《鏡花緣》、《女界鐘》和《申報》、《東方雜誌》、《大公報》、《北京女報》、《婦女雜誌》以及新潮社、中華教育改進社等；或集中到學校、教育層面個案的研究，如清末教會學校、教會女子大學、女子師範教育、女子體育教育、女子職業教育以及北京女子師範學校、金陵女子大學、北京地區中學教育、福建華南女子學院等。

〔註6〕夏曉虹：《晚清女性與近代中國》，北京：北京大學出版社，2004 年版，第 7 頁。

考察「中國女學堂」創辦前後的艱辛經歷，以此來解讀辛亥前後女性教育如何爲女性文學的發生準備了歷史條件。同時，談及辛亥前後浙江的女性教育，不能忽略上海的輻射與示範作用。特有的區域地理環境，使得浙江易於受到「西潮」的影響。如前所述，20 世紀初民族主義思潮的盛行，不僅成爲革命派鼓動救亡的輿論背景，而且由它所激發的民族意識滲透到社會生活的諸多層面，「恍然明白種族仇恨已深，漢人已日進自奮，滿然倘不自奮，難其自拔」〔註7〕，1905 年 12 月 21 日，滿族女子惠興因辦女學款絀，於杭州家中服毒，遺書當道請求劃撥常年經費。「惠興殉學」事件在辛亥前後浙江女性教育史上的突出意義，不僅在於「滿」「漢」共享了民族主義的話語資源，也昭示了女性覺醒後所遭遇的慘淡經歷。新知識界人士所設計與構想的新女性角色，並非後人所想像的一蹴而就。一路走來，她們需要跨越新舊混淆、價值規範從失範到重建的社會形態，需要不斷解決新的困惑、新的荊棘，喊出屬於女性自己自覺的吶喊。

第一節　輿論、行動及男性「啓蒙姿態」

中國近代女子學校教育肇始於西方傳教士在華興辦的教會學堂。1844 年，英國倫敦東方婦女教育促進會會員愛爾德賽女士（Miss Aldersay, 1797～1868），在寧波創辦的寧波女子學塾爲中國本土最早的女子學校〔註8〕。自此以後，伴隨著不平等條約以及通商口岸城市的逐步增加，來自西方的傳教士在華紛紛開辦女學校，「傳教士是與商人一起東來的，但由於教士比商人更具有獻身精神，因此，西洋宗教在中國登陸之後，比商品走得更遠，甚至深入窮鄉僻壤」〔註9〕，教會女子教育逐步發展起來。儘管教會女學課程也隨著時勢的發展不斷調整〔註10〕，但鑒於其初衷「特基督教會之學校，初非專門之教育家所設立，其志亦並不在教育人才以促進教育之進步，乃欲以學校爲一

〔註 7〕褚壽康：《惠興女中》，見政協杭州市委員會文史資料工作委員會編：《杭州文史資料》（第 6 輯），杭州：杭州出版社 1985 年版，第 54 頁。

〔註 8〕李楚材編著：《帝國主義侵華教育史資料——教會教育》，北京：教育科學出版社 1987 年版，第 240 頁。

〔註 9〕陳旭麓：《近代中國社會的新陳代謝》，上海：上海人民出版社 1992 年版，第 140 頁。

〔註10〕吳民祥：《浙江近代女子教育史》，杭州：杭州出版社 2010 年版，第 28 頁。

種補助之物，以助其宣傳福音之業」〔註11〕，某種程度上與中國傳統文化教育有衝突，因此不被看作嚴格意義上的中國女學。

就浙江教會學校而言，呈現出從寧波向浙江內地滲透的趨勢，至20世紀初，浙省各地多有教會女學設立，杭州作爲省垣的特有地位，教會女學勢力更爲彰顯。〔註12〕據資料顯示，到了1915年，浙江省教會女學的區域更爲廣泛，幾乎遍及所有的舊府、州縣，其中杭縣、嘉興、吳興、紹興等地學校總數多達10所以上，學校總數達148所，學生總數爲6328人，學校類型也呈現出整體發展趨勢。〔註13〕除此之外，杭州取代了寧波的中心地位，成爲教會女學的辦學中心〔註14〕。從整體上看，近代教會女學的創辦、開展有利於社會風俗的改善，比如廢纏足運動的提倡，爲傳統女性生活空間的拓展掃除了障礙；同時注重生活技能的教育也便於女性自立自強，教會女校學生扮演著新女性先驅的角色。尤爲重要的是，教會女學的創辦爲國人自辦女學起到了榜樣與示範作用〔註15〕。

一、從上海「中國女學堂」說起

1897年12月6日，在上海張園安塏第曾舉辦過一次盛大的宴會，包括中西官紳女客共122人出席了集會，共同商討上海「中國女學堂」的籌備事宜。此爲「中國女學堂」的第四次籌備會議〔註16〕。在中國近代教育史上這次聚會意義非凡，「中國女學堂」作爲國人自辦的第一所女學堂〔註17〕，「改變了此前

〔註11〕 李楚材編著：《帝國主義侵華教育史資料——教會教育》，北京：教育科學出版社1987年版，第5頁。

〔註12〕 《調查會稿 浙江省會學校一覽表》，《浙江潮》第8期，1903年10月10日。

〔註13〕 《附錄 最近浙江省外人設立學校調查總表（民國四年度）》，杭州《教育周報》，第180期，1917年11月4日。

〔註14〕 吳民祥：《浙江近代女子教育史》，杭州：杭州出版社2010年版，第12～15頁。

〔註15〕 吳民祥：《浙江近代女子教育史》，杭州：杭州出版社2010年版，第48～50頁。

〔註16〕 經元善：《內董事張國安塏第公宴中西官紳女客會議第四集（1897年12月6日）》，（清）經元善：《經元善集》，虞和平編，武漢：華中師範大學出版社1988年版，第199～203頁。

〔註17〕 關於中國人自辦的第一所女學堂的考辨，見諸季能：《第一次自辦女學堂》，《東方雜誌》第32卷第3號，1935年2月1日；談社英編著：《中國婦女運動通史》，南京：婦女共鳴社1936年版；程謫凡：《中國現代女子教育史》，上海：中華書局1936年版；夏曉虹：《晚清女性與近代中國》，北京：北京大學出版

教會女塾包攬中國近代女子社會化教育的局面」〔註18〕，在中國教育史上留下了濃墨重彩的一筆。同時，其開風氣之先尚不在於當時征集到多少有價值的建議或者捐贈，而在於主辦方以召開大會的形式邀請西方女士參與中國人擬創辦的教育事業，並廣泛利用新聞媒體連續報導相關內容，顯示了開放的胸襟，爲女性教育在全國的推廣奠定了興論基礎。這次盛會的籌辦者爲時任上海電報局總辦的經元善，在《中國女學堂緣起》以及後來論及女學的文字中，論述了創辦女學的必要性，除了承先祖之法、繼先哲之道外，最重要的是「女之宜學，誠亟亟哉。甲午後，創巨痛深，朝野之間競言興女學，今議開辦女學以冀中國自強本計」〔註19〕的民族情懷，以及對於「西人通商我華，所到之處多開女學，以辱我國。以堂堂之中國，而無一女學堂，恥孰甚焉」〔註20〕的民族自尊。應當說，甲午戰敗的創傷對於新知識界人士的心理產生了極大的影響，民間興學的高潮也來源於他們改變中國現狀的迫切期待。

其實，經元善的識見並非高瞻遠矚。早在 19 世紀 70 年代，以上海的《萬國公報》和《申報》爲中心就開始關注婦女問題，後來也參與了上海「中國女學堂」籌辦事宜的林樂知，就在《萬國公報》上刊登了大量關於婦女問題的文章，除了介紹西方女子教育狀況以及外國婦女風俗，便是歷陳中國各種與婦女相關的陋習，如纏足、幽閉、休妻納妾、重男輕女、溺女等，直言中國要興辦女學，振興女權，提倡男女平等〔註21〕。而《申報》更是直接以「論女學」、「論女學後」、「再論女學」爲題刊載文章，集中對傳統的女性觀進行

社 2004 年版；喬素玲：《教育與女性——近代中國女子教育與知識女性覺醒（1840～1921）》，天津：天津古籍出版社 2005 年版等，從歷史評價來看，應該以上海「中國女學堂」爲第一。

〔註18〕　夏曉虹：《晚清女性與近代中國》，北京：北京大學出版社，2004 年版，第 3 頁。在本書中夏以「中西合璧的教育思想」對上海「中國女學堂」進行了考述，也對這次中西女士的盛大聚會進行了較爲詳細的考辨，此後還在《彭寄雲女史小考》（《中國現代文學研究叢刊》2001 年第 3 期，第 205～215 頁）和《上海「中國女學堂」考實》（《中國文化》第 31 期，第 120～130 頁。）對此有所涉及，特此指出。

〔註19〕　經元善：《中國女學堂緣起（1897 年底）》，（清）經元善：《經元善集》，虞和平編，武漢：華中師範大學出版社 1988 年版，第 184 頁。

〔註20〕　經元善：《內董事桂墅裏會商公宴駐滬中西官紳女客第三集（1987 年 12 月 1 日）》，（清）經元善：《經元善集》，虞和平編，武漢：華中師範大學出版社 1988 年版，第 197 頁。

〔註21〕　王海鵬：《〈萬國公報〉對近代中外婦女風俗的考察與評論》，《廣西社會科學》2005 年第 4 期，第 107～109 頁。

批評，「或以最新的科學知識，駁斥傳統的男尊女卑觀念；或以西方男女平等爲參照體系，論證中國男女之不平等」〔註 22〕。除了西方傳教士的輿論宣傳以及興辦女學的刺激與感召外，早先覺醒的新知識界人士也感受到了興辦女學、強國保種的緊迫性，比如鄭觀應在《盛世危言・女教》篇中云：「誠能廣籌經費，增設女塾，參仿西法，譯以華文，仍將中國諸經、列傳、訓誡女子之書別類分門，因材施教，而女紅、紡織、書數各事繼之」，培養其爲「賢女，賢婦，賢母」，女子「苟易裹足之功改而就學，罄十年之力率以讀書，則天下女子之才力聰明，豈果出男子下哉？」，如此「轉移間利興弊去，二百兆釵裙皆能佐夫教子」〔註 23〕。

當然，除了鄭觀應的《盛世危言》外，對經元善創辦女學有著直接刺激作用的是梁啓超〔註 24〕，1897 年梁啓超在《變法通義・論女學》中，論說興女學的重要性云：「然吾推極天下積弱之本，則必自婦人不學始」，認爲「保國、保種、保教」爲「今之前識之士憂天下者」的三大事，對比世界各國興辦女學與國家，民族強盛之間的關係後呼籲：「故治天下之大本二：日正人心，廣人才。而二者之本，必自蒙養始。蒙養之本，必自母教始。母教之本，必自婦學始，故婦學實天下存亡強弱之大原也」〔註 25〕。梁啓超在隨後《倡設女學堂啓》中更是直言設立女學堂：「上可相夫，下可教子。近可宜家，遠可善種。婦道既昌，千室良善。豈不然哉，豈不然哉？」〔註 26〕嚴復 1898 年也在《國聞報》上撰文提倡興辦女學，禁止纏足，呼籲男女平等：「中國婦人，每不及男子者，非其天不及，人不及也。……故使國中之婦女自強，爲國政

〔註 22〕 姚霏：《空間、角色與權力：女性與上海城市空間研究（1843～1911）》，上海：上海人民出版社 2010 年版，第 77 頁。

〔註 23〕 （清）鄭觀應：《女教》，（清）鄭觀應：《盛世危言》，辛俊玲評注，北京：華夏出版社 2002 年版，第 120～121 頁。

〔註 24〕 經元善 1898 年 3 月在《女學集說附》中說：「中國宜開女學之議，吾友香山鄭陶齋觀察已於《盛世危言》發之極透，元善服膺非一日矣。新會梁卓如孝廉《時務報》第二十三冊、二十五冊刊登《女學論》，有未經人道之處，讀者咸服其精詳。滬上女學之設導源實肇於此，且撰公啓、定章程、倡捐助，皆出孝廉大手筆，文理密察，學有本原嶺海多才，益深宗仰。」見（清）經元善：《女學集說附》，（清）經元善：《經元善集》，虞和平編，武漢：華中師範大學出版社 1988 年版，第 216～217 頁，引文中書名號爲引者加。

〔註 25〕 （清）梁啓超：《變法通義・論女學》，（清）梁啓超：《梁啓超全集》，北京：北京出版社 1999 年版，第 32 頁。

〔註 26〕 （清）梁啓超：《倡設女學堂啓》，（清）梁啓超：《梁啓超全集》，北京：北京出版社 1999 年版，第 104 頁。

至深之根本；而婦女之所以能自強者，必宜與以可強之權，與不得不強之勢。禁纏足，立學堂固矣；然媒妁之道不變，買妾之例不除，則婦女無自立之日也。」〔註27〕從中可以看出，梁啓超等把興女學提升到有功於國家興亡的高度，對於提高女性的地位、生存能力、精神品格等方面有著積極的促進作用，客觀上塑造了維新派人士認可的女性新形象。

在上海「中國女學堂」的創建過程中，起決定作用的是梁啓超與經元善。其中，梁啓超負責輿論鼓吹，經元善作爲女學堂的實際主持人，承擔籌集經費、營建校舍、聘請教員等具體事務〔註28〕。梁、經兩位確實深諳報刊對於近代生活的重要性，「中國女學堂自籌建階段始，便積極與上海多家報刊建立聯繫，廣泛利用新聞媒體，展開了聲勢浩大的宣傳活動」〔註29〕，對於上海《時務報》、《農學報》、《求是報》、《蘇報》、《蘇海彙報》、《新聞報》、《文匯西報》、《字林西報》、《萬國公報》、《申報》、《點石齋畫報》、《遊戲報》等幾乎所有重要的報紙雜誌，或邀請他們的主編或主筆參與女學堂的籌備會議，或請他們刊登、轉載有關中國女學堂的文章消息等。正是通過現代傳媒的傳播效應，使得上海「中國女學堂」聲名遠揚，才會出現文章開頭中西官紳女各共襄盛會的一幕。

在各家傳媒中，上海《新聞報》對「中國女學堂」的創設過程最爲關注。從 1897 年 11 月 17 日第一次籌備會議開始，該報就以「議創女塾」爲題進行了報導：「前日嚴筱舫觀察、經蓮珊太守、汪穰卿貢士、梁卓如孝廉諸君，大宴賓客於滬北一品香番菜館，到者約五六十人，集議捐創女塾，俾大家閨秀得以學習泰西文字、格致、醫學一切。說者謂此舉若成，實開華人婦女風氣之先。惟創辦恐非易易耳。」文中提到的人物即嚴信厚、經元善、汪康年、梁啓超。不過梁啓超因爲在《時務報》與汪康年有「齟齬」，已於 1897 年 10 月赴長沙出任時務學堂總教習，並未參加會議〔註30〕。即使如此，梁啓超仍對女學興辦

〔註27〕　（清）嚴復：《論滬上創興女學堂事》，嚴復：《嚴復集》（第 3 冊），王栻編，
　　　　　北京：中華書局 1986 年版，第 468 頁。
〔註28〕　夏曉虹：《晚清女性與近代中國》，北京：北京大學出版社，2004 年版，第 4
　　　　　～5 頁。
〔註29〕　夏曉虹：《晚清女性與近代中國》，北京：北京大學出版社，2004 年版，第 5
　　　　　頁。
〔註30〕　丁文江，趙豐田編：《梁啓超年譜長編》，上海：上海人民出版社 1983 年版，
　　　　　第 86 頁。

給予了幫助，最近發現的一封梁啓超致盛宣懷的信〔註31〕中可以看到包括張之洞、盛宣懷在內的晚清重要人物對於興辦女學的態度，原信如下：

杏蓀太常先生足下：

在滬侍教，領益無量。初謂追隨同舟，得以暢聆雅訓，嗣因事濡滯，良用悵悵。抵漢曾晉謁兩次，未獲奉顏色爲歉。敬有請者，超瀕行，承經蓮山太守諄諄委屬，令在舟中晤公時，懇請由漢發一電，與施、嚴、唐、鄭諸公，請協同提倡女學堂事，此後又復有函有電來（電乃自鎮江接者），屬務請公竭力提倡，以助厥成云云。其任事之勇猛，好善之誠懇，實可感佩。女學一事，實今日中國開民智之根本，超於五月間，與陳伯嚴吏部、文芸閣學士、譚復生太守諸君，有意於是，嗣以力量綿薄，未克即舉，久已置之，今得蓮山太守主持，實可望致大成。此次與南皮師言及，極承賞揚，且言宜分立一小女學堂於武昌，師當與公聯銜入告云云。此事若得兩公大力，爲登高之呼，則風氣之開，指日可待。不揣唐突，謹將蓮山所來三函一電統達典籤，伏乞賜覽，許予施行，無任盼禱。冒瀆之至，伏乞鑒諒。敬請勳安不備。

梁啓超謹上 十月望日

入湘匆匆，明日首途，恕不走辭，如何之處，幸示覆，俾得覆蓮山爲盼。〔註32〕

信中提到的施、嚴、唐、鄭四人即施子英、嚴信厚、唐廷樞、鄭觀應，他們都是上海工商界的領袖，與盛宣懷關係密切。之所以抄錄這封信，除了說明梁啓超一如既往爲籌辦女學堂努力外，還在於說明創辦女學堂的社會氛圍並非很普遍，一方面緣於「我中國人積習通病，患在少果敢之勇，堅忍之志。每欲圖創一事，始則因陋就簡，以爲惜物力；繼則規避諉卸，以爲識時務；卒之收效者實寡」〔註33〕，另一方面需要張之洞、盛宣懷一類的大人物的支

〔註31〕 王敏：《梁啓超一封關於創辦女學的重要信函》，《歷史教學》2006 年第 3 期，第 80 頁。

〔註32〕 王爾敏，陳善偉編：《近代名人手箚眞跡》，香港：香港中文大學出版社 1987 年版，第 1624～1627 頁。

〔註33〕 《女學堂覆同人鄭陶齋書（1897 年 11 月 28 日）》，《新聞報》，1897 年 11 月 29 日。

持。這也可以從經元善一再撰寫《上南洋大臣劉制軍稟》，懇請劉坤一上奏朝廷，允許將《內則衍義》「發交女堂，並准其照式刊刻，流佈遠近」〔註34〕的做法看出來，儘管經元善此舉重在借助舊學的力量反擊西方的壓力，實則是借助官方資源推進女學教育的開展。當然，盛宣懷是否回信不得，但從 1897年 12 月 6 日那次張園聚會名單來看，盛宣懷夫人及女兒的出席足以證明其對創辦學堂的支持。〔註35〕

在經歷了一系列的籌備和宣傳後，「中國女學堂」於 1898 年 5 月 31 日正式開學，地點在上海城南高昌廟桂墅。儘管初期學生人數未能達到經元善等創辦人的期望，但同人依然堅持不懈，「中國女學堂」的規模也在不斷擴大。1898 年 10 月 31 日，又在城內淘沙場開設了分校。第二年年初，學堂聲名遠揚，在校及報名入學者達七十餘人。從《上海新設中國女學堂章程》中可以看出，辦理宗旨「欲復三代婦學宏規，爲大開民智張本，必使婦人各得其自有之權，然後風氣可開，名實相副」，並要求「堂中一切捐助創始及提調、教習，皆取材於閨閣之中」，並從辦事人員（教習、提調、內董、外董、司事）、招選學生、學規、堂規、學成出學規例、捐例等六方面對女校開辦做了詳細的規定〔註36〕。等到 1898 年 4 月，「因地因事，於原章不能不小有變通」，經元善另行擬定《中國女學會書塾章程》十四條，兩章程最大的不同乃是放低了學生入學的門檻，「今暫不拘執年歲，只須清白良家，能遵守章程，皆可來塾肄業，或朝來暮返，或住宿在塾，均聽其便」，同時對開館、放學、請假乃至膳食等諸多方面進行了詳細規定〔註37〕。經元善的目標乃是中西學並授以此培養賢妻良母爲然，「夫有淑女，而後有賢母。有賢母，而後有賢子」〔註38〕。《上海新設中國女學堂章程》對於學堂課程規定如下：

〔註34〕 夏曉虹：《晚清女性與近代中國》，北京：北京大學出版社，2004 年版，第 26頁。

〔註35〕 經元善：《內董事張國安壋第公宴中西官紳女客會議第四集（1897 年 12 月 6日）》，（清）經元善：《經元善集》，虞和平編，武漢：華中師範大學出版社 1988年版，第 199～203 頁。

〔註36〕 經元善：《上海新設中國女學堂章程（1897 年 12 月）》，（清）經元善：《經元善集》，虞和平編，武漢：華中師範大學出版社 1988 年版，第 226～228 頁。

〔註37〕 經元善：《上海女學會書塾章程（1898 年 4 月）》，（清）經元善：《經元善集》，虞和平編，武漢：華中師範大學出版社 1988 年版，第 230～232 頁。

〔註38〕 經元善：《致鄭陶齋、楊子萱、董長卿論辦女公學書（1899 年 6 月）》，（清）經元善：《經元善集》，虞和平編，武漢：華中師範大學出版社 1988 年版，第 276 頁。

一、堂中功課，中文西文各半，皆先識字，次文法，次讀各門學問啓蒙粗淺之書，次讀史志、藝術、治法、性理之書。

二、堂中設專門之學三科，一算學、二醫學、三法學，學生每人必自占一門，惟習醫學法學者，於粗淺之算理亦必須通曉。

三、於三科之外，別設師範科，專講求教育童蒙之法，凡自認此科者，於各種學問皆須略知本末，則不必於三科之中自占專門。

四、紡織繪畫等事婦學所必需，俟經費擴充，陸續延請教習教以中外藝事。

五、堂中每月設課一次，由教習命題評定甲乙，每季設大課一次，課卷送通人評定，列等第、設獎賞。惟初辦之始，或學生未能應課，則此項俟數月以後始行舉辦。〔註39〕

而 1898 年 4 月刊登的《中國女學會書塾章程》開頭便強調「專教吾華女子中西書史與一切有關實用醫算樂律等學，探訪泰西、東瀛師範，以開風氣之先，而復上古婦學宏規」，「以造就其將來爲賢母、爲賢婦之始基」〔註40〕，主要效法當時培養「亦中亦西」人才爲主的上海中西女塾，同時還參照以培養賢妻良母爲宗旨的上海聖瑪利亞女校，因此中西並重的氣息比較濃厚〔註41〕。課程含有初級中學或職業學校的性質，算學、法學、醫學以及師範科、紡織繪畫等科目的開設，有著濃厚的時代氣息，也反映了創辦人取法西方、急於變革圖強的心理。與此相應的便是教習的聘任情況：第一學期除了提調、總監塾爲沈瑛，幫辦提調、監塾爲鄭太太外，中文教習有四名，即劉靚（程太太）、蔣蘭（劉太太）、丁素清、張蘊華（張太太？），西文教習一名，即徐賢梅，針線教習一名，即陳太太；到了第二學期，提調改爲劉靚，監塾爲鄭太太，中文教習有三名，劉靚、蔣蘭、龔慧蘋（汪太太），西文教習有三名，即林梅蕊（也作林瑪萊）、徐賢梅、丁明玉，繪事教習一名，即劉靚。此後陸續有醫學教習、體操教習、琴學教習等〔註42〕。

〔註39〕經元善：《上海新設中國女學堂章程（1897 年 12 月）》，（清）經元善：《經元善集》，虞和平編，武漢：華中師範大學出版社 1988 年版，第 226～227 頁。爲了敘述方便起見，學規編號有所變動。

〔註40〕經元善：《上海女學會書塾章程（1898 年 4 月）》，（清）經元善：《經元善集》，虞和平編，武漢：華中師範大學出版社 1988 年版，第 230 頁。

〔註41〕夏曉虹：《晚清女性與近代中國》，北京：北京大學出版社，2004 年版，第 17～27 頁。

〔註42〕夏曉虹：《上海「中國女學堂」考實》，《中國文化》第 31 期，第 123～124 頁。

可惜好景不長，戊戌維新失敗的政治情勢，致使女學堂的處境越來越艱難。1900 年，經元善因領銜致電總理衙門諫阻廢帝另立皇儲一事遭到清政府通緝，不得不遠走澳門避難。中國女學堂失去創辦人的呵護後，勉強維持到是年秋天停辦，第一所國人自辦的女子學校至此劃上了句號。1902 年 6 月 26 日，經元善在上海女學會第一次會議上發表演說，回顧女學堂創辦經過時說：「佛偈云，一粒粟種遍大千世界。回溯丁酉戊戌間，滬上初倡女學，是下第一粒粟之萌芽，邇聞八閩兩粵繼起迭興，是栽種一握稻子時代矣。」〔註 43〕20 世紀初，上海愛國女學校、女子中醫學校、務本女塾、城東女學、宗孟女學等相繼在上海、蘇州、廣東及南洋新加坡等地開辦。由經元善創設的上海「中國女學堂」的影響從上海一隅波及全國。

爬梳這一時期浙江創辦的報刊，不難發現與婦女纏足、女性社會地位、女性教育等相關的時評、論說、新聞充斥著版面。前文提到的浙江留日學生創辦的《浙江潮》，在其「學術」門類就專門開闢了女學及兒童教育欄目，並用白話文向家鄉父老介紹有關女學方面的知識〔註 44〕，發揮了一定的啓蒙作用。與此同時，《杭州白話報》也採用德育、智育、體育這一西方教育的評估體系，呼籲重視女子教育、兒童教育和家庭教育，並將這些論說刊載於報刊的頭條〔註 45〕，足見浙江新知識界人士對這一話題的重視。當然，不容忽視的還有 1903 年清政府頒佈的《奏定學堂章程》，儘管對於女性接受教育沒有明確規定，只是將其納入家庭教育之中〔註 46〕。浙江新知識界人士受到教會女學以及上海「中國女學堂」的影響，民間興學力量開始關注本區域的女性教育問題。

浙人自辦的第一批女學校或者招收女生的學校主要是嘉興的普通女學社（1903 年 5 月）、愛國女學社（1903 年 7 月 20 日）、培實學堂附設女班（1903 年 7 月）、潘氏半日女塾（1903 年 8 月）、潘氏半日女塾（1903 年 8 月）、民立小學附設女班（1903 年）以及溫州平陽的益智高等女學校（1903 年春）、

〔註43〕 經元善：《在上海女學會第一次會議上的演說（1902 年 6 月 26 日）》，（清）經元善：《經元善集》，虞和平編，武漢：華中師範大學出版社 1988 年版，第 379頁。
〔註44〕 《發刊詞》，《浙江潮》第 1 期，1903 年 2 月 17 日。
〔註45〕 黃海鋒郎：《論今日最要的兩種教育》，《杭州白話報》第 2 年第 9 期至第 15期，1903 年。
〔註46〕 《奏定學堂章程·蒙學院及家庭教育法》，朱有瓛：《中國近代學制史料》（第 2輯下冊），上海：華東師範大學出版社 1989 年版，第 746～750 頁。

黃岩城區私立女學校（1903 年）等〔註47〕。嘉興因毗鄰上海，較容易受到上海新文化潮流的影響，因此浙江第一批女學堂誕生於該地合情合理，至於溫州平陽較早創辦女學，則源於孫詒讓（1848～1908，浙江瑞安人）等士紳的積極提倡。查閱相關資料，筆者發現 1903 年 10 月 20 日，當英國傳教士李提摩太到溫州考察教會學校和醫院時，孫詒讓在歡迎會上發表演說稱：

> 吾們溫州雖是通商碼頭，而地方風氣，亦未能開通。敝縣瑞安近年來辦幾處學堂，而經費短絀，校舍課程都未完備。學董、講師、辦事人員多是科舉出身的舊人，恐怕對於新的教學方法及新的各科材料，所見所知，都很有限。……至於我自己，雖然讀過中國舊書，而不識西洋文字。近來稍稍兼看西書的譯本，總還慚愧，所得甚為淺薄，且每恨未曾親到西洋，參觀各國的新政設施及一切大小學堂的辦法，以增長見識。現在蘇先生設立這藝文學堂，可使我們溫州的人士多得到些新的學理，多看見新的事物，對於地方民智的開通，是有不少裨益的。今天與我同來的師生們到此登堂觀禮，如同身到西國考察一樣，豈不歡幸！李先生是西國有名的通儒，今幸光臨我溫州，來與我們互相見面，談笑於一堂，亦算得不易得到的機會，所以我與同來的師生們，對於兩位先生今天這番熱情是同表感謝與傾佩的。〔註48〕

從中不難看出孫詒讓崇尚教會教育的態度，帶有當時新知識界人士推崇教育以開民智的迫切心理。從這一時期開設的科目來看，有讀本、習字、圖畫、聯句、講演、唱歌，課本採用《女誡注釋》、《習字範本》、《文學初階》、《白話報》。授課方法則為六課分兩日教授，一日計六點鐘〔註49〕。儘管與上海「中國女學堂」還有一定的差距，但已經具有新教育的特徵，也如實反映了浙江早期女學堂的過渡特徵，處於「傳統」與「現代」之間，其所需要的僅是時間的積累。

二、「惠興殉學」及其意義傳播

杭州作為浙省的政治和文化中心，近代女學堂的創辦也處於全省乃至全國的前列，其中最有影響的便是 1904 年 5 月 2 日創辦的公立杭州女學校。以

〔註47〕 吳民祥：《浙江近代女子教育史》，杭州：杭州出版社 2010 年版，第 60 頁。
〔註48〕 孫延釗撰：《孫衣言孫詒讓父子年譜》，徐和雍，周立人整理，上海：上海社會科學院出版社 2003 年版，第 468～470 頁。
〔註49〕 《調查會稿·台州黃岩縣城學界區所表》，《浙江潮》第 7 期，1903 年 9 月 11 日。

杭州教育會的名義發起，由邵章、陳敬第、孫智敏、胡煥、鍾濂、鄭在常、袁毓麟等，稟請撫院聶緝槼立案開辦。〔註50〕「留東學子汪希、傅疆、孫江東、高子周、袁文藪等，得彼邦風氣之先，曾數月奔走號呼於桑梓女學之創設；至是乃進而負責籌辦一切。」〔註51〕學校以「開通女子智識並普及女學爲宗旨」，並「聘請女士能勝職任者充之，惟外庶務公舉一老成幹練之士充之」〔註52〕，發起創辦捐、常年捐、特別捐等捐助形式，在第七至十條涉及到教科目的規定：

第七條　本校教科分尋常小學、高等小學兩級，平日未曾識字讀書或粗通文理者入尋常科讀書有年，程度較高者入高等科

第八條　尋常科之科目：修身、國文、算術、圖畫、裁縫、唱歌、體操；高等科之科目：修身、國文、英語、算術、中國歷史、地理理科、圖畫、裁縫、唱歌、裁縫、體操

第九條　尋常科之科目以三年卒業，高等科之科目以二年卒業

第十條　本校俟經費寬足後再擬幹尋常高等科外，別設師範科

〔註53〕

依照日本女學興辦教育，增加教學科目以拓展女學生知識視野，「西方全盛之國，莫美若；東方新興之國，莫日本若。男女平權之論，大倡於美，而漸行於日本」〔註54〕。接著分別就定額、假期、入學資格、入校規約、附則等幾個方面進行了具體說明。其中，入校資格中規定：舉止嫻雅身體健全，不得纏足（已纏足者入校後須漸解放）、年齡十一歲以上二十歲以下、不得著豔麗衣服及塗抹脂粉。學生入校還需要公正紳士的保證、經過試讀期的考覈、每年每生還要繳膳食費二十四元。這些規定顯示了當時新知識界人士的共識，但需要紳士擔保及繳納膳食費，並非尋常人家所能承擔。關於公立杭州女學校的後續情況，有兩則報導云：

〔註50〕吳民祥：《浙江近代女子教育史》，杭州：杭州出版社2010年版，第61頁。

〔註51〕杭州女子中學編：《浙江省立杭州女子中學五周紀念刊》，浙江省立杭州女子中學1936年印，轉引自吳民祥：《浙江近代女子教育史》，杭州：杭州出版社2010年版，第61頁。

〔註52〕《專件　公立杭州女學堂章程》，《浙江潮》第10期，1903年12月8日。

〔註53〕《專件　公立杭州女學堂章程》，《浙江潮》第10期，1903年12月8日。

〔註54〕朱有瓛編：《中國近代學制史料》（第1輯下冊），上海：華東師範大學出版社1986年版，第875頁。

　　杭州女學校，報名人數逾額數倍，而校舍狹小，一時經費支絀，未能擴充。故前月校長分日接見，學堂試驗品學，只取正取生 40 名，次取生 14 名，走讀生 7 名，因額滿見遺者甚多。現准於十七日開校。算學、音樂、體操教師，爲日文學堂堂長伊藤賢道之夫人鶴子樣，繫日本高等師範學校選科卒業生，到中國年餘，略通中國語云。〔註 55〕

　　杭州積善坊巷之女學堂，去歲三月十七日開校，現屆一周，公議開一紀念會，已預備一切。今歲報考學生，又有 10 餘名，分別傳取入校。教習除舊歲聘定汪女士教授歷史、地理兩科除外，今歲復聘請蔡女士爲國文修身教習，至科學教習則擬聘樓女士，均繫熱心教育家云。〔註 56〕

由此可以看出當時杭州社會開放程度尚可，女子入學堂以及求新知的願望比較強烈，這些都說明了杭州女學堂發展有著良好的社會基礎。在這種氛圍下，有研究者回憶說滿族女士惠興「認爲係極好機會，符合其理想，排除親族之阻止，前往投考」，「但當時公立女校抱排滿思想，欲在「學生中灌注其革命意識，當然不容滿人加入」〔註 57〕。記述有值得商榷之處：至 1907 年杭州府女學堂僅有一所〔註 58〕，故惠興投考的學校應爲前文提到的公立杭州女學堂；根據公立杭州女學堂的章程看，入學女生年齡要求在二十歲以下，而惠興女士犧牲時已有三十五歲，不被錄取倒在情理之中。因此不能把惠興女士興學的動機之一歸於投考不被錄取的刺激，倒是 1905 年 12 月 21 日惠興自殺後，《申報》上刊載的一條《惠興女士爲女學犧牲》的消息比較切合實際：

　　杭州惠興女士爲故協領崑璞之女，附生吉山之妻，十九歲夫亡守節。因讀南皮《勸學篇》，大有感奮，遂以提倡女學自任。光緒三十年六月二十六日，延當地之有聲望者多人，商論創辦學校之事。是日，氏忽當眾前袒一臂，用刀割肉一片，誓曰：「今日爲杭州旗城

〔註 55〕《杭州女學校開學期》，《警鐘日報》1904 年 4 月 24 日。
〔註 56〕《女子世界》第 12 期，1905 年 4 月，轉引自吳民祥：《浙江近代女子教育史》，杭州：杭州出版社 2010 年版，第 62～63 頁。
〔註 57〕諸壽康：《惠興女中》，見政協杭州市委員會文史資料工作委員會編：《杭州文史資料》（第 6 輯），杭州：杭州出版社 1985 年版，第 54 頁。
〔註 58〕《光緒三十三年浙省普通學堂統計表》，《浙江教育官報》第 5 期，1908 年 12 月 3 日。

女學校成立之日，我以此血爲紀念。如此校關閉，我必以身殉之。」
遂於九月十六日開校。校中經費，雖杭州都統德捐洋四十元，又撥
公款八十元，留東八旗同鄉會會員捐洋百元，端午帥隨員喜捐洋五
十元，八旗眾官捐洋十元八元，以及零星捐款，統計約得三百餘元，
卒以無長年的款，支持甚難。今秋復以款絀，致課期時有間斷。氏
以此校無起色，由於無長年的款，而請款頗費躊躇，郁郁者非一日。
繼期請款之必得，遂密繕函八封，藏於桌內，復繕稟一扣，開辦女
學四柱賬單一紙，預先服毒，欲乘輿赴兩堂遞稟。家中人見其神色
有異，繼而查得茶碗中有煙跡，遂大嘩，喚同戚友竭力救治，已不
及矣。氏臨氣絕時，開目盡力言曰：「此稟遞上，有長年經費矣。」
遂死。年三十五歲，時爲光緒三十一年十一月二十五日。〔註59〕

惠興女士興學的動機來自於受到新思潮的影響，並非投考挫折〔註60〕。1906
年 6 月 16 日的《東方雜誌》以「惠馨女士殉學記」爲標題加以報導，開頭說
「杭州貞文女學校長惠馨女士，早孀居。博學能文，嘗讀張香帥勸學篇，知
國勢日衰，非興學無以救亡，乃大感奮以提倡女學自任」，與《申報》談及的
興學動機一致，後面有記者評論更是如此：「吾國今日非興學無以救亡，此其
理人知之而能言之，顧求其熱心興學者，則鳳毛麟角也。女士以巾幗弱質，
矢志興學，慘淡經營，卒底於成，其毅力已足多矣。及夫經費告盡，女學垂
危，而乃以身殉之，冀動人憐，則其義俠之氣爲不可及已。吾故表而出之以
爲世之興學者鑒，且以見吾國女界之未必無人也。」〔註61〕作爲當時有影響
的兩大報刊，把惠興殉學事件作爲晚清民間辦學艱難的例證，將其推崇爲興
辦女學的先驅也是題中應有之義。

　　研究者在解讀惠興自殺事件時，從惠興女士的身世找到了突破口，緊緊

〔註59〕《惠興女士爲女學犧牲》，《申報》，1905 年 12 月 30 日。
〔註60〕有研究者在解讀這一問題時，以 1904 年 10 月 22 日，11 月 8 日《警鐘日報》
　　　　上的兩則短訊佐證之，僅就材料而言，第一條消息並未提及投考失敗，只是
　　　　「校中見係旗人，命其約集女子籌款自辦」；第二則消息云「旗籍某女士赴東
　　　　平巷女學報名，該堂全體以非我族類，屏之不納」，校名地點似乎存在偏差，
　　　　公立杭州女學堂地點爲杭州城內積善坊巷，見《公立杭州女學堂章程》，《浙
　　　　江潮》第 10 期，1903 年 12 月 8 日。另見夏曉虹：《晚清女性與近代中國》，
　　　　北京：北京大學出版社，2004 年版，第 230～231 頁。
〔註61〕《惠馨女士殉學記》，《東方雜誌》第 3 卷第 5 號，1906 年 6 月 16 日，第 103
　　　　～104 頁。

抓著「滿」「漢」矛盾這一線索，解讀惠興殉學的動機和心態，藉此勾勒晚清「滿」「漢」矛盾中滿族的命運〔註62〕。顯然，在闡釋「惠興殉學」事件時，把「滿」「漢」預設爲一組既定的概念，並在晚清民族主義情懷高漲的背景下凸顯其矛盾意義。也許作者意識到這一視角造成的結論「齟齬」，在後文也稍做交代：「特別強調惠興創辦女學與以身殉學中的民族意識，並非有意貶低其興學的意義」〔註63〕。路康樂在《滿與漢：清末民初的族群關係與政治權力，1861～1928》一書中卻指出「滿」「漢」這組概念的動態性，「而是循『族群』（既是『種族』，也是由於文化、經濟、社會、語言及政治等因素形成的人群間的區隔）演化，考察『滿』作爲一個『民族』的形成過程；指出早期滿漢並非族類或政治地位，而是包括漢人在內的職業之別；直到 19 世界末 20 世紀初民族國家概念傳入後，『滿』開始從一種職業身份轉化爲族群及與之相應的政治地位之別的『滿人』；強調革命派普遍使用『滿人』，官方則用『旗人』代之。」〔註 64〕應當說，在新思潮傳播到中國以後，「滿」「漢」兩族群共享著近代傳媒的物質條件以及民族主義話語資源，只不過動機不同罷了：滿族需要拯救搖搖欲墜的皇權，藉以維護既有的統治，而廣大民眾則需要拯救任人宰割的中國，藉此抵抗西方帝國主義的殖民侵略。

1903 年對於國內知識界來說，並不是平靜的一年。接連而起的學生風潮造就了「學生社會」的崛起和國民意識的覺醒，新思潮從上海輻射到江浙以至全國各地，各地革命團體相繼成立，報刊的激進色彩也愈來愈明顯。常被研究者引用的革命派報刊《警鐘日報》就直接呼籲：「民族國家者，以同一之種族，同一之言語，同一之習慣，同一之宗教，造成同一之性質，同一之理想，而集合其能力，以組織政體，而統治人民，以爲生存之要具者也。是故以同族而排異族，以同國而排異國。排與外者不劇，則結於內者不牢；結於內者不牢，則排於外者不勝。」〔註65〕對於杭州來說，作爲清季排滿革命最爲活躍的地域之一，前文提到的公立杭州女學堂，創辦人多爲早期同盟會會員或者傾向於革命的新知識界人士，因此創辦的女學也被烙上了民族革命的色彩。

〔註62〕 夏曉虹：《晚清女性與近代中國》，北京：北京大學出版社，2004 年版，第 223～253 頁。

〔註63〕 夏曉虹：《晚清女性與近代中國》，北京：北京大學出版社，2004 年版，第 252 頁。

〔註64〕 王笛：《路康樂著〈滿與漢：清末民初的族群關係與政治權力，1861～1928〉》，《歷史研究》2001 年第 4 期，第 186～188 頁。

〔註65〕 共和復漢生：《論中國民族主義》，《警鐘日報》，1904 年 12 月 8 日，10 日。

　　革命派所營造的民族主義話語氛圍，對於跟隨先輩駐守杭州的滿族女士惠興來說，可謂身臨其境，「女士舊文學尚有跟底，留心時事，感到女子欲擺脫受壓迫之痛苦，非提高知識求得謀生之道不可」〔註66〕，需留意的還有惠興女士「結婚不久，即告孀居，只一子」，「女士無翁姑、丈夫，家中可以自主」〔註67〕的客觀處境，從中可以領會到惠興創辦女學的背景性因素：第一、惠興留心時事，這說明她女權意識比較濃厚，可謂受到了新思潮的感召，「實因現在的時勢，正是變法改良的時候。你們看漢人創興學務，再過幾年，就與此時不同了」〔註68〕，領悟到獨立謀生為女子解放之道的意義；第二、其客觀處境對於興學的促進作用，來自於家庭的羈絆較少，有一定的人身與生活決策權利；第三、前文一再談及的民族主義話語資源的共享，女子教育與強國保種相聯繫，這對於讀過張之洞《勸學篇》的惠興而言，不算為新奇之語，所以才「大有感奮，遂以提倡女學自任」的豪邁之情了。

　　如前所述，惠興為了籌措女學常年經費而自殺的壯舉，成為當時一則激越的事件，「社會聳聽，萬人雪涕。當道為之入奏，迷夢因以驟醒」〔註69〕，同時也刺激並感動著國人對於女學的認知，「女士之死，震動杭城，以為非具有大知識，大勇氣，決不能為本族為人民有此壯烈之犧牲，尤其是一滿洲婦女，識與不識無不感歎驚佩」〔註70〕，成為促進女學在全國開展的一個契機。「是則吾校之產生迥異他校，實屬可歌可泣者，抑亦為吾浙女學史放一異彩，豈僅僅一校之紀念已哉？傳之史乘，孰曰不宜！」〔註71〕需說明的是，惠興殉學的意義傳播，不外乎三條途徑：杭州佐領貴林的演講、滿族新學之士的推動以及文學媒介的宣傳與鼓動〔註72〕。

〔註66〕 褚壽康：《惠興女中》，見政協杭州市委員會文史資料工作委員會編：《杭州文史資料》（第6輯），杭州：杭州出版社1985年版，第54頁。

〔註67〕 褚壽康：《惠興女中》，見政協杭州市委員會文史資料工作委員會編：《杭州文史資料》（第6輯），杭州：杭州出版社1985年版，第54頁。

〔註68〕 《杭州貞文女學校校長惠興女士絕命書遺眾學生書》，《惠興女學報》第1期，1908年5月。

〔註69〕 《浙江杭州市私惠興女子初級中學一覽》，惠興女子中學1937年6月編印，轉引自吳民祥：《浙江近代女子教育史》，杭州：杭州出版社2010年版，第101頁。

〔註70〕 褚壽康：《惠興女中》，見政協杭州市委員會文史資料工作委員會編：《杭州文史資料》（第6輯），杭州：杭州出版社1985年版，第55頁。

〔註71〕 《浙江杭州市私惠興女子初級中學一覽》，惠興女子中學1937年6月編印，轉引自吳民祥：《浙江近代女子教育史》，杭州：杭州出版社2010年版，第101頁。

〔註72〕 夏曉虹：《晚清女性與近代中國》，北京：北京大學出版社2004年版，第234～247頁。

查《清史稿》知，杭州佐領貴林位于忠義列傳中：「貴林，字翰香，滿洲正紅旗人，杭州駐防。官協領，與浙人士遊，有賢名。浙兵變，駐防營猶抗拒，相持二日。浙人勸罷戰，招貴林出營議事垂定，有陷之者，謂旗營反覆不可信，且誣貴林署毒各坊巷井中，變軍誘之出，槍斃之。同出者，子量海，舉人存炳，佐領哈楚顯，同被戕。」〔註73〕先不論貴林最終在1911年辛亥革命中被革命黨誘殺，單就惠興臨死之前，特意留下書信一封，請求他代為轉達稟帖與杭州駐防將軍瑞興，體現出惠興對於貴林的信任態度。如前所述，惠興殉學的根由在於其本有的滿族情結，「與外人爭氣，不要與同部人爭意氣，被外人笑話」〔註74〕，這裡的外人是相對於滿族而言的，對此貴林也多有感歎，在1907年去北京演說時就曾將惠興殉學動機歸納為三點：「已捐之款收不齊」、「同志同事之人規避」、「內部譏笑，外界謗毀」。與此同時，杭州將軍瑞興的肯定贊許對惠興殉學意義的提升有主導之功，而實際具體操作的則要歸功於貴林，借惠興殉學之契機來恢復滿族的民族精神，進而挽救清朝衰敗的大局〔註75〕，正所謂「惠氏一死，我大清三百年之死歷史為活歷史，我族高尚之特性可以表白於世界，我東亞女界數千年之黑暗可以復明」〔註76〕。

從貴林在惠興死後就撰寫了《杭州惠興女士為興女學殉身》分寄各處，到推動杭州駐防八旗學界成立了豫立會，再到想盡辦法接辦貞文女學校以及積極推動惠興殉學意義的傳播看，均可以看出貴林應為當時滿族人士中的先知先覺者。此外，清末新政如在教育領域的改革也是值得稱道的，京師八旗和各省駐防八旗都參與其中，「一方面，改革包括廢除傳統的考試體系（包括科舉和翻譯科），另一方面建立了不同層次的日本模式的學校，並教授現代課程」〔註77〕，並且「與軍事和警察學堂的學生一樣，京師和各駐防八旗旗人

〔註73〕 （清）趙爾巽等撰：《清史稿》（第45冊），北京：中華書局1976～1977年版，第13722頁。

〔註74〕 《杭州貞文女學校校長惠興女士絕命書遺眾學生書》，《惠興女學報》第1期，1908年5月。

〔註75〕 夏曉虹：《晚清女性與近代中國》，北京：北京大學出版社2004年版，第235～238頁。

〔註76〕 貴林：《杭州旗城為惠興女士開追悼會演說（丙午三月八日）》，《惠興女學報》第2期，1908年6月。

〔註77〕 〔美〕路康樂：《滿與漢：清末民初的族群關係與政治權力（1861～1928）》，王琴、劉潤堂譯，北京：中國人民大學出版社2010年版，第109～110頁。

學校的學生也有出國深造的機會」〔註78〕。其中，日本留學八旗同鄉會應該算作是滿族新學之士的集結地，他們在得到惠興殉學的消息後，立即刊印了《八旗留東學生公啓》和惠興女士遺像四千份，分寄送內地，同時稟告駐日公使楊樞，「爲女士請旌於朝，並擴張其所創辦之學校」〔註79〕。在《八旗留東學生公啓》中說：

> 上自王公大臣，下自男婦老幼，無不以學堂爲急務，則惠氏雖辦一杭防女學不遂者，直不啻辦天下各防男女學堂矣。故惠氏雖死一身，惠氏反化爲無量化身；惠氏一身雖入苦惱場，惠氏一心登極樂世矣。〔註80〕

八旗留日學生在異域感觸到滿族的現實危機更爲窘迫，因而對呼籲本族建立學堂以自救感同身受。當然，這一呼籲也與清末新政的改革方向不相違背，清末新政期間創辦的新式學堂也迎合了滿族婦女自身求知的需求。需要說明的是，倘若僅僅將惠興殉學的意義拘囿於滿族自強上，惠興女士作爲女學先驅的普世價值就很難得到提升，「由激勵滿人到調節滿漢思路的調整」，體現了「滿族先覺之士爲應對晚清變局所做出的悲壯努力」〔註81〕。

1906 年 1 月 31 日，《北京女報》主人張筠薌召集當時北京女界最有名望之人在陶然亭爲惠興舉行追悼會，以紀念惠興殉學的壯舉。是年 2 月 2 日，在北京淑範女學校舉行了更爲盛大而隆重的追悼會，「統計先後到會的，除本女學校學生，和各女學堂學生，並眾女賓外，所有各男學堂學生，及學堂教員，報社記者，一切維新志士，凡知道這開會事的，九門內外，無論東城西城南城北城，不分遠近，都一律親身到場。」〔註82〕此外，還有西方及日本女士與會，人數也達到四五百人之多，可以說是上海「中國女學堂」第四次籌備會議後中西女界的又一盛會。需要說明的是，北京淑範女學校是當時京師較爲著名的兩所女學堂之一，另外一所爲箴宜女學堂，根據參加 1908 年年底慈禧太后悼念活動的名單，這兩所女學堂的一半學生都是滿人〔註

〔註78〕　〔美〕路康樂：《滿與漢：清末民初的族群關係與政治權力（1861～1928）》，王琴、劉潤堂譯，北京：中國人民大學出版社 2010 年版，第 111 頁。

〔註79〕　《日本留學八旗同鄉會公函》，《惠興女學報》第 9 期，1909 年 1 月。

〔註80〕　《八旗留東學生公啓》，《惠興女學報》第 2～3 期，1908 年 6～7 月。

〔註81〕　夏曉虹：《晚清女性與近代中國》，北京：北京大學出版社 2004 年版，第 240 頁。

〔註82〕　夏曉虹：《晚清女性與近代中國》，北京：北京大學出版社 2004 年版，第 241 頁。

〔註83〕　〔美〕路康樂：《滿與漢：清末民初的族群關係與政治權力（1861～1928）》，王琴、劉潤堂譯，北京：中國人民大學出版社 2010 年版，第 111 頁。

83〕，也就是說，同時招收漢族女學生的做法顯示了他們高瞻的眼光。

此後，惠興殉學事件成爲近代報刊媒介爭相關注的話題，從不太完整的統計中可以看出「惠興殉學」事件的傳播範圍及其意義〔註84〕：

1906 年 2 月 7 日，《順天時報》登載《續記淑範女學校追悼會演說詞》，楊廷書將惠興自殺的意義歸結爲「喚醒國魂」、「激勵學界」、「興起國家」。

1906 年 2 月 8 日，《順天時報》登載楊廷書演述的《補記杭州貞文女學校校長惠興女傑歷史》，推崇其爲「中國六千年來女界之第一偉人」。

1906 年 2 月 9 日，《順天時報》登載《申論學界報界開會追悼惠興女傑爲調和滿漢界限助動力》，稱「知有惠興女傑，不知有滿漢；爭拜惠興女傑，不暇分滿漢」，以爲「開會追悼惠興女傑，實在是調和滿漢界限的大助動力」。

1906 年 3 月 13 日，《大公報》刊登預報稱「都下鞠部代表因浙杭惠興女士之問題，大動感情，稟請官府，定於三月初五、初八、十二集計三日內，在湖廣會館演戲」，「所收戲價，悉數匯寄杭州貞文女學校，以資經費」。

1906 年 3 月 14 日，《大公報》發表了浙江武備學堂總辦三多《記惠興女傑爲學殉身事》，稱「未有羅蘭夫人所謂眞正人物，去私情，絕私欲，身獻同胞，而酬報待諸後世者。有之，自吾鄉同里惠興女界始」。

1906 年 3 月 29 日，北京玉成班班主、京戲演員田際雲在福壽堂開演《惠興女士全傳》，演出前，先有演說員對觀眾發表演說。

1906 年 5 月 26～27 日，移至廣德樓繼續上演，張展雲在廣德樓講演《惠興女士全傳》。

〔註84〕需要說明的是，夏曉虹的相關研究爲筆者提供了資料線索，特此指出。見夏曉虹：《晚清女性與近代中國》，北京：北京大學出版社 2004 年版，第 240～246 頁；夏曉虹：《舊戲臺上的時裝劇——田際雲與婦女匡學會》，陳平原主編：《北京：都市想像與文化記憶》，北京：北京大學出版社 2005 年版，第 94～120 頁。

　　1906 年 5 月 27 日，《順天時報》登載《請再看重演〈惠興女士傳〉文明新戲》，爲之造勢。

　　1906 年 5 月 29 日，《順天時報》登載北京玉成班班主、京戲演員田際雲演的《惠興女士傳》演出廣告。

　　1906 年 6 月 11 日，《大公報》登載《内廷演劇》，記載是年 6 月 6 日内務府傳集北京各戲班名角，「在頤和園敬演《女子愛國》及《惠興女士》新戲」。

　　1906 年 7 月 19 日，《大公報》刊載滿族文人金梁《擬請代奏爲惠興女士請旌褒稿》，讚歎稱「蓋自有歷史以來」，「殆未有能及該瓜爾佳氏者也」。

　　1906 年 8 月 27 日，《大公報》登載《新戲來津》，記載天津天仙茶園老闆趙廣順約請田際雲到天津演出《惠興女士》。

　　1907 年 1 月 19 日，《順天時報》登載《請看女傑布魯特額者特氏捐助學款二萬五千七百兩》，稱「額者特女士，和惠興女士，一南一北，可稱學界近今二大女界」。

　　1907 年 5 月 8 日，北京田際雲在廣德樓再次搬演全本《惠興女士傳》，並請貴林親自登臺演講，「兄弟此番因公由杭州來京，因爲去年三月間，北京女報館主人張展雲發起，由田際雲打出惠興女士新戲，創辦匡學會，捐助本校紋銀二千五百兩，兄弟特爲此……」，彙報惠興女學現狀，並酬謝北京各界的熱心幫助。

從中可以看出，《北京女報》、《順天時報》〔註85〕、《大公報》〔註86〕對於惠興殉學事件極爲關注。其中，最值得注意的便是張展雲與其母張筠薌主持的《北京女報》。該報 1905 年 8 月 20 日在北京創刊，公開發行到 1908 年底，是北方地區最早的婦女刊物，主要讀者以京城的旗人尤其是滿族婦女爲對

〔註85〕《順天時報》是 1901 年 10 月在北京創辦的中文報紙，由中島美雄主辦，上野岩太郎、龜井陸良等相繼任社長，是一家「名義上由『外商』所辦，實際上是一個日本政黨出資創辦的」，1930 年停刊。見黃河編著：《北京報刊史話》，北京：文化藝術出版社 1992 年版，第 13 頁。

〔註86〕李吉蓮：《〈大公報〉與清末婦女解放》（碩士論文），河南大學歷史學院 2005 年版；陳雨璠：《英斂之時期〈大公報〉與晚清女子形象的建構》（碩士論文），安徽大學新聞傳播學院 2007 年版；馬春霞：《〈大公報〉（1902～1912）與晚清女學風氣的開通》（碩士論文），北京師範大學教育學院 2009 年版。

象。在聯合戲曲界名流創辦婦女匡學會，爲惠興女學捐款以及興辦女學慈善會方面取得了卓越的成就。尤其是與戲曲界名流、女界的聯合互動，形成了一種新的社會力量，有著一定的影響力。比如採取聯合京戲名角田際雲，以義務演出的形式募捐便是張展雲的功勞：「我忽然想起外國慈善會的辦法，要仿傚仿傚，又怕中國夠不上那程度，辦不起來。左思右想，想出一個變通法子，要請出幾位梨園中熱心人，白唱幾天堂會戲，賣的戲價，通身寄往杭州。」〔註87〕《北京女報》親身實踐，通過戲劇、文學新戲等形式表演、宣傳惠興殉學事蹟，也客觀地促進了京城女子教育的開展。需說明的是，雖然這個刊物對外標舉「本報系女報，則主筆、翻譯、校對，皆當延聘女手」〔註88〕，但以張展云爲核心的交際範圍多以男性編輯居多，他們以報刊爲中心，共同致力於北京中下層社會的文化啓蒙活動，帶有明顯的男性「啓蒙姿態」。

話題回到惠興去世的第二年 4 月 24 日，貞文女學堂重新開學，並「更貞文之名，爲惠興女學堂，以誌不忘」〔註89〕。貴林爲總辦，其母文安女士出任校長。到了 1907 年 5 月，學校已有教員六人，學生有 60 人，課程設置也相對比較完備，包括修身、讀經、歷史、地理、國文（兼習字）、算學、女紅、刺繡、唱歌及體操等，並正在建造洋式樓房五大間、平房七間，以充校舍，初步走上了正規的渠道〔註90〕，所謂「惠興死而女學興」的表面含義盡顯。同時，緣於民間興學力量的推動，在經過了一系列的曲折之後，1907 年 3 月 8 日，清政府學部正式頒佈了《女學堂章程》。辛亥革命後，惠興女學學校資產均被沒收。1912 年，杭州、紹興兩地人士如湯壽潛、蔡元培、蔡谷青、黃暘生、王竹齋、祝星五等聯合申請，以五族既告共和爲由，要求恢復女學，惠興女學才得以繼續存在。此後歷經苦難，以惠興女中之名一直存在到 1949 年 5 月止〔註91〕。

〔註87〕 張展云：《替杭州貞文女學堂籌款的法子》，《惠興女學報》第 10 期，1909 年 4 月。

〔註88〕 《創設北京女報緣起》，《大公報》1075 號，1905 年 6 月 28 日。

〔註89〕 褚壽康：《惠興女中》，見政協杭州市委員會文史資料工作委員會編：《杭州文史資料》（第 6 輯），杭州：杭州出版社 1985 年版，第 55 頁。

〔註90〕 《三月二十六日惠興女學校總辦貴林在德廣樓戲館之演說》，《北京女報》，1907 年 5 月 11 日，轉引自夏曉虹：《晚清女性與近代中國》，北京：北京大學出版社 2004 年版，第 247 頁。

〔註91〕 褚壽康：《惠興女中》，見政協杭州市委員會文史資料工作委員會編：《杭州文史資料》（第 6 輯），杭州：杭州出版社 1985 年版，第 55 頁。

三、新女性先驅的塑造〔註92〕

「新女性」是五四時期而非清末民初流行的概念，此前最流行的術語是「新女界」，字面意思為女性的新世界或新領域。這裡的女界，指明了一種群體身份。而對於女子個體，常見的術語則是「女子」、「女傑」或「女英雄」，有時就是「英雄」〔註93〕。女性解放的途徑除了女性教育以外，還體現在廢纏足運動和參與社會生活上，而這些又與女性教育緊密聯繫在一起〔註94〕。女子纏足屬於漢族沿襲舊制，滿族統治者入關定都北京後，曾不斷發佈禁纏令。然而直到晚清，漢族婦女的纏足風習依然如故。某種程度上，婦女纏足被視為漢人區別於滿人的民族特徵而得到強調，所謂「『足』以有別也」〔註95〕。這種陋習直到外國在華傳教士與中國的維新人士發起的不纏足運動才稍微有所改觀。

廢纏足運動是隨著東南沿海口岸城市的興起而萌發的，以不纏足為宗旨的民間社團的出現離不開外國傳教士的倡導。如前所述，1867 年杭州一所教會女校就做出這樣的規定：「凡由校方提供衣食的女學生，必須實現放足」。這也最終成為教會女校嚴格奉行的校規之一。而維新人士把救亡圖存、富國強兵的需要寄託於女性的廢纏足運動，所謂「婦女纏足，流傳子孫，奕世體弱，瀛弱流傳，何以兵乎？當今舉國征兵之際，留以弱種，尤為可危」〔註96〕。1896 年浙籍開明士紳汪康年與康有為、梁啟超、譚嗣同、康廣仁等在上海創立戒纏足會，在《戒纏足會敘》中，直言纏足與女子適齡讀書在時間上的衝突：

〔註92〕 胡纓在其專著中從翻譯的視角出發，以一種構建民族文化身份的現代性焦慮為背景，探討中國「新女性」先驅形象在晚清民初這一中西各種話語與實踐相互糾纏混合的語境下逐漸浮現的過程，對「傅彩雲」、「茶花女」、「蘇菲亞」及「羅蘭夫人」等新女性先驅形象的流變過程進行了有效的追蹤，認為這些經典形象成為建構中國「新女性」的重要資源。見胡纓：《翻譯的傳說：中國新女性的形成（1898～1918）》，龍瑜宬、彭珊珊譯，南京：江蘇人民出版社2009 年版。

〔註93〕 胡纓：《翻譯的傳說：中國新女性的形成（1898～1918）》，龍瑜宬、彭珊珊譯，南京：江蘇人民出版社2009 年版，第 5 頁。

〔註94〕 吳民祥：《浙江近代女子教育史》，杭州：杭州出版社2010 年版，第 107～116 頁。

〔註95〕 夏曉虹：《晚清女性與近代中國》，北京：北京大學出版社2004 年版，第 128 頁。

〔註96〕 翦伯贊等著，中國史學會編輯：《戊戌變法》（第 2 冊），上海：上海人民出版社1961 年版，第 243 頁。

且中國之積弱，至今日極矣，欲強國本必儲人才，欲植人才，必開幼學，欲端幼學，必秉母儀，欲正母儀，必由母教。人生六七年，入學之時也。今不務所以教之，而務所以刑戮之倡優之。是率中國四萬萬人之半，而納諸罪人賤役之林，安所往而不爲人弱也。〔註97〕

由在滬的十名外籍婦女於 1895 年 4 月在上海發起的「天足會」影響也很大，通過編印通俗讀物並借助廣學會的發行渠道銷售，促使東南地區的一些城市纏足風氣漸漸改善〔註98〕。就浙江而言，1903 年 2 月 16 日，杭州紳士高白淑的夫人在其設立的不纏足會上，先以過來人的身份訴說纏足的苦楚以及纏足習俗的來歷，其中提到了前文講到的日本女教育家下田歌子的論點，把不纏足與興辦女性教育聯繫起來發表演說：

今天放足的事，不過是小小的一點兒起根，將來還有別事，要與諸位商量。今日先把兩件緊要的告訴諸君罷！一放足的事，不過是養身體，強種族的一端，並非不纏足，便能強國，若説不纏足，便能強國，那江北地方，和各省的鄉村婦女，大腳的不知幾多，爲什麼也和我們一樣，受外人欺侮，這可不是沒有學問的緣故麼？那雖如此，那大足的婦女，比那纏足的身體到底強些，舉動到底便些，同時中國的婦女，比起來便兩樣，不過是他們沒有學問，所以仍舊同我們一樣的受辱，若説有人教育他，豈不是更強呢？這些看來，振興女學的事情，是萬不能再緩了。〔註99〕

相較於高白淑夫人感情飽滿、循循善誘的訴說引導，革命派在廢纏足運動上的表現則激烈得多，把女性解放與民族解放結合在一起，不再將纏足看作區別於滿族婦女的特徵，晚清革命派摒棄了晚明以來「男降女不降」〔註100〕的民族主義資源。1904 年 2 月，江蘇吳江的柳亞子爲其家鄉女士倪壽芝代寫的《黎里不纏足會緣起》一文，較能集中反映革命派對於纏足這一陋習的看法：

〔註97〕 （清）梁啓超：《戒纏足會敘》，（清）梁啓超：《梁啓超全集》，北京：北京出版社 1999 年版，第 80 頁。

〔註98〕 羅蘇文：《女性與近代中國社會》，上海：上海人民出版社 1996 年版，第 192～193 頁：第 198 頁。

〔註99〕 高白淑夫人：《張公祠第一次放足會演說》，《浙江潮》第 2 期，1903 年 3 月 18 日。

〔註100〕 夏曉虹：《晚清女性與近代中國》，北京：北京大學出版社 2004 年版，第 114～138 頁。

　　西哲有言：「十九世紀民權時代，二十世紀其女權時代乎？」信
斯言也，則何以處我中國？中國鬚眉男子，屈伏於千重壓制之下，
不知權利義務爲何物，奴隸之名，稱於大地。而我巾幗社會，復爲
男子所奴視，重文羅網，歷數千年不能沖決，日愈趨而愈下。……
我可憐之同胞，亦且久而忘其醜，忍其痛，爭妍鬥媚以爲美觀，蚩
蚩蠢蠢，喁喁累累，樂於俎，頌於牢，歌於檻，慶於羅，母訓其女，
姊勸其妹，一若以纏足爲我同胞一生莫大之義務、莫大之榮譽，雖
九死一生，終不敢稍動其抗力。〔註101〕

指出中國因爲纏足陋習的存在迫使女子處於社會的最底層，最可悲的是女子
自身的奴隸本性，以纏足爲「義務」、「榮譽」而不自省。當然，革命派自然
有革命派的色彩，柳亞子以其激越豪邁的筆觸敘寫纏足最終造成的惡果：「夫
既戕賊之、束縛之矣，則其體魄必孱弱，其靈魂必腐敗。坐是而敝聰塞明，
造成無教育之惡名譽，演出不自由之陋人格。坐是而遏絕禁錮，筐篋以外無
思想，帷房以外無事業。坐是而實行無才是德之邪說。坐是而簧鼓三從七出
之惡諺。坐是而永爲雙料奴隸、三重奴隸，以污點我皇漢民族之社會。」〔註
102〕對於纏足與民族危亡之間的關係，晚清維新派和革命派採取了相近的立
場，而這一立場的獲得來自西方新思潮的輸入，「彌勒約翰、斯賓塞之學說，
汽船滿載，掠太平洋而東。我同胞女豪傑亦發憤興起，相與驅逐以圖之」〔註
103〕。從理論輸入的途徑來看，士紳家庭的女性此時還未能從自我意識出發，
她們的見識或間接得益於家庭中男性啓蒙話語的薰陶，或來自於女性教育知
識的普及。

　　如前所述，從教會學校到國人自辦的女學堂，都開始有意識地把不纏足
或者放足作爲入學的必備條件，某種程度上促進了廢纏足運動開展的廣度。
到了1907年3月8日頒佈的《學部奏定女子小學堂章程》明確規定「女子纏
足最爲殘害肢體，有乖體育之道，各學堂務一律禁除，力矯弊習」。從全國看，
上海、北京、天津、南京、漢口、長沙、杭州、嘉興、濰縣、重慶、廣州、

<hr />

〔註101〕柳亞子：《黎里不纏足會緣起（1904年2月）》，王晶垚、王學莊、孫彩霞編：
　　　　《柳亞子選集》，北京：人民出版社1989年版，第41頁。
〔註102〕柳亞子：《黎里不纏足會緣起（1904年2月）》，王晶垚、王學莊、孫彩霞編：
　　　　《柳亞子選集》，北京：人民出版社1989年版，第42頁。
〔註103〕柳亞子：《黎里不纏足會緣起（1904年2月）》，王晶垚、王學莊、孫彩霞編：
　　　　《柳亞子選集》，北京：人民出版社1989年版，第42頁。

福州等地均創辦了女學。到 1907 年，全國共有女學 428 所，女學生 15498 人〔註 104〕。相對於大多數婦女來說，廢纏足運動的開展也只限於精英女性的層面，並在各地區也有差別，在江浙、華南及湖南的局部地區，已在當地引起局部性共鳴，而在華北、西南、華中大部分地區，還只是處於自上而下的宣傳發動階段〔註 105〕。因此，廢纏足運動並沒有最終普及到當時普通女性的日常生活之中，但不可否認其所扮演的社會風俗改革的急先鋒的地位。

與此同時，隨著社會風氣的逐漸開明，國人自辦的女學堂培養的學生開始走向社會，這對數千年來的女性而言是一種轉折，走向社會意味著她們距離進入公共領域又近了一步。1908 年上海彪蒙書室編譯所編輯並發行的《女子尺牘範本》，鑒於「當時『歐化東漸，風氣丕變，通都大邑女校林立，教科各書日新而月盛，即尺牘一門亦列於科學，坊間諸刻不乏善本，顧皆酬酢往還之作，而於科學宗旨未盡吻合」，編者特為「文明女士」編輯此書。以「德育為宗，間及智育、體育」，範文輔以白話注釋，兼有尺牘課文和修身教科書的雙重用途。這本最新女學生尺牘分上卷（訓諭類、稟覆類、勸善類、規過類）和下卷（慶賀類、慰問類、邀請類、恤助類），後附短箋範文，分遊玩、欣賞、宴敘、離別、問訊、推薦、懇託、求借、購買、饋贈。欄目設計大體包容了清末民初女學生的社交網絡。難得的是這些為女學生提供的範文所灌輸的新觀念和禮儀規則，反映了對女性性別認識角色發展的新導向〔註 106〕。

1912 年上海《時報》發表《新陳代謝》一文，較形象地概述了進入民國後以社會風俗為中心的更新，這種變遷具有全方位的革新意義：

> 共和政體成，專制政體滅；中華民國成，清朝滅；總統成，皇帝滅；新內閣成，舊內閣滅；新官制成，舊官制滅；新教育興，舊教育滅；槍炮興，弓矢滅；新禮服興，翎頂禮服滅；剪髮興，辮子滅；盤雲髻興，墮馬髻滅；愛國帽興，瓜皮帽滅；陽曆不興，陰曆滅；鞠躬禮興，拜跪禮滅；卡片興，大名刺滅；馬路興，城垣卷柵

〔註 104〕杜學元：《中國女子教育通史》，貴陽：貴州教育出版社 1996 年版，第 333 頁。

〔註 105〕羅蘇文：《女性與近代中國社會》，上海：上海人民出版社 1996 年版，第 192～193 頁；第 198 頁。

〔註 106〕羅蘇文：《女性與近代中國社會》，上海：上海人民出版社 1996 年版，第 449 頁。

　　滅；律師興，訟師滅；槍斃興，斬絞滅；舞臺名詞興，茶園名詞滅；

　　旅館名詞興，客棧名詞滅。

如前所述，民國以來杭州市政的建設，促進了杭州脫離原先相對落後的發展方式，走上了現代化的發展軌道：市政建設為杭州經濟的發展創造了良好的物質基礎，客觀上帶動了杭州工商業經濟的發展，潛在地使得女性獨立謀生成為一種可能，「浙省女權的逐漸興起，不僅由於新知婦女的鼓吹及其實際行動與女學的普及，亦在於新式工業興起後，女工人數的增加」〔註107〕。城市功能的更新推動了杭州消費經濟的繁榮，人們的生活方式以及生活理念有了嶄新的變化。女學的興起、婦女智識的開通促進了女性自我意識的增強，「自共和民國成立，將合全國以致進行，女界多才，其入同盟會奔走國事百折不回者，已與各省志士媲美。至若勇往從戎，同仇北伐，或投身赤十字會，不辭艱險；或慷慨助餉，鼓吹輿論，振起國民精神，更彰彰在人耳目。女子將來之有參政權，蓋事所必至。」〔註108〕這些新女性先驅的出現，為女性文學的發生準備了歷史條件。

第二節　新女界、女報與民族主義話語

　　面對近代中國社會遭遇三千年來未有之變局、民族危機極為深重的窘境，救亡圖存、富國強兵成為新知識界人士共同的心聲。在這種歷史情境下，如何塑造「新女界」，同時期與其它的社會紛爭一樣，成為新知識界人士尤其是男性啟蒙者應付時代變局不得不解決的重要命題。與「廢纏足」、「興女學」一樣，「倡女權」作為一種文化符碼被納入近代民族主義話語建構中，同時和近代女子教育、女子學制變革等相勾連。毋庸質疑，「女權主義是中國婦女遭遇解放的一個媒介，它伴隨著民族主義從西方引入，這是女權主義得以廣泛傳播的重要原因」，女權主義與民族主義之間有著內在的張力，「民族主義假設的是一個忠誠團結合一的主體以及連續性的線性歷史，而女性主義假設的主體要從歷史生存的父權制中掙脫，具有不忠誠性，並且肯定歷史的斷裂性」

〔註107〕李國祁：《中國區域研究：閩浙臺地區（1860～1916）》，臺北：「中央研究院」近代史所 1982 年版，第 548 頁。

〔註108〕孫文：《復女界共和協濟函（1912 年 1 月下半月）》，中國社會科學院近代史研究所中華民國史研究室等合編：《孫中山全集》（第 2 卷），北京：中華書局1982 年版，第 52～53 頁。

〔註 109〕。某種程度上講，女子教育觀念的變遷便是兩者之間牴牾、對抗、妥協的縮影。

如前所述，除了國人自辦的女學堂外，近代女子留學教育資源也參與到女性主體身份的建構中，一起合力催生了以知識女性群體崛起爲標誌的新女界的誕生，進而改變了既有的社會性別結構。新女界的精英個體從既有的身份塑造中覺醒起來，開始批判性地審視包括女子教育宗旨、女子自身的權利與義務等話題，從「女英雄」認同觀念逐漸衍生出「女國民」、「新女性」等一系列觀念與形象。這些隱喻性符號與女性主體的身份建構相纏繞，呈現出從國家本位向女性個體本位演進的態勢。同時，新女界開始獨立地利用女報這一公共傳媒，從社會性別視角出發，試圖突破或超越以「男性主導」爲特徵的女性主體的身份建構模式〔註 110〕。新女界個體的能動性增強，她們開始策略性地利用民族主義話語資源爲女性群體爭取權利，開啓了自我謀求解放的時代。

浙江以其特殊的地理優勢，在近代中國較早受到新思潮的傳播與影響。女子留學教育的發軔開啓了女性教育的異域借鑒，爲女性自我意識的發展提供了新的可能性，孕育了單士釐（1856～1943，浙江蕭山人）、秋瑾（1875～1907，浙江紹興人）等一批女界精英人物，促進了女性解放運動以及女性文學的現代性展開。而以蔡元培爲代表的浙籍精英人物依託上海愛國女校，標榜「女英雄」爲其理想中的女性形象，掀起了一股反賢妻良母主義的女性教育潮流，帶有明顯的革命色彩。1903 年出版的《女界鐘》吹響了女界革命的號角，作爲「一本鼓吹婦女從事革命的書，可是對於男女平權的主張，具有極深到的見解；要求女子脫離奴隸的地位，去做她自己的人，這本書已有此意了」〔註 111〕。作者金天翮樂觀地預言 20 世紀「爲女權革命之時代」，「吾願

〔註 109〕 萬瓊華：《近代女子教育思潮與女性主體身份建構：以周南女校爲個案的考察（1905～1938）》（博士論文），湖南大學嶽麓書院 2007 年，第 12 頁。

〔註 110〕 早在 20 世紀七八十年代，西方漢學界就開始關注近代女性社會角色進行建構的話語因素（民族主義話語）在女性報刊上的呈現方式，代表性專著有夏洛特·比韓的《中國女性出版物中的女權主義與民族主義（1902～1911）》和《清末的婦女運動和民族主義》，以及薩利·波斯韋克的《晚清到五四時期有關婦女社會角色的觀念變遷》等，見姚霏：《空間、角色與權力：女性與上海城市空間研究（1843～1911）》，上海：上海人民出版社 2010 年版，第 20 頁。

〔註 111〕 陳東原：《中國婦女生活史》，上海：上海書店 1984 年版，第 329 頁。

貢文明之花圈，張獨立、自由、平等三色之徽幟，以祝我中國女權之萬歲也」〔註112〕。與男性啓蒙者不同的是，新女界人士運用女性特有的輿論平臺，不僅從理論上論證「倡女權」的迫切性與可能性，而且以自我反省與批判的實際行動來喚醒更廣泛意義上的女子自覺，促使女報成爲女性獲得自我認同的重要平臺。按照線性的流程展開論述，通過這些個案的闡發來追溯民族主義話語對於「新女性」建構的譜系。同時，也可以從相對的方向來解讀這些個案，突出個案對民族主義話語權論述所做的抵制的痕跡，藉此強調民族主義話語權如何整合其內部的異質性聲音。

一、女子教育的異域體驗：以單士釐及其遊記爲中心

　　中國最早的女留學生是金雅妹（1864～1934，浙江寧波人），1872 年隨養父美國傳教士麥加蒂博士去日本，入日本學校接受教育。1881 年又赴美學習醫學，畢業後活躍於日本和中國，終生服務於醫學界〔註113〕。此後，隨著清末留日運動潮流的興起，「江浙離日本較近，父兄去日本者多，女妹亦有隨之而去者」〔註114〕，有志留學女子開始齊集日本。清末第一個留日女學生爲浙江仁和縣的夏循蘭，1899 年 6 月到達日本，就讀於華族女學校學校，是年僅9 歲〔註115〕。次年，又有浙江湖州 19 歲的錢豐保，跟隨父兄一起留學，於 1901年入實踐女學校學習。此後有杭州仁和的陳彥安、杭州錢塘的張時田、紹興山陰的秋瑾、杭州務本女塾師範班樓文耀、杭州張競新等五位赴日本留學〔註116〕。1906 年至 1910 年浙省留日女生約爲 18 人，分別在實踐女學校、女子美術學校、日本女子大學、東洋女藝學校、京都女子高等手藝學校、廣島女校等校就讀〔註117〕。據不完全統計，1907 年，僅東京一地，就有近百名中國女子留學生，1908 年，中國女子留學生總數爲 126 名，1909 年 149 名，1910

〔註112〕金天翮：《女界鐘》，陳雁編校，上海：上海古籍出版社 2003 年版，第 53 頁。

〔註113〕吳民祥：《浙江近代女子教育史》，杭州：杭州出版社 2010 年版，第 301～302頁。此外，還有福州柯金英、江西康愛德、湖北石美玉等三人，她們同金雅妹一起成爲我國女性留學的先驅。

〔註114〕舒新城編：《近代中國留學史》，上海：上海文化出版社 1989 年版，第 129頁。

〔註115〕《附錄 浙江同鄉留學東京題名》，《浙江潮》第 3 期，1903 年 4 月 17 日。

〔註116〕吳民祥：《浙江近代女子教育史》，杭州：杭州出版社 2010 年版，第 302 頁。

〔註117〕吳民祥：《浙江近代女子教育史》，杭州：杭州出版社 2010 年版，第 304～305頁。

年 125 名〔註 118〕。與其他省區相比，浙江近代女子留學教育起步較早、能開風氣之先，在辛亥前後女子留學教育史上佔有重要地位。

從整體上看，辛亥前後女子留學教育呈現出以下幾個特點：第一，以 1903 年為界，此前留日女學生大多跟隨父兄和丈夫一起去的，其中也包括隨同丈夫出使各國的公使夫人。比如出使四國的大使夫人趙彩雲（1864～1936，安徽休寧人），在近代史上以「賽金花」聞名，她和丈夫洪鈞的事蹟也成為了《孽海花》小說的情節。〔註 119〕此外，便是浙江蕭山的單士釐，第一個寫世界遊記的知識女性，留待後文再論。隨後單身留學日本的漸漸增加，如 1904 年 4 月赴日的秋瑾等。第二，伴隨著官派留學政策的確立，以 1905 年上半年為界，之前的留日女學生多屬於自費性質，之後的女留學生多係官費資助性質〔註 120〕。浙江對於女子留學極為重視，規定「留日官費生出缺即以女生考入日本國立高師等校的遞補」，在原咨文中說：

> 女生游學為養成母教之基……留學外國以進求高等專門學藝為主，故定章凡出洋學生必須中學畢業程度方能派遣。目前女學尚未發達，學校無多，雖不能限以中學畢業程度，亦應慎重慎擇……至自費女生補給官費，應以考入東京高等女子師範學校，奈良高等女子師範學校，蠶業講習所女子部三校為限。照考取之先後名次與男生一體挨次補給本省官費。〔註 121〕

第三，1906 年至 1911 年留日女學生的基本情況，有材料已經統計到她們的籍貫、到日本年月、學習的學校、入學的年月以及所學科目等基本情況〔註 122〕。清末留日女子學習的專業多為師範、家政、工藝等科目。原因在於日本「為

〔註 118〕周一川：《清末留日學生中的女性》，《歷史研究》1989 年第 6 期，第 50 頁。

〔註 119〕胡纓：《翻譯的傳說：中國新女性的形成（1898～1918）》，龍瑜宬、彭珊珊譯，南京：江蘇人民出版社 2009 年版，第 26～78 頁。

〔註 120〕謝長法：《清末的留日女學生》，《近代史研究》1995 年第 2 期，第 272～275 頁。

〔註 121〕舒新城：《近代中國留學史》，上海：上海文化出版社 1989 年影印版，第 131 ～132 頁。文中省略號為原文所有，引者注。

〔註 122〕其中，總人數達 106 人，其姓名可考者尚有：方萌、王穎（方聲洞妻）、李自平（馮自由妻）、吳木蘭、馬秋儀、方國瑛、李竟成、王振漢（徐錫麟妻）、周怒濤、徐亞尊、張旭、張維英、張維西、張鵬子、曾醒、康同荷、鄭萌、陳夢飛、陳湘芬（陳範妾）、陳璧君、陸恢權、潘世英、劉青霞、蔡惠、李椿生。詳見謝長法：《清末的留日女學生》，《近代史研究》1995 年第 2 期，第 275～279 頁。

帝國，爲田人」的女子教育宗旨和清末中國「賢妻良母」的教育觀念相一致，
當然也與國內女學大興造成的師資需求等密切相關。

中日各界開明人士在呼籲中國女子留學方面，顯示出較爲積極的態度，
較早如京師大學堂總教習吳汝倫在清末新政期間赴日考察教育，在與前山陽
高等女學校望月與三郎等人筆談的時候，他們就曾呼籲多派留日女學生：

> 固國礎之道，在於育英，育英之法不一，大設學堂雖謂良好，
> 抑亦未也。欲獲人才，須造良家庭，欲造良家庭，須造賢母，賢母
> 養成之道，在教育女子而已，故曰，國家百年之大計，在女子教育，
> 無他，是教育之根本，而實鞏固國礎之法也。……賢若孟母，而後
> 有亞聖。無華盛頓之母，焉有開闢美國之偉功耶。女子教育之要，
> 如斯明明也。世之玩冥者，以之爲於迂遠，徒盛男學堂，以欲養成
> 人才，而入學堂者，其心不純，其知不明，屈幹朽木，何以得爲棟
> 樑也。先生明敏，既看破此理，畫貴國百年之長策，可不以女子之
> 教育爲急務也哉。〔註123〕

從中可以讀出日本女子教育宗旨與清末新知識界人士奉行的「賢妻良母」主
義觀念有相通之處。值得一提的還有較早留學日本的女學生秋瑾，她對日本
教育發達有益於國家富強有著深刻的認識，也積極呼籲倡導女子留學日本，
在《致湖南第一女學堂書》中，言辭懇切地指出：「欲脫男子之範圍，非自立
不可；欲自立，非求學藝不可，非合群不可。東洋女學之興，日見其盛，人
人皆執一藝以謀身，上可以扶助父母，下可以助夫教子，使男女無坐食之人，
其國焉能不強也？我諸姊妹如有此志，非游學日本不可。」〔註124〕爲了動員
更多女子留日，秋瑾特意回國，在浙東和浙西一帶奔走呼吁，「是以秋競不屑
犧牲個人之學業，於前月頃，回國爲我親愛姊妹奔走呼號也」〔註125〕，同時
她以一種樂觀的態度描繪了女子留學後的種種益處：

> 意自後我國姊妹苦經費之艱難、期間之短促、有志未逮者，
> 咸得束輕便之行裝，出幽密之閨房，乘快樂之汽船，吸自由之空
> 氣，絡繹東渡，預備修業。而畢業以後委身教育，或任教師，或

〔註123〕（清）吳汝倫：《前山陽高等女學校望月與三郎來書》，轉引自孫石月：《中國
　　　　近代女子留學史》，北京：中國和平出版社1995年版，第98頁。
〔註124〕秋瑾：《致湖南第一女學堂書》，《女子世界》第2年第1期，1905年6月。
〔註125〕秋瑾：《實踐女學校附屬清國女子師範工藝速成科略章啟事》，秋瑾：《秋瑾
　　　　集》，上海：上海古籍出版社1960年版，第9頁。

　　任保姆，燦祖國文明之花，爲莊嚴之國民之母，家庭教育之改良，
　　社會精神之演進，無量事業、無量幸福，安知不胚胎於今日少數
　　之女子。〔註126〕

當然，秋瑾也看到了中國內地的現實窘境，「我諸姊妹之航海而東者，又復寥
寥，意內地之姊妹、風氣未開，或不知游學之利焉，或知其利而不知游學之
可以速成焉。既知之，或以家族、經濟種種之苦難，未克達其目的」〔註127〕。
而提及早期留日女學生接受教育的學校，不得不提及日本教育家下田歌子
（1854～1936）創辦的實踐女學校。下田歌子曾經赴歐美考察女性教育與活
動，深刻感受到女性教育與國家富強之間的關係，竭力普及中下層女性教育，
在日本成立帝國婦女協會，而 1899 年成立的實踐女學校則爲該協會之附屬學
校。1905 年 7 月 27 日，《東方雜誌》第 2 卷第 6 號刊登了《日本實踐女學校
附屬中國女子留學師範工藝速成科規則》一文，敘及成立宗旨在於使中國女
留學生「以便利之方法，於短期時日中，爲中國留學女生授以女子教養之道」，
設置了中國女子留學速成師範科和速成工藝科兩科。除了實踐女學校外，接
受中國女子留學生的日本學校還有諸如成溪女子學校等十餘所學校〔註128〕，
對早期中國女子留學教育都起到了積極的作用。

　　除了中日各界開明人士以及少數新女界人士的熱情呼籲與實踐外，學制
制度也在逐步革新與完善。如前所述，1907 年 3 月 8 日學部頒佈《奏定女子
小學堂章程》共 26 條和《奏定女子師範學堂章程》39 條，第一次正式確立
女子教育的地位。其中，對女子小學堂和女子師範教育的辦學宗旨、入學年
齡、課程設置、修業年限、培養目標等方面作了詳細規定。與此同時，由清
政府留學生監督和指定的日本各學校〔註129〕聯合成立了清國留學生教育協

〔註126〕秋瑾：《實踐女學校附屬清國女子師範工藝速成科略章啓事》，秋瑾：《秋瑾
　　　　集》，上海：上海古籍出版社 1960 年版，第 9 頁。
〔註127〕秋瑾：《實踐女學校附屬清國女子師範工藝速成科略章啓事》，秋瑾：《秋瑾
　　　　集》，上海：上海古籍出版社 1960 年版，第 9 頁。
〔註128〕孫石月：《中國近代女子留學史》，北京：中國和平出版社 1995 年版，第 102
　　　　頁。
〔註129〕指定學校有：早稻田大學、明治大學、法政大學、中央大學、東洋大學、宏
　　　　文學院、經緯學堂、東斌學堂、成城學校、同文書院、東京實科學校、大成
　　　　學堂、東亞公學、大阪高等預備學校、警監學校、東京警務學堂、東京鐵道
　　　　學堂、東亞鐵道學堂、實踐女學堂。見《中國留日學生教育協會會章》（由留
　　　　學生監督與指定日本各學校訂定），《東方雜誌》第 4 卷第 4 號，1907 年 5 月
　　　　7 日，第 117～120 頁。

議會，以謀學生教育之完備管理學生之便宜爲目的，約款有諸如「凡在會各學校收容學生須有清國公使館介紹書」、「凡在會各學校學生普通教育畢業，總監督與各校長皆應設法送入各高等專門學校及大學」、「普通教育速成科及非速成而實則速成者皆暫行停止，但已設者仍照常教學毋庸中輟惟以畢業爲限」、「普通科及師範科學年應延長至三年以上畢業」等，其中也包括了女子留學教育。

　　如前所述，從中西文化交流史來看，20 世紀初的日本應爲中西文化中轉站之一，西方各種文化思潮皆會聚於此。而對於剛走出國門的女性來說，在經歷一番新舊觀念衝突的短暫彷徨後，便開始與在日本的中國革命志士以及留日男學生一道，投入到新思想啓蒙的大潮中。對此，不得不提及晚清第一位從閨閣走向世界的知識女性單士釐〔註130〕。她在《癸卯旅行記·歸潛記》開頭「作者自敘」中寫道：「回憶歲在己亥（光緒二十五年），外子駐日本，予率兩子繼往，是爲予出疆之始。嗣是庚子、辛丑、壬寅間，無歲不行，或一航，或再航，往復既頻，寄居又久，視東國如鄉井。」〔註131〕其中，外子便是錢恂（1853～1927，浙江吳興人），清末歷任中國駐日、英、法、德、俄、荷蘭、意大利等國使館參贊或公使。1899 年應是單士釐跟隨錢恂出國的開始，其時錢恂出任湖北留日學生監督，駐紮日本，負責湖北留日學生的日常管理。《癸卯旅行記》記錄了作者 1903 年從日本經朝鮮、中國東北、西伯利亞到俄國以及歐洲八十天旅行的所見所聞，《歸潛記》1910 年成書，內容主要記錄了意大利和古希臘羅馬藝文以及關於中西文化交流歷史史實等。

　　作爲能用著述表達自我思想與見解的中國婦女中「絕無僅有之第一人」，單士釐的《癸卯旅行記》、《歸潛記》更被譽爲「啓蒙時期的中國女子對西方社會文化的觀察」：「無論從中國人接受近代思想的深度來看，或者從介紹世

〔註130〕有關單士釐及其遊記的研究較早見於鍾叔河的《第一位寫國外遊記的女子》（鍾叔河著：《從東方到西方——「走向世界叢書」敘論集》，上海：上海人民出版社 1989 年版，第 518～535 頁），從「提倡文明開化的啓蒙女性」、「對專制和侵略的不滿」、「猶太基督，希臘羅馬」、「清詞麗句，寫景關情」等四方面進行了論述，奠定了以後研究的基調。另見〔美〕Ellen Widmer.*Shan Shili's Guimao Luxing ji of 1903 in Local and Global Perspective*，胡曉眞主編：《世變與維新：晚明與晚清的文學藝術》，臺北：「中央研究院」中國文哲研究所籌備處 2001 年版，第 429～463 頁。

〔註131〕錢單士釐：《癸卯旅行記·歸潛記》，楊堅校點，長沙：湖南人民出版社 1981 年版，第 22 頁。

界藝文學術的廣度來看，這兩部書在同時代人的同類作品中，超出儕輩甚遠，足以卓然自立」〔註132〕。在《癸卯旅行記》中，單士釐首先對日本的國民教育以及務實精神極爲讚歎，「日本之所以立於今日世界，由免亡而躋於列強者，惟有教育故」〔註133〕，1903 年 3 月 16 日，在隨同丈夫參觀日本大阪「第五回內國博覽會」的教育館時深有體會：

> 館中陳列文部及各公立私立學校之種種教育用品與各種新學術需用器械，於醫學一門尤夥。更列種種比較品，俾覽者得考見其卅年來進步程度。年來外子於教育界極有心得，故指示加詳，始信國所由立在人，人所由立在教育。有教必有育，育亦即出於教，所謂德育、智育、體育者盡之矣。〔註134〕

單士釐表達了對於日本教育取得廣泛成就的羨慕，並注意到日本的中、小學教育狀況，「教之道，貴基之於十歲內外之數年中所謂小學校者，尤貴養之於小學校後五年中所謂中學校者」〔註135〕，日本學校設立的學科科目，注重與人生需要的科學相結合，並且門類齊全。從大阪到京都，單士釐對於日本各處的遊覽處陳設有著更深的體會，「予益知日本崇拜歐美，專務實用，不尚焜耀」，「入東京之市，所售西派品物，亦圖籍爲多，工藝爲多，不如上海所謂洋行者之盡時計、指輪以及玩品也」〔註136〕。儘管單士釐之前聽到了錢恂對日本宮殿與西國宮殿的相關評價，但她基於日本務實精神的推崇，對於「中國向以古學教人」以及「官私學堂，大率必有英文或東文一門之功課」〔註137〕的弊端提出了批評，認爲此種教育不足以培養國民，更遑論女子教育了：

〔註132〕鍾叔河：《從閨房到廣大的世界——錢單士釐的兩本國外遊記》，見錢單士釐：《癸卯旅行記·歸潛記》，楊堅校點，長沙：湖南人民出版社 1981 年版，第 6 頁。

〔註133〕錢單士釐：《癸卯旅行記·歸潛記》，楊堅校點，長沙：湖南人民出版社 1981 年版，第 24 頁。

〔註134〕錢單士釐：《癸卯旅行記·歸潛記》，楊堅校點，長沙：湖南人民出版社 1981 年版，第 24～25 頁。

〔註135〕錢單士釐：《癸卯旅行記·歸潛記》，楊堅校點，長沙：湖南人民出版社 1981 年版，第 25 頁。

〔註136〕錢單士釐：《癸卯旅行記·歸潛記》，楊堅校點，長沙：湖南人民出版社 1981 年版，第 29 頁。

〔註137〕錢單士釐：《癸卯旅行記·歸潛記》，楊堅校點，長沙：湖南人民出版社 1981 年版，第 25 頁。

要之教育之意，乃是爲本國培育國民，並非爲政府儲備人材，
故男女並重，且孩童無不先本母教。故論教育根本，女尤倍重於男。
中國近今亦論教育矣，但多從人材一邊著想，而尚未注重國民，故
談女子教育者猶少；即男子教育，亦不過令多材（「才」，引者注）
多藝，大之備政府指使，小之自謀生計，可歎！況無國民，安得有
人材？無國民，且不成一社會！中國前途，晨雞未唱，觀彼教育館，
不勝感慨。〔註138〕

錢恂 1890 年即隨薛福成等人出使過英、法、意，比諸國，先受西方民主觀念
的薰陶，後來深刻體會到日本向西方學習的成效。1897 年首創留學日本之議，
將弟弟幼楞、兩個兒子、一個兒媳、一個女婿都帶到日本留學，使得自己的
家庭成爲中國第一個有女學生到日本留學的家庭〔註139〕。單士釐很多教育理
念受到丈夫錢恂的影響，「年來外子於教育界極有心得，故指示加詳，始信國
所由立在人，人所由立在教育」，因此她對於女子教育的認識，並未超越早期
新知識界人士有關女子教育觀念的範疇。難能可貴的是，單士釐廣泛接觸了
日本的社會與文化，能用日語會話、筆譯，在日常活動中還能幫助錢恂處理
公共事務等。同時和外國知識女性交往密切，如東京學習女幹事時任竹子、
女教師河原操子、愛住女學校校長小具貞子等〔註140〕。單士釐從她們身上看
到了女子接受正規教育的益處，並對「中國婦女的德與學」給予了猛烈的批
評：「予謂論婦德究以中國爲勝，所恨無學耳」，而「東國人能守婦德，又益
以學，是以可貴」〔註141〕。她在家鄉與青年談女學時談及了自己的理想：

中國女學雖已滅絕，而女德尚流傳於人人性質中，苟善於教育，
開誘其智，以完全其德，當爲地球無二之女教國。由女教以衍及子
孫，即爲地球無二之強國可也。〔註142〕

〔註138〕錢單士釐：《癸卯旅行記‧歸潛記》，楊堅校點，長沙：湖南人民出版社 1981
　　　　年版，第 25 頁。
〔註139〕鍾叔河：《從東方到西方——「走向世界叢書」敘論集》，上海：上海人民出
　　　　版社 1989 年版，第 520 頁。
〔註140〕鍾叔河：《從東方到西方——「走向世界叢書」敘論集》，上海：上海人民出
　　　　版社 1989 年版，第 521 頁。
〔註141〕錢單士釐：《癸卯旅行記‧歸潛記》，楊堅校點，長沙：湖南人民出版社 1981
　　　　年版，第 31 頁。
〔註142〕錢單士釐：《癸卯旅行記‧歸潛記》，楊堅校點，長沙：湖南人民出版社 1981
　　　　年版，第 36 頁。

單士釐的這一理想來自於丈夫錢恂的看法,「外子每謂中國人類尚不至遽絕者,徒以人人得母教故」,「細想誠然」〔註143〕。思想認識如此,單士釐在平時家庭和社會交際活動中,也能夠躬身親爲,對身邊的女性進行啓蒙教育的工作。在參考大阪博覽會時,她和自己的媳婦同行,大雨競日,卻步行從容細觀不輟,至晚方歸寓所,對此她說:「中國婦女,本罕出門,更無論冒大雨步行於稠人廣眾之場」〔註144〕,目的在於開拓知識視野,激發求知欲求。在準備離日赴俄期間,單士釐曾繞道回鄉省視數日,便以移風易俗爲己任,突出表現在對於廢纏足的認識,這裡扼要抄錄其日記如下:

> 六日(陽四月三日)……晚乘月率朝日婢步行至東南湖母舅家,距予家不足三里。中國婦女,向以步行爲艱。予幸不病此,當在東京,步行是常事。辛丑寓居鐮倉,遊建長寺則攀樹陟巔,賞金澤牡丹則繞行湖壖,恒二三十里。然在中國,則勢有所不能。此硤石爲幼年生長地,今已老,鄉黨間尚不以予爲非,故特以步行諷同里婦女。

> 八日(陽四月五日)伯寬之友顧、金二君,欲見予談日本女學事。論鄉曲舊見,婦女非至戚不相見。予固老矣,且恒與外國客相見;今本國青年,以予之略有所知,欲就談女學,豈可不竭誠相告?乃偕伯寬接見……

> 十日(陽四月七日)訪本國女友及東國女友數人。

> 十三日(陽四月十日)李君蘭舟招飲,其太夫人率兩女、一外孫女接待。席間談衛生事,因譚戒纏足,群以爲然。蘭舟又極言中國女教女容,必宜改良,蓋借予之稍知女學,欲以勸勵其姊妹也。

〔註145〕

從中可以看到一位提倡文明開化的啓蒙女性長輩可愛可敬的形象,此時單士釐已屆47歲,文中多次引述年齡問題,作爲自己做啓蒙工作得以推行的憑藉,頗有些自我解嘲的味道。如前所述,單士釐在遊記中經常引用丈夫錢恂的言

〔註143〕錢單士釐:《癸卯旅行記・歸潛記》,楊堅校點,長沙:湖南人民出版社1981年版,第36~37頁。

〔註144〕錢單士釐:《癸卯旅行記・歸潛記》,楊堅校點,長沙:湖南人民出版社1981年版,第31頁。

〔註145〕錢單士釐:《癸卯旅行記・歸潛記》,楊堅校點,長沙:湖南人民出版社1981年版,第36~38頁。

論，一方面可以從中讀出夫妻二人情投意合的景況來〔註146〕。另一方面可以看出錢恂對其思想的影響，這也印證了晚清中國才女成名的必要條件：「才士之妻，閨房唱和，有夫婿爲之點綴，則聲氣易通。」〔註147〕也就是說，以單士釐爲代表的早期女性，跨出國門的實踐有著先驅者的開創意義，提倡女學的呼籲也頗有遠見，但由於生活背景和社會身份的限制，其對於女子教育的思考未脫離男性啓蒙家以及實踐家對於新女性的設計與塑造的框架內。她們自覺認同女子教育的發展與現代民族國家建立、救亡保種的民族主義話語之間的勾連，女子教育依然被納入男性啓蒙者塑造的民族主義話語譜系中。幸運的是，女子留學教育已經把女性從傳統的家庭範圍中解放，女子開始在公共領域發出自己的聲音〔註148〕。

二、女性與暗殺：從上海愛國女校說起

當救亡圖存、富國強兵成爲辛亥前後中國的時代主題時，民族主義作爲各種新思潮的底色與此時興起的女性主義思潮相互勾連、碰撞；當女性被納入民族主義話語系譜時，女性形象也開始在這一新的歷史圖景下變成一個動態的不斷被建構的概念，隨著講述者的變換，也具有了多種可能性。較之秋瑾等留日女學生，以單士釐爲代表的女性處於新思想與舊道德的糾結中，積極響應女子教育中的「賢妻良母主義」。緣於此，有些研究者就認爲以維新派爲代表的知識界人士的女性教育宗旨大抵如此，殊不知，在新知識界人士宣稱的「賢妻良母主義」潮流之外，還有一股暗流與之相對〔註149〕，這集中體

〔註146〕 錢恂在《癸卯旅行記》題記中云「右日記三卷，爲予妻單士釐所撰，以三萬數千言，記二萬數千里之行程，得中國婦女所未曾有」，「方今女學漸萌，女智漸開，必有樂於讀此者。故稍爲損益句讀，以公於世」。見錢單士釐：《癸卯旅行記·歸潛記》，楊堅校點，長沙：湖南人民出版社1981年版，第21頁。

〔註147〕 冼玉清：《廣東女子藝文考·後序》，見胡文楷編著：《歷代婦女著作考》，上海：上海古籍出版社1985年版，第951頁。

〔註148〕 中國傳統社會中的女性並非如人們尤其是五四時期知識分子大多批判的那樣，是完全被動、愚昧和受奴役的個體。特別是受過教育的仕宦家庭的女子，她們能夠在有限的空間中，發展自己的主體意識，在一定程度上創造了屬於自己的充滿意義的世界。因此，在反思傳統文化、解釋中國歷史的變遷過程中，不能完全淹沒女性自身的聲音，不能抹殺女性在歷史進程中對自我價值肯定與追求的一面。詳見〔美〕高彥頤：《閨塾師：明末清初江南的才女文化》，李志生譯，南京：江蘇人民出版社2005年版。

〔註149〕 受到基督教平等觀念的影響，洪秀全和他的太平天國對女性性別角色進行了

現在晚清上海眾多女學中堪稱翹楚之一的上海愛國女校。而要探討上海愛國女校，就必須先提及中國教育會。

　　1902 年 3 月，黃宗仰、蔡元培、蔣智由、林獬、葉瀚、蔣維喬、王季同、汪德淵等人集議成立中國教育會〔註150〕，「蓋以是時譯本教科書，多不脫專制陳腐思想，非重新編製完善，不足以改良教育」，而「救亡之根本方法，固非從改造青年思想入手不可也」，是年秋冬間在羅伽陵的幫助下宣告成立，以之「爲促進全國文化之策動機關」〔註151〕。在《中國教育會章程》（1902 年）第一章「總則」中也可以清楚地看到這一點：「以教育中國男女青年，開發其知識而增進其國家觀念，以爲他日恢復國權之基礎爲目的」，設立教育部、出版部、實業部三項。其中，除了出版部編印教科書、教育報及一切有關學術諸書，實業部開工廠公司之類的計劃外，重點便是教育部，分男子部女子部，二部於中國區要之地設立學堂，以教授普通學、專門學各種技藝〔註152〕。恰逢是年夏天，徐家匯南洋公學五班生沈步洲、胡敦復，有鬧學風潮，因堂中處理失當，「致全體學生，皆表同情於五班生。蔡子民爲特班教員，從中調停，不得要領，毅然與學生俱退」〔註153〕。中間歷經各種曲折，南洋公學退學生百餘人，因無力自組學社，遂推代表請求於中國教育會，這便有了 1902 年 10 月 17 日愛國學社的成立。蔡元培爲總理，吳稚暉爲學監〔註154〕。至於愛國女校，雖然也爲中國教育會所辦，其性質與愛國學社完全不同。《蔡元培全集》

朦朧的平等界說，這段歷史可以視爲女性角色變遷歷程上的一段富有啓迪意義的先聲，但它的意義遠遠未達到有研究者多提到的高度，「太平天國革命所帶動的不僅是把婦女作爲解放對象——由男性先覺者（領袖）來解放女人————的『解放婦女』運動，同時也促發了以婦女作爲革命主體的眞正意義上的婦女解放運動。」見王緋：《空前之跡——1851～1930：中國婦女思想與文學發展史論》，北京：商務印書館 2004 年版，第 12 頁。

〔註150〕蔣維喬：《中國教育會之回憶》，見朱有瓛等編：《中國近代教育史資料彙編·教育行政機構及教育團體》，上海：上海教育出版社 1993 年版，第 405 頁。

〔註151〕馮自由：《烏目山僧黃宗仰》，馮自由：《革命逸史》（第 3 集），北京：中華書局 1981 年版，第 167 頁。

〔註152〕《中國教育會章程（1902 年）》，見朱有瓛等編：《中國近代教育史資料彙編·教育行政機構及教育團體》，上海：上海教育出版社 1993 年版，第 401 頁。

〔註153〕蔣維喬：《中國教育會之回憶》，見朱有瓛等編：《中國近代教育史資料彙編·教育行政機構及教育團體》，上海：上海教育出版社 1993 年版，第 406 頁。

〔註154〕蔣維喬：《中國教育會之回憶》，見朱有瓛等編：《中國近代教育史資料彙編·教育行政機構及教育團體》，上海：上海教育出版社 1993 年版，第 407 頁。

中有近 10 篇文章專為愛國女學而寫，可見他對其懷著深厚的感情。如《愛國
女學三十五年來之發展》一文這樣回憶道：

> 民國紀元前十年，余在南洋公學任教員。是時反對清建議立大
> 阿哥之經蓮三先生尚寓上海，而林少泉先生偕其妻林××夫人、及
> 其妹妹林宗素女士自福州來，均提倡女學。由余與亡室黃仲玉夫人
> 招待，在登賢里寓所開會，到會者，除經、林二氏外，有韋氏增佩、
> 陳夢坡先生偕其女擷芬、及其二妾蔡××、蔡××三女士，余與林、
> 陳諸先生均有演說。……是年冬，由蔣智由、黃宗仰兩先生提議，
> 設立女校，余與林、陳、吳三先生並列名發起，設校舍於登賢里，
> 名曰愛國，羅伽陵夫人代表烏目山僧（即黃宗仰，引者注）捐資相
> 助，而推蔣先生為校長，發起人均任教員。未幾，蔣先生往日本遊
> 歷，余被推繼任。〔註155〕

文中提到的經蓮三、林少泉、陳夢坡即前文一再提及的經元善、林獬、陳範
三人，包括蔣智由、蔡元培、蔣維喬、黃宗仰、吳稚暉等人在內，以及部分
家屬一起成為愛國女校的發起人。上海愛國女校成立於 1902 年冬，初辦時含
有濃厚的革命色彩。蔣智由在愛國女校開學典禮上說：「英雄豪傑不分男女」，
「今開學堂，則將視女子為英雄豪傑之女子」，對於學堂宗旨則認為：「今之
進學堂也，習國文，習東西各國文，研求各學科也，將以增吾知識，完吾德
行，而達所謂英雄豪傑之目的，而後方得為成材也。」〔註156〕由此可見，愛
國女校的課程安排是為了培養為革命所用的「女英雄」，「又以暗殺於女子更
為相宜，於愛國女學，預備下暗殺的種子。……一方面在愛國女學為高材生
講法國革命史、俄國虛無黨歷史。並由鍾先生及其館中同志講授理化，學分
特多，為練製炸彈的預備。年長而根柢較深的學生如周怒濤等，亦介紹加入
同盟會，參加秘密小組」〔註157〕。應當說，當時愛國女校並不信奉「賢妻良
母主義」，只是意在培養俄國虛無黨一派的女子，該校的早期女學生教育帶有
鮮明的革命色彩。

需要明確的是，愛國女校與中國教育會、愛國學社等革命團體有著密切

〔註155〕蔡元培：《愛國女學三十五年來之發展（1936 年 12 月 2 日）》，見高叔平編：
　　　　《蔡元培教育論集》，長沙：湖南教育出版社 1980 年版，第 609 頁。
〔註156〕蔣智由：《愛國女學校開校演說》，《女報》第 9 期，1902 年 12 月 30 日。
〔註157〕蔡元培：《我在教育界的經驗（1937 年 12 月）》，見高叔平編：《蔡元培教育
　　　　論集》，長沙：湖南教育出版社 1980 年版，第 615 頁。

的聯繫。愛國女校一直充當中國教育會革命活動的「掩體」和革命勢力的培訓機構，在蔡元培當校長前後，革命色彩最爲濃厚。「凡革命同志徐伯蓀、陶煥卿、楊篤生，黃克強諸先生到上海時，余與從弟國親及龔未生同志等，恒以本校教員資格，借本校爲招待與接洽之機關」〔註158〕，這一趨勢直到1909年蔣維喬當校長時才有所轉變，蔣維喬在回憶中說：

> 昔者，中國教育會會員本有激烈、溫和二派。激烈派主張以學校革命秘密機關，蔡子民等主之。溫和派則以名實應求相副，不如純粹辦教育，培養國民，葉浩吾等主之。余之見地，亦比較偏於溫和派。至是眼見中國教育會之事業，僅留此女校，聽其消滅，於心不安。遂毅然接受徐紫勛之請求，正式出任校長。〔註159〕

此後，愛國女校逐漸脫盡革命黨秘密機關之關係，進入純粹的教育事業之時代。其實，蔡元培作爲新黨成員，受到了尚武精神、鐵血主義、軍國民主義等思潮的影響，當時的《民報》刊登過不少俄國虛無黨人及世界各國刺殺活動的報導，一時間仿傚激進的俄國虛無黨人開展暗殺活動成爲「風尚」，較著名的有1905年吳樾刺殺出洋五大臣，1907年徐錫麟暗殺恩銘等。這種實踐上的行動還需要理論上的鼓吹，如1907年10月25日，黃侃在《民報》第17號發表了《專一之驅滿主義》，認爲「今乃事之簡單可行，而恒能操勝者，今世唯爆裂之彈已」，刺殺行動較之軍旅作戰簡單易行，「今以一人獨進，則無復牽繫之虞，故不能御軍而亦不能爲軍用者，致死之道，宜莫若暗殺。夫暗殺之事，較之軍旅爲優」。隨後在第18號發表了《釋俠》（1907年12月25日），更運用自己擅長的小學功底，對「俠」進行了考證，「余又考之，相認偶爲仁，而夾人爲俠。仁俠異名而有一德。義者，宜也。……儒者言仁義，仁義之大，捨俠者莫任矣」，認爲「俠」符合仁義之道。此前，汪東在《民報》第16號《刺客校軍人論》中也肯定了刺客「堅忍卓特」的膽識和謀略，但更清醒的看到了暗殺活動的局限性，轉而主張「急軍人而緩刺客」，強調對於軍事行動的領導權，從而將革命派對「暗殺」的認識推進到一個更深入的層次〔註160〕。

〔註158〕蔡元培：《愛國女學三十五年來之發展（1936年12月2日）》，見高叔平編：《蔡元培教育論集》，長沙：湖南教育出版社1980年版，第610頁。

〔註159〕轉引自柴德庚編：《辛亥革命》（一），上海：上海人民出版社1957年版，第495～496頁。

〔註160〕盧毅：《章門弟子與近代文化》，桂林：廣西師範大學出版社2009年版，第27頁。

　　1907 年發表在《中國新女界》上的一篇文章將女性與暗殺明確聯繫起來，積極響應暗殺是婦女參與革命的最好方式這一觀點，從而將傳統女性特質與革命行爲相混合，無政府主義思潮將女革命者的行爲正當化了。《天義報》更將「女界革命」視爲無政府主義事業不可缺少的一部分，所謂「以破壞固有之社會，實行人類之平等爲宗旨，於提倡女界革命外，兼提倡種族、政治、經濟諸革命，故曰《天義》。」〔註161〕應當說，無政府主義思潮爲重構新女性的內涵提供了一種新的質素，「在悲數千年來禮教所壓服的女性中間，一旦有人突然發現了自己也是人，是和男人一般有獨立人格的人，在當時決不會作反抗的呼聲的，柔弱一些的只有付之一歎，慷爽一些的只怨老天不把她們變爲男子，去做男子一般的事業。不得已而求其次，木蘭、黃崇嘏，便是她們理想中的模範人物。」〔註162〕秋瑾及眾多後來女革命者，她們從中找到了仿傚的榜樣，並努力將這樣的理想和信念付諸實踐。

　　按照社會性別理論來看，「社會性別一詞用來指社會文化形成的對男女差異的理解，以及在社會文化中形成的屬於女性或男性的群體特徵和行爲方式。」〔註163〕秋瑾及眾多後來女革命者拒絕接受女性傳統的家庭角色，甚至拒絕其女性身份，轉而積極認同男性氣質，嚮往進入男性空間。同時，又極力主張女性要肩負家庭和國家的雙重責任。通過否定自身的女性性別身份、獲得男性性別身份來爲自己逃避傳統女性角色尋找一種合法性，其結果注定是孤獨的。秋瑾在自己著戎裝的照片上寫下的詩句，就典型地反映了這種情結：「儼然在望此何人？俠骨前生悔寄身。過世形骸原是幻，未見景界卻疑眞。」〔註164〕有研究者指出，「儘管秋瑾要衝破自身性別局限的努力以及她的英雄使命感使她投入到政治活動和革命事業中，但是她後來那充滿了掙扎的詩作卻顯示出，她那充滿了張力的內心世界」〔註165〕。與此同時，「接

〔註161〕楊天石：《天義報、衡報》，見丁守和主編：《辛亥革命時期期刊介紹》（第 3 集），北京：人民出版社 1983 年版，第 334 頁。

〔註162〕譚正璧：《中國女性文學史》，天津：百花文藝出版社 2001 年版，第 335～336 頁。

〔註163〕譚兢嫦，信春鷹編著：《英漢婦女與法律詞彙釋義》，北京：中國對外翻譯出版公司 1995 年版，第 145 頁。

〔註164〕秋瑾：《自題小照・男裝》，秋瑾：《秋瑾集》，上海：上海古籍出版社 1960 年版，第 78 頁。

〔註165〕張素玲：《文化、性別與教育：1900～1930 年代的中國女大學生》，北京：教育科學出版社 2007 年版，第 47 頁。

受了一些新思想的男性不但為即將出現的『新女性』設計出人生追求的樣板，而且為『新女性』中的寫作者預先提供了寫作摹本」〔註166〕，比如有專門為女同胞編寫的《女國民歌》〔註167〕：

> 風風風，大地文明，氣運渡亞東。
>
> 獨立精神旭日紅，自由潮流湧。
>
> 女權世界重公理，平等天下雄。
>
> 那堪回首，金粉胭脂，一般可憐蟲。
>
> 明明明，二十世紀，大漢女國民。
>
> 激昂慷慨赴前程，舭舭自由魂。
>
> 鐵血做精神俠骨，柔腸和愛情。
>
> 氤氳磅礴，彌漫膨脹，煙士披里純。

在20世紀初的中國，以男性啟蒙者為主體的新知識界人士普遍期待女性的覺醒，希望他們能夠擔當起國民的責任，「女國民」「女豪傑」「女英雄」「英雌」等開始出現在啟蒙文學的讀物以及啟蒙知識分子的言論中。一些知識男性表達了富有時代特色的愛情理想：「娶妻當娶蘇菲亞，嫁夫當嫁馬志尼。」〔註168〕這一愛情理想儘管缺少感情內涵，卻沾染著異常明亮的政治色彩，愛情的價值在於相愛的雙方並肩去戰鬥、去冒險、去赴死。柳亞子後來回憶說，自己最初的目標，自然希望找一個才貌雙全的配偶，但到了辛丑壬寅之間，天足運動起來，目標便又轉移了。一個理想的條件，應該是知書識字的天足女學生。更理想一點，則要懂得革命，或竟是能夠實現革命的，像法國瑪利儂俄國蘇菲亞一流人物才行。更為有趣的是，當梁啟超以「羽衣女士」寫作的小說《東歐女豪傑》在《新小說》第1期（1902年11月）刊載後，年僅21歲的青年馬君武因讀其文而羨慕起「羽衣女士」來，渴望演出一段男女英雄相愛的佳話。梁啟超竟然惡作劇地慫恿馬君武與子虛烏有的「羽衣女士」通幽會晤，一時在留學生界傳為笑談。〔註169〕

〔註166〕轉引自劉納：《嬗變——辛亥革命時期至五四時期的中國文學》，北京：中國社會科學出版社1998年版，第85頁。

〔註167〕劉納：《嬗變——辛亥革命時期至五四時期的中國文學》，北京：中國社會科學出版社1998年版，第86頁。

〔註168〕劉納：《嬗變——辛亥革命時期至五四時期的中國文學》，北京：中國社會科學出版社1998年版，第84頁。

〔註169〕劉納：《嬗變——辛亥革命時期至五四時期的中國文學》，北京：中國社會科學出版社1998年版，第84～92頁。

就留日女學生而言，1903 年 4 月 8 日，由胡彬夏牽頭在東京成立了女界愛國團體——共愛會，對於女學生的思想轉變有著一定的導向作用。《日本留學女學生共愛會章程》宣稱：「本會以拯救二萬萬之女子，復其固有之特權，使之各具國家之思想，以得自盡女國民之天職爲宗旨」〔註170〕，在實施辦法上要求：

　　（甲）先組織在東留學女子之團體，互相研究女子問題，以漸達其權力於祖國各行省

　　（乙）本會會員公認本會爲其託命之所，凡本會之成立及其發達各會員，當以女學上之運動爲其唯一之責

　　（丙）本會公選會員每月各作論說一二篇交事務長代爲登報，以流達於祖國〔註171〕

從中可以讀出，該會不是一般意義上的留日女學生聯誼會，而是謀求全國二萬萬女子恢復女權，履行女國民權利的政治團體。當時《江蘇》雜誌還特闢「女學論叢」「女學論文」等欄目支持共愛會的言論活動，這些留日女學生對於自己的使命有著清醒的認知：「女權摧折殘敗兮，自我復之。自由廢棄墜弛兮，自我舉之。……吾共愛會今日爲無聲無臭，僅爲十數女學生所組織，安知他日不爲全國轟轟烈烈之大團體？今日棲息於異國，養精蓄銳之潛龍，安知他日不爲在天之飛龍？」〔註172〕1903 年 4 月下旬，爲了配合留學界組織的拒俄義勇隊，共愛會成員積極進行演講動員，並簽名組成赤十字會，投入到這場運動中。需說明的是，當時的少數女學生如秋瑾、陳擷芬、李自平、何香凝等都加入到反清革命的行列，秋瑾入同盟會後被推爲浙江分會的負責人〔註173〕。1904 年 11 月，秋瑾、陳擷芬等又將其改組爲實行共愛會，只是伴隨著 1906 年初秋瑾回國、陳擷芬留美，此團體活動隨之中止。

1906 年 9 月 23 日，「中國留日女學生會」在東京宣告成立，宣稱「吾輩

〔註170〕《日本留學女學生共愛會章程》，《浙江潮》第 3 期，1903 年 4 月 17 日，第 167 頁。

〔註171〕《日本留學女學生共愛會章程》，《浙江潮》第 3 期，1903 年 4 月 17 日，第 167 頁。

〔註172〕《祝共愛會之前途》，《江蘇》第 6 期，1903 年 9 月，轉引自羅蘇文：《女性與近代中國社會》，上海：上海人民出版社 1996 年版，第 475 頁。

〔註173〕羅蘇文：《女性與近代中國社會》，上海：上海人民出版社 1996 年版，第 478 頁。

遠別宗幫，留學異國，所擔負之責任何如！國內同胞之希望何如！今日既以此團體始，他日幸勿僅以此團體終。願共犧牲個人之私利，盡力致死，務為我女同胞除奴隸之徽號，革散沙之性質，以購取最尊嚴最壯麗無上之位置，勿使至二十世紀之中，猶不入世界優勝民族之列也」〔註174〕。1911年5月，中國留日女學生會創辦的《留日女學會雜誌》在東京出版，以「提倡女學、尊重女權、改良婚姻、振興職業」〔註175〕為宗旨，主編為唐群英。翻閱其文章篇目，不難發現其創辦的一個重要意圖就是喚起女界投入到政治革命中去，認為女子與男子有著同等地位，作為國民中的一份子，救國是每一個男女應盡的責任，「故國亡而不能補救，則匹夫與匹婦皆與有罪；而國將亡而思補救，則匹夫與匹婦皆與有責也」〔註176〕。與此同時，還認為婦女不僅與男子一樣同負救國的重任，而且對於國家、家庭，女子的責任比男子更大：「為女子者苟無愛國心，不特其自身放棄國民之責任而已，而為男子者亦為其所繫累，而不能萃其心力，以為國家社會造福。」〔註177〕陳擷芬在《題美人倚劍圖》一詩中就表達了這樣的觀點，女性與男性一樣可以堂堂正正地投入到救亡運動中去：

> 海飛立兮山飛拔，亞東美女有奇骨。腰懸寶劍光輝芒，胸抱雄才氣豪勃。女界沉淪數千載，頹風壓入賤奴族。奪我天權殺我身，終夜思之痛心裂。修我戈矛誓我師，洗盡蠻風驅我敵。一聲唱起泰西東，百萬裙釵齊奮力。勖我神州好姊妹，女界飛渡即此日。〔註178〕

正如戴錦華所說的那樣，「女性主義與民族主義的並置似乎十分邏輯又不無荒誕」，像所有的二項對立式一樣，它們在各自獨立的表述系統中形同水火。「在經典女性主義的立場看來，民族主義、尤其是它的典型形態：國家民族主義，無疑是父權結構的集中體現，是社會壓抑與暴力之源。……而在民族主義、

〔註174〕燕斌：《中國留日女學生會成立通告書》，《中國新女界雜誌》1907年第2期。

〔註175〕《留日女學會雜誌出版》，見李又寧、張玉法編：《近代中國女權運動史料》（下編），臺北：龍文出版社1995年版，第805頁。

〔註176〕柳隅：《留日女學會雜誌題辭》，《留日女學會雜誌》1911年第1期，張枏、王忍之編：《辛亥革命前十年間時論選集》（第三卷），北京：三聯書店1977年版，第833頁。

〔註177〕柳隅：《留日女學會雜誌題辭》，《留日女學會雜誌》1911年第1期，張枏、王忍之編：《辛亥革命前十年間時論選集》（第三卷），北京：三聯書店1977年版，第833頁。

〔註178〕陳擷芬：《題美人倚劍圖》，《女子世界》第1年第10期，1904年。

國家民族主義的立場上，女性主義或則是一種可笑的無稽之談，一種女人的無事生非或奢侈之想，或則是一種極端危險、極度可疑的鼓譟，或二者兼有。」〔註179〕從某種程度上說，民族主義話語既促進了中國女性主體意識的形成，但同時又成為女性進入公共空間求得進一步解放的障礙。畢竟民族主義話語提倡的女性解放最終層面只是落實到民族國家的層面，不同於女性主義者追求自身的權利〔註180〕。也就是說，當女性從自身要求出發，開始發出她們自己的聲音時，就會發現她們的女性主義要求與男性啟蒙者的民族主義話語譜系並不同構，同時，男性啟蒙者和新女界的精英人物之間缺乏一種有效的互動交流。這種矛盾是 20 世紀新女界的精英人物經常面對的問題，她們需要既往的同路人——男性啟蒙者真正的「瞭解之同情」。

三、女報、女權與「秋瑾文學」的發生

　　女子教育的普及與振興，新女界的精英群體的嶄露頭角以及男性啟蒙者對於女性報刊的支持等因素，都為女性報刊的發展提供了難得的契機。據不完全統計，辛亥時期全國各地主要的女性報刊大約有 70 多種〔註181〕。辛亥前後的女性報刊常見的分類標準不外乎革命與改良、激進與溫和的二元對立劃分。倘若仔細考察它們的出版地，就能發現有革命傾向的報刊多集中在東京、上海等地。顯然，這與晚清上海報刊業的發達以及租界空間寬鬆的政治氛圍有關，同時上海有著晚清中國數量最多的以女校和女學生的閱讀團體，並且女性進入公共領域的時間、範圍等因素也是重要原因之一。從整體上看，這些女報主要提倡婦女是「女國民」，應走出家門，參加政治革命，在爭取民族解放與實行民主共和的同時，求得婦女自身解放；提倡女學、開通女智、尊重女權、反對纏足；廢私產、廢姓氏、廢婚姻、廢家庭、強調個人的絕對平等、人類解放的先決條件是婦女解放〔註182〕。細細分類的話，除了一些單純以「提倡女學」、「開通女智」、「廢除纏足」、「講求女德」為主旨的啟蒙刊物，

〔註179〕戴錦華：《導言二：兩者之間或突圍可能》，陳順馨、戴錦華選編：《婦女、民族與女性主義》，北京：中央編譯出版社 2002 年版，第 27 頁。

〔註180〕張素玲：《文化、性別與教育：1900～1930 年代的中國女大學生》，北京：教育科學出版社 2007 年版，第 12 頁。

〔註181〕宋素紅：《女性媒介：歷史與傳統》，北京：中國傳媒大學出版社 2006 年版，第 38～41 頁。

〔註182〕常彬：《中國女性文學話語流變 1898～1949》，北京：人民出版社 2007 年版，第 43 頁。

此外便是在提倡女學與女權的基礎上，與民族革命的宣傳結合起來，鼓勵婦女既做女權運動的先鋒，又做民族革命的鬥士〔註183〕。需明確的是，晚清女報從種類到發行量都不足以產生很大的社會影響，其意義在於新女界人士的思想與實踐的先鋒程度。

1897 年 7 月 24 日，中國女學會的會刊《女學報》出版，後來被譽為中國近代史上的第一份女性報刊。在《〈女學報〉緣起》一文中詳細說明了刊物的意圖：

> 那女學會內的消息、女學堂內的章程，與關係女學會、女學堂的一切情形，有了《女學報》，可以淋淋漓漓的寫在那裡……女學會內的人，有了這報，知道會中一切情事，省了會內司筆許多信箚筆墨。報章上引證那些典故法子，講述那些工藝文學，使人斟酌模仿，又省了先生們許多唇舌講解。至若女學堂功課，今天是這樣，明天差不多又是這樣，未免容易厭悶，這報上有那些新聞、時事、主筆新編的女學演義，看了可以解厭，可以消悶，況且長了許多見識，闊了多少胸襟。〔註184〕

從中可以看出，《女學報》除了充當女學會、女學堂內部信息發佈的平臺、輔助女學堂功課外，還有著傳播女學的意義。這也可以從《中國女學擬增設報館告白》一文中看出來：「無論中西賢淑名媛，如有高見卓識，乞請迅速惠賜官話緣起一篇、章程數則，本館當有文彼錄，公聘筆政。」〔註185〕署名「潘璿」的這篇《〈女學報〉緣起》便是從征文中選擇出來的。《女學報》通過徵文的形式與新女界的精英人物建立聯繫，在第 1 期登載的「本報主筆」就有近三十人，且僅限於女性。這些所謂的「本報主筆」們積極響應男性啟蒙者的女性教育主張，提倡女學。到了 1898 年 10 月底，歷時僅三個月的《女學報》宣告停刊，其提倡女學的核心觀念為後來的女性傳媒所繼承，具有開創性的意義〔註186〕。

緊接著，16 歲的陳擷芬在上海創辦了一份提倡女學、鼓吹女權的報紙《女

〔註183〕方漢奇：《中國近代報刊史》，太原：山西教育出版社 1981 年版，第 561 頁。

〔註184〕潘璿：《〈女學報〉緣起》，《女學報》第 1 期，1898 年 7 月 24 日。

〔註185〕《中國女學擬增設報館告白》，《時務報》1898 年 5 月 25 日，轉引自姚霏：《空間、角色與權力：女性與上海城市空間研究（1843～1911）》，上海：上海人民出版社 2010 年版，第 287 頁。

〔註186〕姚霏：《空間、角色與權力：女性與上海城市空間研究（1843～1911）》，上海：上海人民出版社 2010 年版，第 287～288 頁。

報》，出版不久便因爲稿件缺乏等原因夭折。1902 年 2 月 27 日，陳擷芬受到其父陳範改革《蘇報》獲得成功的啓示，續出新版的《女報》，並隨《蘇報》附送發行。寄售處遍及北京、天津、長沙、武漢、廣州、杭州、南京、江西、安慶、四川等地。有關陳擷芬與《女報》、《女學報》的研究成果很多〔註 187〕，這裡著重指出的是其對於民主、民族革命的認同傾向〔註 188〕，以及對於男性啓蒙者主導的「女權運動」的質疑，研究者普遍重視撰的《獨立篇》寫道：「嗚呼！吾再思之，吾三思之，殆非獨立不可。所謂獨立者，脫壓力，抗阻撓，猶淺也，其要在不受男子之維持與干涉」〔註 189〕，表達了新女界精英人物「望之於男子」傾向的批評〔註 190〕。1903 年 7 月，《蘇報》案發，陳擷芬與陳範避難日本，《蘇報》、《女學報》報館被封。在日期間，陳擷芬參加了反清秘密組織「三合會」以及「共愛會」，積極參與拒俄運動。同時結識秋瑾，並與她一起改組「共愛會」，陳擷芬被推舉爲會長。秋瑾於 1907 年創辦《中國女報》時，就主張要把該報當作《女學報》的繼承者和發展者來辦，足見陳擷芬與秋瑾的志同道合。

　　秋瑾從事辦報活動，始於 1904 年秋天〔註 191〕。當時秋瑾與留日學生在中國留學生會館組織「演說練習會」，成員有秋瑾、劉道一、朱俊、宋教仁等。查宋教仁日記可知，1905 年 1 月 13 日，「巳正，至秋璿卿寓，談良久。時秋

〔註 187〕姚霏：《空間、角色與權力：女性與上海城市空間研究（1843～1911）》，上海：上海人民出版社 2010 年版，第 308～311 頁。

〔註 188〕虞文俊：《從宣傳女權到鼓吹革命——淺議陳擷芬之〈女學報〉》，《皖西學院學報》2008 年第 6 期，第 122～125 頁。

〔註 189〕陳擷芬：《獨立篇》，《女學報》第 2 年第 1 期，1903 年 2 月 27 日。

〔註 190〕李九偉：《革命前驅，報壇女傑——秋瑾、陳擷芬研究》，《出版史料》2004 年第 2 期，第 98 頁。

〔註 191〕有關秋瑾、陳擷芬與女性媒介的相關研究有：華祝考：《秋瑾與〈中國女報〉》，《新聞戰線》1962 年第 7 期；郭舒：《鑒湖女俠與〈中國女報〉》，《新聞戰線》1981 年第 10 期；林虹輯：《中國第一份女報》，《史學月刊》1982 年 1 期；劉巨才：《中國歷史上第一份女報》，《新聞研究資料》1983 年第 1 期；劉百泉：《從〈中國女報〉發刊詞看秋瑾的編輯思想》，《河南大學學報》（社會科學版）1992 年第 6 期；宋秀珍：《秋瑾與〈中國女報〉》，《咸寧師專學報》1994 年第 3 期；李冰：《陳擷芬和〈女學報〉》，《山西教育學院學報》2000 年第 1 期；何揚鳴、宣煥陽：《「任上肩頭，國民女傑期無負」——秋瑾創辦〈中國女報〉經過》，《浙江檔案》2000 年第 3 期；陳曉華：《中國近代報刊史上的一座里程碑——論辛亥革命時期的婦女報刊》；《社會科學研究》2003 年第 6 期；李九偉：《革命前驅，報壇女傑——秋瑾、陳擷芬研究》，《出版史料》2004 年第 2 期；張莉紅：《秋瑾與〈中國女報〉》，《文史雜誌》2005 年第 3 期。

君與諸同志組織一演說練習會，每月開會演說一次；並出《白話報》一冊，現已出第二期。余向秋君言願入此會，秋君諾之。」〔註192〕《白話》就是以練習會的名義創辦的，由秋瑾負責主編，先後出版了6期〔註193〕。秋瑾認爲：「欲圖光復，非普及知識不可」，乃「仿歐美新聞紙之例，以俚俗語爲文，……以爲婦人孺子之先導」，故創辦此雜誌。內容以鼓吹民主革命爲主，兼及婦女解放〔註194〕。1904年10月23日《白話》第2期上，秋瑾發表了《警告中國二萬萬女同胞》一文。文章開頭就爲中國女性生爲女兒身鳴不平，接著又說起纏足和包辦婚姻的痛苦，對於不許女子再嫁的封建婚姻標準進行了批評，最後分析原因時說：

> 諸位，你要知道天下事靠人是不行的，總要求己爲是。當初那些腐儒說什麼「男尊女卑」、「女子無才便是德」、「夫爲妻綱」這些胡說，我們女子要是有志氣的，就應當號召同志與它反對。……這總是我們女子自己放棄責任，樣樣事體一見男子做了，自己就樂得偷懶，圖安樂。……諸位曉得國是要亡的了，男人自己也不保，我們還想靠他麼？
> 我們自己要不振作，到國亡的時候，那就遲了。〔註195〕

用簡明通俗的白話文字、以確鑿的事實講述了封建禮教對女性的摧殘，號召女性要有志氣，要學習文化，求一個謀生的藝業，以此爲自立的基礎，可以算作婦女運動的一篇檄文。此外，秋瑾還撰寫了《演說的好處》（第1期）、《警告我同胞》的前半部分（第3期）等文章，與其他作者的論說文章、文學作品一樣，「其內容則抨擊清廷極烈，多言人之不敢言者」〔註196〕，如政治小說《好夢醒來》中云：

> 黃國的百姓（指漢人），實在好說話，明知青國（指清朝）是個異族，專門欺壓他們，還是柔柔順順，由他呼吸膏脂，不肯把他們逐出去。……吃了青國幾百年的苦，明白的人，竟絕不僅有，都是天生的奴隸坯子。……我前幾天看到一本太平天國史，那個共搜賤

〔註192〕湖南省哲學社會科學研究所古代近代史研究室校注：《宋教仁日記》，長沙：湖南人民出版社1980年版，第25頁。

〔註193〕方漢奇：《中國近代報刊史》，太原：山西教育出版社1981年版，第563頁。

〔註194〕郭延禮：《秋瑾年譜》，濟南：齊魯書社1983年版，第45頁。

〔註195〕秋瑾：《警告中國二萬萬女同胞》，《白話》第2期，1904年10月23日，秋瑾：《秋瑾集》，上海：上海古籍出版社1960年版，第5～6頁。

〔註196〕趙而昌：《記鑒湖女俠秋瑾》，郭延禮編：《秋瑾研究資料》，濟南：山東教育出版社1987年版，第104～105頁。

（指洪秀全），眞是我們黃國的大豪傑哩。所最可恨的，就是那一輩
　　殺不可恕的死奴隸，什麼眞國犯呀，祖宗蕩呀！〔註197〕

在第3期《說廉恥》一文中直言「我們除了這騷韃子，省得做了雙料奴隸」，
可以想見《白話》的革命色彩與秋瑾擔任主編不無關係，其時在東京與力保
清室的《新民叢報》形成針鋒相對的鬥爭。《宋教仁日記》1906年4月18日
的東京日記記載：「十八晴。譯《各國警察制度》。下一時，前天卓來，以兩
信交余：一秋瑾自江蘇〔浙江〕南潯來者，無多言事；一劉瑤臣自常德來者，
亦無要語。」〔註198〕由此可知，此時秋瑾已赴南潯主持潯溪女校了。如前所
述，此前1905年秋瑾先後加入光復會和同盟會，被推爲同盟會評議部評議員
和浙江主盟人。1905年11月2日，日本文部省公佈《清國留學生取締規則》
後，留學日本界「無形中分爲兩派：一派主張立即退學回國，另在上海辦學，
以洗日人取締留學生之恥辱；一派認爲既來求學，即宜忍辱負重，學成然後
歸國」。當時秋瑾與陳天華、田桐等人都是主張迅速回國的，秋瑾更因是年12
月8日陳天華憤而跳海自殺事件的刺激，於本年年底由東京歸國。在她歸國
後寫給王時澤（其時王時澤堅持第二派的主張）的一封信：

　　吾與君志相若也，而今則君與予異，何始同而終相背乎？雖然，
　其異也，適其所以同也。蓋君之志則在於忍辱以成其學，而吾則義
　不受辱以貽我祖國之羞；然諸君誠能忍辱以成其學者，則辱也甚暫，
　而不辱其常矣。吾素負氣，不能如君等所爲，然吾甚望諸君之母忘
　國恥也。

　　吾歸國後，亦當盡力籌劃，以期光復舊物，與君等相見於中原。
　成敗雖未可知，然苟留此未死之餘生，則吾志不敢一日息也。吾自
　庚子以來，已置吾生命於不顧，即不獲成功而死，亦吾所不悔也。

　　且光復之事，不可一日緩，男子之死於謀光復者，則自唐才常
　以後，若沈藎、史堅如、吳樾諸君子，不乏其人，而女子則無聞焉，
　亦吾女界之羞也。願與諸君交勉之。〔註199〕

〔註197〕轉引自趙而昌：《記鑒湖女俠秋瑾》，見郭延禮編：《秋瑾研究資料》，濟南：
　　　　山東教育出版社1987年版，第103頁。
〔註198〕湖南省哲學社會科學研究所古代近代史研究室校注：《宋教仁日記》，長沙：
　　　　湖南人民出版社1980年版，第170頁。
〔註199〕王時澤遺稿：《回憶秋瑾》，見中國人民政治協商會議全國委員會文史資料研
　　　　究委員會編：《辛亥革命回憶錄》（第4集），北京：中華書局1963年版，第
　　　　229～230頁。

此後秋瑾回到上海，結識了許多革命同志。先在紹興明道女學代課，後經嘉興褚輔成的介紹，應聘湖州南潯鎮潯溪女學教習，未幾到上海以「銳進學社」之名聯繫陳伯平、敖嘉熊等人運動民間會黨，以利起義。爲了喚醒婦女，於1906 年冬，在上海虹口北四川路厚德里 91 號蠡城學社租賃房屋籌辦《中國女報》。當時上海《中外日報》刊登了《創辦中國女報之草章及意旨廣告》云：

> 一　本報之設，以開通風氣，提倡女學，聯感情，結團體，並爲他日創設中國婦人協會之基礎爲宗旨。
>
> 一　本報內容，以論説、演壇、新聞、譯編、調查、尺素、詩詞、傳記、小説爲大綱。
>
> 一　本報以中外各國古今女傑之肖像及名景勝蹟，有關於女學者，按期印入首頁，以供賞鑒。
>
> 一　本報以中外各學校之章程、情形、服飾等類調查，詳細登錄，以備采擇。
>
> ……
>
> 一　本報以文俗之筆墨並行，以便於不甚通文理者，亦得瀏覽。
>
> 一　本報志在擴充普及女界之智識，另編譯各種有益女界之書文、小説印行，以供購閱。〔註200〕

《中國女報》由陳伯平擔任總編輯，徐雙韻擔任校對，秋瑾則負責發行、總務等事務。主要撰稿人除了陳伯平、徐寄塵、徐蘊華、呂碧城、陳志群、燕斌外，大部分稿件都由秋瑾來寫，如第 1 期上就有她撰寫的《發刊辭》、《敬告姊妹們》以及編譯的《看護學教程》。在《發刊辭》裏，直言中國以及中國婦女的前途處於黑暗時代，希望藉此報刊喚起女同胞的自我覺醒，在此過程中，「具左右輿論之勢力」、「擔監督國民之責任」〔註201〕的報紙便顯得尤爲重要。在《敬告姊妹們》一文中更是踐行廣告中的要點，「以文俗之筆墨並行，以便於不甚通文理者，亦得瀏覽」，潛在的參照對象則爲當時文法深奧的《女

〔註200〕秋瑾：《創辦中國女報之草章及意旨廣告》，秋瑾：《秋瑾集》，上海：中華書局 1960 年版，第 10 頁。

〔註201〕秋瑾：《中國女報發刊辭》，秋瑾：《秋瑾集》，上海：中華書局 1960 年版，第 13 頁。

子世界》了，啓蒙女界是她堅持的目標，她把塑造傳統女性氣質的裝束、纏足和婦女所受的社會壓迫聯繫起來：

> 唉！二萬萬的男子，是入了文明新世界，我的二萬萬女同胞，還依然黑暗沉淪在十八層地獄，一層也不想爬上來。足兒纏得小小的，頭兒梳得光光的；花兒、朵兒，紮的、鑲的，戴著；綢兒、緞兒，滾的、盤的，穿著；粉兒白白、脂兒紅紅的搽抹著。一生只曉得依傍男子，穿的、吃的全靠男子。身兒是柔柔順順的媚著，氣虐兒是悶悶的受著，淚珠是常常的滴著，生活是巴巴結結的做著：一世的囚徒，半生的牛馬。試問諸位姊妹，爲人一世，曾受著些自由自在的幸福未曾呢？……總是男的占主人的位子，女的處了奴隷的地位。爲著要依靠別人，自己沒有一絲獨立的性質。這個幽禁閨中的囚犯，也就自己都不覺得苦了。〔註202〕

接著秋瑾便鼓勵女子要追求「自立的基礎，自活的藝業」，「如今女學堂多了，女工藝也興了，但學得科學工藝，做教習，開工廠，何嘗不可以自己養活自己嗎？也不致坐食，累及父兄、夫子了。」〔註203〕用淺顯直白、朗朗上口的語句，將中國婦女備受壓迫的景況描摹出來，並指出其根本原因，某種程度上也可以看作是秋瑾自我思想與行動的眞實寫照。由此可見秋瑾的女扮男裝是一種拒絕女性傳統氣質規定的束縛，嚮往男子尤其是西方男子所享有的自由空間，同時是秋瑾對女性在幾千年的男權社會中被當作玩物所遭受的身心戕害和非人處境的抨擊，以及女性自身內化男權要求所形成的精神創傷。

　　在引導女界啓蒙的同時，秋瑾極爲認同「女界革命」與「民族革命」之間的聯繫，比如在《中國女報》第2期上發表了《勉女權歌》，唱出了婦女求自立、反專制、做國民的先聲：

> 吾輩愛自由，勉勵自由一杯酒。男女平權天賦就，豈甘居牛後？願奮發自拔，一洗從前羞恥垢。若安（一譯「貞德」，引者注）作同儔，恢復江山勞素手。

〔註202〕秋瑾：《敬告姊妹們》（《中國女報》1907年第1期），秋瑾：《秋瑾集》，上海：中華書局1960年版，第14頁。

〔註203〕秋瑾：《敬告姊妹們》（《中國女報》1907年第1期），秋瑾：《秋瑾集》，上海：中華書局1960年版，第15頁。

舊習最堪羞，女子竟同牛馬偶。曙光新放文明候，獨立占頭籌。願奴隸根除，智識學問歷練就。責任上肩頭，國民女傑期無負。〔註204〕

當然，《中國女報》上刊登的其他篇目如白萍的《中國女界義勇家緹縈傳》、呂碧城的《女子宜急結團體論》、鈍夫的《女子教育》等文章也一起烘託了《中國女報》作爲新女界精英的立場。此外，連載於《中國女報》的章回體長篇彈詞《精衛石》〔註205〕也是秋瑾未完成的一部作品，不過從整體情節來看，原定爲20回，並且篇目都已寫好，但最終僅有六回面世〔註206〕。序言中說，「余也譜以彈詞，寫以俗語，欲使人人能解，由黑暗而登文明；逐層演出，並盡寫女子社會之惡習及痛苦恥辱，欲使讀者觸目驚心，爽然自失，奮然自振，以爲我女界之普放光明也。」〔註207〕作品主人公黃鞠瑞，後改名黃競雄，有作者的影子在，描寫了一批內地婦女反對包辦婚姻，爭取婦女解放，最後走出家庭結伴到日本留學，最後走上了參加革命的道路，即「拍手凱歌中共欣光復，同心革弊政大建共和」。其中，也提到索菲亞等人的名字，即晚清被追捧的著名女無政府主義者索菲亞·彼羅夫斯卡婭（Sophia Perovskaia），因暗殺沙皇亞歷山大二世而聞名。「余日頂香拜祝（中國）女子之脫奴隸之範圍，作自由舞臺之女傑、女英雄、女豪傑，其速繼羅蘭、馬尼他、蘇菲亞（即索菲亞·彼羅夫斯卡婭，引者注，以下同）、批茶（即哈里特·比徹·斯托）、如安（即貞德）而興起焉。」〔註208〕

需說明的是，這些思想主張並未超越1903年金天翮（1874～1947年，江蘇吳江人）發表的《女界鐘》〔註209〕，該書分爲十節，除了開頭小引、緒論、結論外，其餘七節分別論述了女子的道德、品性、能力、教育方法、權利、參與政治和婚姻進化論。其中，作者在解放婦女的步驟中，女子接受教育後在先，男女平等權利在後，最後才可能是參政權。他所鼓吹的女界革命對當

〔註204〕秋瑾：《勉女權歌》，秋瑾：《秋瑾集》，上海：中華書局 1960 年版，第 117 頁。

〔註205〕秋瑾：《精衛石》，秋瑾：《秋瑾集》，上海：中華書局 1960 年版，第 121～166 頁。

〔註206〕其中第 1 至 3 回係作者留日時所作，第 4 至 6 回係作者回國後 1906 年所寫，第 6 回未完成。

〔註207〕秋瑾：《精衛石》，秋瑾：《秋瑾集》，上海：中華書局 1960 年版，第 121 頁。

〔註208〕秋瑾：《精衛石》，秋瑾：《秋瑾集》，上海：中華書局 1960 年版，第 118 頁。

〔註209〕金天翮：《女界鐘》，陳雁編校，上海：上海古籍出版社 2003 年版。

時的一些希望打破社會性別藩籬的女子如新女界精英有很大的激勵作用，所謂「主張教育女子之標準有八條」：

　　一、教成高尚純潔完全天賦之人。

　　二、教成擺脫壓制自由自在之人。

　　三、教成思想發達具有男性之人。

　　四、教成改造風氣女界先覺之人。

　　五、教成體質強壯誕育健兒之人。

　　六、教成德性純粹模範國民之人。

　　七、教成熱心公德悲憫眾生之人。

　　八、教成堅貞激烈提倡革命之人。〔註210〕

顯然，《女界鐘》的思想資源，得益於 1902 年至 1903 年間馬君武對西方女權理論的譯介。1903 年馬君武在《新民說》上發表了《彌勒約翰的學說（二）女權說》，將「天賦人權」中的「女權」觀念納入到了民族國家的範疇之中。「自從馬君武的譯文、介紹面世以後，晚清思想界對於西方婦女解放理論的溯源，便由過去的道聽途說、眾口異詞而漸趨一致。」〔註211〕一時間「天下興亡，匹夫有責，匹婦亦有責焉」的語句風行一時，直接影響了女性媒介的話語論說方式。對此，有評論者認為：「在金天翮對 20 世紀新女性的展望中，打破了儒家傳統中賢妻良母的規範，著力提倡女性應該像男子一樣進入公共領域，發揮女國民作用，成為建設現代民族國家的生力軍。」〔註212〕應當說，《女界鐘》作為中國近代鼓吹女權的第一本專書，秋瑾以及同時期的女性傳媒不可能不受到其影響，只是原來「男性主導」的模式有所轉變，新女界自身轉變角色成為中堅力量罷了。

　　正如秋瑾登載廣告所擔心的那樣，「本報以從前有辦報者，財力未充，遽行開辦，往往有中止之弊，鄙人有鑒於此，欲募集股金萬元為資本，先固基礎，免有中止之慮。然如集有三四千金，即先行試辦。」〔註213〕《中國女報》的廣告也曾送到各女子學校，積極呼籲捐款以及招募股金，但響應者

〔註210〕金天翮：《女界鐘》，陳雁編校，上海：上海古籍出版社 2003 年版，第 44～45 頁。

〔註211〕夏曉虹：《晚清文人婦女觀》，北京：作家出版社 1995 年版，第 71 頁。

〔註212〕〔美〕王政：《社會性別與中國現代性》，《文匯報》，2003 年 1 月 12 日。

〔註213〕秋瑾：《創辦中國女報之草章及意旨廣告》，秋瑾：《秋瑾集》，上海：中華書局 1960 年版，第 10 頁。

寥寥，入股者不及十人，募到的款項也只有幾百元，未達到秋瑾所需求的萬元以上，最後由徐雙韻姐妹捐款才勉強開印。在《敬告姊妹們》文末可以看出來：「但這《中國女報》，不就是這樣不辦嗎？卻又不忍心我最親愛的姊妹，長埋在這樣地獄中，只得勉強湊點經費，和血和淚的做點報出來，供諸姊妹的賞閱」〔註 214〕。應當說，秋瑾主持的《中國女報》極其艱難，該報原定每月出版 1 期，即第 1 期於 1907 年 1 月 14 日出版，而第 2 期卻等到是年 3 月 4 日才出版，勉強出了兩期，《中國女報》即告停刊〔註 215〕。之後，秋瑾於同年回紹興主持大通學堂體育專修科，藉此培養軍事人才。積極聯絡金華、蘭溪等地會黨，組織光復軍，自任協領，與徐錫麟分頭準備浙皖起義。7 月徐錫麟在安慶起義失敗，清政府察覺皖、浙間的聯繫，派兵包圍大通學堂，後秋瑾與學生持械抵抗，失敗被捕，堅貞不屈。7 月 15 日於紹興亭口就義，在之前《致徐小淑絕命詩》中寫道：

> 痛同胞之醉夢猶昏，悲祖國之陸沉誰挽。日暮窮途，徒下新亭之淚；殘山剩水，誰招志士之魂？不須三尺孤墳，中國已無乾淨土；好持一杯魯酒，他年共唱擺侖歌。雖死猶生，犧牲盡我責任；即此永別，風潮取彼頭顱。〔註 216〕

這是秋瑾犧牲前寫下的詩句，不愧自我生命的寫照。女性、革命、鮮血等都是刺激文人創作的要素，自身已具備「傳奇」色彩。據統計，從晚清至今，各種文學體裁均有以秋瑾為題材的作品出現，詩文這一傳統形式更不必說，單就小說、戲劇而言，已經發表的作品就足以促成繁盛一時的「秋瑾文學」〔註 217〕的發生。

〔註 214〕秋瑾：《敬告姊妹們》，《中國女報》1907 年第 1 期，秋瑾：《秋瑾集》，上海：中華書局 1960 年版，第 16 頁。

〔註 215〕目前看到的《中國女報》僅有兩期，但從秋瑾與《女子世界》編輯陳志群的來往信件可以看出第三期稿件已經編好。在 1907 年 6 月 15 日的信函中，秋瑾云：「女報編輯已就，前因無暇，約於此月畢行付印」，只是隨著秋瑾的被捕而不得不夭折。見《致〈女子世界〉記者書》，《神州女報》第 1 卷第 1 號，1907 年 12 月。

〔註 216〕秋瑾：《致徐小淑絕命詩》，秋瑾：《秋瑾集》，上海：中華書局 1960 年版，第 26～27 頁。

〔註 217〕徐雙韻在《記秋瑾》一文中的「身後哀榮」一節就談到了兩次營葬，杭州、紹興、上海、長沙等地建立紀念組織以及出版紀念書刊等概況：「公私紀念秋瑾的刊物，當年有一九〇七年夏的《新女子世界》、一九〇七年冬的《神州女報》、一九〇九年春的《女報》等等。光復後，有陶成章的《浙案紀略》、馮

自由的《革命逸史》第二集、趙而昌的《鑒湖女俠秋瑾》、佛奴的《秋女士被害始末》、秋譽章的《風雨一宵恨滿樓》，以及《秋烈士遺稿》、《革命先烈傳記》及《清稗類鈔》等。一九二七年後，有堵申父的《鑒湖秋女俠》、夏衍的《秋瑾》(劇本)、《杭州市各界秋俠殉國二十週年耙念會特刊》、王紹基的《秋俠遺集》、王燦芝的《秋俠遺詩》、羅時暘的青年模範叢書《秋瑾》、鄒魯的《國民黨黨史稿》、秋宗章的《六六私乘》、《續六六私乘》、《秋女俠史實考證》等等。解放後，有中國近代史資料叢刊《辛亥革命》第三冊，朱耀庭的《秋瑾》、秋高的《秋瑾遺事》、中華書局出版的《秋瑾史蹟》　及中國歷史小叢書《秋瑾》等等。」詳見徐雙韻：《記秋瑾》，中國人民政治協商會議全國委員會文史資料研究委員會編：《辛亥革命回憶錄》（第四集），北京：中華書局，1963年1月，第209頁；另見夏曉虹：《晚清女性與近代中國》，北京：北京大學出版社2004年版，第315～318頁。

第四章　浙省革命的流佈與新文學空間

　　近代中國歷史「革命」頻發的現象極為突出，無怪乎美國研究革命現象的學者查默斯·詹隼（Chalmers Johnson）說：「十九世紀與二十世紀的中國革命，是所有歷史個案中最大且最複雜的革命樣本。」〔註1〕從金觀濤在《革命觀念在中國的起源和演變》一文中對「革命」一詞在晚清言論界的量化統計分析來看，在 1898 年以前，「革命」一詞的使用次數相當少，且尚未獲得正常性與合法性；1898 年戊戌政變失敗後，「革命」一詞才開始出現新的含義，並且開始在中國士大夫著作以及報刊言論中頻繁出現，對其評價也由負面居多變為大加推崇。在 1903 年、1906 年出現了兩次使用高潮後，至 1919 年前就一直在低水平徘徊〔註2〕。梁啓超就針對晚清言論界思想轉變的軌跡作過如下描述：

> 二十年前，聞西學而駭者比比然也，及言變法者起，則不駭西學而駭變法矣；十年以前，聞變法而駭者比比然也（王安石變法，為世詬病，數百年來，變法二字，為一極不美之名詞。若於十年前在京師尤習聞此言，今則消滅久矣），及言民權者起，則不駭變法而駭民權矣；一二年前，聞民權而駭者比比然也，及言革命者起，則不駭民權而駭革命矣。今日我國學界之思潮，大抵不駭革命者，千而得一焉；駭革命不駭民權者，百而得一焉……〔註3〕

〔註 1〕〔美〕查默斯·詹隼：《中文版序言》，見〔美〕查默斯·詹隼：《革命：理論與實踐》，郭基譯，臺北：時報文化出版公司 1997 年版，第 13 頁。

〔註 2〕金觀濤等著：《觀念史研究：中國現代重要政治術語的形成》，北京：法律出版社 2010 年版，第 382～385 頁。

〔註 3〕中國之新民（梁啓超）：《敬告我同業諸君》，《新民叢報》第 17 號，1902 年 10 月。

梁啟超 1902 年就極爲敏銳且生動地概述了「西學」「變法」「民權」「革命」等諸多話語在晚清中國知識界的流變情形。僅就「革命」話語而言，在經歷了西方、日本的雙重變形後，再與中國傳統資源相結合，產生了屬於本土的獨特意義，也獲得了世界性與現代性〔註4〕。大致說來，從清末糾纏不清的「改良」與「革命」的理論論爭開始，到現實中辛亥革命的爆發，再到民初民主憲政實踐的曇花一現，革命的呼聲此起彼伏。到 1920 年代革命則變爲國民黨、共產黨和青年黨的共同訴求，「革命」一詞在社會上迅速凝聚成一個具有廣泛影響的普遍觀念，革命高於一切，甚至革命被視爲社會行爲和價值評判的最高標準，即革命是救亡圖存、解決內憂外患、實現國家統一和推動社會進步的根本手段，以前所謂的改良及其他救國途徑則被視爲不濟或者舍本逐末的手段。「革命」話語及其意識形態開始滲入社會大眾層面並影響社會大眾的觀念和心態〔註5〕。需要明確的是，這種對革命的積極建構和樂觀期待，使得革命話語日趨神聖化、正義化，最終成爲一種與自由、解放、翻身、新生等相關聯的政治文化的同時，也不可避免地屏蔽了比如下層民眾、中國自身和革命的「對手方」的聲音〔註6〕。

提及近代史上的「浙省革命」，辛亥革命無疑是不可迴避的話題。張玉法對於辛亥革命的研究提出這樣的建議：「辛亥革命有許多不同的動力，而革命黨人也有許多不同的理想與動機，對辛亥革命進一步瞭解，必須基於區域、人物、組織等方面的個案研究。僅靠意識形態，無法瞭解辛亥革命。」〔註7〕倘若順著這一思路看「浙省革命」就能發現：從區域來看，浙江作爲辛亥革命運動的發祥地之一，無論是對革命發動的時間、革命團體的建立，還是在喚起民眾的廣度、深度方面，均作出了重要的貢獻。同時，浙江自古以來獨特的人文地理環境，在近代又採取了何種方式參與了「革命傳統」的塑造？浙江的留日學生如何在東京、上海、杭州的城市空間中激揚其革命的潮流？從人物看，一

〔註4〕陳建華《「革命」的現代性：中國革命話語考論》（上海：上海古籍出版社 2000年版）一書就考察了「革命」這一概念在中國傳統文化、近代西方和日本之間流動互激的豐富社會歷史內涵，以及經由日本逆輸入所帶來的一種革命的「大變革」含義及其傳播軌跡，同時還揭示了孫中山與現代中國「革命」話語的關係，以及這一話語如何進入文學領域等問題。

〔註5〕王奇生：《革命與反革命：社會文化視野下的民國政治》，北京：社會科學文獻出版 2010 年版，第 67 頁。

〔註6〕瞿駿：《辛亥前後上海城市公共空間研究》，上海：上海辭書出版社 2009 年版，第 7 頁。

〔註7〕張玉法：《辛亥革命史論》，臺北：三民書局 1993 年版，第 24 頁。

方面浙省的革命志士如章太炎對於「革命」的理論建構，陶成章的實干精神對於辛亥革命在浙江的展開有何意義，另一方面浙省新文學作家又採取何種敘述方式參與到地方歷史的建構當中？1920 年代沈玄廬、劉大白的新詩如何敘述衙前農民協會的活動，魯迅如何以其敏銳的視角、犀利的筆觸對辛亥革命帶來的種種社會文化心理的「症候」進行會診？從組織看，光復會參與了辛亥革命的組織領導力量，他們在辛亥革命在浙江的順利展開的過程中扮演了什麼樣的角色，該如何辨析眾聲喧嘩的「革命史」的復相呈現？

因此，本文談及的「浙省革命」，並非狹隘地指向「革命就是在社會結構內憑藉暴力謀求或實現的變動」〔註8〕，而是對發生在辛亥前後浙江的一些政治事件、社會思潮的概括。當然，這種概括可能會抹殺它們在內涵和外延等方面的異質性，也可能會造成一些認知上的質疑。我所強調的，並不是這些革命思潮或者政治活動本身，而是蘊含在它們背後的文學敘述。當我們面對這些立足於不同的政治立場的各類歷史或者文學文本時，會發現浙省革命歷史及激進的氛圍在其中呈現出一種「復相」，也會從這些文本背後讀出個人基於自我生命體驗參與到地方歷史敘述的那份情感。

第一節　城市公共空間與革命傳統

施堅雅《城市與地方體系的等級結構》一文在三種意義上認爲城市最基本的功能是作爲經濟活動的中心，談及第二種意義時說：

> 由於在榨取經濟剩餘價值的各個環節中，政治手段起著關鍵性作用，所以政府將重心放在商業中心城市，就能有效地控制交換和（間接地管理）生產活動，也便於征募任何地方組織系統的財務。秘密社團和其他民間準政治組織的總部通常設置在城市或集鎮，因爲在某種程度上，在政治角逐中，控制市場及其他關鍵的經濟部門具有突出重要的意義。所以，對帝國行政區劃做周期性的調整和改組時，所採取的一個常規做法就是將崛起的商業中心城鎮劃爲行政首府。〔註9〕

〔註 8〕鮑爾：《革命試驗》，轉引自〔美〕查默斯·詹隼：《革命：理論與實踐》，郭基譯，臺北：時報文化出版公司 1997 年版，第 1 頁。
〔註 9〕〔美〕施堅雅：《城市與地方體系的等級結構》，施堅雅：《中國封建社會晚期城市研究——施堅雅模式》，王旭等譯，長春：吉林教育出版社 1991 年版，第 145 頁。

事實上，從清末戊戌維新開始，到辛亥革命在南方地區的爆發，甚至於上世紀 20 年代末的大革命，各派趨新勢力一直都把上海作爲開展社會活動的主要基地。近現代浙江作爲革命風潮的醞釀中心之一，在政治與革命的角逐中，也把崛起的商業中心城市——上海作爲革命總部的設置地。他們辦報刊、開學堂、設書局、立學會、集會、演說、宣講、演劇，在官方政治權力架構之外，建立起各種各樣的社會組織、機構，從事各種各樣的社會活動，極大地彰顯了民間社會的力量。至辛亥革命前夕，上海的「社會中心點」的地位已經牢不可破，與北京的政治中心形成了雙峰並峙的局面，並對清政府的國家威權構成了強有力的挑戰〔註 10〕。如前所述，杭州作爲毗鄰上海的城市之一，難免不受到這種革命思潮的影響。

同時，作爲一場危亡時機王朝自我拯救的本能所採取的社會變革活動，清末新政從整體而言，在政治、經濟、軍事、教育、法制等諸多方面凸顯了國家在現代化中的主導作用。與這種從深度、廣度上遠遠要超越戊戌維新的近代化變革活動相適應的，便是社會的自主性發展變化。如前所述，在內外危機的刺激下，晚清以新知識界人士爲主體的民間力量發起地方自治，以辦學堂、立學會、開學堂等各種形式積極拓展新的活動空間，這些組織化、制度化的結構空間和自治領域顯示出了前所未有的生機和活力。此外不容忽視的是，由於各地自然條件的差異，政治、經濟、文化的發展不很均衡，在不同地區所體現出的社會和國家之間的對比強弱關係也不完全同一，相反呈現出某種非一體化的地域性特徵。

而談及公共空間，難免涉及市民社會和公共領域等方面的研究。需要說明的是，本文無意於直接討論市民社會和公共領域等方面的問題，只是將公共領域作爲一種分析性概念，或者說一種理論工具，從宏觀上描述或解釋在社會由傳統向現代轉型過程中出現的某種歷史現象或社會組織形式〔註 11〕。顯然，關於「公」、「公共」、「公共空間」等公共領域方面的政治術語在中國的具體語境中有很多種意義類型，其複雜性與深刻性不言而喻〔註 12〕。作爲

〔註 10〕 方平：《晚清上海的公共領域（1895～1911）》，上海：上海人民出版社 2007年版，第 395 頁。

〔註 11〕 方平：《晚清上海的公共領域（1895～1911）》，上海：上海人民出版社 2007年版，第 15～16 頁。

〔註 12〕 金觀濤等著：《觀念史研究：中國現代重要政治術語的形成》，北京：法律出版社 2010 年版，第 504～520 頁。

處於國家政治權力架構的邊緣或之外的社會構造，公共領域在體制建構和功能發展的過程中，充分調動和利用各種可資利用的社會資源，包括地域文化傳統、地緣紐帶、鄉土意識、社會交往關係網絡、租界的制度環境、官方政策、新型知識資源與文化觀念等。其中，除了西方因素以外，還有中國的傳統因素，比如結社立會傳統、清議傳統等，在公共領域的早期建構過程中就起到了重要的作用〔註13〕。

　　應當說，中國各種傳統社會資源除了對公共空間的建構與發展起了作用外，還對革命傳統的塑造起了至關重要的作用。僅就地域文化傳統而言，李國祁在《中國區域研究：閩浙臺地區，1860～1916》中指出：「浙省的民性因山區與平原的地理環境不同，各地區間相差甚大。杭嘉湖地區民性柔靡。金衢嚴地區有力而無膽。紹興地區智巧有餘，猛勇不足。溫臺寧地區則氣質驃悍，勤儉善於經商。」〔註14〕這種從不同地區的不同民風、性格來解釋地區的文化特徵的做法，儘管有著一定的局限性，比如它忽略了浙江自太平天國之後遭遇的人口驟減所帶來的劇烈的人口流動，但這種地方性格的特徵在浙省革命的流佈中得到了完整的體現。整體而言，浙東與浙西這兩種文化性格以一種奇特的組合方式長期並存，緣於這兩種文化性格所引發的革命、戰爭以及暴亂也帶來了浙江近代史上一個又一個的政治浪潮。不可否認，區域文化性格作為其中重要因素之一所起到的決定性作用。

一、浙東／浙西：革命傳統之呈現

　　早在明代，王士性就在《廣志繹》中談及浙東、浙西風俗的差異性：

> 兩浙東西以江為界，而風俗因之。浙西俗繁華，人性纖巧，雅文物，喜飾璽帨。多巨室大豪，若家僮千百者，鮮衣怒馬，非市井小民之利。浙東俗敦樸，人性儉嗇椎魯，尚古淳風，重節概，鮮富商大賈。而其俗又自分為三：寧紹盛科名逢掖，其戚里善借為外營，

〔註13〕方平：《晚清上海的公共領域（1895～1911）》，上海：上海人民出版社 2007年版，第406頁。蕭邦奇在《中國的精英與政治變遷——20世紀早期的浙江省》一書中重點剖析了地方精英的社會流動對晚清政治變遷的影響，同時他也是較早使用公共領域理論研究中國社會史的西方學者之一。見方平：《晚清上海的公共領域（1895～1911）》，上海：上海人民出版社 2007年版，第17頁。

〔註14〕李國祁：《中國區域研究：閩浙臺地區，1860～1916》，臺北：「中央研究院」近代史所 1982年版，第435頁。

又傭書舞文，競賈販錐刀之利，人大半食於外；金、衢武健負氣善
訟，六郡材官所自出；臺、溫、處山海之民，獵山漁海，耕農自食，
賈不出門，以視浙西迥乎上國矣。〔註15〕

到了近現代，梁啓超在《近代學風之地理的分佈》中論及浙西、浙東各自的
學風特色：「浙西——杭嘉湖之學風，與江蘇之蘇、松、太如出一型，事實上
應認爲一個區域。……杭嘉湖間與皖南及吳下毗連，學術爲多方面的發展；
而學風亦日爲混合的趨向；浙東之寧、紹爲一區；而溫州又自爲一區。」〔註
16〕曹聚仁在《我與我的世界》一書中也對浙東與浙西著墨不少：「浙東浙西，
說起來雖是同屬一個行政體系，實際上絕不相同。浙西多水，除了於潛、昌
化這一邊，都是一葦可航。浙東呢，除了紹興是水鄉，溫州、寧波沿海濱，
其他各縣，都是山嶺重疊。嚴州、台州、處州各府更是崇山峻嶺，彷彿太行
王屋的山區。這樣的地理環境，農村生產條件，絕不相同。」〔註17〕正是這
種天然的自然地理特徵，某種程度上決定了浙東自古以來生存條件的艱難性
與封閉性，接著他比較了浙東與浙西的種種不同：比如浙東最大的富戶，不
會擁有兩百畝以上的田地，靠收租過日子做一個不稼不穡的地主不可能，大
部分爲自耕農。他的祖父就是貧農，父親是個泥腳出身的秀才，他自幼便知
道一年三熟（稻——豆——麥）的農事等；而浙西一年種兩熟稻，擅長蠶絲
之利，地主擁有萬畝以上的土地等，因此，「浙西屬於資產階級的田地，浙東
呢，大體上都是自耕農的社會」〔註18〕。曹聚仁所概括的浙東社會自耕農的
社會形態，說明了19世紀末的江南農村在自然經濟瀕臨崩潰的背景下，如何
艱難地維持著以自耕農爲主體的宗法社會形態，又決定了浙東社會的種種文
化與政治上的表現。從某種程度上說，浙江各地的秘密會黨多來自於這一區
域〔註19〕，帶有明顯的自耕農的特徵。同時，「浙人素多個人性質，少團體性

〔註15〕 （明）王士性：《王士性地理書三種》，周振鶴編校，上海：上海古籍出版社
1993年版，第323頁。

〔註16〕 （清）梁啓超：《中國歷史研究法·近代學風之地理的分佈》，（清）梁啓超：
《梁啓超全集》，北京：北京出版社1999年版，第4269～4270頁。

〔註17〕 曹聚仁：《我與我的世界》，北京：人民文學出版社1983年版，第38～39頁。

〔註18〕 曹聚仁：《我與我的世界》，北京：人民文學出版社1983年版，第38～39頁。

〔註19〕 當然，如果從會黨分佈地區來說，浙江會黨在十九世紀末二十世紀初遍佈溫
州、台州、處州、金華、紹興、衢州、嚴州、杭州、寧波、嘉興、湖州等十
一府，規模大的會黨往往又跨越多個府縣。見魏建猷：《辛亥革命前夜的浙江
會黨活動》，《學術月刊》1961年第10期，第16頁。

質。其行事也，喜獨不喜群，既不問人，亦願人之不彼問，以故癸卯、甲辰以後，內部革命勢力日增，而外界迄不之知也。」〔註20〕

從區域革命力量上看，「會黨是辛亥革命的四大支柱（會黨、新軍、學界與華僑）之一，浙江又是當時全國會黨最集中的四大地區（浙江、兩廣、兩湖與川貴）之一」〔註21〕，作為以貧苦農民、游民與城鎮平民為主體的互助團體和革命組織，辛亥前後浙江的會黨也風起雲湧，比較著名的有浙東（紹興）的平洋黨、浙南（處州）的雙龍會與浙中（龍華）的龍華會等。從整體上看，這一時期會黨的活動「可分為兩個階段：1904 年以前是會黨單獨活動，主要是進行反教會鬥爭；1904 年以後是和革命黨人聯合行動，主要是進行反滿革命」〔註22〕。正如周作人 1910 年 8 月 8 日在《哀俠》一文中所說的那樣：「俠者，剛健沉毅之氣鬱結而成，故不特尚廉恥，守信義，重然諾，嫉奸暴，濟緩急，抑其冒險勇往之性，為富貴所不能淫，貧賤所不能辱，爵賞所不能榮，斧鉞所不能威，禍福所不能動，權勢所不能奪，毀譽所不能移」〔註23〕，早期的會黨組織雖然還達不到這樣的覺悟高度，但「游俠之消長，風俗之涼樸繫焉，人心之厚薄繫焉，而關係於國家之隆替為特甚」〔註24〕，道出了區域文化性格與革命傳統的關係。

從歷史上看，會黨與革命黨的合作，始於 1895 年興中會總會成立之時。就浙江而言，這種聯合開始於 1904 年，「紹興竺紹康之平洋黨、嵊縣裘文高之烏帶黨、金錢黨、祖宗教、百子會、白旗會、紅旗會、黑旗會、八旗會等，皆以仇洋為主義，以憤耶教之跋扈故也。自近時革命黨入其中，說以洋教之跋扈，由於清政府之惡劣，遂一變而為傾覆清政府，仇洋之主義轉以消滅」〔註25〕。他們在光復會的領導下，從帶有封建幫派性質的秘密會社轉變為有著進步色彩的革命同盟軍，對辛亥革命在浙江的勝利展開居功至偉。當然，這離不開光復會的領導及主要力量對下層平民與會黨的革命宣傳與聯絡，如魏

〔註20〕 陶成章：《浙案紀略》，陶成章：《陶成章集》，湯志鈞編，北京：中華書局 1986年版，第 335 頁。

〔註21〕 胡國樞：《光復會與浙江辛亥革命》，杭州：杭州出版社 2002 年版，第 15 頁。

〔註22〕 魏建猷：《辛亥革命前夜的浙江會黨活動》，《學術月刊》1961 年第 10 期，第17 頁。

〔註23〕 頑石：《哀俠》，《紹興公報》，1910 年 8 月 8 日。

〔註24〕 頑石：《哀俠》，《紹興公報》，1910 年 8 月 8 日。

〔註25〕 〔日〕平山周編著：《中國秘密社會史》，石家莊：河北人民出版社 1990 年版，第 174 頁。

蘭、陶成章等革命黨人輸送革命書籍有關,「由是浙東之革命書籍,遂以遍地,而革命之思想,亦遂普及於中下二社會矣。先是,浙東屢鬧教案,自此以後,遂乃絕無而僅有,清吏因得高枕安臥,而夢想乎太平;而實不知易其排外之心,盡化而爲排滿也」〔註26〕。某種程度上說,會黨組織充當了革命黨與普通群眾之間溝通的橋樑。

如前所述,有研究者在考察清末下層啓蒙運動時認爲,南方的啓蒙者雖然也聲稱啓蒙廣大民眾,但在實際運作中卻基本將下層社會懸置,主要關注的是「中等社會」,即學生群體和工商階層,這恰恰是尚未進入上層社會而正爲之努力的「準上層社會」,是革命依靠的主要力量〔註27〕。殊不知,浙江主要依靠的就是會黨組織,近藤邦康在考察中國近代革命思想的三大潮流(浙江、湖南、廣東)時,特意比較了革命思想的三大潮流的差異性,正如 E.希爾斯在《論傳統》一書中所說的那樣:

> 沒有一個龐大社會的諸種傳統可能是完全同質的。它的各個部分最多共有某些根本性的傳統。這樣一種社會必然會有不同的部分。自然資源的分佈帶來了職業的空間差異;一系列複雜的欲求要求有各種非常不同的、由各個專門職業群體生產的物品。許多大社會都是通過聯邦或征服而建立起來的,並吸收了眾多的移民,這一事實連同不同的才智和不同的趣味都促成了社會中傳統的多樣性。既然諸種傳統常常是對特殊的活動和地域而言的,既然它們的傳播範圍很少擴展到整個社會,所以在各種傳統中除了存在某些共識之外,也必然存在著眾多的差異性。〔註28〕

近藤邦康認爲「浙江派——光復會、湖南派——華興會、廣東派——興中會,這三大主要流派分別具有:每個人的革命道德;一省獨立;一國的革命方略之特徵」,浙江的獨特性表現在:

> 浙江學風盛行。富有明末清初以來學者、書生的種族主義抵抗傳統,也是以「反清復明」爲目標的會黨勢力強大的地方。其中,

〔註26〕陶成章:《浙案紀略》(上卷),中國史學會編:《辛亥革命》(第3冊),上海:上海人民出版社1981年版,第25頁。

〔註27〕楊早:《清末民初北京輿論環境與新文化的登場》,北京:北京大學出版社2008年版,第215頁。

〔註28〕〔美〕E.希爾斯:《論傳統》,傅鏗、呂樂譯,上海:上海人民出版社1991年版,第339頁。

> 章炳麟是學者的抵抗之代表人物，陶成章則是集革命黨和會黨於一
> 身的首謀者。〔註29〕

其中，章炳麟（1869～1936，浙江餘杭人）、陶成章（1878～1912，浙江紹興人）就分別代表了浙西、浙東區域文化傳統：章炳麟是「學者的抵抗之代表人物」，在 1900 年「解辮髮」至 1908 年《民報》停刊時期「憑一支筆進行鬥爭，在思想領域起了重要作用」，「在中國近代歷史上所起的作用和他在當時社會上所佔的地位，很明顯是擔任了一個思想家、宣傳家的角色」〔註30〕；陶成章是「集革命黨和會黨於一身的首謀者」，以一種「沉毅敦樸，尊重實行」的實幹家身份稱譽於浙江辛亥革命史，在創建光復會、聯絡會黨、喚起民眾、募集經費、支持革命、經營江浙等方面做出了卓越的貢獻〔註31〕。

與此同時，近藤邦康還特意指出革命派對現狀的認識基礎，從排外轉向排滿的問題已經深入到社會的內部，積極響應知識分子領導的受到民眾響應的漢民族主義的革命來打倒清朝異民族統治，對抗西方帝國主義列強的侵略，挽救處於危亡之秋的中國〔註32〕。按照鄒容的說法，首先要擺脫「滿奴」的身份，然後才能改變「洋奴」地位，「《革命軍》是激烈而雜駁的，但不管怎麼說，它具有以獨特的思想把當時革命思想的種種方向幾乎全部包容在內的巨大規模」〔註33〕，也就是說，進入 20 世紀的第一個十年，由於內外危機的刺激，漢民族在幾千年的文明發展中形成的「夷夏之防」、「非我族類，其心必異」等觀念開始演化為「反清復明」的理論支持，以「排滿」宣傳為主的革命動員如火如荼地展開了。1903 年 9 月，《游學譯編》第 10 期發表了《民族主義之教育》一文，此篇文章根據「日本高材世雄所論而增益之」〔註34〕，作者在比較了法國大革命和英國革命後認為，中國經營革命之事業，「必以下

〔註29〕〔日〕近藤邦康：《救亡與傳統——五四思想形成之內在邏輯》，丁曉強等譯，太原：山西人民出版社 1988 年版，第 119 頁。

〔註30〕李澤厚：《中國近代思想史論》，北京：人民出版社 1979 年版，第 384～385 頁。

〔註31〕胡國樞：《光復會與浙江辛亥革命》，杭州：杭州出版社 2002 年版，第 282～286 頁。

〔註32〕〔日〕近藤邦康：《救亡與傳統——五四思想形成之內在邏輯》，丁曉強等譯，太原：山西人民出版社 1988 年版，第 117 頁。

〔註33〕〔日〕近藤邦康：《救亡與傳統——五四思想形成之內在邏輯》，丁曉強等譯，太原：山西人民出版社 1988 年版，第 118 頁。

〔註34〕《民族主義之教育》，《游學譯編》第 10 期，張枬、王忍之編：《辛亥革命前十年間時論選集》（第 1 卷上），北京：三聯書店 1960 年版，第 404 頁。

等社會爲根據地,而以中等社會爲運動場」〔註 35〕,然後分別論述了中等社會教育與下等社會教育的策略:

> 對於中等社會教育之事業有四:一曰結集特別之團體,二曰流通秘密之書報,三曰組織公共之機關,四曰鼓舞進取之風尚。……故欲擔任中等社會革命教育者,不可不以廣施結集之方法爲第一義。……對於下等社會之教育有三:一曰與秘密社會爲伍,轉移其舊思想而注入之以新思想,轉移其舊手段而注入之以新手段;一(「二」,引者注)曰與勞動社會爲伍,改革其舊智識而注入之以新智識,變易其舊習慣而注入之以新習慣;三曰與軍人社會爲伍,破壞其舊勢力而聳動之以新勢力,排斥其舊事功而歆羨之以新事功。三者之妙用,存於二方面:一曰結集通俗講演之會場;一曰流通通俗講演之文字。〔註 36〕

章太炎對此深信不疑,1912 年 5 月 7 日,他還與于右任、王正廷、田桐、張謇、張繼等發起通俗教育研究會,宣言從建設通俗教育的角度出發:「革命未成以前,當注力於通俗教育,而期多數人民之能破壞;革命成功而後,當注力於通俗教育,而期多數人民之能建設」,「傳佈通俗教育之方術,不外二大端:一爲借語言藝術及娛樂事物以傳佈者,二爲借印刷出版物以傳佈者」〔註 37〕。隨後在 5 月 10 日刊載的「通俗教育研究會簡章」中敘其宗旨時再次明確:「本會以研究通俗教育設施方法,爲普通人民灌輸常識,培養公德,併發啓有關社會教育之各事物爲宗旨」。如前所述,1903 年正是革命興論的高潮時期,革命的先行者找到了民族主義的理論資源。一方面,將其與中國傳統的「夷夏之辨」相結合,希望能夠得到中等社會的認同與支持,另一方面通過感性的手段鼓勵下層社會,比如第一章提到的下層啓蒙的形式與社會運動的結合就是其中的手段。當細細地解讀上述「中等社會」、「下層社會」教育方法的時候,我發現章太炎和陶成章都爲「排滿宣傳」做出了不同尋常的貢獻。

　　查《章太炎年譜長編》知,1895 年他讀了康有爲在北京成立強學會的章程後,就表示贊同「富國強兵」的宗旨,並於 1897 年 1 月離開詁經精舍,出

〔註 35〕 《民族主義之教育》,《游學譯編》第 10 期,張枏、王忍之編:《辛亥革命前十年間時論選集》(第 1 卷上),北京:三聯書店 1960 年版,第 409 頁。
〔註 36〕 《民族主義之教育》,《游學譯編》第 10 期,張枏、王忍之編:《辛亥革命前十年間時論選集》(第 1 卷上),北京:三聯書店 1960 年版,第 409 頁。
〔註 37〕 《發起通俗教育研究會宣言》,《民立報》,1912 年 5 月 7 日。

任梁啓超創立的《時務報》編輯，以實際行動參與到變法運動中〔註38〕。儘管他一再強調自己年青時期就有「仇滿之念」，但很顯然這些都是後來之說，起碼此時的章太炎還是崇拜康梁的維新改良思想的。1899 年前後，章太炎在思想上經過了曲折而痛苦的轉變。1900 年 8 月，他寫的《解辮髮說》可以看作是踏上反清革命道路的開始。緊接著在《客帝匡謬》一文中檢討自我思想上的錯誤，直言「滿洲賤族，民輕之，根於骨髓，其外視亡異歐、美」〔註39〕，1903 年 5 月撰寫了《駁康有爲論革命書》，系統地批駁了康有爲把立憲之寶壓在一個「不辨菽麥」的「載湉小丑」的皇帝身上的可悲，明確提出了建立民主共和制國家的主張，自此，他所宣揚的「排滿主義」口號呼之欲出。〔註40〕隨後，於 1903 年 6 月 30 日在愛國學社被捕入獄。應當說，從戊戌政變到「蘇報案」事件，章太炎作爲一個革命宣傳家，6 年之中輾轉於臺灣、日本、餘杭、蘇州、上海等地，這種異域體驗堅定了他革命的原則立場，逐漸與康、梁維新派徹底決裂。

從整體上看，在「排滿」宣傳上，革命黨人在思想內容上採取了諸如塑造皇帝形象、尋求漢族族源、明確鬥爭對象、揭露清政府禍國殃民的深重罪行等措施〔註41〕，章太炎 1908 年在《排滿平議》中一再強調「是故排滿洲者，排其皇室也，排其官吏也，排其士卒也」，對滿洲政府與滿族平民做了區分，「所欲排者，爲滿人在漢之政府。而今之政府，爲滿洲所竊據，人所共知不煩別爲標目，故簡略言之，則曰排滿云爾。」〔註42〕如前所述，1906 年 6 月 29 日，章太炎刑滿出獄，到達東京擔任同盟會的機關報《民報》第 7 號至第

〔註38〕湯志鈞編著：《章太炎年譜長編》（全兩冊），北京：中華書局 1979 年版，第 25～36 頁。
〔註39〕章太炎：《客帝匡謬》，本社編：《章太炎全集》（第 3 卷），上海：上海人民出版社 1984 年版，第 120 頁。
〔註40〕一般研究者認爲章太炎的民族革命觀特點如下：研究經學的目的在於「夷夏之辨」，以此論證排滿革命的必要性與合法性；強調「非我族類，其心必異」；主張以「光復」代替「革命」等。應當說，他的「排滿革命」是中國現代民族主義的特殊表現，其種族主義的修辭只是策略性的手段而已，根本目的在於建立一個在現代民族國家的世界體系中足以自存的現代國家。見張汝倫：《現代中國思想研究》，上海：上海人民出版社 2001 年版，第 146 頁。
〔註41〕章開沅：《辛亥革命時期的社會動員——以「排滿」宣傳爲實例》，《社會科學研究》1996 年第 5 期，第 95～98 頁。
〔註42〕章太炎：《排滿平議》，見本社編：《章太炎全集》（第 4 卷），上海：上海人民出版社 1985 年版，第 268～269 頁。

24 號（1908 年 10 月）的主編，期間由張繼、陶成章接編了《民報》第 19 號和第 20 至 22 號。1906 年 10 月 8 日，章太炎在《民報》第 8 號上發表《革命之道德》一文，較系統地闡述了革命道德與民族興亡的關係，「嗚呼！吾於是知道道德衰亡，誠亡國滅種之根極也」〔註 43〕。以此爲中心，章太炎先後發表了《東京留學生歡迎會演說辭》（1906 年 7 月 15 日）、《民報一週年紀念會祝辭》（1906 年 12 月 2 日）、《民報一週年紀念會演說辭》（1906 年 12 月 2 日）、《箴新黨論》（1906 年 12 月 20 日）等文章，以革命家的道德爲主題，認爲「道德者，不必甚深言之，但使確固堅厲，重然諾，輕死生，則可矣」〔註 44〕，並引用顧炎武的知恥、重厚、耿介和必信爲主要內容〔註 45〕，還對 16 種職業與道德的關係進行分析，認爲農人等 6 類下層齊民乃是革命黨的構成者。應當說，「這些問題，是他總結變法運動以來政治活動的經驗和三年獄中生活的思索而擺到革命運動面前的。」〔註 46〕

就陶成章而言，則不得不提及 1904 年冬建立的光復會，其主要領導人蔡元培、章太炎、陶成章對其創立都有過記述，蔡元培在其《自編年譜》中說：

> 我在《警鐘報》館時，曾再任愛國女學校長。那時候，就以女學作爲革命黨通訊與會談的地方。各教員中與聞此事的，以從弟國慶及龔君味生爲最多。蔡君本隨陶君煥卿成章屢往金、衢、嚴、處等地運動會黨，勸他們聯合起來待時起事。而紹興又有一派秘密黨，則爲嵊縣王君金髮、祝君紹康所統率，而主動的是徐君伯蓀錫麟。此兩派各不相謀，而陶、徐兩君均與我相識，我就約二君到愛國女學商聯絡的方法，浙東兩派的革命黨，由此合作，後來遂成立光復會。

從弟乃蔡元培的族弟蔡國慶（名元康），龔味生乃爲章太炎的女婿。作爲一個立足於浙江、啓始於東京、誕生在上海的以知識分子、秘密會黨爲主幹的革

〔註 43〕 湯志鈞編：《章太炎政論選集》（全兩冊），北京：中華書局 1977 年版，第 310 頁。

〔註 44〕 湯志鈞編：《章太炎政論選集》（全兩冊），北京：中華書局 1977 年版，第 311 頁。

〔註 45〕 湯志鈞編：《章太炎政論選集》（全兩冊），北京：中華書局 1977 年版，第 320 ～322 頁。

〔註 46〕 〔日〕近藤邦康：《救亡與傳統——五四思想形成之內在邏輯》，丁曉強等譯，太原：山西人民出版社 1988 年版，第 67 頁。

命團體，以救亡圖存、改造社會爲己任，「定名曰光復會，又曰復古會。並推蔡元培爲會長，璧壘爲之一新。適陶成章自內地再渡日本，道經上海，……元培亦知聯絡會黨非成章莫屬，因同約入會，成章從之」〔註47〕，光復會中很多領袖來自浙東，如陶成章，魏蘭、敖嘉熊、徐錫麟、秋瑾等，他們身上都有著浙東自耕農特有的艱苦樸素、樸實無華的作風〔註48〕。光復會成立後，參加人員也主要是浙江籍，並以會稽、餘杭、秀水（嘉興）、金華、處州、永康、餘姚、嵊縣、諸暨等地爲多〔註49〕。應當說，對於光復會這些特點與定名、宗旨以至活動的主要方向〔註50〕，最重要的來自浙江自古以來的革命傳統資源。

章太炎在《光復軍志序》中說：「余十三四，始讀蔣氏《東華錄》，見呂留良、曾靜事，悵然不怡。……弱冠，睹全祖望文，所述南田、臺灣諸事甚詳，益奮然欲爲浙父老雪恥；次又得王夫之《黃書》，志行益定。」〔註51〕要瞭解章太炎的自述，需要明白三點時代背景：第一，清初以來清政府就對江南地區實行高壓政策，文字獄大肆氾濫。其中，呂留良（1629～1683，浙江崇德人）作爲清初理學家，放棄功名不願出仕，借「夷夏之防」來闡發民族大義。後因曾靜、張熙文字獄案牽連被剖棺戮屍，因此受到株連而斬首、流放者眾多。第二，黃宗羲曾招募義兵，集家鄉子弟數百人進行抗清鬥爭。明亡後開始隱居著書，開浙東史學研究之先河〔註52〕。至全祖望一脈相傳，皆倡導民族主義。陶成章等光復會成員均受其薰陶，痛恨腐朽的清政府。對此，梁啓超曾說：「固浙東人也，受全祖望、章學誠影響頗深，大究心明清間掌故，排滿之信念日烈。」〔註53〕如前所述，章太炎在《革命之道德》中提到：「吾所謂革命者，非革命也，曰光復也，光復中國之種族也，光復中國之州郡也，

〔註47〕 馮自由：《光復會》，馮自由：《革命逸史》（第 5 集），北京：中華書局 1981
　　　　 年版，第 55 頁。
〔註48〕 陳方競：《魯迅與浙東文化》，長春：吉林大學出版社 1998 年版，第 114 頁。
〔註49〕 沈瓞民：《記光復會二三事》，見中國人民政治協商會議全國委員會文史資料
　　　　 研究委員會編：《辛亥革命回憶錄》（第四集），北京：中華書局 1963 年版，
　　　　 第 139～141 頁。
〔註50〕 湯仁澤：《光復會和浙江》，《史林》2005 年第 1 期，第 61 頁。
〔註51〕 湯志鈞編：《章太炎政論選集》（全兩冊），北京：中華書局 1977 年版，第 681
　　　　 頁。
〔註52〕 何炳松：《浙東學派溯源》，北京：中華書局 1989 年版。
〔註53〕 （清）梁啓超：《清代學術概論》，天津：天津古籍出版社 2003 年版，第 84
　　　　 頁。

光復中國之政權也。以此光復之實，而被以革命之名」〔註 54〕，其思想淵源「總之不離呂（留良）、全（祖望）、王（夫之）、曾（靜）之舊域也」〔註 55〕。第三，章太炎深受顧炎武的影響〔註 56〕，而顧炎武在清兵進攻江南時，曾經奔走呼號，進行抗清鬥爭。總之，顧炎武、黃宗羲作爲明末遺民反抗清室的傳統，被光復會及其成員所繼承，在「光復漢族，還我山河，以身許國，功成身退」十六字方針之下開展革命活動，所謂「共抒雄圖，志在光復」〔註 57〕。後因鬥爭方略、經費問題與孫中山領導的同盟會產生分歧，於 1910 年 2 月重組光復會，在東京另立總會，以章太炎、陶成章爲正副會長，在南洋和同盟會爭奪勢力。所謂成於此，也敗於此，光復會特有的地域觀念和革命傳統也阻礙了其自身的進一步發展。

二、東京／上海／杭州：早期革命文學的傳播空間

1912 年 1 月 1 日，孫中山在南京就任中華民國臨時大總統，在其《臨時大總統宣言書》中說：「夫中國專制政治之毒，至二百餘年來而滋甚，一旦以國民之力踣去之，起事不過數旬，光復已十餘行省，自有歷史以來，成功未有如是之速也。」〔註 58〕至於革命進展順利的原因，當然有很多方面，但早期革命黨人賴以生存的輿論宣傳便是不可忽視的方面。對此，孫中山就積極評價了以「東京——上海」爲軸心的革命輿論宣傳形勢：

> 留東學生提倡於先，內地學生附和於後，各省風潮從此漸作。
> 在上海則有章太炎、吳稚暉、鄒容等借《蘇報》以鼓吹革命，爲清
> 廷所控，太炎、鄒容被拘囚租界監獄，吳亡命歐洲。此案涉及清帝
> 個人，爲朝廷與人們聚訟之始，清朝以來所未有也。清廷雖訟勝，
> 而章、鄒不過僅得囚禁兩年而已。於是民氣爲之大壯。鄒容著有《革

〔註 54〕 湯志鈞編：《章太炎政論選集》（全兩冊），北京：中華書局 1977 年版，第 309 頁。

〔註 55〕 湯志鈞編：《章太炎政論選集》（全兩冊），北京：中華書局 1977 年版，第 681 頁。

〔註 56〕 朱希祖：《本師章太炎先生口授少年事蹟筆記》，陳平原、杜玲玲編：《追憶章太炎》，北京：中國廣播電視出版社 1996 年版，第 79 頁。

〔註 57〕 沈瓞民：《回憶魯迅早年在弘文學院的片段》，薛綏之、韓立群主編：《魯迅生平史料彙編》（第 2 輯），天津：天津人民出版社 1982 年版，第 42 頁。

〔註 58〕 孫中山：《臨時大總統宣言書》，中國社會科學院近代史研究所中華民國史研究室等編：《孫中山全集》（第 2 卷），北京：中華書局 1982 年版，第 1 頁。

命軍》一書，爲排滿最激烈之言論，華僑極爲歡迎；其開導華僑風

氣，爲力甚大。此則革命風潮初盛時代也。〔註59〕

提及上海與日本的關係，有研究者認爲「把上海和日本的關係解釋清楚，是
理解近代日本的一把重要的鑰匙。追蹤每一個人的上海體驗，對於理解近代
日本人的精神變遷來說也是不可或缺的一項工作」〔註60〕。同樣，要理解早
期革命黨人所賴以生存的輿論宣傳以及早期革命文學的傳播空間，需要我們
追蹤他們在東京、上海兩座城市的體驗。1903 年 4 月 27 日，在《江蘇》第 1
期上，署名「侯生」發表的社說提到了上海：

　　臨長江，瞰天塹，流波洶湧，直趨東海，而環絡江南十萬邁當
之面積者，此地勢之足以稱雄於大陸也。崇、淞天險，非江南之門
戶乎？……此地理之顯著於表面者也。而孰知歐美通道以來，滬濱、
京口，首闢商埠，……美其名曰租界，實則永無返璧之期。……識
時者無不知江流上下數千里爲盎格魯撒克遜人勢力範圍地也。舉目
河山，蒼涼落日，對此粉碎寸裂之餘，誰不起洛水伊戎之痛哉！我
曷不爲江南之地理哀！〔註61〕

上海自開埠之後經濟發展迅速，很快超越江南的杭州、蘇州而成爲中國近代
經濟、航運和金融中心〔註62〕，畢竟「在中國城市體系的形成過程中，商業
貿易聯繫比行政關係──或就此而言的城市間任何其它形式的交往──顯示
了更爲強大的影響力。這部分地由於官僚行政當局的相對軟弱，但更重要的
原因是商業發展的實際需要，比如在任何時候運輸距離成本這一微妙的商業
因素，使得自然地理條件比政府具有更有效的強制力。因而在城市體系的形
成過程中，地理強制力與貿易格局在期間的影響也不斷加強」〔註63〕。因此
上海也成爲南方留日學生赴日的主要出發點。據資料顯示，早在 1875 年橫濱

〔註59〕　孫中山：《心理建設》，孫中山：《孫中山選集》，北京：人民出版社 1981 年版，
　　　　第 200 頁。

〔註60〕　劉建輝：《魔都上海──日本知識人的「近代體驗」》，上海：上海古籍出版社
　　　　2003 年版，第 118 頁。

〔註61〕　侯生：《社說・哀江南》，《江蘇》第 1 期，1903 年 4 月 27 日，第 18 頁。

〔註62〕　〔美〕羅茲・墨菲：《上海──現代中國的鑰匙》，上海社會科學院歷史研究
　　　　所編譯，上海：上海人民出版社 1986 年版，第 107～122 頁。

〔註63〕　〔美〕施堅雅：《城市與地方體系的等級結構》，〔美〕施堅雅：《中國封建社
　　　　會晚期城市研究──施堅雅模式》，王旭等譯，長春：吉林教育出版社 1991
　　　　年版，第 145 頁。

與上海之間就有定期航線〔註64〕。1901 年在日本留學的章宗祥（1879～1962，浙江吳興人）編印了《日本游學指南》，該書第一節「上路之情形」中介紹道：

> 凡自吾國至日本，分爲南北二大道。南省各地，以上海爲出發之地。北省各地，以芝罘（今隸屬於煙臺市，引者注）爲出發之地。……自上海動身，可買船票至橫濱，換坐火車到東京，凡火車行一點鐘，計路程共七日。若買票至神戶，由神戶坐急行火車至東京，則五日可到。……凡自吾國至日本船隻，有英國公司、法國公司及日本郵船公司。其中以日本船爲最親切便當。若言明留學生，則看待更好，其船中理事等，大都從學生出身，故於學生另有一番看待，蓋同類使然也……〔註65〕

之後分別列舉了從芝罘到神戶、自上海到橫濱、自上海到神戶的（船）車價及其等級，以及到達神戶或橫濱後，分別轉乘到東京的車價及其等級等。如前所述，新到日本的中國留學生大都受到民族危機的逼迫，抱著尋求富國強兵法寶的目的，「凡留學生一到日本，急於尋求的大抵是新知識。除學習日文，準備進專門的學校之外，就赴會館，跑書店，往集會，聽講演。」〔註66〕通過各種渠道、各種方式來體驗師法歐美的日本文化，更加直觀地領會到民族危機。事實上，無論是論及早期革命文學的傳播空間，還是探討早期革命黨人的輿論宣傳工作，不能忽視留日學生的貢獻，否則就不能很好地解釋辛亥革命。

從 1894 年興中會成立到 1905 年 6 月同盟會成立，在加入興中會和支持興中會革命活動的 692 人中，有 161 名留學生〔註67〕。同盟會成立後，入會的留學生更多，從 1905 年到 1907 年，有 960 人在東京本部加入，其中大多爲留學生〔註68〕。當然，這也得益於東京是當時中國留學生較爲集中的地方。1906 年東京啓智書社著譯的《留學生鑒》第二十三章談及「東京之留學」云：

〔註64〕 〔日〕高綱博文：《上海的日本居留民》，熊月之等選編：《上海的外國人（1842～1949）》，上海：上海古籍出版社 2003 年版，第 150 頁。

〔註65〕 章宗祥：《日本游學指南》，轉引自〔日〕實藤惠秀：《中國人留學日本史》，北京：三聯書店 1983 年版，第 153～154 頁。

〔註66〕 魯迅：《因太炎先生而想起的二三事》，魯迅：《魯迅全集》（第 6 卷），北京：人民文學出版社 2005 年版，第 578 頁。

〔註67〕 馮自由：《興中會時期之革命同志》，馮自由：《革命逸史》（第 3 集），北京：中華書局 1981 年版，第 30～121 頁。

〔註68〕 馮自由：《中國同盟會最初三年會員人名冊》，馮自由：《革命逸史》（第 6 集），北京：中華書局 1981 年，第 63～86 頁。

東京爲日本全國之首都，百般施設，無一不備，眞學問之淵藪、
學校之中心也。故苟擬備一科一藝者，則不遠千里，無不年年歲歲，
負笈而來，獨是東京固是絕好之修學地，而又爲可恐之魔窟。種種
誘惑擁於前後左右，爲學生者，志操不堅，氣象不肅，鮮有不誤入
迷途而墮落腐敗者。故游學者，要能一意貫徹其目的，不爲外界所
引，不見曬於鄉里，是所甚願者也。〔註69〕

在第二十五章便詳細列舉了「東京學校一覽」，並分爲普通學校之部、專門學
校之部、雜學校之部分別加以介紹。東京的神田區開設了許多爲中國留學生
服務的書店、書攤、印刷所、商店、旅館、當鋪等。留學生在那裡可以讀到
各種紹介歐美各國新思潮的書籍，有些當地的報紙還專門開設專欄爲留學生
服務。最重要的是，1902 年清國留學生會館建成，位於東京神田區駿河臺鈴
木町十八番地，它除了管理與協商在日學生的公共事務外，主要照顧新來日
本留學的中國學生，比如在《清國留學生會館招待規則》中就明確規定「東
渡留學之士，因人地生疏之故，本館特設專門部門，代爲招呼，凡致函本館
者，本館即盡招待之義務」〔註70〕。所有這些都爲留日學生思想的轉變提供
了客觀的物質基礎。

改良派與革命派圍繞「排滿與反帝」展開了激烈的論戰。有研究者統計，
1902～1903 年革命派創立的《湖北學生界》、《游學譯編》、《浙江潮》等雜誌
中，宣傳排滿的文章均占到了 15％～20％左右，《江蘇》上這一比重更達到
30％以上〔註71〕。關於浙江留日學生對於近代民族主義觀念的傳播，前文專
門以《浙江潮》、秋瑾與《白話報》等爲例進行了說明，不再贅述。從傳播方
式上看，浙江留日學生的刊物向國內輸入，其途徑由東京經上海再通過長江
流域向南北輻射，其中，上海一般都設有總髮行處，作爲各種報刊向內地傳
遞的中樞，而長江流域尤其是江浙地區是報刊下級發行網的密集之地。「這些
機構的建立，便在中國（主要是南方）爲數不少的城鎮，形成了一個以上海
爲中心的具有相當規模的信息傳播網絡。」〔註72〕對此，雷鐵厓（1873～1920，

〔註69〕 東京啓智書社著譯：《留學生鑒》，轉引自〔日〕實藤惠秀：《中國人留學日本
史》，北京：三聯書店 1983 年版，第 162 頁。
〔註70〕 實藤惠秀：《中國人留學日本史》，北京：三聯書店 1983 年版，第 170 頁。
〔註71〕 陶緒：《晚清民族主義思潮》，北京：人民出版社 1995 年版，第 186 頁。
〔註72〕 章開沅：《辛亥革命時期的社會動員──以「排滿」宣傳爲實例》，《社會科學
研究》1996 年第 5 期，第 94 頁。

四川富順人）有著清楚的認識，他在 1911 年 5 月 22 日發表的一篇文章中說道：

> 上海者，中國最開通之第一埠也。全國之風氣，由其轉移；全國之思想，由其灌輸。上海發一議，舉國之人即隨之風靡，曰上海得風氣之先者也。吾儕僻居內地，孤陋寡聞，步趨其後，必不失於正軌。以故年來風潮率由上海開其端，是可見上海爲舉國之導師，關係全國之人心，即關係全國之存亡者也。〔註73〕

應當說，從戊戌政變之後，因有租界作庇護，加之交通便利，信息暢通，各地新知識界人士接踵而來，彙聚於上海，爲新思想、新觀念的傳輸以及各種社會力量的重新聚集組合奠定了基礎。世紀之初接連發生的各種政治事件和反侵略集會，再次激活了上海社會一度受到壓抑的政治意識和革新精神。與此同時，受留日學界譯介新書的影響，大小書局也競相出版新的報刊雜誌，提倡文明新風。在此背景下，以開明士紳、新型知識分子、青年學生爲主體的新式社團紛紛建立。特別是 1905 年以後，隨著地方自治和立憲運動的開展，各階層和各種利益群體借各種形式的新式社團，介入到當地的政治生活和公共事務中。

有研究者曾以丁守和主編的《辛亥革命時期期刊介紹》中輯錄的報刊爲資源庫，截取其中 1911 年 12 月前出版的 157 種報刊加以分類：以出版地論，則海外出版者（主要爲日本、香港）有 53 種（占 34%），上海出版者 60 種（占 38%），國內其他城市出版者 44 種（占 28%）。而在國內出版的 104 種之中，上海又要占一半以上（約 58%）〔註74〕。這不僅說明了上海是輿論傳播網絡的中心，還證實了上海製造輿論的中心地位。「夫上海之人，亦豈盡躋於文明？其所以造成輿論者，亦不過握言論機關之報紙耳。故上海爲全國之導師，而上海報紙又爲上海全埠之導師。」〔註75〕具體來說，上海「以望平街爲中心，以報販爲中介，以市民爲渠道，各種宣傳鼓動之詞通過報紙四處傳播，從上海到各地再到海外，輿論中的革命在印刷機的隆隆轟鳴聲中應時而生」〔註76〕。

〔註73〕 雷鐵厓：《論上海報紙觀察廣東義師之誤》，雷鐵厓：《雷鐵厓集》，唐文權編，武漢：華中師範大學出版社 1986 年版，第 277 頁。

〔註74〕 章開沅：《辛亥革命時期的社會動員——以「排滿」宣傳爲實例》，《社會科學研究》1996 年第 5 期，第 94 頁。

〔註75〕 雷鐵厓：《論上海報紙觀察廣東義師之誤》，雷鐵厓：《雷鐵厓集》，唐文權編，武漢：華中師範大學出版社 1986 年版，第 277 頁。

〔註76〕 瞿駿：《辛亥前後上海城市公共空間研究》，上海：上海辭書出版社 2009 年版，第 19 頁。

正如 E.希爾斯對傳統所說的那樣,「中心發展了它自己的高雅文化,隨著它的威力、權威和影響力的擴大,它便力圖將自身的文化不同程度地強加給社會的其餘部分。」〔註77〕如前所述,中日甲午戰爭之後,杭州被迫開埠通商,但杭州始終沒有象上海那樣迅速繁榮起來。進入 20 世紀後,杭州的發展還處於停滯狀態。伴隨著 1909 年滬杭鐵路的竣工,杭州受到了現代化的衝擊更爲明顯。現代交通的發展,拉近了杭州與上海之間的時空距離。辛亥革命後,旗營的拆除和「新市場」的建立,更是打開了杭州城市空間,西湖融入到城市之中。上海誕生新興中產階級的時期,正是杭州發展旅遊業的同時,兩者並非巧合〔註78〕。蔣夢麟在《新潮》中也對杭州與上海作了對比,直言「杭州富山水之勝」,「上海是洋貨的集散地」〔註79〕。然而,就是這樣富有山水之勝的杭州,在 20 世紀初期也沐浴著革命輿論及其文學傳播的光輝,如前所述,「1903 年國內知識界思想的激進化集中表現在兩個方面:一是學潮的湧動;二是報刊宣傳的革命化。」〔註80〕浙江革命志士傅墨正回憶辛亥革命在杭州的光復時說:

> 辛亥革命杭州光復,雖成於辛亥,而醞釀時期則更遠。從 1903年那時起,章太炎、蔡元培、敔夢姜諸先生,以清廷政治腐敗,國勢阽危,非革命不可,遂結合同志,創立光復會。先用文字鼓吹革命,發行報刊,分赴各地秘密宣傳反清革命的意義。其時我在杭州養正書塾肄業,受了陳書通、馬敍倫諸先生的啓發,以後在杭州勵志學社及兩浙公學讀書時,章、蔡兩先生又數次到校宣傳革命意義,並介紹我等閱讀報刊,如《蘇報》、《皇帝魂》、《浙江潮》等刊物。我同學受了他們革命思想有了初步認識,有的就投考浙江武備學堂(我亦在內),聯繫武備同學,爲將來在軍隊方面的武裝革命作準備。〔註81〕

〔註77〕〔美〕E.希爾斯:《論傳統》,傅鏗、呂樂譯,上海:上海人民出版社 1991 年版,第 339 頁。

〔註78〕汪利平:《杭州旅遊業和城市空間變遷(1911～1927)》,朱餘剛、侯勤梅譯,《史林》2005 年第 5 期,第 97～106 頁。

〔註79〕蔣夢麟:《西潮》,天津:天津教育出版社 2008 年版,第 171 頁。

〔註80〕嚴昌洪、許小青:《癸卯年萬歲——1903 年的革命思潮與革命運動》,武漢:華中師範大學出版社 2001 年版,第 147 頁。

〔註81〕傅墨正:《辛亥革命杭州光復的回憶》,見中國人民政治協商會議浙江省委員會文史資料研究委員會編:《浙江辛亥革命回憶錄》,杭州:浙江人民出版社 1981 年版,第 180 頁。

當時的馬敘倫只是頭班生,還不算正式教員〔註 82〕,啓發他的革命思想的書籍有王夫之的《黃書》、黃宗羲的《明夷待訪錄》和《明季稗史》裏面的《揚州十日記》、《嘉定屠城記》,以及孟德斯鳩的《法意》、盧梭《民約論》譯本,李提摩太的《泰西新史攬要》等,「不知不覺地非要打倒滿洲政權,建立民主國家不可,並且就想找同志了。」〔註 83〕李澤厚曾指出,「1903 年是中國思想界一大轉變的關鍵年頭,是革命思潮開始替代改良主義作爲思想舞臺主角的第一個年代。」〔註 84〕這些革命思想的書籍不僅在知識分子中間流通,也通過知識分子團體普及到下層民眾。前文提及的光復會,除了與各地會黨聯絡外,還對會黨群眾做革命的宣傳工作,除「演說人種之分,民族之說」外,「則多運革命書籍,傳佈內地,文言與白話並進」:

> 文言體則有《革命軍》、《新湖南》、《新廣東》、《浙江潮》、《江蘇》等,而以《革命軍》、《新湖南》爲最多;白話體則有《猛回頭》、《黑龍江》、《新山歌》(敖嘉熊所編)、《警世鐘》、《孔夫子之心肝》(魏蘭所編)等,而以《猛回頭》爲最多。其在多數人聚會之所,則又代爲出資購送各報,而以《國民報》、《國民日日新聞》及《警鐘日報》爲最多。〔註 85〕

這也是革命派掀起「排滿革命」所憑藉的資源。1903 年 5 月,鄒容《革命軍》一書由上海大同書局出版。是年 6 月,章士釗改組《蘇報》,提出了「排滿革命」的口號,章太炎同月在《蘇報》上連續發表了《序〈革命軍〉》(《蘇報》,1903 年 6 月 10 日)和《駁康有爲論革命書》(《蘇報》,1903 年 6 月 29 日),對維新派的改良思潮以強烈的批判,對鄒容和他的《革命軍》給予了高度讚揚,並深刻認識到革命「不僅驅除異族而已,雖政教學術、禮俗才性,猶有當革者焉」〔註 86〕。1903 年 6 月 9 日,《蘇報》在「新書介紹」欄介紹《革命軍》廣告云:

> 《革命軍》凡七章,首緒論,次革命之原因,次革命之教育,

〔註 82〕馬敘倫:《我在六十歲以前》,長沙:嶽麓書社 1998 年版,第 8 頁。

〔註 83〕馬敘倫:《我在六十歲以前》,長沙:嶽麓書社 1998 年版,第 11 頁。

〔註 84〕李澤厚:《中國近代思想史論》,天津:天津社會科學院出版社 2003 年版,第 272 頁。

〔註 85〕陶成章:《浙案紀略》(上卷),中國史學會編:《辛亥革命》(第 3 冊),上海:上海人民出版社 1981 年版,第 24～25 頁。

〔註 86〕章太炎:《革命軍序》,湯志鈞編:《章太炎政論選集》(全兩冊),北京:中華書局 1977 年版,第 193 頁。

次革命必剖清人種，次革命必先去奴隸之根性，次革命獨立之大義，次結論，約二萬言。章炳麟爲之序。其宗旨專在驅除滿族，光復中國。筆極犀利，文極沉痛，稍有種族思想者，讀之當無不拔劍起舞，髮衝眉豎。若能以此書普及四萬萬人之腦海，中國當興也勃焉。是所望於讀《革命軍》者。〔註87〕

1907 年 3 月，楊度在《致卓如我兄足下書》中說：「一切法理論政治論之複雜，終非人所能盡知，必其操術簡單，而後人人能喻，此『排滿革命』四字，所以應於社會程度，而幾成爲無理由之宗教也。」〔註88〕1911 年 11 月 16 日，檳榔嶼《光華日報》發表「時評」云，「革命雖重實行，不重空言，然理論足而復實事生，則今日革命軍赫赫之功，亦當推源於文字」，首肯章氏和鄒容對於辛亥革命的宣傳之功：

一，章炳麟也。當甲午、乙未之頃，全國人心錮蔽不開，而一般文人，醉心科舉，除八股貼括外茫無知識。章生平不應虜試，提倡民族主義，所著《訄書》，發揮透闢，於是而革命之學說，如怒芽茁生，日漸加長矣。

二，鄒容也，革命學說，雖發生於下，而風潮未起，虜廷未知，外人亦未聞，鄒乃著《革命軍》一書，而章炳麟序之行世，於是風潮大起，虜廷震驚，捕章、鄒入獄，外人乃譯其書布於全球，而全國人心因之咸識革命矣。〔註89〕

當然，章炳麟不只是革命思想的理論宣傳家，他也明瞭「凡理由甚複雜而辦法甚簡單者，雖愚者亦能知之，能言之，能行之，範圍反較爲大，勢力反較益增也」〔註90〕的道理。1906 年，章太炎用白話寫了《逐滿歌》，一時廣爲傳誦，歌詞歷數滿清入關以來的殘暴統治：

可憐我等漢家人，卻被羊豬進屠門。揚州屠城有十日，嘉定、

〔註87〕 湯志鈞編：《章太炎年譜長編》（上冊），北京：中華書局 1979 年版，第 167～168 頁。

〔註88〕 楊度：《致卓如我兄足下書》，丁文江、趙豐田編：《梁啓超年譜長編》，上海：上海人民出版社 1983 年版，第 398 頁。

〔註89〕 湯志鈞編：《章太炎年譜長編》（上冊），北京：中華書局 1979 年版，第 361 頁。

〔註90〕 楊度：《致卓如我兄足下書》，丁文江、趙豐田編：《梁啓超年譜長編》，上海：上海人民出版社 1983 年版，第 398～399 頁。

廣州都殺畢。福建又遇康親王，淫掠良家像宿娼。駐防韃子更無賴，不用耕田和種菜。菜來伸手飯張口，南糧甲米歸他有。漢人有時欺滿人，斬絞流徙任意行。滿人若把漢人欺，三次殺人方論抵。……名爲永遠不加賦，平餘火耗仍無數。名爲永遠免丁徭，各項當差著力敲。開科誆騙念書人，更要開捐騙富民。人人多道做官好，早把仇讎忘記了。……我今苦口勸兄弟，要把死仇心裏記。……莫聽康梁誆爾言，第一仇人在眼前，光緒皇帝名載湉。

除了陳天華的《猛回頭》《警世鐘》、章太炎的《駁康有爲論革命書》、歐榘甲的《新廣東》、楊守仁的《新湖南》、鄒容的《革命軍》、吳樾的《暗殺時代》、吳之銓的《孔孟心肝》、殷子衡的《武昌牢獄記》等政論式的革命綱領文件外，還有一批「以宣傳革命思想，鼓動革命情緒，使人民同情、參加，以完成中國的種族革命爲任務」〔註91〕的「種族革命小說」。這些作品有：

　　託名「猶太遺民萬古恨」著：《自由結婚》，震旦女士自由花譯，共 20 回，分爲兩編，自由社版，1903 年刊；

　　漢國厭世者著：《洗恥記》，冷情女史述，共 6 回，湖南苦學社發行，1903 年在日本印；

　　陳天華（星臺）遺著：《獅子吼》，共 8 回，載《民報》第 2 號至第 9 號；

　　署名「懷仁」著：《盧梭魂》，共 12 回，另加楔子一回，未注出版地，出版年月不詳；

　　靜觀子著：《六月霜》，共 12 回，分爲兩編，寫秋瑾殉難事，改良小說社 1911 年出版；

　　羽衣女士（梁啓超）著：《東歐女豪傑》，共 5 回，刊載《新小說》，未完成，描寫蘇菲亞歷史的書。〔註92〕

對於它們的藝術特色，阿英認爲：「作品往往說教多於描寫，完全反映了一種新藝術的初生形式，還不夠把自己要發表的思想形象化起來。但可以斷言，這些初期的作品，在藝術上雖未臻完善，在對讀者的政治影響方面，一定是

〔註91〕阿英：《晚清小說史》，北京：東方出版社 1996 年版，第 102 頁。
〔註92〕阿英：《晚清小說史》，北京：東方出版社 1996 年版，第 102～119 頁；另見劉永文編：《晚清小說目錄》，上海：上海古籍出版社 2008 年版。

很巨大的。」〔註 93〕其中，最有特色的當屬蘇曼殊根據雨果的小說《悲慘世界》翻譯的《慘世界》，於 1903 年 10 月 8 日至 12 月 1 日在上海《國民日日報》連載，當時署名是「法國大文豪囂俄著，中國蘇子穀譯」。儘管後來因報刊停刊而未登完，但它塑造的男德，被視為辛亥革命時期文學創作中比較鮮明的革命者形象之一。這得益於蘇曼殊的藝術再創造，他是雨果原著中沒有的中心人物，不僅是「復仇」、「革命」、「共和」等概念符號的化身，而且還是一個有血有肉情感豐富的形象，比如他和文中孔美麗的情感糾葛等。有研究者敏銳地指出，此時的蘇曼殊是一個積極的革命者，他只是借用小說表達自己的革命思想或者是把寫小說看作自己革命行動的體現〔註 94〕。因此，這些種族革命小說可以看做是早期革命文學作品，「在激情和個性的強度上，『革命文學』以更傳統的形式，比『新小說』和『詩界革命』更有現代色彩，更接近五四新文學。」〔註 95〕

三、蕭山衙前：沈玄廬、劉大白的新詩

　　當把視線移到五四運動前後時，我們發現蕭山衙前這片不起眼的浙江農村空間在 20 世紀 20 年代的國民革命中有著不同尋常的意義。1921 年 9 月 27 日，以衙前村農民協會成立為中心的農民運動，一再被強調為「中國現代農民運動的最先發軔者」：

　　　　一九二一年，中國共產黨剛建立不久，浙江省蕭山縣衙前村，
　　在當時的共產黨員沈定一等人的領導下，組織農民協會，公開發表
　　《宣言》和《章程》，提出了「三折還租」的鬥爭口號，反對封建剝
　　削。短短的幾個月，蕭山、紹興、上虞三縣的八十多個村，相繼成
　　立農民協會，掀起了抗租的革命風暴，開創了中國農民運動的新紀
　　元。〔註 96〕

關於衙前農民協會成立的時間問題，《新青年》第 9 卷第 4 號刊登的「玄廬附記」指出：「這宣言和章程已經由衙前全村農民，於一九二一，九，二七，

〔註 93〕阿英：《晚清小說史》，北京：東方出版社 1996 年版，第 102 頁。
〔註 94〕程文超：《1903：前夜的湧動》，濟南：山東教育出版社 1998 年版，第 110 頁。
〔註 95〕彭曉豐、舒建華：《「S 會館」與五四新文學的起源》，長沙：湖南教育出版社 1995 年版，第 23 頁。
〔註 96〕中共蕭山縣黨史資料征集研究委員會辦公室編：《衙前農民運動》，無出版地（浙江圖書館藏）1985 年版，第 1 頁。

在本村議決，並舉出委員六人。附近三四百里內的農民，也正在醞釀同性質的團結」〔註97〕。因此，這個時期應該是衙前村農民協會成立的時間，至於以衙前爲中心的農民協會聯合會成立的時間則要等到是年 11 月 24 日〔註98〕。「像任何革命一樣，20 年代中國革命也是一個鑒別和確認目標的過程。對於這場革命的倡導者、反對者、附和者甚至旁觀者來說，革命引發的政治和社會震盪，意味著必須建立或重塑社會政治認同和關係，且這一工作必須在一個多樣化的空間環境下，以其特有的過程和動力來完成。」〔註99〕作爲衙前農民協會主角的沈定一，1921 年前後主要在上海、杭州和衙前這三個空間裏活動。

「從被李歐梵稱爲『現代性』的『空間擴張地』的上海，到迅速現代化中的杭州，再到陰暗沉悶的茅屋組成的衙前」，他的身份也有著相應的區別，「沈在這三個地方的活動不僅展示了三者間的相對結構和價值維度，也展示了三者的歷史角色、社會網絡和時代精神之間的互動維度」〔註100〕：在上海，他是革命思想家、記者；在杭州，他是省領導人；在衙前，他是農民和學生的導師、反抗地主的地主、進步的改革家〔註101〕。僅以杭州爲例，沈定一在任省議會議長期間，對杭州教育界的動態比較關注，前文談及「浙一師風潮」時曾有所涉及，他利用《民國日報‧覺悟》、《星期評論》的平臺，與戴季陶、邵力子、葉楚傖等一起廣泛研究和倡導諸如國家發展、婦女解放和家庭生活，從輿論和思想上支持「浙一師」學生的新文化運動。

社會網絡作爲一種資源能否成功地發揮作用，取決於其持久性和強度，而後者又反過來建立在大量網絡因素基礎之上。家族、私交和同鄉關係幾乎總是能夠極大地加強網絡中的聯繫，而建立在這種具有濃鬱地方文化色彩基

〔註97〕《附錄 衙前農民協會章程》，《新青年》第 9 卷第 4 號，1921 年 8 月 1 日。需注意的是，《新青年》第 9 卷第 4 號規定的出版時間是 1921 年 8 月 1 日，而實際出版時間卻因故延遲了 6 個多月之久。

〔註98〕中共蕭山縣黨史資料征集研究委員會辦公室編：《衙前農民運動》，無出版地（浙江圖書館藏）1985 年版，第 28 頁。

〔註99〕〔美〕蕭邦奇：《血路：革命中國中的沈定一（玄盧）傳奇》，周武彪譯，南京：江蘇人民出版社 1999 年版，第 243 頁。

〔註100〕李歐梵：《現代性尋蹤：二十世紀中國歷史和文學中一種新的認知模式的些許回顧》，轉引自〔美〕蕭邦奇：《血路：革命中國中的沈定一（玄盧）傳奇》，周武彪譯，南京：江蘇人民出版社 1999 年版，第 7 頁。

〔註101〕〔美〕蕭邦奇：《血路：革命中國中的沈定一（玄盧）傳奇》，周武彪譯，南京：江蘇人民出版社 1999 年版，第 249 頁。

礎上的網絡，通常比那些更高層次的網絡來得更強、更持久。這些因素也使得這種網絡成爲一種更爲一般的資源，能適應多種需要且作出反應〔註102〕。尤其是沈定一任職《星期評論》編輯的時候，他一直就被視爲精神導師，這種關係促使了沈定一與「浙一師」師生之間關係網絡的生成。

　　如前所述，「浙一師」風潮後，「浙一師」的師生開始走向政治的轉折點。其中，劉大白等「四大金剛」就決意離開，面對學生們多次的懇切挽留，陳望道、夏丏尊、劉大白聯名發表了《浙一師國文教員爲辭職事致學生書》，對於浙江教育當局的「羞辱」不堪忍受，「浙江底教育當局，呈覆省長令，查第一師校的公文上說：『所聘國文教師，學無本原，一知半解……。』這幾句話，把我們國文教師業務上的信用完全損壞了。業務上的信用既然損壞，怎麼還可以到校授課呢」，並向學生表示「我們從此以後，決和第一師校的職務脫離關係，做一個和諸君永遠不斷關係的校友，有可以替諸君盡力的地方，還是一樣可以盡力」，積極勉勵學生「你們以後，向著光明的路上努力爲新文化運動奮鬥，千萬別攙一點替個人謀私利的念頭在裏面。那麼，雖然不免暫時的犧牲，畢竟能得最後的勝利」〔註103〕。

　　離開「浙一師」的劉大白，1920 年回到上海參加《星期評論》和《民國日報》副刊《覺悟》的編輯工作，在這些刊物上發表白話新詩、參與一些話題討論，繼續關注和支持新文化運動。1921 年 4 月至 1924 年初，劉大白往返於杭州、蕭山、紹興等地，先後在宗文、安定、春暉等中學任教。繼續依託《星期評論》和《民國日報·覺悟》副刊，發表新詩並撰文參與新文化與婦女解放等方面的討論。〔註104〕查蕭斌如編《劉大白生平與文學活動年表》知，1919 年 6 月 29 日，《星期評論》開始陸續發表劉大白的第一批新詩如《風雲》、《盼月》、《思想的監獄》、《應酬》、《救命》、《可怕的歷史》、《紅色的新年》，到 1921 年 4 月 27 日去蕭山前，他已經寫下了大量的新詩作品和隨感錄文章，算是享譽一時的新文化人物了。

　　劉大白在蕭山衙前寫的詩歌有歌頌五一勞動節和活動的《勞動節歌》、《八

〔註102〕〔美〕蕭邦奇：《血路：革命中國中的沈定一（玄廬）傳奇》，周武彪譯，南京：江蘇人民出版社 1999 年版，第 246 頁。

〔註103〕陳望道等：《浙一師國文教員爲辭職事致學生書》，上海《民國日報》，1920年 4 月 10 日，第 6 版。

〔註104〕蕭斌如：《劉大白傳略》，蕭斌如編：《劉大白研究資料》，天津：天津人民出版社 1986 年年版，第 4～5 頁。

點鐘歌》、《五一運動歌》以及反映農民疾苦生活的《新禽言之群》（《掛掛紅燈（一）（二）》〔註105〕、《渴殺苦》、《布穀》《割麥插禾》〔註106〕、《脫卻布袴》〔註107〕等）、《收成好》〔註108〕、《田主來》〔註109〕等，其中不乏鼓吹社會革命的情緒在，當然還有一部分寫景抒懷的新詩以及大量的隨感錄，後來基本收入《賣布謠》集中。筆者依據《劉大白詩集》〔註110〕統計得知，署名在「在蕭山作」詩有32首之多，其中包括《舊夢之群》、《落葉之群》、《快樂之船之群》和《春底復活之群》等四種篇幅較長的組詩。1924年2月底，劉大白經邵力子推薦，從杭州到上海受聘於上海復旦大學，出任大學部文科教授，同時受聘於上海大學，教授中國文學〔註111〕。繼續在新文化運動的道路上前行，只不過在寫新詩、隨感錄之外，多了一份安身立命的教學工作，後來結集出版的《白屋詩話》就是他在上海兩所大學任教的學術結晶。

收入《賣布謠》集中的新詩一經發表就受到了較高的評價，應當說是暗合了1920年代一度盛行的民族主義思潮。比如常被研究者引用的，1920年6月6日發表在《星期評論》上的《賣布謠（一）》中：

> 嫂嫂織布，哥哥賣布。賣布買米，有飯落肚。／嫂嫂織布，哥哥賣布。弟弟褲破，沒布補褲。／嫂嫂織布，哥哥賣布。是誰買布，前村財主。／土布粗，洋布細。洋布便宜，財主歡喜。土布沒人要，餓倒哥哥嫂嫂！

短短四節詩，就把洋貨傾銷下農村手工業者的悲苦命運刻畫得生動傳神，頗有杜甫「三吏」、「三別」的神韻，後經趙元任譜曲，傳唱範圍更廣，被認為「活生生展現出帝國主義經濟侵略在北洋軍閥政府和封建勢力支持縱容下長驅直入、嚴重威脅我國民族經濟和勞動人民生活的慘痛畫面」〔註112〕。同時，

〔註105〕 大白：《掛掛紅燈（一）（二）》，上海《民國日報・覺悟》，1921年6月8日、6月9日，第2版。

〔註106〕 大白：《割麥插禾》，上海《民國日報・覺悟》，1921年6月20日，第2版。

〔註107〕 大白：《脫卻布袴》，上海《民國日報・覺悟》，1921年6月21日，第2版。

〔註108〕 大白：《收成好》，上海《民國日報・覺悟》，1921年3月1日，第3版。

〔註109〕 大白：《田主來》，上海《民國日報・覺悟》，1922年3月2日，第3版。

〔註110〕 劉大白：《劉大白詩集》，北京：書目文獻出版社1983年版。

〔註111〕 蕭斌如：《劉大白生平與文學活動年表》，蕭斌如編：《劉大白研究資料》，天津：天津人民出版社1986年年版，第22頁。

〔註112〕 陳孝全、周紹曾編著：《胡適、劉半農、劉大白、沈尹默詩歌欣賞》，南寧：廣西教育出版社1989年版，第160頁。

收入《新禽言之群》的《各各作工》（1921 年 6 月 20 日）也提出了「通力合作，供給大眾；各盡所能，各各勞動」、「大家努力，生產歸工；各取所需，各各享用」的社會制度形式，受到了 1920 年代社會主義新思潮尤其是俄國十月革命的影響。儘管這種認識是朦朧的，但自覺地把社會改造作為自己的責任，有著強烈的參與欲望。因此在這些詩歌中才會出現「議論入詩」、「通俗易懂」、「爽朗明快」等特點，此時的劉大白還沒有顧及到自己內心的世界。1923 年 1 月 24 日在杭州寫的《成虎不死》〔註113〕，紀念衙前農民協會領袖李成虎被殺害一週年：

> 成虎，/一年以來，/你底身子許是爛盡了吧。/然而你底心是不會爛的，/活潑潑地在無數農民底腔子裏跳著。//假使無數農民底身子都跟著你死了，/田主們早就沒飯吃了；/假使無數農民底心都跟著你底身子死了，/田主們卻都可以永遠吃安慰飯了。/然而不會啊！//田主們多吃了一年安穩飯，/卻也保不定還能再吃幾年的安穩飯。/你底身死是田主們底幸，/你底身死心不死，/正是田主們底不幸啊！

正如蕭邦奇所說的那樣，「網絡在確定身份的同時，也賦予身份以合法或非法的地位」，與此同時，「空間和場所同樣也是革命行動和社會身份的重要背景和組成部分」〔註114〕。1919 年 6 月至 1920 年 9 月是沈定一思想發生變化的時刻，單從這一時期他所寫的文章和詩歌的主題可以看出：1919 年夏，十八篇詩文中有五篇是以民族主義和反軍閥主義為主旨的，只有兩篇關注階級分化問題，但是 1920 年頭 3 個月中的 20 篇詩文中，有 12 篇是關於階級主題的，只有 1 篇是關於民族主義的。〔註115〕1920 年 8 月 1 日，沈定一在葉天底畫的「捉蟹圖」上題詞：「鉗斷稻米根，來吃現成稻，成群結隊由你們橫行，把便宜事都占盡了。如今成串成串束縛住你們的，就是你們鉗斷的那根稻草。你們吃飽了，養肥了，但是磕簣也編好了。酒也香了，湯也沸了，你們紅了，他們的臉上也紅了；他們飽了，你們那裡去了。」〔註116〕直奔

〔註113〕大白：《成虎不死》，《責任》第 10 期，1923 年 1 月 29 日。

〔註114〕〔美〕蕭邦奇：《血路：革命中國中的沈定一（玄盧）傳奇》，周武彪譯，南京：江蘇人民出版社 1999 年版，第 247 頁。

〔註115〕〔美〕蕭邦奇：《血路：革命中國中的沈定一（玄盧）傳奇》，周武彪譯，南京：江蘇人民出版社 1999 年版，第 52～53 頁。

〔註116〕玄盧在《題捉蟹圖》的附記中說，1920 年 8 月 11 日送陳望道、葉天底、俞秀松去杭州後寫的。

階級壓迫的主題，同是年 12 月 21 日發表的《十五娘》〔註 117〕有異曲同工之妙，也被朱自清譽為「新文學中第一首敘事詩」〔註 118〕。全詩共 80 餘行分為 11 節，敘寫佃農五十與十五娘原本自給自足的農村生活在地主加劇土地兼併、殖民地統治者增強經濟侵略的背景下，變得一無所有、近乎赤貧。五十為討生計不得不離家到墾殖場幹活，卻被「掘地的機器」榨成了肉醬，最終家破人亡的悲慘故事：

> 明月照著凍河水，／尖風刺著小屋霜。／滿抱著希望的獨眠人睡在合歡床上，／有時笑醒，有時哭醒，有經驗的夢也不問來的地方。／破瓦棱裏透進一路月光，／照著伊那甜蜜蜜的夢，同時也照著一片膏腴墾殖場。

畫面的衝擊感極為強烈，突破了傳統文學中的「團圓」結局，有著極為強烈的藝術感染力，雖然帶有明顯的傳統詞曲的痕跡，顯示了新文學的審美特質。當然，這也與他 1920 年春夏參加上海共產主義小組有關，依託《星期評論》、《新青年》為中心，早期成員有沈玄廬、戴季陶、施存統、俞秀松和陳望道、陳獨秀和李漢俊等七人，後來有茅盾、邵力子、張東蓀、李達等四名短期的參與者〔註 119〕。對此，在《沈定一先生被難哀啓》中對此有詳盡說明。1920年 6 月 6 日，《星期評論》因為各種原因不得不停刊〔註 120〕，「停刊以後，社中同人，大多數都感覺到此後需要著一種主義的結合；恰好陳獨秀因為《每周評論》被封，從北京出來，也住在上海。於是由陳獨秀邀集先生和李漢俊

〔註 117〕 玄廬：《十五娘》，上海《民國日報·覺悟》，1920 年 12 月 21 日。

〔註 118〕 朱自清：《詩話》，趙家璧主編：《中國新文學大系·詩集》，朱自清編選，上海：上海良友圖書印刷公司 1935 年版，第 25 頁。

〔註 119〕 「參加上海中國共產黨的發起成員，最初有陳獨秀、李漢俊、沈玄廬、邵力子、施存統、俞秀松、陳公培、陳望道、趙世炎、李達、李季、袁振英、周佛海、沈雁冰、楊明齋等人，稍後又有李啓漢、劉伯垂等人參加。」見《關於中共上海發起組成員》，中共蕭山縣黨史資料征集研究委員會辦公室編：《衝前農民運動》，無出版地（浙江圖書館藏）1985 年版，第 105 頁。

〔註 120〕 《星期評論》作為周刊，1919 年 6 月 8 日在上海創刊，1920 年 6 月 6 日自動終刊，共出版 53 期。其自我定位在上海宣傳社會主義刊行品的平臺、「新文化運動的言論機關」，並在本志中止刊行以後預定的計劃中有三點：「（一）研究基本學術，準備在近之將來，出版宣傳社會主義的定期刊行品。（二）刊行有研究價值的關於社會主義的書籍。（現在決定從事著譯的約有六七種）。（三）平時研究所得，隨時刊行不定期的小冊子。」足以發現《星期評論》社同人參與早期中國共產黨的組織有著先前的理論和實踐基礎。見本社同人：《星期評論刊行中止的宣言》，《星期評論》第 53 號，1920 年 6 月 6 日，第 4 頁。

等，發起一個名稱未定的社會主義的團體，這就是後來中國共產黨結黨的雛形。」〔註121〕需要明確的是，這11人除了陳獨秀、李漢俊、李達3人外，其餘 8 人都爲浙江人，不過他們都有一個共同的背景就是具有從事報刊雜誌出版事業〔註122〕。

對於新文學發生期的知識分子而言，報刊「是一種充滿魔幻魅力而迥異於他們固有表達方式的社會建制，在某種意義上，正是報刊的湧現和繁榮，深刻地型塑了現代知識分子對時間、空間的新的心理體驗，與此同時，報刊作爲一種現代社會的制度性設置，爲新型知識分子提供了自我想像和自我表達的空間，尤其是爲富有士大夫意識的過渡型知識分子提供了『以言報國』的廣闊舞臺」〔註123〕。這種「以言報國」的行爲模式和士大夫意識是構築現代公共輿論的重要基石。有研究者指出，五四知識群體的文化心理並非外來思潮的簡單影響，它的生成機制是一個由啓蒙觀念、語言形式、傳播媒介等多種要素構成的複雜系統；在這一過程中，各種要素相互作用，並最終形成一種合力使得現代知識群體的「身份認同」意識發生了根本性的嬗變〔註124〕。新文學發生期及後來五四時期「當時的中國新聞界，係由數百種報紙、期刊，以及爲此數百種報紙、期刊工作的人員所構成，但能領導新文化運動，其影響力較大者，則爲較爲出色的少數報刊、少數報人、以及少數記者和少數評論家」〔註125〕。

話題回到衙前農民協會，有著游俠騎士情結的沈定一，儘管參加了中國共產黨早期活動，但由於在農民問題上與共產黨的意見發生齟齬。便於 1920 年秋回到蕭山衙前，獨資創辦了衙前農村小學，「以作農民運動底基礎」，同時邀請「浙一師」的進步師生如劉大白、宣中華、徐白民、唐公憲、楊之華等人，先後擔任教師。對此，楊之華在《一大前後》回憶說：

〔註121〕沈定一先生雪憾治喪委員會發：《沈定一先生被難哀啓》，見中共蕭山縣黨史資料征集研究委員會辦公室編：《衙前農民運動》，無出版地（浙江圖書館藏）1985 年版，第 82 頁。

〔註122〕〔美〕蕭邦奇：《血路：革命中國中的沈定一（玄盧）傳奇》，周武彪譯，南京：江蘇人民出版社 1999 年版，第 74～76 頁。

〔註123〕唐小兵、田波瀾：《現代中國報刊的湧現與知識分子自我形象的變遷》，《衡陽師範學院學報》（社科版）2005 年第 4 期，第 104 頁。

〔註124〕王澤龍、周少華：《中國現當代文學研究 60 年的回顧與反思》，《文學評論》2010 年第 1 期，第 216 頁。

〔註125〕張玉法：《新文化運動時期的新聞與言論，1915～1923》，《「中央研究院」近代史研究所集刊》第 23 期，1994 年 6 月。

「農村學校」只吸收農民子弟入學，學生的書籍、紙張全由校方免費供給。學生一百餘人，逐年稍有增加。全校分五班。學校裏講一些工人運動和農民方面的問題。「農村學校」的教員，還經常對農民宣傳減租減息，抗捐抗稅的道理。〔註 126〕

沈定一在《衙前農村小學校宣言》的「玄廬附記」中說：「這篇宣言，已經於一九二一，九，二六，在蕭山衙前農村小學開幕這天，當著許多工人，農夫，和資本家，地主，官吏，面前宣佈，──而且用講解的形式宣佈的──聽眾很動容並且很能容納；足見中國內地，不是不能宣傳不能組織，只是有識無產者缺乏改革的決心罷了。」〔註 127〕沈玄廬開始用階級分析的方法來分析中國當時的社會問題，認爲中國大多數人在革命以後到現在已經被從歐洲美洲留學速成畢業回來的「有產階級」所控制，「有產階級不能離開無產階級而生存，又不願意無產階級得到支配經濟的知識，所以用極秘密極嚴酷的經濟制度壓迫著無產階級底兒童，使渠們永遠得不到受教育的機會。要不然，便是施一種爲有產階級作爪牙的教育」〔註 128〕。有意味的是，沈定一在衙前的行動得到了中共早期革命黨人的認可，鄧中夏就呼籲「我們底覺悟，才是我們底命運。我們有組織的團結，才是我們離開惡運交好運的途徑。決定我們底命運，正是決定全中國人底命運」〔註 129〕。1923 年 12 月 29 日，鄧中夏在《中國青年》第 11 期上發表了《論農民運動》認爲「革命主力的三個群眾，是工人，農民和兵士」，並以浙江蕭山、江西萍鄉、江西馬家村、青島鹽田、廣東海豐、湖南衡山的農民抗稅罷租運動及組織農會爲例，「由此可證明中國農民已到了要革命醒覺時期了，如果青年們……爲之教育，爲之組織，恐怕將來農民運動，比現在完全由農民自動的奮鬥，還要來得『有聲有色』些罷」〔註 130〕。

其時，沈定一擔任第三屆浙江省議會議員，利用自己在杭州的網絡努力服務於農民運動。因此，當「浙一師風潮」過後，沈定一以導師的身份邀請

〔註 126〕楊之華：《一大前後》，見中共蕭山縣黨史資料征集研究委員會辦公室編：《衙前農民運動》，無出版地（浙江圖書館藏）1985 年版，第 107 頁。

〔註 127〕《附錄 衙前農村小學校宣言》，《新青年》第 9 卷第 4 號，1921 年 8 月 1 日。

〔註 128〕《附錄 衙前農村小學校宣言》，《新青年》第 9 卷第 4 號，1921 年 8 月 1 日。

〔註 129〕《附錄 衙前（在浙江省蕭山縣）農民協會章程》，《新青年》第 9 卷第 4 號，1921 年 8 月 1 日。

〔註 130〕鄧中夏：《論農民運動》，《中國青年》第 11 期，1923 年 12 月 29 日。

「浙一師」的師生如劉大白、宣中華、楊之華等去衙前農村小學執教時，這種關係網絡起到了非常重要的作用。儘管各種不同的空間背景以及沈定一依據不同身份所發表的各種言論，造成了他身份的歧義性，但這種身份的獲取來自於旁觀者的假設、目標和背景條件，思想與身份的不同步性也驗證了 20 世紀 20 年代政治文化的特點。衙前農民協會終因「紹蕭一帶的業主，大起恐慌，利用軍閥政府底威權，派兵包圍衙前農民協會」，李成虎會長被關進蕭山縣監獄中也被淩虐致死，蕭山農民運動暫時停頓〔註131〕，直到 1927 年秋沈定一以浙江省黨部特派員的身份回蕭山衙前開展地方自治實驗時才恢復起色。

第二節　辛亥革命的一頁

　　近現代浙江作為革命思潮的醞釀中心之一，從太平天國運動到晚清戊戌維新思潮，從辛亥革命到 1920 年代以後的國民革命，都有著引人注目的表現。廣義地看辛亥革命在浙江的光復，應包括之前以陶成章為代表的光復會對於會黨的聯絡與策動，徐錫麟、秋瑾等組織光復軍發動浙皖起義，浙江各界自辦蘇杭甬鐵路掀起的保路風潮，之後有江浙聯軍聯合攻克南京等，它們一起構成了辛亥革命在浙江勝利展開的畫卷。狹義地看，則只限於光復在浙江全境的這一過程。1911 年 10 月 10 日，武昌新軍的革命黨人發動武裝起義勝利的消息傳到浙江後，給長期鬥爭在浙江各地的革命黨人以極大的鼓舞與號召。是年 11 月 4 日，上海光復的消息傳到杭州，更是鼓舞著此前籌備起義的浙江革命黨人提前行動，立即聯合杭州新軍發動起義。11 月 5 日，杭州迎來了光復的日子。此後，在不到兩個月的時間裏，寧波、湖州、金華、嘉興、衢州、溫州、台州、紹興、嚴州、處州等地相繼宣告獨立，成立軍政分府，浙省全境實現了光復，結束了清政府在浙江的統治。這一年，魯迅剛過而立之年，其時擔任紹興中學堂教員兼監學，辛亥革命為其以後的文學創作添加了不可抹去的底色。1923 年，汪精衛在《南社叢選》的序言中對辛亥革命時期的文學有過這樣的總結：

　　　　中國之革命文學自庚子以後始日以著，其影響所及，當日之人
　　心為之轉移，而中華民國於以形成。此治中國文學史者多必不容忽

也。近世各國之革命，必有革命文學爲之前驅，其革命文學之彩色，
必燦然有以異於其時代之前後。中國之革命文學亦然。覈其內容與
其形式，固不與庚子以前之時務論相類，亦與民國以後之政論絕非
同物。蓋其內容，則民族民權民生之主義也，其形式之範成則涵有
二事：其一根柢於國學，以經義、史事、諸子文辭之菁華爲其枝幹；
其一根柢於西學，以法律、政治、經濟之義蘊爲其條理；二者相倚
而亦相抉。……革命黨人所以能勇於赴義，一往無前，百折而不撓
者，恃此革命文學以自涵育。所以能一變三百年來奄奄不振之士氣，
使即於發揚蹈厲者，亦恃此革命文學以相感動也。〔註132〕

對於革命文學興起的時代背景、思想內容、形式特徵以及功能效用進行了扼
要的概括，儘管有著資產階級的意識形態，但對於革命文學形式以及功能效
用的見識也有著一定的時代意義。「辛亥革命之後、五四運動發生的這段期間
裏，浙江南北在政治及文化上的差距不但沒有減小，反而加大。南方逐漸鞏
固在保守勢力近乎『反革命』的作風之下。北方則因鄰近上海，……所以浙
江北部的社會也享受到這個繁榮。……錢塘江中上游的谷地內陸則仍然保守
閉塞，北方的活絡與南方的灰窒在內地出外求學的青年們的感受之中，對比
顯得更爲鮮明。」〔註133〕1924 年 8 月 25 日，江浙戰爭爆發，章士釗就直言
「江浙戰爭爆發迫於環境逼迫者十之七八，因於主者本意者不過十之二三」〔註
134〕。由此也可以想見早期革命黨人以戲劇作爲宣傳革命的手段之艱辛，戲劇
比起演講、學堂、書刊之類的傳播方式更具有「同化力」和感染力。因此在
推動戲劇自身發展的同時，也促進了革命事業的發展。辛亥革命早已成爲歷
史，每個人對它的敘述方式都不盡相同，或比較接近於歷史原初圖景，或藉
以抒發自我對辛亥革命精英人物的認知，依靠各類文學歷史文本，我們所能
做的不僅僅是瞭解那段歷史，還有個人記憶在地方歷史建構中的作用：看他
們如何看待這份歷史、怎麼解釋革命，怎樣面對現實的結局等等。

〔註132〕汪精衛：《汪序》，胡樸安選錄：《南社叢選》，北京：解放軍文藝出版社 2000
年版，第 1 頁。
〔註133〕〔法〕白吉爾：《中國資產階級的黃金時代：1911～1937》，張富強等譯，上
海：上海人民出版社 1994 年版，第 192 頁。
〔註134〕章太炎：《與章行嚴書論江浙戰事》，《申報》，1924 年 8 月 27 日，第 4 張第
15 版。

一、戲劇「春秋」：辛亥革命與浙江

1912 年初，孫中山在《民立報》為他舉行的一次歡迎茶話會上，這樣總結報刊、輿論對於革命的功績：

> 此次革命事業，數十年間，屢起屢僕，而卒?成於今日者，實報紙鼓吹之力。報紙所以能居鼓吹之地位者，因能以一種之理想普及於人人之心中。其初雖有不正當之輿論淆惑是非，而報館記者辛抱定真理，一往不渝，並犧牲一切精神、地位、財產、名譽，使吾所抱之真理，屹不為動，作中流之砥柱。久而久之，人人之心均傾向於此正確之真理，雖有其他言論，亦與之同化。惟知報紙有此等力量，則此後建設，關於政見政論，仍當獨抱一真理，出全力以赴之，此所望於社中諸君子者也。〔註135〕

當然，我們不能否認孫中山對於報刊輿論之於革命功績的評價，只不過他忽略了新知識界人士在報刊輿論宣傳之外的另一種途徑——戲劇（戲曲）。「許多 1900 年代的啟蒙者卻依然對戲曲情有獨鍾，視為開民智的最佳利器」，「畢竟，在過去千百年裏，戲曲和宗教是形塑中國下層社會心靈世界的兩種最重要的工具；在宗教普遍受到知識階層的撻伐、揚棄，而新的、更有效的教化媒體尚未出現之際，戲曲很自然就成為再造人心的最佳選擇」〔註136〕。有意味的是，這一方法也對辛亥革命的勝利起到了輿論宣傳的作用。

五四之前的戲劇運動有兩次變革高潮，一是晚清戲曲改良，一是辛亥革命時期的新劇革命〔註137〕。就前者而言，源於梁啟超提出的「小說（戲劇）界革命」，從理論上把戲劇的社會功能與救國圖強聯繫起來。1904 年 9 月 10 日，陳獨秀發表的《論戲曲》〔註138〕也提倡戲曲「採用西法，戲中有演說，可長人見識」。1904 年 10 月由陳去病、汪笑儂等在上海創辦的《二十世紀大舞臺》，也是中國戲劇史上最早的戲劇雜誌。在《招股啟並簡章》中對發刊目的進行了集中的說明：

〔註135〕《在上海〈民立報〉之答詞》（1912 年 4 月 16 日），中國社會科學院近代史研究所中華民國史研究室等合編：《孫中山全集》（第 2 卷），北京：中華書局 1982 年版，第 337 頁。

〔註136〕李孝悌：《清末的下層啟蒙運動：1901～1911》，臺北：「中央研究院」近代史研究所 1992 年版，第 150 頁。

〔註137〕需說明的是，新劇是對中國早期話劇的稱呼，以區別於傳統中國的京、昆舊劇等，在清末民初的上海、北京、天津等地盛極一時。

〔註138〕三愛（陳獨秀）：《論戲曲》，《安徽俗話報》第 11 期，1904 年 9 月 10 日。

> 同人痛念時局淪胥，民智未迪，而下等社會猶如睡獅之難醒，
> 側聞泰東西各文明國，其中人士注意開通風氣者，莫不以改良戲劇
> 爲急務，梨園子弟，遇有心得，輒刊印新聞紙，報告全國，以故感
> 化捷速，其效如響。吾國戲劇本來稱善，幸改良之事茲又萌芽，若
> 不創行報紙，布告通國，則無以普及一般社會之國民，何足廣收其
> 效，此《二十世紀大舞臺叢報》之所由發起也。〔註 139〕

以啓蒙思想家的姿態宣稱「本報以改革惡俗、開通民智，提倡民族主義，喚
起國家思想爲唯一之目的」〔註 140〕。柳亞子在《發刊詞》中就對汪笑儂等人
的演出大加讚賞，號召多編演歷史事實如揚州十日、嘉定屠城、法國革命、
美國獨立、意大利希臘恢復，印度波蘭衰亡，藉以激勵下層民眾〔註 141〕。從
內容上看，文言白話並用，欄目分論說、劇本、舞臺掌故、梨園雜誌、有關
戲劇的詩詞、小說、論文等多個門類，但終因言論激烈，於 1905 年 3 月和《警
鐘日報》一起被迫停刊，僅出版兩期便夭折了。應當說，這些主張及其實踐
都對早期的戲曲改良提供了理論上的支持，對當時的學生演劇也有著深刻的
影響。

作爲戲劇一種的傳奇雜劇在題材上更關注現實與社會政治活動，響應排
滿革命和追求民主共和政治理想〔註 142〕。如前所述，1907 年徐錫麟刺殺恩銘
和秋瑾被殺的社會現實就促成了「秋瑾文學」的濫觴，產生了諸如傳奇《軒
亭血》(嘯廬著)、《軒亭冤》(蕭山湘靈子著)、《六月霜》(古越嬴宗季女著)、
《蒼鷹擊》(傷時子著)、《皖江雪》(六合孫雨亭著)和雜劇《秋海棠》(悲秋
散人著)、《軒亭秋》(吳梅著)、《碧血碑》(龐樹柏著)等〔註 143〕，因作者認

〔註 139〕《〈二十世紀大舞臺叢報〉招股啓並簡章》，《二十世紀大舞臺》第 1 期，轉引
自丁守和主編：《辛亥革命時期期刊介紹》(第 1 集)，北京：人民出版社 1982
年版，第 483 頁。

〔註 140〕《〈二十世紀大舞臺叢報〉招股啓並簡章》，《二十世紀大舞臺》第 1 期，轉引
自丁守和主編：《辛亥革命時期期刊介紹》(第 1 集)，北京：人民出版社 1982
年版，第 483 頁。

〔註 141〕《〈二十世紀大舞臺叢報〉招股啓並簡章》，《二十世紀大舞臺》第 1 期，轉引
自丁守和主編：《辛亥革命時期期刊介紹》(第 1 集)，北京：人民出版社 1982
年版，第 483～484 頁。

〔註 142〕左鵬軍：《晚清民國傳奇雜劇史稿》，廣州：廣東人民出版社 2009 年版，第
60 頁。

〔註 143〕陳象恭編著：《秋瑾年譜及傳記資料》，北京：中華書局 1983 年版，第 93～
101 頁。

識的不同，除了將其塑造成冤女形象的作品外，基本上都盡力刻畫秋瑾作為一個女英雄的形象，單就蠡城劍俠在蕭山湘靈子著《軒亭冤》所撰寫的《書後》一段就可以看出：

> 秋瑾奚為而傳哉？秋瑾未愛國之女豪，不可不傳也。秋瑾為獨立之女豪，不可不傳也。秋瑾未劇除奴性之女豪，不可不傳也。秋瑾為主張平權之女豪，不可傳也。〔註144〕

據不完全統計，從 1903 年到 1902 年，在革命報刊上發表的雜劇、傳奇、京劇和其他地方戲等各類戲曲劇本達七十種之多，內容上有本國歷史題材，也有外國歷史題材，尤其是鄒容、徐錫麟、秋瑾等的革命事蹟，在他們犧牲之後便被編成劇本加以排演，在為革命作輿論宣傳的同時也塑造了早期從事革命活動的英雄形象〔註145〕。應當說，這一時期的劇本具有鮮明的政治傾向，但人物形象比較概念化，多半淪為劇作者政治傾向的「傳聲筒」，違背了藝術創作的規律，同時於舊形式的束縛比較大，比如採用雜劇、傳奇的體式來編劇等，因此，這類作品容易受到外在政治形勢的影響，這在後來進化團系統的創作中也有體現，留待後文再論。

除了中國傳統的戲曲外，作為舶來品的話劇也起到了革命輿論的宣傳作用。中國話劇的萌芽可以追溯到 19 世紀末年上海出現的學生演劇。1899 年上海聖約翰書院的中國學生上演過歐洲戲劇，終因語言問題收效甚微〔註146〕。1900 年上海南洋公學學生朱雙雲等結合「戊戌六君子及義和團」時事加以編排試演〔註147〕，也因於舊戲的改良未能普及。雖然「這可以說與京班戲院中所演的新戲，沒有什麼兩樣，所差的，沒有鑼鼓，不用歌唱罷了。但也說不定內中有幾個會唱幾句皮黃（「簧」，引者注）的學生，在句中加唱幾句搖板，弄的非驢非馬，也是常有的」〔註148〕，但學生演劇體現的戲劇價值觀念諸如「維新」、「救國」以及「開民智」無疑是具有進步意義的。

當然，無論是晚清的戲曲改良運動，還是早期上海的學生演劇運動，受到

〔註144〕夏曉虹：《晚清女性與近代中國》，北京：北京大學出版社 2004 年版，第 317 頁。

〔註145〕龔書鐸：《辛亥革命與戲劇》，《北京師範大學學報》1981 年第 5 期，第 31 頁。

〔註146〕徐半梅：《話劇創始期回憶錄》，北京：中國戲劇出版社 1957 年版，第 7 頁。

〔註147〕陳白塵、董健主編：《中國現代戲劇史稿》，北京：中國戲劇出版社 1989 年版，第 35～36 頁。

〔註148〕徐半梅：《話劇創始期回憶錄》，北京：中國戲劇出版社 1957 年版，第 8 頁。

中國傳統戲曲程序的羈絆，並非眞正現代意義上的話劇。被稱爲現代話劇開端的是 1907 年日本東京留學生社團春柳社演出的《茶花女》（1907 年 2 月，兩幕劇）和《黑奴籲天錄》（1907 年 6 月，五幕劇），這已是研究界的共識。在上海，1907 年，因爲春柳社未接納任天知（生卒年不詳，北京人）的意見拒絕回國，他只得回上海另外組織了春陽社，「邀了那時不屬於春柳社的一位志士王鐘聲（1880～1911 年，浙江上虞人，引者注）合作」〔註 149〕，後者被譽爲辛亥時期的「新劇泰斗」，作爲浙江人對於辛亥革命的勝利有著不可磨滅的貢獻。爲了響應春柳社在日本的新劇活動，春陽社也公演了《黑奴籲天錄》。需說明的是，春陽社上演的《黑奴籲天錄》是許嘯天根據林紓同名譯作另行改編的劇本，跟春柳社的劇本關聯不大，依然沿用早期話劇改良的路子。只不過他們借用了蘭心大戲院的新式劇場、舞臺設備，登場人員全穿西服、同時配以新奇的布景和燈光，並具有相對完整的分幕演出形式，這些都對國內觀眾有一定的震動效用。徐半雲在《話劇創始期回憶錄》中對這次演出有過評價：

> 這次演劇的影響如何？於劇運前途可謂毫無成就。王鐘聲只介紹了兩件事給觀眾：一、戲是分幕的。與京戲班中所演一場一場連續不已的新戲，完全不同；但觀眾嫌閉幕的時間太無聊；二、臺上是用布景的。一般的觀眾，一向在舊戲院中，除了《洛陽橋》、《斗牛宮》等燈綵戲裏有些彩頭外，這確是初次看見，而且蘭心的燈光，配置得極好，當然能使臺下人驚歎不止。這一天，伶界中也很有幾個人去參觀。足以使人驚歎的，只有布景。戲的本身，仍與皮簧新戲無異，而且也用鑼鼓，也唱皮簧，各人上場，甚至用引子或上場白或數板等等花樣，最滑稽的，是也有人揚鞭登場。一切全學京戲格式，演來當然還不及京班，所以毫無結果，實在還談不到成績，連模仿京班的新戲，還夠不上。〔註 150〕

徐半雲的評述雖然有些苛刻，但基本也反映了這次演出的概況。應當說，這次排演對於戲劇本身的革新沒有直接效果，但某種程度上卻刺激了開設舊式戲院的伶界中人，之後上海各戲院紛紛改建新劇場，在排演過程中開始講究布景、燈光等外在條件。談及辛亥革命與文明新戲的互動關係，有

〔註 149〕洪深：《導言》，趙家璧主編：《中國新文學大系·戲劇集》，洪深編選，上海：上海良友圖書印刷公司 1935 年版，第 13 頁。

〔註 150〕徐半梅：《話劇創始期回憶錄》，北京：中國戲劇出版社 1957 年版，第 19 頁。

研究者認為「這種新生的話劇形式，以其迅速反映現實的特長，有力地配合了民主革命思想宣傳，同時也在波瀾壯闊的革命形勢下得到蓬勃發展和廣泛普及」〔註151〕。

　　1910 年至 1913 年間，以上海為中心的新劇運動蓬蓬勃勃地開展起來。如前所述，浙江上虞的王鐘聲的新劇活動主要發生在辛亥革命前夕，以新劇為手段進行革命宣傳，有著濃厚的革命色彩。1908 年 6 月間，王鐘聲憑藉其卓越的組織才能，編演了《孽海花》、《宦海潮》、《官場現形記》、《張汶祥刺馬》以及《新茶花》、《秋瑾》、《徐錫麟》等時事劇。後於 1909 年冬與劉藝舟北上天津、北京等地，前文提及到的北京田際雲的玉成班，王鐘聲就與之有過合作，編演過《禽海石》、《愛國血》、《血手印》等劇目，影響較好。對此，朱雙雲評價說：「鐘聲既屢躓於海上，又不得已乃北走燕京，提倡新劇，演於某園，大為時重。於是劉木鐸、徐光華輩乘時崛起，遂成一時之盛。」〔註152〕其中，劉木鐸即劉藝舟。1910 年夏，王鐘聲曾回滬與留學日本的陸鏡若、陸露沙兄弟以及徐半雲合組「文藝新劇場」，在登出的宣傳語中說：「暑假矣，留學日本研究新劇諸君子歸來矣，海上提倡新劇諸鉅子無事矣，初創新劇之鐘聲來滬矣，因而合同組織，製新裝備，串演模範新劇一次，並備全班西樂以助雅興……」〔註153〕據考證，「文藝新劇場的演出從是年 8 月 6 日到 18 日，持續了 13 天，演出劇目為《愛海波》（3 天）、《猛回頭》、《仇情記》、《秋瑾》、《禽海石》、《愛國血》、《滑稽魂》、《猛回頭》、《徐錫麟》、《孽海花》、《張汶祥刺馬》、《沉香床》、《大將軍》、《奪人之妻，人亦奪其妻》等 14 個劇目」〔註154〕，其中只有前兩個是陸鏡若提供的，其餘的大都是王鐘聲演過的劇目，應當說，王鐘聲在這次演出中起到了核心作用。

　　此外，與王鐘聲一起創辦過春陽社的任天知，在春陽社解散後於 1910 年 11 月創建了進化團。至於春陽社的解散原因，留待下文再論。作為新劇兩大系統之一的進化團系統〔註155〕，主要活動處於辛亥革命高潮期間，成為革命

〔註151〕陳白塵，董健主編：《中國現代戲劇史稿》，北京：中國戲劇出版社 1989 年版，第 42 頁。

〔註152〕朱雙云：《新劇史·春秋》，上海：新劇小說社 1914 年版，第 23 頁。

〔註153〕轉引自王鳳霞：《王鐘聲新考》，《上海戲劇學院學報》2008 年第 6 期，第 79 頁。

〔註154〕王鳳霞：《王鐘聲新考》，《上海戲劇學院學報》2008 年第 6 期，第 79 頁。

〔註155〕文明新戲除了春柳派以外，就是進化團派的戲劇創作，「這個流派是從學生演劇到王鐘聲領導的春陽社、任天知領導的進化團以及後期由鄭正秋等人組織

高潮中的宣傳隊。作爲第一個話劇職業劇團，主要成員先後有汪仲賢、陳鏡花、王幻身、錢逢辛、蕭天呆、顧無爲、陳大悲、李悲世等〔註156〕，多爲革命宣傳家和愛國學生，因此他們的演劇活動有著濃厚的革命色彩，以配合當時的革命形勢宣傳見長。「天知派新劇在新劇運動中的作用，若論當時對政治問題的宣傳，對腐敗官僚的諷刺，對社會不良制度的暴露，還有對於擴大新劇運動，擴大新劇對社會的影響……進化團採取野戰式的做法，收效是比較大的。」〔註157〕同時採用後來稱之爲「活報劇」的方式，用演說等非戲劇的方式反映現實問題，受到當時觀眾的歡迎。在上海、南京、寧波、武漢、長沙等地出演很多有著革命傾向色彩的劇本，如《血蓑衣》（又名《都督夢》）、《東亞風雲》（又名《安重根刺伊藤博文》）、《新茶花》等，因爲政治傾向也遭到清政府地方當局的壓迫。辛亥革命爆發時又及時編演了《黃金赤血》（勸募愛國捐）、《共和萬歲》（歌頌辛亥革命的勝利）等直接反映革命鬥爭的劇本，起到了宣傳鼓動作用。

　　以《黃金赤血》（八幕戲）爲例，故事發生的背景是辛亥革命，主人公調梅是留學歸來的革命志士。因武昌起義爆發，他的妻子和一對兒女被亂兵和流氓地痞劫持失散。結果妻子被賣到妓院，兒子小梅被一個知府捉去當傭人，女兒愛兒從妓院逃出來被女子京昆班收容。革命爆發不久，調梅回國參加革命。先後通過募捐等形式到妓院、知府家等解救出妻子、兒子，並痛斥老鴇和知府，革命成爲他們得以解救的保障。後調梅爲了籌備演戲，碰見一群女伶，又解救出他的女兒，並鼓動女伶們演戲爲革命募捐。至此，離散的一家終因爲革命而重新團聚。調梅應邀在演戲前發表演說，號召爲支持民軍募捐。正如洪深所說：

> 在一個政治和社會大變動之後，人民正是極願聽指導，極願受訓練的時候。他們走入劇場裏，不只是看戲，並且喜歡多曉得一點新的事實，多聽見一點新的議論。而在戲劇者（編劇、演劇、排劇、

的新民社、民鳴社等劇團所構成的演劇系統而來的」。見陳白塵、董健主編：《中國現代戲劇史稿》，北京：中國戲劇出版社1989年版，第59頁。

〔註156〕陳白塵，董健主編：《中國現代戲劇史稿》，北京：中國戲劇出版社1989年版，第43～44頁。

〔註157〕歐陽予倩：《談文明戲》，中國社會科學院文學研究所近代文學研究組編：《中國近代文學論文集（1949～1979）：戲劇、民間文學卷》，北京：中國社會科學出版社1984年版，第317頁。

布景的人），此時也正享受著絕大的自由，一向所不能演出，不敢演
出的戲，此時都能演了。〔註 158〕

應當說，辛亥革命為新劇的開展創造了寬鬆的外在環境，《共和萬歲》就及時
大膽地把光復南京的戰役搬上了舞臺，不僅有三省聯軍英勇作戰的場面，還
有當時張人駿、鐵良、張勳等狼狽逃跑的場面，最後是慶祝勝利的歌舞花燈。
這些劇作的價值「在於以寫實的演劇方式，現場報告般地記錄和反映了正在
發生的辛亥革命的進程」，對於觀眾來說，「他們在演出中不是看到了精彩的
戲劇，而是看到了熟悉的生活，儀式化地告別帝制，迎來共和，宣洩感情，
撫慰心靈」，「在觀劇時也被灌輸了新道德、新觀念，被發動起來捐錢、捐物，
以促進共和理想的早日實現」〔註 159〕，起到了全民教育和動員的作用。

　　從藝術上看，進化團系統在戲劇審美觀、編劇方法、表演形式上都注重中
國傳統戲曲的元素，也有著濃厚的民族傳統藝術的特色〔註 160〕。而作為當時
留日學生中「既能編導、導演、表演，又懂得戲劇理論的唯一的中國人」〔註
161〕的陸鏡若（1885～1915 年，江蘇武進人），1912 年在上海召集原春柳社的
部分成員，成立新劇同志會，在早期也曾配合辛亥革命宣傳演出過《黃花崗》、
《亡國丈夫》、《運動力》等劇目，但他們的主要劇目是《社會鐘》、《猛回頭》、
《家庭恩仇記》、《不如歸》、《熱血》、《鴛鴦劍》等，以描寫家庭悲歡離合見長，
講究情節完整曲折，通過人物命運糾葛反映一定的倫理道德或社會問題。從藝
術發展的方向看，春柳社系統的演劇代表了中國話劇未來的方向，但從當時的
時代氛圍看，只是因過於遵循藝術至上主義而未能找到藝術與現實相結合的道
路罷了。1913 年後，隨著革命形勢走入低潮，進化團系統成員的政治熱情遭到
了挫折，終因各種原因趨於解散，文明新戲從鼎盛走向衰落〔註 162〕。

　　當然，戲劇界除了在辛亥革命中起到了輿論宣傳作用外，還親身參與革
命實踐。最有名的，恐怕要數上海梨園界的夏月珊、夏月潤和潘月樵參與攻

〔註 158〕洪深：《導言》，趙家璧主編：《中國新文學大系‧戲劇集》，洪深編選，上海：
　　　　　上海良友圖書印刷公司 1935 年版，第 13 頁。

〔註 159〕王鳳霞：《早期話劇：從革命戲到商業據的艱難邁進》，《浙江藝術職業學院學
　　　　　報》2009 年第 6 期，第 29 頁。

〔註 160〕陳白塵、董健主編：《中國現代戲劇史稿》，北京：中國戲劇出版社 1989 年版，
　　　　　第 67～71 頁。

〔註 161〕〔日〕河竹登志夫：《戲劇概論》，北京：中國戲劇出版社 1983 年版，第 251 頁。

〔註 162〕陳白塵、董健主編：《中國現代戲劇史稿》，北京：中國戲劇出版社 1989 年版，
　　　　　第 46～48 頁。

打上海製造局了〔註 163〕。上海光復對於辛亥革命的整個局勢有著重要意義，而攻打上海製造局更是上海光復的關鍵。辛亥革命前夕，夏氏兄弟和潘月樵經營上海新舞臺戲院，受到王鐘聲及其春陽社宣傳愛國思想的影響，也排演新戲為革命輿論宣傳盡義務。1911 年 11 月初，為響應武昌起義，上海同盟會成員陳其美、沈仲禮等人發動了上海起義。夏月珊、夏月潤和潘月樵等戲劇界演員參加攻打製造局的骨幹力量「商團」組織，夏氏兄弟和潘月樵還擔任了伶界商團的負責人。我們可以從陳其美寫給潘月樵的信中窺知一二：

> 月樵大志士回鑒：素知足下獻身說法，以改良社會為己任，深佩。不意製造局一役，又親見閣下躬冒矢石，奮勇前進，為驚訝者久之。而來書耿耿，猶以足受敵彈，未獲南征為憾，具見愛國熱忱，有加無已。此又慨捐千金，當仁不讓，實為難能可貴。第英雄事業，本無盡期，創口未瘁，諸位為國珍衛。不宣。陳其美頓首。〔註 164〕

其中，「獻身說法」是孫中山親筆書寫的匾額題詞，用來稱讚戲劇界人士參加上海光復的行為。陳其美對潘月樵以新劇改良社會、親身參加製造局戰役、為草創期的上海軍政府募捐款項等事蹟給予了高度讚賞。1912 年春天，潘月樵任陳其美軍政府調查部部長，參加過攻克南京的戰鬥的他，在光復後的南京受到了臨時大總統孫中山的接見。上海伶界參加上海製造局戰役的梨園人物除了潘月樵、夏氏兄弟外，還有張順來、馬飛珠、丘治雲、薛壽齡、夏月華以及潘月樵的兒子小黎青、小六子和他的兄弟潘少棠等〔註 165〕。需說明的是，上海光復後，1911 年 11 月 7 日上海《民立報》公佈了以陳其美為都督的軍政府人員名單，其中上文提及的王熙普即王鐘聲出任參謀一職，有研究者以此推測王鐘聲用實際行動參與了辛亥革命上海光復之役〔註 166〕。對此，徐半梅在其《話劇創始期回憶錄》云：

> 以前努力過一下的王鐘聲，他現在怎樣了？原來自從武昌一發動革命，他就拋棄了粉墨生涯，要去投筆從戎了。上海攻打高昌廟

〔註 163〕梅蘭芳遺稿：《戲劇界參加辛亥革命的幾件事》，《戲劇報》1961 年第 17～18 期，第 3 頁。

〔註 164〕梅蘭芳遺稿：《戲劇界參加辛亥革命的幾件事》，《戲劇報》1961 年第 17～18 期，第 7 頁。

〔註 165〕梅蘭芳遺稿：《戲劇界參加辛亥革命的幾件事》，《戲劇報》1961 年第 17～18 期，第 8 頁。

〔註 166〕王鳳霞：《王鐘聲新考》，《上海戲劇學院學報》2008 年第 6 期，第 76 頁。

製造局的一夜，他也加入去衝鋒。他在這一夜十二時，到丹桂第一
後臺去，借了一身軍裝，一把指揮刀，就此打扮起來，出發到南市
打仗去了（是役也，劇人錢逢新戰死）。〔註167〕

「以前努力過一下的王鐘聲」指的是辛亥革命前夕他以「戲劇」普及智識的
革命舉動，上海光復後，出任參謀職務的王鐘聲辭職北上天津，同行者有萬
鐵柱、徐光華、朱光明等人。〔註168〕1911 年 7 月 17 日，王鐘聲在北京被捕，
後被解回原籍浙江，是年 12 月 4 日在天津被清政府殺害，是在辛亥革命中犧
牲的戲劇界代表人物之一。

就王鐘聲來說，還不能忽視他在辛亥前夕從事的戲劇教育工作。如前所
述，甲午戰爭前後王鐘聲曾進上海教會學堂學習外語，四年便通德、法兩國
語言。1898 年更是遠渡重洋留學德國，攻讀法政八年，獲得學士學位。1906
年回國後，曾一度擔任桂撫幕僚等職，不久拋棄仕途，粉墨登陸於上海。巧
合的是，王鐘聲因為擅長演說，在一次禁煙集會上得以結識馬相伯、沈仲禮
兩位開明紳士。1907 年 6 月 23 日上海《申報》「第四版」曾以《上海禁煙事
宜十七誌‧張園慶祝會》記載云：

> 昨日午後五點鐘，西商李德、立愛師兩君假張園開慶祝禁煙大
> 會，到者一千數百人，先由浙江王君痛陳海上戒煙丸藥參雜嗎啡之
> 害，擬組織一紅十字戒煙會。繼由外部尚書呂大臣、沈仲禮觀察迭
> 申頌詞，後由丹桂茶園戲班演劇，並放煙火。散會已鐘鳴七下矣。

這則史料的背景在於：1907 年 6 月 22 日，上海正式宣佈禁止鴉片館營業。發
表演講的浙江王君即為王鐘聲，證實了王鐘聲與沈仲禮相識的過程。是年 7
月 3 至 5 日的《申報》通信欄還刊登了署名「王熙普」的演說辭《創設紅十
字會之理由》。是年 8 月 2 日的《申報》登載了王鐘聲與馬相伯共同商討的戒
煙善後問題，足以說明此時的王鐘聲與馬相伯也互相熟識。在馬、沈的幫助
下，1908 年 2 月辦起了第一所新劇教育機構——通鑒學校。

〔註167〕 徐半梅：《話劇創始期回憶錄》，北京：中國戲劇出版社 1957 年版，第 43 頁。
〔註168〕 關於王鐘聲北上天津的原因，有的研究者歸於其政治上的不得意，見徐半梅
著：《話劇創始期回憶錄》，北京：中國戲劇出版社 1957 年版，第 43～44 頁；
有的則認為王鐘聲接受了陳其美的派遣，去天津策劃起義，見王鳳霞：《王鐘
聲新考》，《上海戲劇學院學報》2008 年第 6 期，第 76 頁；有的歸於個人因
素，所謂「不知不覺革命黨」，見桑兵：《天地大舞臺——京劇名伶田際雲與
清季的維新革命》，《學術月刊》2006 年第 5 期，第 113～119 頁。

　　朱雙雲在《新劇史‧春秋》中提及王鐘聲創辦通鑒學校的動機：「春陽雖散，而王氏之雄心尚未已，因與任天知合辦通鑒學校於滬北，意在養成新劇人材，故其教科都屬於戲劇者。」〔註169〕除了任天知外，汪優游、查天影等參與了籌辦事宜，「以包念書、包出洋為號召，科目有國文、英文、算術、歷史、舞蹈、戲劇等等」，通鑒學校開學後，王鐘聲特意挑選了一些有演戲條件的學生上戲劇課，針對部分學生的異議，王鐘聲回答說「中國要富強，必須革命；革命要靠宣傳，宣傳的辦法：一是辦報，二是改良戲劇。」〔註170〕1908年4月，通鑒學校根據楊紫麟、包天笑翻譯英國哈葛特的同名小說《迦茵小傳》排演新劇，終因練習場地春仙戲園虧欠房屋稅被封作罷，進而不得已有出遊之意，並非後來研究者宣稱的「為革命興論作宣傳的目的」，王鐘聲率領通鑒學校學生親赴蘇州，演於閶門外鴨蛋橋塊某戲院約10天。無奈觀眾稀少，戲院老闆因為經費問題不讓他們繼續演下去。4月間，通鑒學校學生又奔赴杭州，「旬日後，乃不得志，由杭返滬」〔註171〕。有資料顯示，王鐘聲在1908年7月13日，曾借杭州拱宸橋附近的榮華戲館上演《惠興女士》新戲，王又親自扮演戲中女主人公惠興。與此同時，該劇在杭州上演之後，王鐘聲又準備把《女俠秋瑾》搬演到舞臺上，卻被地方官吏查禁，通鑒學校的謝日光被逮捕〔註172〕。

　　就學校教育而言，王鐘聲和他的通鑒學校因為缺乏新劇教育的師資和經驗，在具體操作過程中並未開展正規的教學實踐，基本上是傳統的學戲、排戲。如上所述，1908年7月間通鑒學校返滬演出於愚園後終因經費問題解散〔註173〕。值得肯定的是，雖然通鑒學校僅僅開辦了三個多月，演出也一再碰壁，但在中國話劇史上有著重要的歷史意義：「以辦學校來推廣新劇，這是一大嘗試；用戲劇宣傳革命，又是王鐘聲的『發明』；《伽因小傳》一劇已從舊劇束縛中脫穎而出，成為國內話劇形成的標誌。」〔註174〕其後，從

〔註169〕朱雙云：《新劇史‧春秋》，上海：新劇小說社1914年版，第8頁。

〔註170〕梅蘭芳遺稿：《戲劇界參加辛亥革命的幾件事》，《戲劇報》1961年第17～18期，第9頁。

〔註171〕朱雙云：《新劇史‧春秋》，上海：新劇小說社1914年版，第8～9頁。

〔註172〕夏曉虹：《王鐘聲與〈惠興女士〉新戲》，《文藝研究》2007年第10期，第151頁。

〔註173〕夏曉虹：《王鐘聲與〈惠興女士〉新戲》，《文藝研究》2007年第10期，第153頁。

〔註174〕柳和城：《「新劇泰斗」王鐘聲》，《檔案與史學》2004年第6期，第17頁，另見陳白塵，董健主編：《中國現代戲劇史稿》，北京：中國戲劇出版社1989年版，第42頁。

事戲劇教育的一部分人走上了商業化的道路，如 1913 年 11 月 12 日，上海群英新劇學校在《申報》上刊登的通告稱：「諸生員畢業後，又本校組織特別舞臺全體出演，一洗舊劇陋習，以改良社會、敦厚風化、促進民智、振興商務爲前提」，並說「諸生畢業出演時，每月應得月金由本校視察該生程度之高低酌量致送」〔註 175〕。另一部分如發起春柳社的李叔同，前文已有所涉及，他於 1912 年 8 月應經亨頤的邀請，執教於浙江兩級師範學堂，擔任音樂與圖畫教師，爲我國的藝術界培養了如吳夢非、劉質平、豐子愷、潘天壽、沈本千等藝術界的佼佼者。

二、未莊「風波」：魯迅之於辛亥革命

　　新文學中常見的與「辛亥革命」相關的文學主題不外乎有兩個向度：一是辛亥革命本身的歷史價值與意義，一般啓蒙作家多指向它的不徹底性；二是革命帶來的暴力問題。如前所述，魯迅在辛亥前後的社會活動〔註 176〕，前文在「木瓜之役」以及「《越鐸日報》案」中已有所涉及，不再贅述。從作品上看，這兩個向度的主題在魯迅的筆下得到了具體的呈現，魯迅在《范愛農》裏記述了辛亥革命光復前後紹興的事實，儘管這種回憶帶有一定的文學筆法，「這十篇（指《朝花夕拾》，引者注）就是從記憶中抄出來的，與實際容或有些不同，然而我現在只記得是這樣」〔註 177〕，但其中所飽含的認知態度還是明確的：

　　　　到冬初，我們（他和范愛農）的景況更拮据了，然而還喝酒，講笑話。忽然是武昌起義，接著是紹興光復。第二天，愛農就上城來，戴著農夫常用的氊帽，那笑容是從來沒有見過的。我們便到街上去走了一通，滿眼是白旗。然而貌雖如此，內骨子是依舊的，因爲還是幾箇舊鄉紳所組織的軍政府，什麼鐵路股東是行政司長，錢店掌櫃是軍械司長……（原文有省略號，引者注）。〔註 178〕

〔註 175〕《群英新劇學校緊要通告》，《申報》，1913 年 11 月 12 日，第 3 張第 9 版。

〔註 176〕參見倪墨炎：《魯迅的社會活動》，上海：上海人民出版社 2006 年版，第 63 ～100 頁；王冶秋：《辛亥革命前的魯迅先生》，上海：新文藝出版社 1956 年版。

〔註 177〕魯迅：《朝花夕拾·小引》，魯迅：《魯迅全集》（第 2 卷），北京：人民文學出版社 2005 年版，第 236 頁。

〔註 178〕魯迅：《范愛農》，魯迅：《魯迅全集》（第 2 卷），北京：人民文學出版社 2005 年版，第 324～325 頁。

其中，范愛農（1883～1912，浙江紹興人），是光復會成員，革命黨人徐錫麟
的學生，與魯迅相識於日本留學時期。1911 年 11 月，魯迅任山會初級師範學
堂監督時，范愛農任監學，後被守舊勢力排擠出校，1912 年 7 月 10 日落水身
亡。對此，魯迅有《范愛農》、《哀范君三章》、《哭范愛農》等文章，並在日
記和書信中多有記述，前後達 11 處之多，足見回國後二人關係的密切。單說
紹興光復前後的現實歷史，1911 年 11 月 6 日，紹興原知府程贊清等人，經過
籌劃也表示響應省城杭州的革命，宣佈紹興光復，並自行成立了紹興府軍政
分府。魯迅在《阿 Q 正傳》中用三個段落來寫辛亥革命的消息波及未莊的情
景，這些消息給未莊帶來了大不安，人心很動搖：

> 宣統三年九月十四日——即阿 Q 將搭連賣給趙白眼的這一天—
> —三更四點，有一隻大烏篷船到了趙府上的河埠頭。這船從黑魆魆
> 中蕩來，鄉下人睡得熟，都沒有知道；出去將近黎明，卻很有幾個
> 看見了。據探頭探腦的調查來的結果，知道那竟是舉人老爺的船！
>
> 那船便將大不安載到了未莊，不到正午，全村的人心就很搖動。
> 船的使命，趙家本來是很秘密的，但茶坊酒肆裏卻都說，革命黨要
> 進城，舉人老爺到我們鄉下來逃難了。……然而謠言很旺盛，說舉
> 人老爺雖然似乎沒有親到，卻有一封長信，和趙家排了「轉折
> 親」。……至於革命黨，有的說是便在一夜進了城，個個白盔白甲：
> 穿著崇正皇帝的素。〔註 179〕

其中「宣統三年九月二十四日」即 1911 年 11 月 4 日，就是革命黨聽到上海光
復消息後準備光復的日子，雖然這裡涉及到文學筆法與歷史筆法的區別，但
魯迅這種據實照錄的方式多少也含著善意的諷刺，「即阿 Q 將搭連賣給趙白眼
的這一天」，同時也暗示了未莊的落後、封閉和不開化。如上所述，程贊清宣
佈成立軍政分府也得到了當時浙軍都督府的承認，這可以從當日紹興軍政分
府的一則通告中得以證實〔註 180〕。只不過程贊清的這個軍政分府得不到革命
派的支持，是年 11 月 11 日，浙軍軍政府派光復會會員王金發率軍前往紹興，
重新組織軍政分府，王金發自任都督〔註 181〕。這一情形魯迅在《范愛農》中

〔註 179〕魯迅：《阿 Q 正傳》，魯迅：《魯迅全集》（第 1 卷），北京：人民文學出版社
　　　　2005 年版，第 537～538 頁。
〔註 180〕倪墨炎：《魯迅的社會活動》，上海：上海人民出版社 2006 年版，第 67 頁。
〔註 181〕汪林茂：《浙江通史·清代卷下》，杭州：浙江人民出版社 2005 年版，第 473 頁。

也有所記述，至於王金發來紹興，得於當時紹興商會總董錢達人的邀請，有史料記載了當時紹興新舊兩派的現實處境：

> 杭垣光復時，紹郡新舊兩派之暗潮，均恐懼特甚。表面雖已遍插白旗，而裏面無意識之競爭亦達極點。時南北尚相持不下，紹郡執軍政者又係前清知府程贊清，新派既力主易幟，尚慮滿然死灰復燃，倘一旦重執省權，於己等必大不利；而與秋案有關係者，尤栗栗危懼。舊派雖同附和，惟前曾痛詆徐（錫麟）秋（瑾），聞徐秋死黨王金發近頗得勢，懼其來紹報復，恐慌比新派尤甚。卒爲新派所捷足，由錢某潛赴杭垣，迎王金發來紹。〔註182〕

對此，葉文心也有過論述，直言「金華以上內地各縣的辛亥革命，則往往由會黨、地方傳統士紳所帶動。這批人奪取政權的目的與其說是促進共和，建立民國，不如說是借機控制約束新興的社會力量，以便延續舊有的統治形態。」〔註183〕然而，時任紹興中學堂監學的魯迅確是興奮的，在王金發入紹興時，魯迅、陳子英、范愛農、孫德卿等人和越社青年學生都到城門外親自迎接，當然隊伍中也有守舊派如程贊清等舊政權的幕僚等。王金發面對的是來自新舊兩方勢力的鬥爭與爭取，魯迅在《范愛農》中說：

> 這軍政府（指程贊清成立的軍政分府，引者注）也到底不長久，幾個少年一嚷，王金發帶兵從杭州進來了，但即使不嚷或者也會來。他進來以後，也被許多閒漢和新近的革命黨所包圍，大做王都督。在衙門裏的人物，穿布衣來的，不上十天也大概換上了皮袍子了，天氣還並不冷。我被擺在師範學校校長的飯碗旁邊，王都督給了我校款二百元。愛農做監學，還是那件布袍子，但不大喝酒了，也很少有工夫談閒天。〔註184〕

僅從 1911 年 11 月 12 日《紹興公報》上刊登的《軍政分府之組織》看，當時的紹興軍政分府內設都督府，分爲四部三局，其中司令部、軍事部、經濟

〔註182〕轉引自倪墨炎：《魯迅的社會活動》，上海：上海人民出版社 2006 年版，第70〜71 頁。

〔註183〕葉文心：《史學研究與五四運動在杭州》，郝斌，歐陽哲生主編：《五四運動與二十世紀的中國：北京大學紀念五四運動 80 週年國際學術研討會論文集（上、下）》，北京：社會科學文獻出版社 2001 年版，第 1111〜1112 頁。

〔註184〕魯迅：《范愛農》，魯迅：《魯迅全集》（第 2 卷），北京：人民文學出版社 2005 年版，第 324〜325 頁。

部由王金發派主持，政事部部長依然是程贊清，在三局之中最爲重要的團防局掌握在地方武裝手裏〔註 185〕。因此，紹興光復以後的日子在魯迅看來，並無實質性的變化，這一主題在《阿 Q 正傳》裏更加簡潔、精鍊：「未莊的人心日見其安靜了。據傳來的消息，知道革命黨雖然進了城，倒還沒有什麼大異樣。知縣大老爺還是原官，不過改稱了什麼，而且舉人老爺也做了什麼——這些名目，未莊人都說不明白——官，帶兵的也還是先前的老把總。」〔註 186〕然而，「只有一件可怕的事是另有幾個不好的革命黨夾在裏面搗亂，第二天便動手剪辮子，聽說那臨村的航船七斤便著了道兒，弄得不像人樣子了。」〔註 187〕辮子成爲了自我解放、擺脫專制和自強奮發的第一步，也是衡量其政治立場、滿漢分別的標誌。1912 年 3 月 5 日，南京臨時政府發佈「限期剪辮令」云：

> 今者滿廷已覆，民國成功，凡我同胞允宜滌舊染之污，作新國之民。茲查通都大邑剪辮者已多，至偏鄉僻壤留辮者尚復不少。仰內務部通行各省都督，轉諭所屬地方一體知悉。凡未去辮者，於令到之日，限二十日，一律剪除淨盡；有不遵者，（以）違法論。該地方官毋稍容隱，致干國犯。又查各地人民有已去辮尚剃其四周者，殊屬不合。仰該部一併諭禁，以除虜俗而壯觀瞻。〔註 188〕

魯迅在《頭髮的故事》中就借 N 先生之口，通過雙十節而大發其對頭髮的感慨，從側面反映了辛亥革命的失敗，這一主題在《風波》中也得到了體現，主角便是幫人撐船的七斤。現實中的政策無法傳播到偏僻的鄉村，魯迅筆端的悲憤之情力透紙背，要知道 1910 年暑假辭去浙江兩級師範學堂教員的他，在紹興是以革命者的姿態出現的，而這種標誌就是「他剪掉了辮子，留得是平頭；穿的是西裝，有時還戴上他在留學時期用過的陸軍帽」〔註 189〕。對此，魯迅在《病後雜談之餘》中說：「我回中國的第一年在杭州做教員，還可以穿了洋服算是

〔註 185〕倪墨炎：《魯迅的社會活動》，上海：上海人民出版社 2006 年版，第 71 頁。

〔註 186〕魯迅：《阿 Q 正傳》，魯迅：《魯迅全集》（第 1 卷），北京：人民文學出版社 2005 年版，第 542 頁。

〔註 187〕魯迅：《阿 Q 正傳》，魯迅：《魯迅全集》（第 1 卷），北京：人民文學出版社 2005 年版，第 542 頁。

〔註 188〕《臨時大總統關於限期剪辮致內務部令》，《臨時政府公報》第 29 號，見存萃學社編集：《辛亥革命資料匯輯》（第 5 冊），香港：大東圖書公司 1980 年版，第 233 頁。

〔註 189〕倪墨炎：《魯迅的社會活動》，上海：上海人民出版社 2006 年版，第 63 頁。

洋鬼子；第二年回到故鄉紹興中學去做學監，卻連洋服也不行了，因爲有許多人是認識我的，所以不管如何裝束，總不失爲『裏通外國』的人，於是我所受的無辮之災，以在故鄉爲第一。尤其應該小心的是滿洲人的紹興知府的眼睛，他每到學校來，總喜歡注視我的短頭髮，和我多說話。」〔註190〕除此之外，革命前後一切照舊，所不同的便是有些人高升了，有些人被砍頭罷了，革命的意義所剩下來的只有虛無，這對於革命抱著崇高、純潔的感情的犧牲者來說，便有一種悲涼的意味存在，革命的意義被消解殆盡。這些我們也可以從《阿Ｑ正傳》等小說中讀出來，普通民眾對於革命的隔閡與革命的虛無相交織。

　　葉文心曾經比較了辛亥革命在浙江各地的反應，認爲「當1911年的辛亥革命爆發時，浙西、浙東沿海和平浙江中、南部內地就因爲經濟社會情況的不同，而有不同的反應。10月27日省會杭州的革命，主要由杭、嘉、湖、寧、紹地區的開明紳商精英分子所催生，這批人跟上海的新式企業、商貿、學堂、報紙不乏密切關係。他們讚助革命，目的在建立一種新秩序。」〔註191〕然而這種新秩序卻由於普通民眾的隔閡而陷於革命的虛無之中。倘若追溯魯迅作品中民眾對於革命的隔閡的書寫，則不得不敘及魯迅寫於1911年冬的文言小說《懷舊》。最初發表於1913年4月25日上海《小說月報》第四卷第一號，署名「周逴」。惲鐵樵在篇末寫下了「焦木附誌」云：「實處可致力，然初步不誤。靈機，人所固有，非難事也。曾見青年初解握管，便講詞章，卒致滿紙餖飣，無有是處。亟宜以此等文字藥之。」有研究者認爲《懷舊》「雖然用的仍是傳統的文學語言——文言，但其思想內容和情節結構都清楚地表明，它是現代文學的先聲，絕不屬於舊時代的文學」〔註192〕。1934年5月6日，魯迅在致楊霽雲得信中說：「現在都說我的第一篇小說是《狂人日記》，其實我的最初排了活字的東西，是一篇文言的短篇小說，登在《小說林》（？）上。那時恐怕還是革命之前，題目和筆名，都忘記了，內容是講私塾裏的事情的，後有惲鐵樵的批語，還得了幾本小說，算是獎品。」〔註193〕通過一個私塾兒

〔註190〕魯迅：《病後雜談之餘》，魯迅：《魯迅全集》（第6卷），北京：人民文學出版社2005年版，第194～195頁。

〔註191〕葉文心：《史學研究與五四運動在杭州》，郝斌，歐陽哲生主編：《五四運動與二十世紀的中國：北京大學紀念五四運動80週年國際學術研討會論文集（上、下）》，北京：社會科學文獻出版社2001年版，第1111～1112頁。

〔註192〕陳漱渝：《魯迅》，北京：中國華僑出版社1997年年版，第32頁。

〔註193〕魯迅：《340506 致楊霽雲》，魯迅：《魯迅全集》（第13卷），北京：人民文學出版社2005年版，第93頁。

童的觀察與感受，刻畫了一副革命浪潮中的人情世態圖景，它以展現生活場景、刻畫人物性格爲重點，全篇涉及六個場景：禿先生迂腐執教、金耀宗突然造訪、禿先生倉皇歸家、眾居民盲目逃難、金耀宗二次報信、王翁李媼憶舊。需說明的是，這裡的革命並不切實地指向辛亥革命〔註194〕，而即將到來的「長毛」作爲「將要降臨的暴力的代表」，場景中普通民眾對於革命的隔閡在魯迅此後的新文學作品中得到了延續和昇華。

　　與這種革命的隔閡相伴隨的，便是由革命引發的暴力乃至種種創傷性記憶。在新文學作品中，在個人記憶與地方歷史建構這一維度被一再書寫，大量的文本以戰爭中普通人所受的苦難申訴，藉以抒發人道主義的訴求。很明顯，對普通民眾而言，戰爭即使有著正當的名義，其結果依然是毀滅性的、創傷性的，都無法統一到普世的人性這一層面。如前所述，西方的「革命」概念中也包含了暴力這一現代性的意向，只不過西方人所理解的革命，既包含法國革命式的激烈政治變革，也包含英國革命式的工業化漸進過程。對此，中國語境中的「革命」一詞則要狹義得多，從最初的「獸皮治去毛」到現代的「對生命、肉體的消滅」等，都包含有現代激進主義的色彩。顯然，這與現代中國的具體語境以及本土傳統密切相關，「自從本世紀初，革命與改良成爲一種二元對立的思維模式，這固然得歸因於中國政治文化的特殊性，也是知識分子自己製造的文化產品，反過來卻成爲自身觀念結構的鐵籠子，誰也無法打破它。」〔註195〕也就是說，在現代中國的具體語境中，除了革命與改良兩條道路外，所謂的「中間派」是得不到任何一方支持的。因爲這裡面不僅包含著政治立場的選擇，還與一整套的歷史觀念和價值體系的選擇相關，因此，「革命」這一話語所帶來的激進色

〔註194〕對於《懷舊》小説的探討，從 1936 年 11 月 16 日周作人發表的《關於魯迅》一文論及《懷舊》開始，國內外魯迅研究界都對之進行了探討，涉及到作品的創作動因、寫作背景、思想主題、藝術特色、地位和意義等方面，取得了豐厚的成果，見王彬：《〈懷舊〉接受史研究》（碩士論文），青島大學文學院 2007 年，而作者卻把這種暴力指向了辛亥革命，説「反映了辛亥革命的不徹底性，具有強烈的反封建主題」，見第 4 頁。另見《〈懷舊〉：探索「國民的靈魂」的最初嘗試——兼與部分研究者商榷》，《魯迅研究月刊》1994 年年第 12 期，第 19～23 頁；史承鈞：《〈懷舊〉的時代與主題——兼評歷來對它的一種誤解》，《魯迅研究月刊》2000 年第 9 期，第 34～37 頁。

〔註195〕陳建華：《革命的現代性——中國革命話語考論》，上海：上海古籍出版社 2000 年版，第 169～170 頁。

彩，使得辛亥前後浙江的革命運動多少都帶來暴力的因素。魯迅在《范愛農》中談及 1907 年皖浙起義失敗的徐（錫麟）秋（瑾）事件，就談及革命所帶來的暴力：

> 在東京的客店裏，我們大抵一起來就看報。學生所看的多是《朝日新聞》和《讀賣新聞》，專愛打聽社會上瑣事的就看《二六新聞》。一天早晨，闢頭就看見一條從中國來的電報，大概是：

> 「安徽巡撫恩銘被 Jo Shiki Rin 刺殺，刺客就擒。」

> 大家一怔之後，便容光煥發地互相告語，並且研究這刺客是誰，漢字是怎樣三個字。但只要是紹興人，又不專看教科書的，卻早已明白了。這是徐錫麟，他留學回國之後，在做安徽候補道，辦著巡警事務，正合於刺殺巡撫的地位。

> 大家接著就預測他將被極刑，家族將被連累。不久，秋瑾姑娘在紹興被殺的消息也傳來了，徐錫麟是被挖了心，給恩銘的親兵炒食淨盡。人心很憤怒。有幾個人便秘密地開一個會，籌集川資；這時用得著日本浪人了，撕烏賊魚下酒，慷慨一通之後，他便登程去接徐伯蓀的家屬去。〔註 196〕

徐（錫麟）秋（瑾）事件中死後所受到的暴力具有警示意義，當時信奉排滿革命的魯迅、范愛農堅信血債血還。爲此，1907 年 7 月 18 日，浙江留日學生同鄉會專爲此事召開會議，以蔣觀雲爲代表的君主立憲派主張發電報乞求清政府不濫殺人，遭到以魯迅、范愛農爲代表的主張排滿青年的反對〔註 197〕，「反對的是比較激烈的，以爲既然革命便是雙方開火了，說話別無用處，魯迅原來也是這一派，所以范愛農所說的話：『殺的殺掉了，死的死掉了，還發什麼屁電報呢？』根本是不錯的，魯迅當然也是這個意思，不過他說話的口氣和那態度很是特別，所以魯迅隨後還一再傳說，至於意見卻原來是一致的。」〔註 198〕革命成功六七年之後，魯迅在《藥》中專門以這一事件作爲背景，其中「夏瑜」「華老栓」的名字有著特別的寓意，而荒草離離的墳堆上有人插花，也暗

〔註 196〕魯迅：《朝花夕拾·范愛農》，魯迅：《魯迅全集》（第 2 卷），北京：人民文學出版社 2005 年版，第 321 頁。

〔註 197〕顧蒙山：《也談徐錫麟、秋瑾就義後魯迅在日本的態度——與晨朵先生商榷》，《魯迅研究月刊》1993 年第 2 期，第 69～72 頁。

〔註 198〕周作人：《知堂回想錄》，香港：三育圖書文具公司 1980 年版，第 200 頁。

示了中國人不會忘記她，「我往往不恤用了曲筆，在《藥》的瑜兒的墳上平空添上一個花環」〔註 199〕。

而所謂的「以暴制暴」，便等到了王金發入主紹興後，就逮捕了章介眉，後者在秋案發生時有告密嫌疑或參與謀劃殺害秋瑾〔註 200〕。1912 年 1 月 15 日，《越鐸日報》就刊載了《嗚呼章介眉》的新聞，直呼「奸賊奸賊而今水落石出矣」。是年 1 月 18 日和 24 日，《越鐸日報》分別刊出了《章介眉被捉詳情》、《記章介眉言》、《章介眉案將了矣》等新聞對此進行輿論造勢，但王金發終因各種原因不了了之〔註 201〕。周作人對此有過記述：「昔秋女士被逮，無定讞，遽遭殘賊，天下共憤，今得昭復。而章介眉以種種嫌疑，久經拘訊，亦獄無定讞，而議籍其家。……更統觀全局，則官威如故，民瘼未蘇。」〔註 202〕1915 年 6 月 2 日，王金發卻在章介眉、朱瑞的謀劃下被誘殺。然而決心為秋瑾復仇的革命黨人，還將秋瑾案中的幫兇胡道南、湯壽潛列為暗殺的對象，湯壽潛因為軍政府都督聲望很高，迫使革命黨放棄了計劃，而胡道南卻於 1910 年 8 月 15 日在紹興遇刺。革命暴力所帶來的殘酷性不言而喻，當然筆者並沒有替秋瑾案中的主凶和幫兇翻案的意思，只是這種革命暴力所造成的悲劇值得深思罷了。

與這種暴力奇觀相對應的，便是魯迅對於暴力奇觀所孕育的看客對象的批判。在《藥》中，華老栓去給兒子小栓買藥，在黎明前的黑暗裏，對圍觀殺害革命者夏瑜的群眾以形象的筆觸進行了詮釋：「一陣腳步聲響，一眨眼，已經擁過了一大簇人」，「那三三兩兩的人，也忽然合作一堆，潮一般向前趕；將到丁字街口，便突然立住，簇成一個半圓」，之後的書寫飽含著作者對於看客的認知態度：

> 老栓也向那邊看，卻只見一堆人的後背；頸項都伸得很長，彷彿許多鴨，被無形的手捏住了的，向上提著。靜了一會，似乎有點聲音，便又動搖起來，轟的一聲，都向後退；一直散到老栓立著的地方，幾乎將他擠倒了。〔註 203〕

〔註 199〕魯迅：《〈吶喊〉自序》，魯迅：《魯迅全集》（第 1 卷），北京：人民文學出版社 2005 年版，第 441 頁。

〔註 200〕夏曉虹：《晚清女性與近代中國》，北京：北京大學出版社 2004 年版，第 286～314 頁。

〔註 201〕倪墨炎：《魯迅的社會活動》，上海：上海人民出版社 2006 年版，第 74～79 頁。

〔註 202〕署名獨（周作人）：《民國之征何在》，《越鐸日報》，1912 年 2 月 2 日。

〔註 203〕魯迅：《藥》，魯迅：《魯迅全集》（第 1 卷），北京：人民文學出版社 2005 年版，第 464 頁。

當然對看客給予集中展示的作品是《示眾》，採取速寫的方式，為我們勾畫了一副生動近乎荒誕的看客場面。這些場面描寫我們也可以在《阿Q正傳》、《風波》、《長明燈》、《鑄劍》、《理水》等作品中看到。不可否認，東京幻燈片事件的刺激是促使魯迅思考國民性的起點，而辛亥革命的失敗也是促使魯迅關注看客現象的重要推力。在魯迅小說以辛亥革命為背景的書寫中，群眾作為看客的形象得到了重點關注。當然，對看客的關注，凸顯了魯迅作為啟蒙者的姿態，這些也在他早期長篇論文《文化偏至論》中得到體現，「其首在立人，人立而後凡事舉；若其道術，乃必尊個性而張精神」，著眼於「國人之自覺至，個性張，沙聚之邦，由是轉為人國。」〔註204〕因此，在《〈吶喊〉自序》裏對「多採自病態社會的不幸的人們」也是著眼於這種啟蒙的訴求的，「凡是愚弱的國民，即使體格如何健全，如何茁壯，也只能做毫無意義的示眾的材料和看客，病死多少是不必以為不幸的。」〔註205〕著眼於體格與精神的衝突，突出國民自我意識的缺失。對此，1923年12月26日，魯迅在北京女子高等師範學校文藝會上發表《娜拉走後怎樣》的演講時說：

> 群眾，──尤其是中國的，──永遠是戲劇的看客。犧牲上場，如果顯得慷慨，他們就看了悲壯劇；如果顯得觳觫，他們就看了滑稽劇。北京的羊肉鋪前常有幾個人張著嘴看剝羊，彷彿頗愉快，人的犧牲能給與他們的益處，也不過如此。而況事後走不幾步，他們並這一點愉快也就忘卻了。對於這樣的群眾沒有法，只好使他們無戲可看倒是療救，正無需乎震駭一時的犧牲，不如深沉的韌性的戰鬥。〔註206〕

其中解決問題的辦法便是「使他們無戲可看」，這在《復仇》中也得到了體現：「然而他們倆對立著，在廣漠的曠野上，裸著全身，捏著利刃，然而也不擁抱，也不殺戮，而且也不見有擁抱或殺戮之意」，最後「路人們於是乎無聊」，「終至於面面相覷，慢慢走散；甚而至於居然覺得乾枯到失了生趣。」〔註207〕

〔註204〕魯迅：《文化偏至論》，魯迅：《魯迅全集》（第1卷），北京：人民文學出版社2005年版，第57～58頁。

〔註205〕魯迅：《〈吶喊〉自序》，魯迅：《魯迅全集》（第1卷），北京：人民文學出版社2005年版，第439頁。

〔註206〕魯迅：《娜拉走後怎樣》，魯迅：《魯迅全集》（第1卷），北京：人民文學出版社2005年版，第170～171頁。

〔註207〕魯迅：《復仇》，魯迅：《魯迅全集》（第2卷），北京：人民文學出版社2005年版，第176～177頁。

1925 年 3 月 31 日，魯迅在一封覆許廣平的信中提到了自己對於辛亥革命以來政治局面的看法：

> 說起民元的事來，那時確是光明得多，那時我也在南京教育部，覺得中國將來很有希望。自然，那時惡劣分子固然也有的，然而他總失敗。一到二年二次革命失敗之後，即漸漸壞下去，壞而又壞，遂成了現在的情形。其實這也不是新添的壞，乃是塗飾的新漆剝落已盡，於是舊相又顯了出來。使奴才主持家政，那裡會有好樣子。最初的革命是排滿，容易做到的，其次的改革是要國民改革自己的壞根性，於是就不肯了。所以此後最要緊的是改革國民性，否則，無論是專制，是共和，是什麼什麼，招牌雖換，貨色照舊，全不行的。〔註 208〕

從國民性的角度看到了民初社會政治的本質，無疑是深刻的，因此便沉默下去，「這寂寞又一天一天的長大起來，如大毒蛇，纏住了我的靈魂了。……只是我自己的寂寞是不可不驅除的，因為這於我太痛苦。我於是用了種種法，來麻醉自己的靈魂，使我沉入於國民中，使我回到古代去，後來也親歷或旁觀過幾樣更寂寞更悲哀的事，都為我所不願追懷，甘心使他們和我的腦一同消失在泥土裏的，但我的麻醉法卻也似乎已經奏了功，再沒有青年時候的慷慨激昂的意思了。」〔註 209〕而看客的存在正是由於國民性的弱點：「可惜中國太難改變了，即使搬動一張桌子，改裝一個火爐，幾乎也要血；而且即使有了血，也未必一定能搬動，能改裝。不是很大的鞭子打在背上，中國自己是不肯動彈的。」〔註 210〕應當說，魯迅給我們留下的一幅幅有關看客的場面，在當下的時代氛圍中依然有著警醒的意義。

　　辛亥革命的歷史早已遠去，它所帶給浙省作家的痛苦和幸福的記憶，也因每一個體不同的生命體驗、情感特徵，自有著不同的書寫策略。無論是從歷史的真實中探尋，還是從文學作品的虛構中領會，浙江史學家和作家們的論述文本也參與了區域革命歷史的塑造與建構，不僅成為建構的一部分，就

〔註 208〕 魯迅：《兩地書》，魯迅：《魯迅全集》（第 11 卷），北京：人民文學出版社 2005年版，第 31～32 頁。
〔註 209〕 魯迅：《〈吶喊〉自序》，魯迅：《魯迅全集》（第 1 卷），北京：人民文學出版社 2005 年版，第 439～440 頁。
〔註 210〕 魯迅：《娜拉走後怎樣》，魯迅：《魯迅全集》（第 1 卷），北京：人民文學出版社 2005 年版，第 171 頁。

連其後閱讀、感受這些文本的我們也將成爲它們中的一員。畢竟不管怎樣，歷史終究要有人探尋，文學終究要有人去書寫，已終篇的抑或剛開始的，均將等待後來者新一輪的生命體驗與審美評判。

結　語

　　從區域文化視角探討新文學，應該與上世紀 80 年代中期「文化熱」的興起密切相關。錢理群、陳平原、黃子平在《關於「20 世紀中國文學」的對話》一文中就以「現代化」為基本立場，談及了「文化角度」對於 20 世紀中國文學研究的意義，認為「『文化角度』包含了『政治角度』，但又不止於『政治角度』，文化的內涵要更寬闊，更豐富」，他們強調「作品中強烈的地方味與『文化味』」，梳理了「文學中『文化味』、『地方味』比較強的作家群」〔註1〕。到 20 世紀 90 年代，嚴家炎主編的《二十世紀中國文學與區域文化叢書》陸續出版，一時間掀起了區域文化與文學研究的熱潮。與此同時，區域性、專題性的文學史著作或者論文漸趨興盛，區域文化與文學研究開始走向整體研究及理論建構層面。換一種角度考量，區域文化作為一個有機的整體概念，不僅指向關涉時間、傳統的歷時維度，也指向一種關涉空間、文化的共時維度〔註2〕。既有的研究成果證明了前者因為同一性的敘述規範遮蔽了文學現象的差異性和豐富性，而後者則在共時的維度把文學的範圍盡可能拓寬，能展現更為豐富的文學現象，一定程度上恢復了因同一性的敘述規範造成的文學現象的「遮蔽」。因此，重識區域文化這一研究視角，注重區域文化研究的空

〔註 1〕錢理群、陳平原、黃子平：《關於「二十世紀中國文學」的對話》，黃子平等著：《二十世紀中國文學三人談》，北京：人民文學出版社 1988 年版，第 61～64 頁。

〔註 2〕南方與北方文化區別之論，是歷來文學研究最為關注的角度。倘若追溯的話，可以從孔子對「南方以舒緩為強」，「北方以剛猛為強」的區分一直到近代劉師培，劉師培發表在《國粹學報》第 2、6、7、9 期（1905 年 3 月 25 日至 10 月 18 日）《南北學派不同論》一文，算是對此做過的較為系統的闡釋之作。

間維度以及考辨歷史、文化等諸多人文因素與文學創作之間的「互文」關係，便可以推動和促進整個新文學研究的發展向著更爲深層、更爲廣泛的方向前進，從而呈現新文學本身絢麗多彩的面相，凸顯中國文學或者文化的豐富性和多元性。

辛亥前後浙江這一區域走出了一批陣容壯觀的新文學先鋒，他們對新文學有著開創性的貢獻，相比於內陸的其他區域，已在事實上形成了不可取代的優勢。當然，區域文化研究不以某一區域出現多少重要作家作品來爭奪地位〔註3〕，從浙江特定的地理空間、歷史文化傳統塑造的文化氛圍、文學現象看，王國維、魯迅對戲劇、小說歷史的研究促進了當時文壇雅俗觀念的轉換。這種區域文化有著很強的區域規範，還孕育了周作人、茅盾文學觀念的平民化傾向，透視它們背後的生成背景、展開方式以及表現形態，對於深化新文學整體研究是必需的，爲總結文學發展的一些普適性規律提供了借鑒。從辛亥前後浙江這一區域深潛的文化傳統延伸出來的啓蒙傳統，在「轉型時代」這一大的時代潮流中獲得風氣之先，魯迅就以「魏晉」爲內核，構築了新文學發生的浙東背景，這也使他延續了在日本開展的「新生」文藝運動，以「拆散時代的懷疑與絕望」進入「五四」，依託越地故土，通過編校輯錄故籍對民族文化「固有之血脈」進行發掘，展開對新生的中華民國政治和文化建構方面的思考，獲得了對在中國建立現代公共輿論空間的「起點」，深化了對中國社會與歷史的認知。同時，作爲近現代史上最具代表性的革命區域之一，浙江與歷次革命密切相關的事實也成就了這一區域文學的革命傳統與特色，自古以來獨特的人文地理環境參與到了「革命傳統」的塑造，不僅表現在章太炎對「革命」理論的建構與宣傳，還表現在以陶成章及光復會爲代表的實幹精神上，他們共同推動了辛亥革命在浙江的展開。應當說，不論是以自強不息、恥爲人後、務實創新等爲核心的吳越文化傳統還是宋明之後啓蒙文化思潮所裹挾的「面海的中國」的近代傳統，它們所激盪的思想文化潮流構築起一輪新的文化衝擊波，顯示出它對開拓中國新文學、推動中國文學的現代性進程的強力潛能。

與此同時，面對下層社會啓蒙運動的任務，辛亥前後浙江新知識界人士

〔註3〕王嘉良：《開拓與創造：地域文化精神的生動張揚——論「浙江潮」對中國新文學建設的開山之功》，《浙江師範大學學報》（社會科學版）2005 年第 4 期，第 8～14 頁。

首開其端，稱得上有「公共輿論」的開始，實自林獬、孫翼中、陳叔通以杭州白話報館的名義編輯發行的《杭州白話報》。與清末下層啓蒙運動所樂於採取的形式一樣，以白話報、閱報處、講報所、演說會、戲曲改良、推廣識字運動和普及教育等各種啓蒙手段爲中心構築了一套啓蒙新體系，改變了晚清維新運動自上而下的啓蒙姿態，爲啓蒙運動開闢了一種「眼光向下」的實踐模式，使得「開民智」成爲家喻戶曉的口頭禪。這種從「理論到實踐」的大規模的民眾啓蒙運動除了浙江新知識界的努力以外，浙江特有的人文與政治環境也爲這種啓蒙形式提供了適宜的條件，從而有效的改變了原來的輿論氛圍並使之具有了鮮明的地域特色。而以「浙一師」校園爲中心，經亨頤的「人格教育」理論與實踐爲接受新思潮提供了準備條件，同時以浙江新潮社、「前後四金剛」爲中心的文學實踐，參與了浙江本土新文學場域的建構。與此同時，蕭山衙前這一浙江本土的農村空間在 20 世紀 20 年代的國民革命中有著不同尋常的意義，沈玄廬、劉大白相當一部分的新詩對其進行了書寫，顯示了浙江本土新詩創作的實績。對女性教育而言，以經元善爲創辦人的上海中國女學校，不僅改變了此前教會女塾包攬女子教育的局面，還直接促成了浙江新知識界人士對於本土女性教育的關注。「惠興殉學」及其意義傳播昭示了「滿」「漢」兩族群共享了近代傳媒的物質條件以及民族主義話語的資源，辛亥前後的女性教育運動借助媒介製造輿論的形式以及與自身相應的文化事件的「互文」關係，逐漸塑造出一種新女性的形象。

　　浙江新文學群體的聚合得益於「轉型時代」這一大的時代背景，相比於內陸其他區域，浙江新文學群體牢牢抓住了這個機會，並通過自己創造性的努力，深化了中國新文學的發展。浙江留日學生在東京、上海、杭州等城市空間中以製造輿論等方式參與到了革命思想的宣傳與傳播，同時也促成了早期革命文學網絡空間的建構，爲五四新文學的到來提供了新的質素。當然，這些新文學群體並不以籍貫爲限制，不僅包括散佈於各地的浙籍作家，也包括長期居住在浙江的非浙籍作家，甚至包括一段時間逗留於浙江這一區域的非浙籍作家，衡量的標準或者出發點是從文學或者文化現象入手，而非狹隘的以其籍貫或者出生地作爲衡量的標準。對近現代大多數作家而言，一生遊歷之地的區域文化多少也參與他們創作的文學作品中，因此，要用一種流動性或者整合性的思維來考察人與區域的互動關係。同時，對於相關的文學活動與文學現象中浸染的地域色彩，往往借助一些獨特的文化特徵和美學功能

的地域性特徵加以凸顯，將文學作品裏彰顯的地域背景、文化傳統、人文習俗等與深層文化結構中蘊含的審美品格、藝術精神相貫通。從區域文學研究的空間維度看，不能忽略的還有地域文學抹不去的普適性的文化特徵，它們會受到文化共通性的制約、影響。自晚清以來浙江的學潮傳統，如兩次文學色彩濃厚的「木瓜之役」和「浙一師風潮」，由校園走向社會，深化了五四運動在浙江的開展。浙江省教育會所組織和發起的文化運動，以留日運動和名人演講爲中心，促進了辛亥自五四以來浙江的文化氛圍由「外省文化」向「中心文化」靠攏。章太炎及其弟子早期的文學活動也彰顯了浙江新知識界主體從士紳階級到知識分子轉型過程中所體現的集團重組與分化，他們對於學在民間、眼學與耳學、言文一致的辨識與實踐等，不僅顯示了新文學發生的歷史背景，還昭示了新文學研究範式艱難確立的過程。對浙江而言，「轉型時代」這一時段內的地理環境、經濟狀況、國家政治格局與民族文化心理以及文壇主潮走向的輻射作用，在整體趨勢上對地域文學有著潛移默化的影響。

當然，一種新的研究視角的確立，需要研究者具備相應的知識結構和思維方式，而從區域文化的空間維度來探討新文學，需要融會貫通文化地理學、文學、歷史學、文藝學、民俗學、政治學等多學科的相關知識，並以此爲基礎，根據研究對象找準文學與區域文化之間的契合點，進而構造一個有著內在同一性的研究範式來，力圖回答「這一區域是否形成自己的傳統，這一區域與中心城市之間如何互動以及區域內部的文化、政治思潮能否從邊緣走向中心」這樣的話題。同時，對於某一特定區域文化，不僅需要實證式的學習與考辨其流變，有條件的話，更需要對這一區域文化存在樣態進行深入的田野考察與體驗，將實證與體驗盡可能地完美結合在一起。

主要參考文獻

（一）**報刊資料**（以英文字母爲序，首字按漢語拼音排列）

1. 《安徽白話報》（上海：安徽白話報社，1908.10～1909.10）
2. 《安徽俗話報》（安徽蕪湖：安徽俗話報社，1904.3～1905.9）
3. 《白陽》（杭州：浙師校友會，1913.5）
4. 《晨報副鐫》（北京，1921.10.12～1928.6.5），影印本。
5. 《萃新報》（浙江金華：萃新報社，1904.6～1904.9）
6. 《大公報》（天津，1902.6～1926.12）
7. 《東方雜誌》影印本（上海，1904.3～1948.12），上海書店 1981 年版。
8. 《東浙雜誌》（浙江金華：東浙雜誌社，1904）
9. 《杭州白話報》（杭州：杭州白話報館，1901～1904）
10. 《杭州學生聯合會報》（1919.11～1920.5）
11. 《湖州白話報》（上海：湖州白話報館，1904.5）
12. 《教育潮》（杭州：1919.4～1921.1）
13. 《教育世界》（上海：教育世界社，1901.5～1908.1）
14. 《教育雜誌》（商務）（上海：教育雜誌社，1909.2～1918.12）
15. 《教育周報》（杭州，1913.4～1919.3）
16. 《京報副鐫》（北京，1924.12.5～1926.4.24）
17. 《每周評論》（北京，1919.12.22～1919.8.31）
18. 《寧波白話報》（上海：寧波白話報館；上海寧波同鄉會，1903.12～1904.8）
19. 《甌海潮》（浙江溫州，1916.12～1917.11）
20. 《錢江評論》（1920.1～1920.6）

21.《上海民國日報・覺悟》（上海，1919.6～1926.1）

22.《少年中國》（北京，1919.7.15～1924.4）

23.《紹興教育雜誌》（浙江紹興：紹興縣教育會，1914.11～1919.1）

24.《紹興縣教育會月刊》（浙江紹興：紹興縣教育會，1913.10～1914.9）

25.《神州女報》（上海：神州女報社，1907.12～1908.2）

26.《申報》影印本，上海書店 1982 年版。

27.《詩》（上海：中國新詩社，1922.1.15～1923.5.15）

28.《時事新報・學燈》（上海，1918.3.4～1927.12）

29.《新潮》（北京，1919.1.1～1922.3.1）

30.《新青年》（《青年雜誌》）（1915.9～1922.7）

31.《星期評論》（上海，1919.6.8～1920.6.6）

32.《學生雜誌》（上海，學生雜誌社，1914.7～1918.12）

33.《越鐸日報》（紹興，1912.1.3～1927.12）

34.《越社叢刊》（紹興，1912.2）

35.《浙江潮》（1903.2～12）

36.《浙江第一師範十日刊》（1920.11～1921.3）

37.《浙江第一師範學校校友會十日刊》（1919.10～1920.3）

38.《浙江第一師範學校學生自治會會刊》（1922.10～1922.12）

39.《浙江第一中學校學生自治會半月刊》（1920.1～1920.11）

40.《浙江省政府公報》（杭州，1911～1927）

41.《浙江教育官報》（杭州，1908.8～1911.10）

42.《浙江青年團月刊》（1919.5～1919.8）

43.《浙江五日報》（杭州，1902.2）

44.《浙江新潮》（1919.11.1）

45.《浙江學生聯合會周刊》（1919.12.21）

46.《浙人》旬刊（1920.3.15）

47.《浙源匯刊》（浙江金華，1905.5～1905.8）

48.《中國白話報》（上海：中國白話報社，1903.12～1904.10）

49.《中國女報》（上海：中國女報館，1907.1～1904.3）

50.《中華教育界》（上海：中華教育界社，1912.1～1918.6）

（二）**著作**（包括文集、年譜、書信、日記、書箚、傳記、回憶錄、專題資料、研究論著等，按照文獻名或責任者音序排列，其中英文文獻單列）

A

1. 〔美〕漢娜·阿倫特：《論革命》，陳周旺譯，南京：譯林出版社，2007 年。
2. 阿英：《晚清文藝報刊述略》，上海：古典文學出版社，1958 年。
3. 阿英：《晚清小說史》，北京：東方出版社，1996 年。
4. 〔法〕羅貝爾·埃斯卡皮：《文學社會學》，於沛選編，杭州：浙江人民出版社，1987 年。
5. 〔美〕本尼迪克特·安德森：《想像的共同體：民族主義的起源與散佈》，吳叡人譯，上海：上海人民出版社，2005 年。

B

1. 〔法〕白吉爾：《中國資產階級的黃金時代（1911～1937）》，張富強等譯，上海：上海人民出版社，1994 年。
2. 包天笑：《釧影樓回憶錄》，劉幼生點校，太原：山西古籍出版社，1999 年。
3. 包偉民主編：《浙江區域史研究》，杭州：杭州出版社，2003 年。
4. 包亞明編譯：《文化資本與社會煉金術——布爾迪厄訪談錄》，上海：上海人民出版社，1997 年。
5. 北京魯迅博物館編：《錢玄同日記（1905～1939）》（共 12 卷），福州：福建教育出版社（影印本），2005 年。
6. 〔德〕瓦爾特·本雅明：《發達資本主義時代的抒情詩人》，王才勇譯，南京：江蘇人民出版社，2005 年。
7. 〔法〕布爾迪厄：《藝術的法則——文學場的生成與結構》，劉暉譯，北京：中央編譯出版社，2001 年。

C

1. 蔡鴻源：《民國人物別名索引》，長春：吉林人民出版社，2001 年。
2. 蔡尚思等著：《論清末民初中國社會》，上海：復旦大學出版社，1983 年。
3. 蔡元培：《蔡元培全集》，高平叔編，北京：中華書局，1984 年。
4. 曹聚仁：《文壇五十年》，上海：東方出版中心，1997 年。

5. 曹聚仁：《我與我的世界》（上下），北京：人民文學出版社，1983年。

6. 曹述敬：《錢玄同年譜》，濟南：齊魯書社，1986年。

7. 陳白塵、董健主編：《中國現代戲劇史稿》，北京：中國戲劇出版社，1989年。

8. 陳伯海、袁進主編：《上海近代文學史》，上海：上海人民出版社，1993年。

9. 陳方競：《多重對話：中國新文學的發生》，北京：人民文學出版社，2003年。

10. 陳堅：《浙江現代文學百家》，杭州：浙江人民出版社，1988年。

11. 陳平原：《二十世紀中國小說史：1897～1916》（第1卷），北京：北京大學出版社，1989年。

12. 陳平原、夏曉虹編：《北大舊事》，北京：三聯書店，1998年。

13. 陳平原、夏曉虹主編：《觸摸歷史——五四人物與現代中國》，北京：北京大學出版社，2009年。

14. 陳平原、鄭勇編：《追憶蔡元培》，北京：中國廣播電視出版社，1997年。

15. 陳建華：《從革命到共和——清末至民國時期文學、電影與文化的轉型》，桂林：廣西師範大學出版社，2009年。

16. 陳建華：《「革命」的現代性：中國革命話語考論》，上海：上海古籍出版社，2000年。

17. 陳順馨、戴錦華選編：《婦女、民族與女性主義》，北京：中央編譯出版社，2002年。

18. 陳崧編：《五四前後東西文化問題論戰文選》（增訂本），北京：中國社會科學出版社，1989年。

19. 陳萬雄：《五四新文化的源流》，北京：三聯書店，1997年。

20. 陳旭麓：《近代中國社會的新陳代謝》，上海：上海人民出版社，1992年。

21. 陳學恂，田正平編：《中國近代教育資料彙編·留學教育》，上海：上海人民出版社，1991年。

22. 陳以愛：《中國現代學術研究機構的興起——以北大研究所國學門為中心的討論》，南昌：江西教育出版社，2002年。

23. 陳玉申：《晚清報業史》，濟南：山東畫報出版社，2003年。

24. 陳玉堂編著：《中國近現代人物名號大辭典》（全編增訂本），杭州：浙江古籍出版社，2005年。

25. 程麗紅：《清代報人研究》，北京：社會科學文獻出版社，2008年。

26. 程文超：《1903：前夜的湧動》，濟南：山東教育出版社，1998年。

27. 程美寶：《地域文化與國家認同：晚清以來「廣東文化」觀的形成》，北京：三聯書店，2006 年。

28. 〔波蘭〕弗・茲納涅茨基：《知識人的社會角色》，郟斌祥譯，鄭也夫校，南京：譯林出版社，2000 年。

29. 存萃學社編集：《辛亥革命資料匯輯》（第 5 冊），香港：大東圖書公司，1980 年。

D

1. 〔美〕羅伯特・達恩頓：《啓蒙運動的生意——〈百科全書〉出版史（1775～1800）》，葉桐、顧杭譯，北京：三聯書店，2005 年。

2. 鄧偉：《分裂與建構：清末民初文學語言新變研究（1898～1917）》，北京：中國社會科學出版社，2009 年。

3. 丁帆等著：《中國鄉土小說史》，北京：北京大學出版社，2007 年。

4. 丁守和主編：《辛亥革命時期期刊介紹》（全 5 集），北京：人民出版社，1982～1987 年。

5. 丁文江、趙豐田編：《梁啓超年譜長編》，上海：上海人民出版社，1983 年。

6. 董郁奎：《一代師表：經亨頤傳》，杭州：浙江人民出版社，2007 年。

7. 杜春和等編：《胡適論學往來書信選》（上下冊），石家莊：河北人民出版社，1998 年。

8. 〔美〕杜贊奇：《文化、權力與國家——1900～1942 年的華北農村》，王福明譯，南京：江蘇人民出版社，2006 年。

F

1. 范泉主編：《中國現代文學社團流派辭典》，上海：上海書店，1993 年。

2. 方漢奇：《中國近代報刊史》，太原：山西人民出版社，1981 年。

3. 方漢奇主編：《中國新聞事業通史》（第 1 卷），北京：中國人民大學出版社，1992 年。

4. 方平：《晚清上海的公共領域與社會變遷（1895～1911）》，上海：上海人民出版社，2007 年。

5. 費靜波主編：《浙江電影紀事：1908～1990》，杭州：浙江古籍出版社，1993 年。

6. 〔美〕約翰・費斯克：《理解大眾文化》，王曉玨、宋偉傑譯，北京：中央編譯出版社，2001 年。

7. 費孝通：《江村經濟——中國農民的生活》，戴可景譯，南京：江蘇人民出版社，1986 年。

8. 〔美〕費正清編：《劍橋中國晚清史（1800～1911 年）》（下卷），中國社科院歷史研究所譯，北京：中國社會科學出版社，1985 年。

9. 〔美〕費正清編：《劍橋中華民國史上編》（1912～1949），楊品泉等譯，北京：中國社會科學出版社，1998 年。

10. 〔美〕費正清、費維愷編：《劍橋中華民國史下編》（1912～1949），楊品泉等譯，北京：中國社會科學出版社，1998 年。

11. 豐子愷：《豐子愷文集：1915～1939》（第 5 集），豐陳寶、豐一吟編，杭州：浙江文藝出版社，1992 年。

12. 馮天瑜：《新語探源——中西日文化互動與近代漢字術語生成》，北京：中華書局，2004 年。

13. 馮筱才：《在商言商——政治變局中的江浙商人》，上海：上海社會科學院出版社，2004 年。

14. 馮自由：《革命逸史》（共 5 集），北京：中華書局，1981 年。

G

1. 高叔平編：《蔡元培教育論集》，長沙：湖南教育出版社，1980 年。

2. 高平叔編：《蔡元培年譜長編》，北京：人民教育出版社，1999 年。

3. 戈公振：《中國報學史》，北京：中國新聞出版社，1985 年。

4. 〔美〕格里德：《胡適與中國的文藝復興——中國革命中的自由主義（1917～1937）》，魯奇譯，南京：江蘇人民出版社，1993 年。

5. 葛乃福編：《劉延陵詩文集》，上海：復旦大學出版社，2002 年。

6. 龔書鐸：《近代中國與近代文化》，長沙：湖南人民出版社，1988 年。

7. 顧潮編：《顧頡剛年譜》，北京：中國社會科學出版社，1993 年。

8. 顧長聲：《傳教士與近代中國》，上海：上海人民出版社，1981 年。

9. 顧頡剛：《顧頡剛日記》（第 1 卷），臺北：聯經出版事業股份有限公司，2007 年。

10. 郭長海等編：《李叔同集》，天津：天津人民出版社，2006 年。

11. 郭延禮編：《秋瑾研究資料》，濟南：山東教育出版社，1987 年。

12. 郭湛波撰：《近五十年中國思想史》，高瑞泉導讀，上海：上海古籍出版社，2005 年。

H

1. 〔德〕哈貝馬斯：《公共領域的結構轉型》，曹衛東等譯，上海：學林出版社，1999 年。

2. 〔美〕韓南：《中國近代小說的興起》，上海：上海教育出版社，2004 年。

3. 郝斌、歐陽哲生主編：《五四運動與二十世紀的中國：北京大學紀念五四運動 80 週年國際學術研討會論文集（上、下）》，北京：社會科學文獻出版社，2001 年。

4. 何炳松：《浙東學派溯源》，北京：中華書局，1989 年。

5. 〔德〕黑格爾：《歷史哲學》，王造時譯，上海：上海書店出版社，2006 年。

6. 胡國樞：《光復會與浙江辛亥革命》，杭州：杭州出版社，2002 年。

7. 湖南省哲學社會科學研究所古代近代史研究室校注：《宋教仁日記》，長沙：湖南人民出版社，1980 年。

8. 胡適口述：《胡適口述自傳》，唐德剛整理翻譯，合肥：安徽教育出版社，2005 年。

9. 胡適：《胡適日記全編》，曹伯言整理，合肥：安徽教育出版社，2001 年。

10. 胡適：《胡適往來書信選》，中國社會科學院近代史所編，北京：中華書局，1979～1980 年。

11. 胡太春：《中國近代新聞思想史》，太原：山西人民出版社，1987 年。

12. 胡纓：《翻譯的傳說：中國新女性的形成（1898～1918）》，龍瑜宬，彭珊珊譯，南京：江蘇人民出版社，2009 年。

13. 華中師範大學近代史所編：《辛亥革命與 20 世紀中國》，武漢：湖北人民出版社，2001 年。

14. 黃福慶：《近代日本在華文化及社會事業之研究》，臺北：「中央研究院」近代史研究所，1982 年。

15. 黃宗智主編：《中國研究的範式問題討論》，北京：社會科學文獻出版社，2003 年。

16. 〔英〕埃里克·霍布斯鮑姆：《民族與民族主義》，李金梅譯，上海：上海人民出版社，2006 年。

17. 〔德〕霍克海默，〔德〕阿道爾諾：《啟蒙辯證法：哲學斷片》，渠敬東、曹衛東譯，上海：上海人民出版社，2003 年。

J

1. 〔英〕安東尼·吉登斯：《現代性與自我認同：現代晚期的自我與社會》，趙旭東、方文譯，北京：三聯書店，1998 年。

2. 賈植芳編：《文學研究會資料》，鄭州：河南人民出版社，1985 年。

3. 蔣夢麟：《西潮·新潮》，長沙：嶽麓書社，2000 年。

4. 江蘇省社科院明清小說研究中心編：《中國通俗小說總目提要》，北京：中國文聯出版公司，1990 年。

5. 蔣曉麗：《中國近代大眾傳媒與中國近代文學》，成都：巴蜀書社，2005 年。

6. 金沖及、胡繩武：《辛亥革命史稿》，上海：上海人民出版社，1980 年。

7. 金觀濤等著：《觀念史研究：中國現代重要政治術語的形成》，北京：法律出版社，2010 年。

8. 金普森等著：《浙江通史·民國卷下》，杭州：浙江人民出版社，2005 年。

9. 〔日〕近藤邦康：《救亡與傳統——五四思想形成之內在邏輯》，丁曉強等譯，太原：山西人民出版社，1988 年。

10. 金天翮：《女界鐘》，陳雁編校，上海：上海古籍出版社，2003 年。

11. 金耀基：《金耀基自選集》，上海：上海教育出版社，2002 年。

12. 金以林：《近代中國大學研究：1895～1949》，北京：中央文獻出版社，2000 年。

13. 靳明全：《中國現代文學興起發展中的日本影響因素》，北京：中國社會科學出版社，2004 年。

14. 經亨頤：《經亨頤日記》，杭州：浙江古籍出版社，1984 年。

15. （清）經元善：《經元善集》，虞和平編，武漢：華中師範大學出版社，1988 年。

K

1. 康紹邦、蘇玲等編譯：《城市社會學》，杭州：浙江人民出版社，1986 年。

2. 〔美〕柯文：《在中國發現歷史——中國中心觀在美國的興起》，林同奇譯，北京：中華書局，2002 年。

L

1. 來新夏主編：《北洋軍閥史稿》，武漢：湖北人民出版社，1983 年。

2. 李國祁：《中國區域研究：閩浙臺地區，1860～1916》，臺北：「中央研究院」近代史所，1982 年。

3. 李劍農：《中國近百年政治史（1840～1926）》，上海：復旦大學出版社，2002 年。

4. 李龍牧：《五四時期思想史論》，上海：復旦大學出版社，1990 年。

5. 〔美〕李歐梵：《李歐梵自選集》，上海：上海教育出版社，2002 年。

6. 〔美〕沃爾特・李普曼：《公眾輿論》，閻克文、江紅譯，上海：上海人民出版社，2006 年。

7. 李仁淵：《晚清的新式傳播媒體與知識分子：以報刊出版爲中心的討論》，臺北：稻香出版社，2005 年。

8. 李盛平編：《中國近現代人名大辭典》，北京：中國國際廣播出版社，1989 年。

9. 李曉紅：《女性的聲音——民國時期上海知識女性與大眾傳媒》，上海：學林出版社，2008 年。

10. 李孝悌：《清末的下層啓蒙運動：1901～1911》，臺北：「中央研究院」近代史研究所，1992 年。

11. 李怡：《日本體驗與中國現代文學的發生》，北京：北京大學出版社，2009 年。

12. 李澤厚：《中國近代思想史論》，北京：人民出版社，1979 年。

13. 黎澤渝、劉慶俄編：《黎錦熙文集》（上下冊），哈爾濱：黑龍江教育出版社，2007 年。

14. 李宗剛：《新式教育與五四文學的發生》，濟南：齊魯書社，2006 年。

15. （清）梁啓超：《梁啓超全集》，北京：北京出版社，1999 年。

16. 廖梅：《汪康年：從民權論到文化保守主義》，上海：上海古籍出版社，2001 年。

17. 〔美〕列文森：《儒教中國及其現代命運》，鄭大華等譯，北京：中國社會科學出版社，2000 年。

18. 林正秋：《浙江歷史文化研究》，北京：中國文史出版社，2006 年。

19. 凌雲嵐：《五四前後湖南的文化氛圍與新文學》，北京：北京大學出版社，2008 年。

20. 劉進才：《語言運動與中國現代文學》，北京：中華書局，2007 年。

21. 劉納：《嬗變——辛亥革命時期至五四時期的中國文學》，北京：中國社會科學出版社，1998 年。

22. 劉思源等編：《錢玄同文集》（全 6 冊），北京：中國人民大學出版社，2000 年。

23. 劉永明：《國民黨人與五四運動》，北京：中國社會科學出版社，1990 年。

24. 劉永文編：《晚清小説目錄》，上海：上海古籍出版社，2008 年 11 月。

25. 劉志琴主編：《近代中國社會文化變遷錄》，杭州：浙江人民出版社，1998 年。

26. 〔美〕路康樂:《滿與漢:清末民初的族群關係與政治權力(1861～1928)》,王琴、劉潤堂譯,北京:中國人民大學出版社,2010年。

27. 盧毅:《章門弟子與近代文化》,桂林:廣西師範大學出版社,2009年。

28. 魯迅:《魯迅全集》,北京:人民文學出版社,2005年。

29. 魯迅博物館等編:《魯迅年譜》(增訂本)第1卷,北京:人民文學出版社,2000年。

30. 樂梅健:《二十世紀中國文學發生論》,桂林:廣西師範大學出版社,2006年。

31. 羅福惠:《辛亥時期的精英文化研究》,武漢:華中師範大學出版社,2001年。

32. 羅崗:《危機時刻的文化想像──文學・文學史・文學教育》,南昌:江西教育出版社,2005年。

33. 羅蘇文:《女性與近代中國社會》,上海:上海人民出版社,1996年。

34. 羅志田:《亂世潛流:民族主義與民國政治》,上海:上海古籍出版社,2001年。

35. 羅志田:《權勢轉移:近代中國的思想、社會與學術》,武漢:湖北人民出版社,1999年。

36. 羅志田:《再造文明之夢──胡適傳》,成都:四川人民出版社,1995年。

37. 〔美〕吉爾伯特・羅茲曼主編:《中國的現代化》,國家社會科學基金「比較現代化」課題組譯,南京:江蘇人民出版社,2003年。

38. 呂芳上:《從學生運動到運動學生:民國八年至十八年》,臺北:「中央研究院」近代史研究所,1994年。

39. 呂芳上:《革命之再起:中國國民黨改組前對新思潮的回應:1914～1924》,臺北:「中央研究院」近代史研究所,1989年。

40. 呂順長:《清末浙江與日本》,上海:上海古籍出版社,2001年。

M

1. 馬敘倫:《我在六十歲以前》,長沙:嶽麓書社,1998年。

2. 馬勇編:《章太炎書信集》,石家莊:河北人民出版社,2003年。

3. 馬永強:《文化傳播與現代中國文學》,合肥:安徽大學出版社,2003年。

4. 孟悅、戴錦華:《浮出歷史地表》,鄭州:河南人民出版社,1989年。

5. 〔捷克〕米列娜編:《從傳統到現代──19至20世紀轉折時期的中國小說》,伍曉明譯,北京:北京大學出版社,1991年。

6. 〔美〕羅茲・墨菲:《上海──現代中國的鑰匙》,上海社會科學院歷史研究所編譯,上海:上海人民出版社,1986年。

N

1. 倪海曙：《清末漢語拼音運動編年史》，上海：上海人民出版社，1959年。
2. 倪墨炎：《魯迅的社會活動》，上海：上海人民出版社，2006年。
3. 聶付生：《浙江戲劇史》，北京：中國戲劇出版社，2008年。

P

1. 〔美〕R·E·帕克：《城市社會學：芝加哥學派城市研究文集》，宋峻嶺等譯，北京：華夏出版社，1987年。
2. 彭鵬：《研究系與五四時期新文化運動——以1920年前後爲中心》，廣州：中山大學出版社，2003年。

Q

1. 錢基博：《現代中國文學史》，上海：上海書店出版社，2004年。
2. 錢理群：《周作人傳》，北京：北京十月文藝出版社，1992年。
3. 錢曼倩、金林祥：《中國近代學制比較研究》，廣州：廣州教育出版社，1996年。
4. 錢單士釐：《癸卯旅行記·歸潛記》，楊堅校點，長沙：湖南人民出版社，1981年。
5. 錢玄同：《錢玄同五四時期言論集》，沈永寶編，上海：東方出版中心，1998年。
6. 喬素玲：《教育與女性——近代中國女子教育與知識女性覺醒（1840～1921)》，天津：天津古籍出版社，2005年。
7. 秦紹德：《上海近代報刊史論》，上海：復旦大學出版社，1993年。
8. 秋瑾：《秋瑾集》，北京：中華書局，1960年。
9. 邱權政、杜春和選編：《辛亥革命史料選輯》（上下冊），長沙：湖南人民出版社，1981年。
10. 邱權政、杜春和選編：《辛亥革命史料選輯》續編，長沙：湖南人民出版社，1988年。
11. 瞿駿：《辛亥前後上海城市公共空間研究》，上海：上海辭書出版社，2009年。

R

1. 〔美〕任達：《新政革命與日本：中國，1898～1912》，李仲賢譯，南京：江蘇人民出版社，2006年。

S

1. 〔美〕愛德華·W·薩義德:《知識分子論》,單德興譯,北京:三聯書店,2002年。

2. 桑兵:《清末新知識界的社團與活動》,北京:三聯書店,1995年。

3. 桑兵:《晚清學堂學生與社會變遷》,上海:學林出版社,2006年。

4. 上海社會科學院歷史研究所編:《辛亥革命在上海史料選輯》,上海:上海人民出版社,1981年。

5. 上海通社編:《上海研究資料》,上海書店,1984年。

6. 上海圖書館編:《中國近代期刊篇目匯錄》,上海:上海人民出版社,1980年。

7. 商金林撰著:《葉聖陶年譜長編》(第1卷),北京:人民教育出版社,2004年。

8. 邵海忠等著:《浙江印刷文化》,北京:中國文聯出版社,2006年。

9. 邵祖德:《浙江教育簡志》,杭州:浙江人民出版社,1988年。

10. 佘德餘:《浙江文化簡史》,北京:人民出版社,2006年。

11. 沈殿成主編:《中國人留學日本百年史》,瀋陽:遼寧教育出版社,1997年。

12. 沈衛威:《大學之大》,北京:人民文學出版社,2007年。

13. 沈衛威:《「學衡派」譜系:歷史與敘事》,南昌:江西教育出版社,2007年。

14. 沈曉敏:《處常與求變:清末民初的浙江諮議局和省議會》,北京:三聯書店,2005年。

15. 沈自強主編:《浙江一師風潮》,杭州:浙江大學出版社,1990年。

16. 〔日〕石川禎浩:《中國共產黨成立史》,袁廣泉譯,北京:中國社會科學出版社,2006年。

17. 〔英〕尼克·史蒂文森:《認識媒介文化——社會理論與大眾傳播》,王文斌譯,北京:商務印書館,2001年。

18. 〔美〕施堅雅:《中國封建社會晚期城市研究——施堅雅模式》,王旭等譯,長春:吉林教育出版社,1991年。

19. 〔美〕施堅雅主編:《中華帝國晚期的城市》,葉光庭等譯,北京:中華書局,2000年。

20. 史和等編:《中國近代報刊名錄》,福州:福建人民出版社,1991年。

21. 〔日〕實藤惠秀:《中國人留學日本史》,譚汝謙等譯,北京:三聯書店,1983年。

22. 〔美〕施瓦支:《中國的啓蒙運動——知識分子與五四遺產》,李國英等譯,太原:山西人民出版社,1989 年。

23. 舒新城:《近代中國留學史》,上海:上海文化出版社,1989 年影印版。

24. 舒新城編:《中國近代教育史料》影印本,上海:上海書店,1990 年。

25. 宋素紅:《女性媒介:歷史與傳統》,北京:中國傳媒大學出版社,2006 年。

26. 宋亞文:《施復亮政治思想研究(1919～1949)》,北京:人民出版社,2006 年。

27. 孫石月:《中國近代女子留學史》,北京:中國和平出版社,1995 年。

28. 孫燕京:《晚清社會風尚研究》,北京:中國人民大學出版社,2002 年。

29. 孫延釗撰:《孫衣言孫詒讓父子年譜》,徐和雍、周立人整理,上海:上海社會科學院出版社,2003 年。

T

1. 〔加〕查爾斯・泰勒:《自我的根源:現代認同的形成》,韓震等譯,南京:譯林出版社,2001 年。

2. 譚彼岸:《晚清的白話文運動》,武漢:湖北人民出版社,1956 年。

3. 譚汝謙編:《中國譯日本書綜合目錄》,香港:中文大學出版社,1980 年。

4. 唐德剛:《胡適雜憶》,上海:華東師範大學出版社,1999 年。

5. 唐文權:《覺醒與迷誤——中國近代民族主義思潮研究》,上海:上海人民出版社,1993 年。

6. 湯志鈞編:《章太炎政論選集》(全 2 冊),北京:中華書局,1977 年。

7. 湯志鈞:《章太炎年譜長編》(全 2 冊),北京:中華書局,1979 年。

8. 陶成章:《陶成章集》,湯志鈞編,北京:中華書局,1986 年。

9. 陶士和:《浙江民國史研究通論》,北京:中國社會科學出版社,2007 年。

W

1. 〔美〕王德威:《被壓抑的現代性:晚清小說新論》,宋偉傑譯,北京:北京大學出版社,2005 年。

2. 王笛:《街頭文化——成都公共空間、下層民眾與地方政治(1870～1930)》,李德英等譯,北京:中國人民大學出版社,2006 年。

3. 王爾敏:《近代文化生態及其變遷》,南昌:百花洲文藝出版社,2002 年。

4. 王汎森:《中國近代思想與學術的系譜》,臺北:聯經出版公司,2003 年。

5. 〔美〕王冠華:《尋求正義:1905～1906年的抵制美貨運動》,劉甜甜譯,南京:江蘇人民出版社,2008年。

6. 王嘉良主編:《浙江20世紀文學史》,北京:中國社會科學出版社,2000年。

7. 王晶垚等編:《柳亞子選集》,北京:人民出版社,1989年。

8. 王明根主編:《辛亥以來人物傳記資料索引》,上海:上海辭書出版社,1990年。

9. 王奇生:《革命與反革命:社會文化視野下的民國政治》,北京:社會科學文獻出版,2010年。

10. (明)王士性:《王士性地理書三種》,周振鶴編校,上海:上海古籍出版社1993年。

11. 王衛民編:《中國早期話劇選》,北京:中國戲劇出版社,1989年。

12. 汪朝光:《民國的初建(1912～1923):中國近代通史》(第6卷),南京:江蘇人民出版社,2007年。

13. 汪暉:《汪暉自選集》,桂林:廣西師範大學出版社,1997年。

14. 汪林茂:《浙江通史·清代卷下》,杭州:浙江人民出版社,2005年。

15. 汪榮祖編:《五四研究論文集》,臺北:聯經出版公司,1979年。

16. 汪向榮:《日本教習》,北京:中國青年出版社,2000年。

17. 〔美〕魏定熙:《北京大學與中國政治文化(1898～1920)》,金安平等譯,北京:北京大學出版社,1998年。

18. 〔英〕雷蒙德·威廉斯:《文化與社會》,吳松江,張文定譯,北京:北京大學出版社,1991年。

19. 吳笛:《浙江翻譯文學史》,杭州:杭州出版社,2008年。

20. 吳宓:《吳宓日記》(第1～2冊),吳學昭整理注釋,北京:三聯書店,1998年。

21. 吳民祥:《浙江近代女子教育史》,杭州:杭州出版社,2010年。

X

1. 〔美〕E·希爾斯:《論傳統》,傅鏗,呂樂譯,上海:上海人民出版社,1991年。

2. 夏曉虹:《晚清女性與近代中國》,北京:北京大學出版社,2004年。

3. 夏曉虹:《晚清社會與文化》,武漢:湖北教育出版社,2001年。

4. 夏曉虹、王風等著:《文學語言與文章體式──從晚清到「五四」》,合肥:安徽教育出版社,2006年。

5. 〔美〕蕭邦奇：《血路——革命中國中的沈定一（玄廬）傳奇》，周武彪譯，南京：江蘇人民出版社，1999 年。

6. 蕭斌如編：《劉大白研究資料》，天津：天津人民出版社，1986 年。

7. 熊月之：《西學東漸與晚清社會》，上海：上海人民出版社，1994 年。

8. 徐半梅：《話劇創始期回憶錄》，北京：中國戲劇出版社，1957 年。

9. 許紀霖等著：《近代中國知識分子的公共交往（1895～1949）》，上海：上海人民出版社，2008 年。

10. 許紀霖、羅崗等著：《啓蒙的自我瓦解》，長春：吉林出版集團有限責任公司，2007 年。

11. 徐和雍等著：《浙江近代史》，杭州：浙江人民出版社，1981 年。

12. 徐運嘉、楊萍萍：《杭州報刊史概述》，杭州：浙江大學出版社，1989 年。

Y

1. 嚴昌洪、許小青：《癸卯年萬歲——1903 年的革命思潮與革命運動》，武漢：華中師範大學出版社，2001 年。

2. （清）嚴復：《嚴復集》（第 1 冊），王栻編，北京：中華書局，1986 年。

3. 嚴家炎主編：《20 世紀中國文學與區域文化研究叢書》，長沙：湖南教育出版社，1995～1998 年。

4. 楊光輝等編：《中國近代報刊發展概況》，新華出版社，1986 年。

5. 楊天石、王學莊編著：《南社史長編》，北京：中國人民大學出版社，1995 年。

6. 楊早：《清末民初北京的輿論環境與新文化的登場》，北京：北京大學出版社，2008 年。

7. 姚霏：《空間、角色與權力：女性與上海城市空間研究（1843～1911）》，上海：上海人民出版社，2010 年。

8. 余英時：《士與中國文化》，上海：上海人民出版社，2003 年。

9. 余英時：《中國思想傳統的現代闡釋》，南京：江蘇人民出版社，2006 年。

10. 袁成毅：《民國浙江政局研究》，北京：中國社會科學出版社，2007 年。

11. 袁成毅：《浙江通史·民國卷下》，杭州：浙江人民出版社，2005 年。

12. 袁英光、劉寅生：《王國維年譜長編（1877～1927）》，天津：天津人民出版社，1996 年。

13. 〔美〕林達·約翰遜主編：《帝國晚期的江南城市》，成一農譯，上海：上海人民出版社，2005 年。

Z

1. 〔美〕查默斯·詹隼：《革命：理論與實踐》，郭基譯，臺北：時報文化出版公司，1997 年。

2. 章開沅等主編：《辛亥革命史資料新編》，武漢：湖北人民出版社，2006年。

3. 張彬：《從浙江看中國教育近代化》，廣州：廣東教育出版社，1996 年。

4. 張彬：《經亨頤教育論著選》，北京：人民教育出版社，1993 年。

5. 張彬等著：《浙江教育發展史》，杭州：杭州出版社，2008 年。

6. 張海鵬、李細珠：《新政、立憲與辛亥革命：1901～1912》，南京：江蘇人民出版社，2006 年。

7. 張灝：《時代的探索》，臺北：聯經出版公司，2004 年。

8. 張灝：《幽暗意識與民主傳統》，臺北：聯經出版公司，1989 年。

9. 張惠芝：《「五四」前夕的中國學生運動》，太原：山西教育出版社，1996年。

10. 張菊香、張鐵榮編：《周作人年譜》，天津：天津人民出版社，2000 年。

11. 張柟、王忍之編：《辛亥革命前十年間時論選集》（全 3 卷），北京三聯書店，1960～1977 年。

12. 張朋園：《湖南現代化的早期進展：1860～1916》，長沙：嶽麓書社，2002年。

13. 張朋園：《知識分子與近代中國的近代化》，南昌：百花洲文藝出版社，2002 年。

14. 張素玲：《文化、性別與教育：1900～1930 年代的中國女大學生》，北京：教育科學出版社，2007 年。

15. 張向東：《語言變革與現代文學的發生》，北京：人民文學出版社，2009年。

16. 張玉法主編：《中國現代史論集》（1～6 輯），臺北：聯經出版公司，1981年。

17. 張玉法：《民國初年的政黨》，長沙：嶽麓書社，2004 年。

18. 張允候等編：《五四時期的社團》（第 3 集），北京：三聯書店，1979 年。

19. 張仲禮：《中國紳士研究》，上海：上海人民出版社，2008 年。

20. 趙家璧主編：《中國新文學大系》，上海：上海良友圖書印刷公司，1935年。

21. 趙世瑜：《眼光向下的革命：中國現代民俗學思想史論（1918～1937）》，北京：北京師範大學出版社，1999 年。

22. 趙園：《北京：城與人》，北京：北京大學出版社，2002 年。

23. 浙江省教育志編纂委員會編：《浙江省教育志》，杭州：浙江大學出版社，2004 年。

24. 浙江省辛亥革命史研究會，浙江省圖書館編：《辛亥革命浙江史料選輯》，杭州：浙江人民出版社，1981 年。

25. 浙江省總工會編：《浙江工人運動史》，杭州：浙江人民出版社，1988 年。

26. 鄭春：《留學背景與中國現代文學》，濟南：山東教育出版社，2002 年。

27. 鄭方澤編：《中國近代文學史編年》，長春：吉林人民出版社，1983 年。

28. 鄭師渠：《晚清國粹派：文化思想研究》，北京：北京師範大學出版社，1997 年。

29. 鄭逸梅：《鄭逸梅選集》（第 1 卷），哈爾濱：黑龍江人民出版社，1991 年。

30. 鍾叔河：《從東方到西方——「走向世界叢書」敘論集》，上海：上海人民出版社 1989 年。

31. 〔美〕周策縱：《五四運動：現代中國的思想革命》，周子平等譯，南京：江蘇人民出版社，1999 年。

32. 周葱秀、涂明：《中國近現代文化期刊史》，太原：山西教育出版社，1999 年 3 月。

33. 〔美〕周錫瑞：《改良與革命——辛亥革命在兩湖》，楊慎之等譯，南京：江蘇人民出版社，2007 年。

34. 周作人：《中國新文學的源流》，南京：江蘇文藝出版社，2007 年。

35. 朱金順編：《朱自清研究資料》，北京：北京師範大學出版社，1981 年。

36. 朱經農主編：《浙江文史資料目錄》，浙江省政協文史資料委員會編，杭州：浙江人民出版社，2003 年。

37. 朱聯保編撰：《近現代上海出版業印象記》，曹予庭校訂，上海：學林出版社，1993 年。

38. 朱有瓛等編：《中國近代教育史資料彙編·教育行政機構及教育團體》，上海：上海教育出版社，1993 年。

39. 朱正：《魯迅回憶錄正誤》（增訂本），北京：人民文學出版社，2006 年。

40. 朱正，陳漱渝等著：《魯迅史料考證》，石家莊：河北教育出版社，2000 年。

41. 朱正：《一個人的吶喊：魯迅 1881～1936》，北京：北京十月文藝出版社，2007 年。

42. 中共蕭山縣黨史資料征集研究委員會辦公室編：《衙前農民運動》，無出版地（浙江圖書館藏），1985 年。

43. 中共中央馬恩列斯著作編譯局研究室編：《五四時期期刊介紹》（共 3 集），北京：人民出版社，1958～1959 年。

44. 中國社會科學院近代史所編：《五四運動回憶錄》，北京：中國社會科學出版社，1979 年。

45. 中國社會科學院現代史所研究室編：《「一大」前後》，北京：人民出版社，1980 年。

46. 中國人民政治協商會議全國委員會文史資料研究委員會編：《辛亥革命回憶錄》（第四集），北京：中華書局，1963 年。

47. 中國人民政治協商會議浙江省委員會文史資料研究委員會編：《浙江百年大事記（1840～1945)》，浙江人民出版社，1985 年。

48. 中國人民政治協商會議浙江省委員會文史資料研究委員會編：《浙江辛亥革命回憶錄》，杭州：浙江人民出版社，1981 年。

49. 周峰主編：《民國時期杭州》（修訂版），杭州：浙江人民出版社，1997 年。

50. 周佳榮：《蘇報及蘇報案：1903 年上海新聞事件》，上海：上海社會科學院出版社，2005 年。

51. 周作人：《知堂回想錄》，香港：三育圖書文具公司，1980 年。

52. 周振鶴：《中國歷史文化區域研究》，上海：復旦大學出版社，1997 年。

53. Mary Backus Rankin. *Elite activism and Political Transformation in China: Zhejiang Province, 1865～1911.*Stanford University Press, 1986.

54. Robert Keith Schoppa. *Chinese Elites and Political Change: Zhejiang Province in the Early Twentieth Century*. Cambridge, Mass.: Harvard University Press, 1982.

55. Wen-Hsin Yeh. *Provincial Passages: Culture, Space, and the Origins of Chinese Communism*. Berkeley: University of California Press, 1996.

56. Wen-Hsin Yeh.*The Alienated Academy: Culture and Politics in Republican China, 1919～1937*, Harvard University Press, 1990.

（三）論文

報刊論文

1. 白錦表：《浙江教育會與浙江教育近代化》，《浙江社會科學》2002 年第 3 期。

2. 陳平原：《作爲物質文化的「中國現代文學」》，《中國文化》2009 年第 1 期。

3. 程美寶：《由愛鄉而愛國：清末廣東鄉土教材的國家話語》，《歷史研究》2003 年第 4 期。

4. 馮天瑜：《「革命」、「共和」：清民之際政治中堅概念的形成》，《武漢大學學報》（人文版）2002 年第 1 期。

5. 〔日〕溝口雄三：《辛亥革命新論》，林少陽譯，《開放時代》2008 年第 4 期。

6. 郭延禮：《傳媒、稿酬與近代作家的職業化》，《齊魯學刊》1999 年第 6 期。

7. 〔荷蘭〕賀麥曉：《二十年代中國「文學場」》，陳平原等主編：《學人》（第 13 輯），南京：江蘇文藝出版社 1998 年。

8. 李冠南：《在歷史的邊緣反思》，《讀書》2002 年第 4 期。

9. 李振聲：《作爲新文學思想資源的章太炎》，《書屋》2001 年第 7 期。

10. 林旦旦：《彪蒙書室及其〈繪圖中國白話史〉》，《華夏文化》2005 年第 4 期。

11. 欒梅健：《科舉制度的廢除與讀者群體的轉變》，《中國現代文學研究叢刊》2006 年第 2 期。

12. 羅志田：《科舉制度廢除在鄉村中的社會後果》，《中國社會科學》2006 年第 1 期。

13. 馬自毅：《辛亥前十年的學堂、學生與學潮》，《史林》2002 年第 1 期。

14. 〔美〕梅爾清：《印刷的世界：書籍、出版文化和中華帝國晚期的社會》，劉宗靈、鞠北平譯，馬釗校，《史林》2008 年第 4 期。

15. 梅蘭芳遺稿：《戲劇界參加辛亥革命的幾件事》，《戲劇報》1961 年第 17～18 期。

16. 桑兵：《近代中國學術的地緣與流派》，《歷史研究》1999 年第 3 期。

17. 桑兵：《世界主義與民族主義——孫中山對新文化派的回應》，《近代史研究》2003 年第 2 期。

18. 汪暉：《文化與政治的變奏——戰爭、革命與 1910 年代的「思想戰」》，《中國社會科學》2009 年第 4 期。

19. 王鳳霞：《王鐘聲新考》，《上海戲劇學院學報》，2008 年第 6 期。

20. 王嘉良：《地域人文傳統與浙江新文學作家群的建構》，《中國社會科學》2009 年第 4 期。

21. 汪利平：《杭州旅遊業和城市空間變遷（1911～1927）》，朱餘剛、侯勤梅譯，《史林》2005 年第 5 期。

22. 夏曉虹：《民初戲劇中的秋瑾形象》，《文史知識》2005 年第 9 期。

23. 許紀霖：《重建社會重心：近代中國的「知識人社會」》，《學術月刊》2006 年第 11 期。

24. 楊蓉蓉：《知識的合法選擇與規避——中國新文學進入大學教育的初期回顧》，《文藝爭鳴》2007 年第 7 期。

25. 章清：《省界、業界與階級：近代中國集團力量的興起及其難局》，《中國社會科學》2003 年第 2 期。

26. 周武：《論民國初年文化市場與上海出版業的互動》，《史林》2004 年第 6 期。

學位論文

1. 程亞麗：《從晚清到五四：女性身體的現代想像、建構與敘事》，山東師範大學博士論文，2007 年。

2. 鄧集田：《中國現代文學的出版平臺：晚清民國時期文學出版情況統計與分析（1902～1949)》，華東師範大學博士論文，2009 年。

3. 何王芳：《民國時期杭州城市社會生活研究》，浙江大學博士論文，2006 年。

4. 孟麗：《論「小說界革命」的醞釀歷程》，華東師範大學博士論文，2008 年。

5. 孫廣勇：《社會變遷中的中國近代教育會研究》，華中師範大學博士論文，2006 年。

6. 萬瓊華：《近代女子教育思潮與女性主體身份建構：以周南女校爲個案的考察（1905～1938)》，湖南大學博士論文，2007 年。

7. 王平：《清末民初的語言變革與現代文學雅俗觀的生成》，四川大學博士論文，2007 年。

8. 周寧：《地緣與學緣：一九二〇年代的安徽教育界（1920～1926)》，復旦大學博士論文，2007 年。

9. 朱海濱：《浙江歷史文化地理研究》，復旦大學博士論文，1998 年。

10. 朱雲生：《清末民初翻譯文學與中國文學現代性的發生》，山東大學博士論文，2006 年。